SOPHIA

Quellen östlicher Theologie

Herausgegeben von Andreas Heinz

Band 35

Andreas Heinz

Licht aus dem Osten

Die Eucharistiefeier der Thomas-Christen, der Assyrer und der Chaldäer mit der Anaphora von Addai und Mari

Paulinus

Impressum
Die Deutsche Bibliothek – CIP-Einheitsaufnahme

Die Deutsche Bibliothek verzeichnet diese Publikation in der Deutschen Nationalbibliografie; detaillierte bibliografische Daten sind im Internet über http://dnb.ddb.de abrufbar.

1. Auflage 2008
Konzeption & Umschlaggestaltung: Adriana Walther
Satz: SatzWeise, Föhren
Umschlagbild: Prof. Dr. Hans Hollerweger
Druck und Buchbinderei: Krüger Druck+Verlag, Dillingen/Saar
ISBN 978-3-7902-1459-8
www.paulinus.de

Inhalt

Abkürzungen

AAS	Acta Apostolicae Sedis. Rom 1909 ff.
CCEO	Codex Canonum Ecclesiarum Orientalium. Gesetzbuch der katholischen Ostkirchen. Lateinisch-deutsche Ausgabe, hg. von Libero Gerosa und Peter Krämer. Paderborn 2000.
ELit	Ephemerides liturgicae. Rom 1887 ff.
LACL	Lexikon der antiken christlichen Literatur, hg. von Siegmar Döpp und Wilhelm Geerlings unter Mitarbeit von Peter Bruns, Georg Rövenkamp und Matthias Skep OSB. Freiburg – Basel – Wien 1998; 2. Aufl. 1999.
OCA	Orientalia Christiana Analecta. Rom 1935 ff.
OCP	Orientalia Christiana Periodica. Rom 1935 ff.
SChr	Sources chrétiennes, hg. v. H. de Lubac und J. Daniélou. Paris 1941 ff.

Alle übrigen Abkürzungen richten sich nach dem Abkürzungsverzeichnis des Lexikons für Theologie und Kirche. 3. Auflage. Freiburg. Basel. Rom. Wien 1993 ff.

Vorwort

„Vom Osten steigt jeden Tag aufs neue die Sonne der Hoffnung auf, das Licht, das dem Menschengeschlecht seine Existenz wiedergibt. Vom Osten wird, wie es in einem schönen Bild heißt, unser Erlöser wiederkommen (vgl. Mt 24,27)." Mit diesen Worten hat Papst Johannes Paul II. in seinem Apostolischen Schreiben „Orientale Lumen" (Nr. 28) auf die bleibende Bedeutung des christlichen Ostens für die ganze Christenheit hingewiesen. Im Nahen Osten stand die Wiege des Christentums; von dort ist „das wahre Licht" in die Welt gekommen (vgl. Joh 1,9). Zu den biblischen Ländern gehört auch das Land zwischen Euphrat und Tigris, der heutige Irak. Dort, in Mesopotamien, hat die „Kirche des Ostens" ihre Wurzeln. Sie lebt heute in den verschiedenen Kirchen mit ostsyrischem Ritus weiter. Zu dieser Liturgiefamilie gehören die katholischen Chaldäer, die nicht-unierten „Assyrer" und der größere Teil der „Thomas-Christen" in Südindien (Kerala). Die „Kirche des Ostens", die ihr Zentrum in der Hauptstadt des einstigen Perserreiches, Seleukia-Ktesiphon am Tigris, hatte, entwickelte in ihrer Blütezeit (ca. 8.–13. Jh.) eine enorme missionarische Kraft. Bis nach China machten ostsyrische Glaubensboten das Evangelium Christi bekannt. Dort bekam der christliche Glaube den schönen Namen: „die leuchtende Religion". Heute steht die in ihrem mesopotamischen Ursprungsland zu einer Minderheit geschrumpfte „Kirche des Ostens" in einem Kampf ums Überleben. Der Interventionskrieg der USA im Irak hat die Lage der dortigen einheimischen Christen im Meer des Islam noch schwieriger gemacht. Viele von ihnen haben das Land, in dem sie ein älteres Heimatrecht haben als die Muslime, in den letzten Jahren verlassen. Die Abwanderung der Christen wird anhalten, solange es nicht gelingt, Frieden und Sicherheit wieder herzustellen.

Im Westen wird die bis in die apostolische Zeit zurückreichende christliche Präsenz im Irak und in den Nachbarregionen so gut wie nicht wahrgenommen. Wenn das Fernsehen über Opfer von Terror-

anschlägen und Militäraktionen in Bagdad, Mosul, Erbil, Kirkuk oder Basra berichtet, wer denkt schon daran, dass in all diesen Städten ein katholischer oder/und assyrischer Bischof residiert, dass es dort Kirchen gibt und lebendige Christengemeinden? Erst recht ist die Art, wie diese orientalischen Christen Gottesdienst feiern, ihren abendländischen Mitchristen fremd und unbekannt. Dabei ist ein besseres Kennenlernen des reichen liturgischen und spirituellen Erbes der „Kirche des Ostens" auch in ökumenischer Hinsicht ein Gebot der Stunde. Denn in aller Stille hat es in den letzten Jahrzehnten eine vielversprechende Annäherung zwischen dem katholischen Teil der Ostsyrer (Chaldäer) und den nicht-unierten „Assyrern" gegeben. In einer gemeinsamen, 1994 im Vatikan unterzeichneten Erklärung haben die Katholische Kirche und die „Heilige Apostolische und Katholische Assyrische Kirche des Ostens" bestätigt, dass sie in ihrem Christus-Bekenntnis völlig übereinstimmen. Die „Kirche des Ostens" darf also nicht länger als „nestorianisch" verdächtigt werden. Ein weiterer wichtiger Schritt auf dem Weg zur vollen Kirchengemeinschaft geschah 2001. Rom erkannte in einer Erklärung des „Sekretariats für die Einheit der Christen" die Gültigkeit der Anaphora von Addai und Mari an, auch wenn diese, wie es bei den nicht-unierten Ostsyrern der Fall ist, die Abendmahlsworte nicht enthält. Auf dieser Grundlage gibt es schon jetzt Kommuniongemeinschaft zwischen katholischen Chaldäern und nicht-unierten Assyrern für den Fall, dass die Mitfeier der Eucharistie in der eigenen Kirche nicht möglich oder schwierig ist.
In dem eingangs erwähnten Apostolischen Schreiben drängt Papst Johannes Paul II. darauf, dass die katholischen Christen des Westens das geistliche Erbe und die Liturgie der Ostkirchen besser kennen lernen. Diesem Ziel möchte das vorliegende Buch dienen. Es bietet zunächst eine geraffte Darstellung der Geschichte und der gegenwärtigen Situation der „Kirche des Ostens". Sie existiert heute in verschiedenen Kirchen, die aber alle durch den ihnen gemeinsamen ostsyrischen Ritus miteinander verbunden sind. Diese hierzulande fast völlig unbekannte orientalische Liturgie wird sodann vorgestellt und erläutert: Das Kirchenjahr, der Kirchenraum und

seine Ausstattung, die Eucharistiefeier und die Ordnung der biblischen Lesungen für das Herrenjahr und die Heiligentage.
Den inhaltlichen Schwerpunkt bildet der zweite Teil. Er bietet – teilweise erstmals in deutscher Sprache – die volle Übersetzung der neuen Feierordnung der Eucharistie in der Syro-Malabarischen Kirche (Kerala) und die entsprechende Ordnung der nicht-unierten Assyrischen Kirche des Ostens mit der Anaphora von Addai und Mari ohne Einsetzungsbericht. Dieses wichtigste und durch die römische Erklärung von 2001 in Fachkreisen neuerdings viel diskutierte Hochgebet des ostsyrischen Ritus wird sodann in seiner ältesten erreichbaren Textgestalt präsentiert und kommentiert. Der dritte Teil dokumentiert schließlich die wichtigsten römischen Verlautbarungen, die den schwierigen Prozess der Wiederherstellung des syro-malabarischen Ritus bei den „Thomas-Christen" stimulierten und begleiteten.
Allen, die in welcher Weise auch immer zum Werden dieses Buches beigetragen haben, sei herzlich gedankt. Besonders danke ich meinem früheren Assistenten und jetzigen Nachfolger auf dem Lehrstuhl für Liturgiewissenschaft an der Theologischen Fakultät Trier, Herrn Prof. Dr. Klaus Peter Dannecker, für die Mithilfe bei einigen Teilen der Übersetzung. Ein besonderes Dankeswort gilt Frau Ingrid Embach, der Sekretärin in der Wissenschaftlichen Abteilung des Deutschen Liturgischen Instituts, für ihre bereitwillige und geduldige Mitarbeit bei den Schreib- und Korrekturarbeiten sowie bei der Erstellung des Registers. Danken möchte ich schließlich auch dem Paulinus Verlag für die gute Zusammenarbeit bei der Realisierung dieses 35. Bandes in der Reihe „Sophia". Ich widme das Werk den syro-malabarischen Priestern und Ordensschwestern in Deutschland, besonders in meinem Heimatbistum Trier.

Trier, am Gedenktag des hl. Franz Xaver,
dem 3. Dezember 2007 *Andreas Heinz*

I. Einführung

1. Zur Geschichte und zur Gegenwartslage der „Kirche des Ostens"

Der Irak ist seit Jahren ein Dauerthema in den Medien. Krieg und Terroranschläge beherrschen die Berichterstattung. Hintergrundinformationen über Land und Leute fehlen dagegen weitgehend. Kaum jemand im Westen weiß, dass es in diesem arabischen Land mit einer großen kulturellen Vergangenheit zahlreiche christliche Gemeinden gibt. Viele sind überrascht, wenn sie auf Fernsehbildern aus Bagdad die kreuzbekrönten Türme einer Kirche entdecken. Leider muss meist erst ein Anschlag geschehen, um das Interesse der Medien zu wecken. Als im Sommer 2004 terroristische Anschläge auf einige Kirchen in Bagdad verübt wurden, waren plötzlich die „chaldäischen Christen" ein Thema. Was es mit der christlichen Präsenz im Land zwischen Euphrat und Tigris eigentlich auf sich hat, blieb aber für die meisten im Dunkeln.

Die ersten Anfänge des Christentums in Syrien und Mesopotamien

Das Christentum ist in diesen Gegenden des vorderen Orients viel älter als der Islam. Seine Wurzeln reichen im Zweistromland bis in die apostolische Zeit zurück. Die Apostelgeschichte erwähnt als Zeugen des Pfingstereignisses in Jerusalem auch Parther, Meder und Leute aus Mesopotamien (vgl. Apg 2,9). Unter den Neubekehrten, die an diesem Pfingstfest, dem „Geburtstag der Kirche", getauft wurden (vgl. Apg 2,41), waren gewiss auch Juden aus den persischen Gebieten östlich des Euphrat.

Das Matthäusevangelium sieht schon an der Krippe des neugeborenen Messias-Königs die geheimnisvollen Sterndeuter *(Magoi)* „aus dem Osten". (Mt 2,1–12). Als „Magier" bezeichnete man ursprünglich die Angehörigen einer persischen Priesterkaste, die sich mit Sternkunde und Astrologie befassten. Auf jeden Fall lokalisiert der

Evangelist die Heimat der „Weisen aus dem Morgenland" im Reich der Parther (Perser).
Im Norden Mesopotamiens, im Kurdengebiet der heutigen Osttürkei, hat das Christentum zuerst dauerhaft Fuß gefasst. Es kam über die alten Handels- und Heerstraßen vom Westen her. Aus den syrisch-palästinensischen Küstenstädten drang die Botschaft Jesu ins aramäischsprachige Hinterland. In der antiken Hauptstadt Syriens, in Antiochien am Orontes, war schon in apostolischer Zeit eine starke, weit ausstrahlende Christengemeinde entstanden. Die Apostelgeschichte berichtet von ihren Anfängen und ihrer ersten Blüte (vgl. Apg 11,19–30). Als die Jerusalemer Urgemeinde erfuhr, dass es Christen in größerer Zahl in *Antiochia* gab, schickte sie Barnabas als ihren Verbindungsmann dorthin. Dieser gewann Paulus aus Tarsus als Mitarbeiter. Ein ganzes Jahr lang wirkten sie in der jungen Kirche von Antiochien. Deren Besonderheit bestand vor allem darin, dass sie sich nicht nur aus Juden, die sich für „den neuen Weg" (Apg 9,2) entschieden hatten, zusammensetzte, sondern hauptsächlich aus bekehrten Heiden. Im syrischen Antiochien wurden die Jünger und Jüngerinnen Jesu zum ersten Mal „Christen" genannt (Apg 11,26).
Die Neuchristen in Antiochien zeigten ihre Verbundenheit und Verehrung für die Mutterkirche in Jerusalem, indem sie deren Armen unterstützten. Paulus und Barnabas überbrachten persönlich die Spendengelder (Apg 11,27–30). Von Antiochien aus brach Paulus dann zusammen mit Barnabas und Markus zur ersten Missionsreise nach Zypern und Kleinasien auf. Nach ihrer Rückkehr dankten sie in Antiochien Gott, „der auch den Heiden die Tür zum Glauben geöffnet hatte" (Apg 14,27).
Paulus hat die heidenchristliche Gemeinde von Antiochien geprägt. Aber auch Petrus hat dort gewirkt (vgl. Gal 2,11–21). Die syrische Tradition betrachtet Petrus als den ersten Bischof der Kirche von Antiochien. Die antiochenische „Kathedra" des Apostels Petrus ist älter als die römische. Die römische Kirche hat das immer anerkannt. In ihrem liturgischen Kalender steht bis heute am 22. Februar das Fest „Cathedra Petri", das bis 1960 den volleren Namen „Kathedra des hl. Petrus in Antiochien" hatte. Seitdem ist der Zusatz *„Antio-*

chiae – in Antiochien" entfallen, so dass das Fest jetzt gleichermaßen den ersten Bischofssitz des „Apostelfürsten" in Antiochien wie auch sein Lehr- und Hirtenamt in Rom kommemoriert.
Die antiochenische Petrus-Tradition ist der Grund, weshalb das Oberhaupt der mit Rom vereinigten Syrisch-Maronitischen Kirche im Libanon seinem Patriarchennamen immer den Namen Petrus *(Budros)* hinzufügt.

Antiochien am Orontes: Mutter und Haupt der syrischen Kirchen

Antiochien war eine antike Weltstadt, nach Rom und Alexandrien die drittgrößte im Römischen Reich. Das multikulturelle Handels- und Verwaltungszentrum war geprägt von der hellenistischen Kultur. Auf den Straßen Antiochiens war Griechisch die Umgangssprache. Der Bischof dieser Metropole galt in der Folgezeit als der erste Bischof der ganzen Region. Sein Vorrang wurde 325 vom ersten Ökumenischen Konzil in Nizäa (can. 6) bestätigt.
Die Zuständigkeit des jeweiligen Bischofs von Antiochien erstreckte sich bis zu den Grenzen des römischen Verwaltungsgebiets „Oriens". Dazu gehörten zu diesem Zeitpunkt acht Provinzen: Palästina, Phönizien, Syrien, Arabien *(Basra)*, Mesopotamien mit Edessa *(Urfa)* als Hauptstadt, Zilizien mit dem Vorort Tarsus und Zypern. Das ausgedehnte Territorium zählte etwa 100 Diözesen. Darüber hinaus gehörten zum Einflussbereich des Bischofs der syrischen Metropole die neue Reichshauptstadt Konstantinopel und die jenseits der Ostgrenze des Römischen Reiches bestehende und sich konsolidierende „persische" Kirche.
Die Bevölkerung in diesen östlichen Provinzen des Patriarchats von Antiochien bestand in ihrer großen Mehrheit aus aramäisch sprechenden Semiten. Nur entlang der Mittelmeerküste herrschte das Griechische vor. Im Hinterland war die Alltags- und Verkehrssprache das Aramäische. Reichsaramäisch war auch die offizielle Sprache im Parther- oder Perserreich. Die christlich gewordenen Aramäer wurden von ihren jüdischen und heidnischen Landsleuten

zunehmend als „Syrer“ *(Suryoye; Syrioi)* bezeichnet. Ihre Sprache bekam infolgedessen dann auch den Namen „Syrisch“. Unter den verschiedenen Dialekten und regionalen Varianten hat sich bei den syrischen Christen in der Folgezeit als Hoch- und Schriftsprache das in Edessa (*Urhoi;* heute *Urfa* in der Südosttürkei) gesprochene Aramäisch durchgesetzt.

Edessa das früheste Zentrum des aramäischsprachigen Christentums

Edessa im Norden Mesopotamiens entwickelte sich früh zum Zentrum des aramäischsprachigen Christentums. Dieser Rang kam ihm endgültig nach dem Fall von Nisibis (heute *Nuseybin* an der türkisch-syrischen Grenze) zu, das im Jahre 363 unter persische Herrschaft geriet. Ephräm der Syrer († 373), neben dem persischen Theologen Aphrahat († nach 345) der größte syrischsprachige Kirchenvater des 4. Jahrhunderts, war in Nisibis geboren. In seiner Heimatstadt war in der ersten Hälfte des 4. Jahrhunderts „die Schule der Perser“ aufgeblüht. In der hochangesehenen Theologenschule wurde in syrischer Sprache gelehrt. Dort wurden bedeutende theologische und homiletische Werke verfasst; dort entstanden großartige Kirchengesänge. Ein besonders begnadeter Hymnendichter war Ephräm selbst, den die Nachwelt „Zitter des Heiligen Geistes“ genannt hat.

Die „Schule der Perser“ wurde nach der Einnahme von Nisibis durch die Perser in das etwa 100 km westlicher gelegene, weiterhin unter byzantinischer Herrschaft verbliebene christliche Edessa verlegt. Ephräm der Syrer war Augenzeuge der drei Belagerungen seiner Heimatstadt durch die Perser (338, 346, 350). Er gehörte dann auch zu den Flüchtlingen des Jahres 363. Die gesamte christliche Bevölkerung musste damals Nisibis verlassen, nachdem der oströmische Kaiser Jovian (363–364) die Stadt kampflos dem Perserkönig Šapur II. abgetreten hatte. Viele Christen wurden in Folge dieser Ereignisse in das Innere des Perserreiches deportiert. Ein anderer Teil setzte sich nach Edessa ab.

Edessa entwickelte sich früh zu einem Zentrum der Christen mit aramäischer Umgangs- und Gottesdienstsprache. Die legendäre Überlieferung behauptet sogar, die Kunde von Jesus sei schon zu seinen Lebzeiten bis Edessa gelangt. Es heißt, König Abgar Ukomo (der Schwarze) – Abgar V. Ukoma regierte von 4 vor bis 7 nach Christus und dann wieder von 13–50 nach Christus – sei der erste christliche Herrscher von Edessa gewesen.[1]

Der Kirchenhistoriker Eusebius von Caesarea († 339) kennt bereits diese Überlieferung. Sie berichtet: Abgar, Herrscher von Edessa, hatte von der Lehre und den Wundern Jesu im Land der Juden gehört. Er hatte auch von der Ablehnung erfahren, unter der Jesus bei seinem eigenen Volk zu leiden hatte. Deshalb sandte König Abgar einen Gesandten namens Hanan (Ananias) zu Jesus mit der Einladung, er möge nach Edessa kommen und dort wirken. Auch hoffte der König, durch Jesus von einer unheilbaren Krankheit befreit zu werden. Jesus ließ daraufhin Abgar ausrichten, er werde ihm einen seiner Jünger senden.

Nach der Himmelfahrt Jesu und der Herabkunft des Heiligen Geistes brachen die Apostel zur Verkündigung des Evangeliums in alle Himmelsrichtungen auf. Dem Apostel Thomas wurde der Osten als Missionsgebiet anvertraut. Er sandte daraufhin Addai (Eusebius nennt ihn Thaddäus), einen der von Jesus selbst ausgewählten „72 anderen Jünger" (vgl. Lk 10,1), nach Edessa. Dort angekommen, heilte Addai/Thaddäus den König und verkündigte mit Erfolg das Evangelium Christi.

Der Antwortbrief an König Abgar, den Jesus angeblich selbst diktiert hatte, wurde in Edessa wie eine kostbare Reliquie aufbewahrt. Als die vornehme Heilig-Land-Pilgerin Egeria aus dem gallischen Aquitanien im Jahre 384 auch den Norden Mesopotamiens besuchte, war eines ihrer wichtigsten Ziele Edessa. In Edessa wollte sie das Grab des Apostels Thomas verehren. Sie teilte die Überzeugung der

[1] Vgl. Peter Bruns, Art. Abgar-Legende, in: LACL, 2.

Christen Edessas, dass der „unversehrte Leichnam" dieses Apostels des Ostens in ihrer Stadt ruhte (vgl. Peregrinatio Egeriae 17,1).[2]
Die Pilgerin aus dem Abendland erwähnt in der Schilderung ihres Edessa-Besuchs auch den Brief Jesu, „den er durch den Eilboten Hananias zum König Abgar schickte." Von diesem Brief sagt sie, dass er damals „mit großer Ehrfurcht in der Stadt Edessa aufbewahrt" wurde. Der damalige Bischof von Edessa – es war der Bekennerbischof Eulogius († 387), der unter dem arianischen Kaiser Valens (364–378) eine Zeit lang in der ägyptischen Wüste im Exil hatte leben müssen – führte die aus „den fernsten Gegenden" gekommene Pilgerin persönlich zu den denkwürdigen Orten seiner Bischofstadt. Er zeigte der Besucherin den Palast des Königs Abgar (vgl. Peregrinatio Egeriae 19,6–19) und das dort hoch aufragende Standbild des Königs aus hell glänzendem Marmor.
Egeria hat in ihrem Reisebericht festgehalten, was ihr der Bischof im Angesicht dieser Königsstatue sagte: „Schau dir den König Abgar an. Ohne den Herrn gesehen zu haben, glaubte er ihm, dass er wahrhaftig der Sohn Gottes sei." Egeria sah die im Palast des Königs zur Zeit einer persischen Belagerung wunderbarerweise entsprungenen Wasserquellen „mit vielen Fischen". Diese Quellen sprudeln noch immer. Sie speisen heute den berühmten „Abraham-See" am Stadtrand von Urfa („Ibraim gölü"). In ihm tummeln sich zahllose Fische, weshalb er auch „Balik gölü – Fischsee" genannt wird. Diese Fische gelten den Muslimen als heilig. Niemand darf sie fangen. Die Anlage unterhalb des Burgfelsens ist noch immer von einer sakralen Ausstrahlungskraft. Dort, wo sich heute die große Moschee erhebt, stand in der Antike wahrscheinlich die Thomaskirche.
Der Bischof von Edessa zeigte Egeria auch das Tor, durch das der Eilbote den Jesus-Brief gebracht hatte. Als einmal die Perser die Stadt umzingelt hatten, erwies der vom König an dieses Tor gebrachte Jesus-Brief seine mächtige Schutzkraft: Die gefürchteten Belagerer wurden verwirrt und richteten nichts mehr aus. Egeria war

[2] Vgl. Paul Devos, Égérie à Edesse. S. Thomas l'Apôtre. Le roi Abgar, in: Analecta Bollandiana 85 (1969) 381–400.

glücklich, als ihr der Bischof am Tor nicht nur den Abgar- und Jesus-Brief vorlas, sondern ihr auch eine Abschrift mitgab, die sie als segenbringendes Andenken mit in ihre aquitanische Heimat nahm.

Die ostsyrische Kirche im Perserreich

Zu der Zeit, als Nisibis fiel und Egeria Edessa besuchte, gab es schon seit Generationen Christengemeinden im südlichen Mesopotamien, das von den Persern beherrscht wurde.[3] Vermutlich waren die ersten „Missionare" in diesen Regionen Handelsleute. Im dritten Jahrhundert nahmen christliche Flüchtlinge und zwangsweise umgesiedelte Christen ihren Christenglauben aus den westsyrischen Gebieten mit an ihre Zufluchts- und Verbannungsorte im Inneren des persischen Reiches. Im 4. Jahrhundert gab es schon mehrere Bischofssitze. Mehr als einmal brachen unter den Sassanidenherrschern harte Verfolgungswellen über die „Kirche des Ostens" herein. Die „Persischen Märtyrer" sind zahlreich. Trotzdem konnte sich die Kirche behaupten und ging gestärkt aus diesen Kämpfen hervor. Als die erste ostsyrische Synode im Jahre 410 in der Hauptstadt Seleukia-Ktesiphon am Tigris zusammentrat, präsentierte sich die persische Kirche als gut organisiertes, vom Bischof der Landeshauptstadt zentral geführtes Kirchenwesen. Das kirchliche Zentrum lag in der Hauptstadt der Sassanidenkönige, in Seleukia-Ktesiphon. Diese Stadt befand sich etwa 30 km südlich der heutigen irakischen Hauptstadt Bagdad.
Die ostsyrische Tradition nimmt an, dass der dortige Bischofssitz, der spätere Sitz des Katholikos-Patriarchen der „Kirche des Ostens", apostolischen Ursprungs sei. Als erster Bischof von Seleukia-Ktesi-

---

[3] Vgl. Marie-Louise Chaumont, Christianisation de l'Empire Iranien des origines aux grandes persécutions du IVe siècle, (CSCO 499, Subs. 80), Louvain 1988; Dietmar W. Winkler, Ostsyrisches Christentum. Untersuchungen zu Christologie, Ekklesiologie und zu den ökumenischen Beziehungen der Assyrischen Kirche des Ostens (Studien zur Orientalischen Kirchengeschichte 26), Münster 2003, bes. 17–80; Wilhelm de Vries, Die Altorientalischen Kirchen, in: Handbuch der Ostkirchenkunde I, hg. von Wilhelm Nyssen, Hans-Joachim Schulz und Paul Wiertz, Düsseldorf 1984, 209–214.

phon gilt der Glaubensbote bei den Persern, Mari.[4] Er soll Schüler von Addai, dem Gründer der Kirche von Edessa gewesen sein. Doch dies ist eine relativ späte (5. Jahrhundert) Tradition. Hinter ihr steht die Absicht, die tatsächliche Vorrangstellung des Bischofs der persischen Reichshauptstadt durch den angeblich apostolischen Ursprung seines Sitzes nachträglich zu rechtfertigen und so seine Autorität zu steigern.

Die östlich des Euphrat ansässigen aramäisch-sprechenden Christen, die Ostsyrer *(Suryoye madenhoye)*, führten notgedrungen ein kirchliches Eigenleben. Weil sie bereits seit Beginn des 3. Jahrhunderts außerhalb der Grenzen des Römischen Reiches lebten, gestalteten sich die Kontakte zur Mutterkirche in Antiochien in Syrien immer schwieriger. Doch war die persische Kirche im Rahmen des Möglichen bemüht, die Verbindung mit der Kirche des „Westens" aufrecht zu erhalten. Auf den beiden ersten ostsyrischen Landessynoden (410 und 420) nahm jeweils ein Bischof aus dem Römischen Reich, gleichsam als Repräsentant der Reichskirche, teil. Ihm kam die Funktion eines Mit-Vorsitzenden bei den Synodenberatungen zu.

Der tiefsitzende Antagonismus zwischen Persern und „Römern" (Byzantinern) erschwerte dauerhaft die Austauschbeziehungen zwischen den Ost- und Westsyrern. Die Kontakte brachen schließlich ganz ab. Das führte dazu, dass die persische Kirche auf den Ökumenischen Konzilien von Ephesus (431) und Chalkedon (451) nicht vertreten war. Seit der Synode von 410 war die Kirche im Perserreich praktisch eine autokephale Kirche. Sie hatte ihr eigenes Oberhaupt und ordnete ihre inneren und äußeren Angelegenheiten selbstverantwortlich. Diese hauptsächlich politisch bedingte Verselbstständigung bedeutete aber nicht, dass die „Kirche des Ostens" sich hätte aus der Gemeinschaft der Gesamtkirche lösen wollen. Sie betrachtete sich weiterhin als ein integrierender Teil der „einen, katholischen und apostolischen Kirche", vergleichbar den älteren Patriarchaten von Rom, Antiochien, Alexandrien und Konstantinopel.

---

[4] Vgl. Peter Bruns, Art. Addai (Doctrina Addai), in: LACL, 5 f.

Obwohl die persische Kirche die Beziehungen mit der Mutterkirche im Westen praktisch aufgegeben hatte, mussten die Ostsyrer wegen ihres Christenglaubens Nachteile befürchten und erleiden. Von den Sassanidenherrschern wurden sie immer wieder verdächtigt, mit dem „Erbfeind" der Perser, den Byzantinern, zu kollaborieren. Es kam wiederholt zu Verfolgungen, die einen hohen Blutzoll forderten und das kirchliche Leben bedrückten.

Der angebliche Nestorianismus der „Kirche des Ostens"

Im Jahre 484 versammelte sich die Kirche im Perserreich zu einer Generalsynode in Beth Lapat.[5] Man vergewisserte sich, dass man auf dem Boden der beiden ersten Ökumenischen Konzilien von Nizäa (325) und Konstantinopel (381) stand. In der Frage des rechten Glaubens über Jesus Christus, wozu die Reichskirche sich in Ephesus (431) und Chalkedon (451) verbindlich geäußert hatte, ging die persische Kirche ihren eigenen Weg. Die erwähnte Synode betonte hinsichtlich der christologischen Frage, man wolle darin der Theologie des Theodor von Mopsuestia († 428) folgen.[6] Dieser galt und gilt in Rom und Konstantinopel als rechtgläubig.

Anders verhält es sich mit Theodors Schüler Nestorius († nach 451).[7] Er war von 428–431 Patriarch von Konstantinopel. Das Konzil von Ephesus (431) hatte ihn für abgesetzt erklärt, da seine Lehre über Christus Anstoß erregte. Nestorius betonte nämlich einseitig die menschliche Natur in Christus, so dass dessen wahre Gottheit verdunkelt erschien. Nachdem die höchste Autorität eines Reichskonzils (Ephesus 431) ihn wegen seiner verkehrten Christologie verurteilt hatte, gerieten alle, die weiterhin zu ihm hielten, in den Geruch, Feinde der Kirche und des Römischen Reiches zu sein. Nicht wenige „Nestorianer" versuchten der Verfolgung durch die byzanti-

---

5 Vgl. Winkler, Ostsyrisches Christentum (wie Anm. 3), 66–69.

6 Vgl. Peter Bruns, Art. Theodor von Mopsuestia, in: LACL, 592–594.

7 Vgl. M. Hamm, Art. Nestorius, in: LACL, 450f.

nischen Staatsorgane dadurch zu entgehen, dass sie sich ins Perserreich zurückzogen. Im Herrschaftsgebiet der Sassaniden waren sie vor dem Zugriff der byzantinischen Staatsmacht sicher.

Die persische Kirche war in die reichskirchliche Kontroverse um die Christologie des Nestorius nicht involviert. Sie schloss sich auch dessen Verurteilung durch das Konzil von Ephesus nicht förmlich an. So geriet die „Kirche des Ostens" in den Verdacht, einem verkehrten Christus-Glauben anzuhangen. Die byzantinische Reichskirche wie auch die lateinische Kirche des Westens betrachteten die persischen Christen jenseits der Reichsgrenze als „Nestorianer".

Dieser Name, der den Ostsyrern generell eine häretische Christologie anhängt, war nie eine von ihnen benutzte Selbstbezeichnung. Die ostsyrischen Synodenbeschlüsse des 5. und 6. Jahrhunderts erwähnen Nestorius mit keinem Wort.

Von der „Nestorianischen Kirche" sollte heute niemand mehr reden. Die in jüngster Zeit zustande gekommenen ökumenischen Kontakte und die augenblicklichen interkonfessionellen theologischen Gespräche[8] haben nämlich klargestellt, dass es im Christusbekenntnis der Dialogpartner keine wirklichen Unterschiede gibt.[9] Die angeblichen „Nestorianer" sind ebenso wie Katholiken und Orthodoxe überzeugt, dass Jesus Christus wahrer Gott und wahrer Mensch ist. Man braucht diesbezüglich nur die liturgischen Texte, den gefeierten Glauben der Ostsyrer unvoreingenommen zur Kenntnis zu nehmen, um sich davon zu überzeugen.

---

[8] Vgl. Winkler, Ostsyrisches Christentum (wie Anm. 3), 146–211. Seitens der koptisch-orthodoxen Kirche wird neuerdings der Vorwurf des angeblichen Nestorianismus der „Kirche des Ostens" wieder verstärkt erhoben; vgl. Metropolit Bishoy, A Documentary on the Nestorian Assyrian Church of the East, Kairo 2004; dazu: Theresia Hainthaler, Anmerkungen zu einem Buch von S. E. Metropolit Bishoy über den Nestorianismus der Assyrischen Kirche des Ostens, in: Tamcke/Heinz, Suryoye (wie Anm. 13), 87–96.

[9] Vgl. den Text der Gemeinsamen Christologischen Erklärung von 1994 in diesem Band.

Blüte und Niedergang der „Kirche des Ostens“

Ein besonderes Ruhmesblatt der ostsyrischen Kirche ist ihre missionarische Aktivität. Die berühmte Marmorstele von Schianfu, errichtet am 4. Februar 781, bezeugt die Verbreitung des Christentums ostsyrischer Prägung bis nach China.[10] Im Jahre 638 – so ist ihrer Inschrift zu entnehmen – erließ Kaiser Tai-tsung (627–649), der zweite Herrscher aus der Tang-Dynastie, ein Edikt. Der Kaiser gestattete, dass die „leuchtende Religion“, wie die ostsyrische Kirche in China hieß, „freien Lauf durch das Kaiserreich haben möge“. Ihr Katholikos Iso'yahb II. (628–646)[11] machte Samarkand an der Seidenstraße zum Sitz eines Metropoliten.

Als um diese Zeit die muslimischen Araber in das persische Reich eindrangen, wanderten viele ostsyrische Christen nach China aus. Sie verstärkten die dortige von dem Metropoliten für China geleitete christliche Minderheit. Diese erfreute sich bis um die Mitte des 9. Jahrhunderts der Gunst der Kaiser. Der Sturz der Tang-Dynastie zu Beginn des 10. Jahrhunderts führte dann aber zum Verlöschen des Christentums in weiten Teilen des Landes.

Neue Erfolge konnten die ostsyrischen Missionare nun aber bei den mongolischen Nomadenstämmen der zentralasiatischen Steppengebiete verbuchen. Die durch deren Territorien führenden verschiedenen Routen der Seidenstraße begünstigten die Ausbreitung des Christentums. Eine planmäßige Missionsarbeit nördlich der Seidenstraße förderte besonders der Katholikos Timotheos I. (780–823).[12] Er organisierte eine zweckdienliche Ausbildung der Glaubensboten,

---

[10] Vgl. Jürgen Tubach, Die nestorianische Kirche in China, in: Nubica et Aethiopica IV/V, hg. von Peter Nagel und Piotr O. Scholz, Warschau 1999, 61–193 (Lit.).

[11] Vgl. Peter Bruns, Art. Ischojahb II., Katholikos, in: LACL, 318f.

[12] Vgl. Harald Suermann, Timotheos I. und die Asienmission, in: Martin Tamcke (Hg.), Syriaca II. Beiträge zum 3. deutschen Syrologen-Symposium in Vierzehnheiligen 2002 (Studien zur Orientalischen Kirchengeschichte 33), Münster 2004, 193–202; Martin Tamcke, Coexistence and discussion between Nestorian Christians an Shamanistic Mongolians – A Model with Future?, in: The Harp 10 (1997) 25–37.

die auch Sprachunterricht einschloss. Für Tibet weihte er einen Metropoliten. Mehrere Mongolenstämme nahmen das Christentum an. Im mongolischen Weltreich galt grundsätzlich religiöse Toleranz. Die „Kirche des Ostens" hatte dort die günstigsten Ausgangsbedingungen für ihre Missionstätigkeit. Im Reich des Großkhans bekannten sich etliche Kanzler, viele Frauen der Herrscher und nicht wenige hohe Beamte zum Christentum. Die Reiseberichte abendländischer Handelsleute und vom Papst entsandter Ordenspriester vermitteln uns für das 13. Jahrhundert einen lebendigen Eindruck von der unübersehbaren Präsenz des ostsyrischen Christentums bei den Mongolenstämmen, besonders in der Hauptstadt Karakorum. Was die Reisenden aus dem Westen berichten, lässt aber auch erkennen, dass vom missionarischen Elan früherer Zeiten kaum noch etwas zu spüren war. Es herrschte eine indifferente Großzügigkeit in religiösen Dingen. Man bediente sich je nach Bedarf bei verschiedenen Religionen.
Zu Ende des 13. Jahrhunderts hätte nicht die römische Kirche, wohl aber die „Kirche des Ostens" den Titel „Weltkirche" für sich reklamieren können. Sie war damals unter ihrem Oberhirten, dem Katholikos-Patriarchen in Ktesiphon am Tigris, eine wirkliche Weltkirche. Etwa 200 Bistümer gab es zu dieser hohen Zeit des ostsyrischen Christentums. Doch auf die Blütezeit folgte gegen Ende des gleichen Jahrhunderts die fast völlige Vernichtung. Der islamische Mongolenherrscher Timur Leng *(Tamerlan)* – er regierte von 1370 bis 1405 – brachte Zerstörung und Tod über die christlichen Gemeinden im nahen und fernen Osten. Seine Horden verwüsteten auch das mesopotamische Stammland der Ostsyrer. Dort hatten sich diese während der langen arabischen Herrschaft nicht nur behauptet, sie waren auch zu erstaunlichen kulturellen Leistungen fähig gewesen und in Führungspositionen aufgestiegen.

Rückzug und Überlebenskampf

Bereits vor dem Vernichtungsschlag der Mongolen hatte der Katholikos-Patriarch der „Kirche des Ostens“ seinen Amtssitz in Ktesiphon aufgegeben und sich in den heutigen Nordirak zurückgezogen. Dann noch weiter in die unzugänglichen Berge des Hakkari (heute Osttürkei). Dort lebten zu Beginn des 20. Jahrhunderts noch etwa 150.000 Ostsyrer. In ihrer Mehrzahl gehörten sie zur „Apostolischen Kirche des Ostens“. Aus westlicher Perspektive handelte es sich bei diesen „Assyrern“ also um schismatische „Nestorianer“. Sie führten in diesem äußersten Winkel des osmanischen Reiches mit Duldung der „Hohen Pforte“ weitgehend ungestört ein Eigenleben. Der im Ort Qudšanis, nördlich von Hakkari, residierende Katholikos war nicht nur ihr religiöser Führer. Er war auch in weltlichen Angelegenheiten und in der Gerichtsbarkeit die Erstautorität für die Mitglieder seiner Volksgruppe.

Der Erste Weltkrieg brachte neues Unheil.[13] Die christlichen Minderheiten im osmanischen Reich gerieten zwischen die Fronten. Den Ostsyrern der Hakkari-Gebirgsregion erging es nicht besser als den Armeniern und den orthodoxen Syrern im Tur Abdin (Osttürkei). Auch sie wurden von fanatischen Türken und Kurden verfolgt und massakriert. Der von den Allierten erhoffte Schutz blieb aus. Die den „Assyrern“ von Engländern und Russen in Aussicht gestellte Autonomie löste sich in Luft auf. Massaker im Norden des Irak und Zwangsumsiedlungen in Internierungslager brachten weitere Verluste. Erst Mitte der 30er-Jahre des 20. Jahrhunderts gelang es in Verhandlungen mit Frankreich, etwa 9000 Ostsyrer aus dem Irak in Nordsyrien anzusiedeln. Sie bekamen am Khabur um Hasake eine neue Heimat. Der weitaus größere Teil der Bevölkerungsgruppe blieb aber im Irak. Von dort sind seitdem viele in den Westen aus-

[13] Vgl. Mar Aprem (Kerala), The Assyrians today, in: Tamcke, Syriaca II (wie Anm. 12), 281–296; Mar Odisho Oraham, History, establishment, language and doctrine of the Assyrian Church, in: Martin Tamcke/Andreas Heinz (Hg.), Die Suryoye und ihre Umwelt. FS Wolfgang Hage (Studien zur Orientalischen Kirchengeschichte 36), Münster 2005, 475–485.

gewandert, hauptsächlich nach Nordamerika (USA, Kanada). Die Auswanderung von Christen aus allen arabischen Ländern hält nach wie vor an. Dieser Aderlass bedroht besonders die ohnehin stark geschrumpfte und in sich gespaltene „Apostolische und Katholische Kirche des Ostens" in ihrer Existenz. Neue Kraft könnte diesem altehrwürdigen Zweig des ostsyrischen Christentums durch die angestrebte volle Kirchengemeinschaft mit den katholischen Chaldäern zuwachsen.

Die katholischen Chaldäer

Die Chaldäer bilden heute im vorderen Orient die zahlenmäßig größte und bedeutendste Gruppe von Christen ostsyrischer Tradition.[14] Sie haben Kirchengemeinschaft mit dem Papst in Rom, feiern aber weiterhin ihre syrische Eigenliturgie und bewahren ihre eigene ekklesiale Struktur. Ihr Oberhaupt führt den Titel „Patriarch von Babylon" und residiert seit 1947 in Bagdad. Als Nachfolger des letzten Patriarchen Raphael I. Bidawid (1993–2003) wurde von der chaldäischen Bischofssynode nach einer schwierigen Wahl am 3. Dezember 2003 der 76-jährige Erzbischof Emmanuel-Karim Delly, emeritierter Hilfsbischof in Bagdad, zum neuen Kirchenoberhaupt gewählt. Er gab sich den Namen Emmanuel III. Anlässlich der von dem neuen Patriarchen im Vatikan erbetenen und gewährten „Kirchengemeinschaft – *communio ecclesiastica*" mit dem Heiligen Stuhl sagte Papst Johannes Paul II. (†2005): „Die Chaldäische Kirche ist stolz darauf, Christus zu bezeugen in dem Land, aus dem Abraham, unser Vater im Glauben, auszog, und sie rühmt sich, ihre apostolischen Ursprün-

---

[14] Vgl. Wilhelm de Vries, Die unierten Patriarchate des Nahen Ostens und das Uniatenproblem, in: Handbuch der Ostkirchenkunde I (wie Anm. 3), 226–248, bes. 240f.; vgl. auch die historische Abhandlung über die römischen Unionsversuche mit der Kirche des Ostens und die Errichtung eines katholischen Patriarchats für die Chaldäer, in: Missel Chaldéen. L'ordre des mystères avec les trois anaphores selon le rite de la sainte Église de l'Orient en usage chez les Chaldéens catholiques du patriarcat de Chaldée-Babylone, Paris 1982, 272–277.

ge auf die Predigten des Thomas, einer der Zwölf, zurückführen zu können. Kraft der Teilhabe an dem einzigartigen Lebenssaft, der von Christus ausströmt, muss sie weiterhin aufblühen, in Treue zur eigenen Identität, und reiche Früchte hervorbringen zum Wohl der ganzen Kirche." (OR, dt., 19.12.2003, S. 12).

Die Zahl der Gläubigen beträgt nach Angaben der Chaldäischen Kirche etwa 800.000; tatsächlich dürften es weniger sein. Die Mehrheit von ihnen lebt im Irak und in anderen arabischen Ländern. Viele sind nach Amerika, Australien und Europa abgewandert. Der Irak-Krieg und die anschließende unsichere Lage im Land haben sich sehr nachteilig auf die dortigen Christengemeinden ausgewirkt und die Auswanderungstendenzen verstärkt.

Das chaldäische Patriarchat umfasst heute 17 Diözesen. Neun liegen im Irak: Bagdad (die Hauptstadt allein zählt über 20 chaldäische Pfarreien), Basra, Mosul, Kirkuk, Erbil, Aqra, Alqoš, Ammadya, Zakko; drei im Iran (Teheran, Urmia, Ahnaz); je eine in der Türkei (Istanbul), Syrien (Aleppo), Libanon (Beirut), Ägypten (Kairo) und USA (Detroit). Chaldäische Pfarreien, die direkt dem Patriarchen unterstehen, gibt es in Suleimanya (Irak), im Heiligen Land, in Australien, Schweden und Frankreich (Marseille und Paris). In Rom residiert ein Patriarchalvikar.

Die Selbstbezeichnung dieser größten Gruppe von Christen im Irak ist biblischen Ursprungs. Im Alten Testament werden die um 600 vor Christus in Babylon regierenden Könige und die Bevölkerung ihres Landes „Chaldäer" genannt. Im Buch Daniel ist von der Sprache der „Chaldäer" die Rede (Dan 1,4). Die zur Zeit der „babylonischen Gefangenschaft" an den dortigen Königshof verschleppten jüdischen Jungmänner mussten diese Sprache erlernen. Es war das Aramäische. Aramäisch war auch die Umgangssprache zur Zeit Jesu im Heiligen Land. Bis heute ist eine Variante des Aramäischen, das Altsyrische, die Liturgiesprache der syrischen Kirchen.

Der Begriff „Chaldäer" in seiner modernen Bedeutung ist eine erst im 15. Jahrhundert aufgekommene Bezeichnung für die Angehörigen der „Kirche des Ostens". In der Folgezeit trat ein Bedeutungswandel ein. Die Entwicklung ging dahin, dass nur mehr die mit Rom vereinigten Ostsyrer als Chaldäer bezeichnet wurden. Die Nicht-Unierten hießen weiterhin „Nestorianer“, ab dem 19. Jahrhundert auch „Assyrer“. Diese mit Rom nicht in Kirchengemeinschaft lebenden Christen des ostsyrischen Ritus bezeichnen sich heute selbst als Angehörige der „Heiligen Apostolischen und Katholischen Assyrischen Kirche des Ostens“.[15]

Die komplexe Geschichte der Unionsversuche mit den Christen ostsyrischer Tradition[16] kennt um die Mitte des 16. Jahrhunderts einen ersten katholischen Patriarchen: Šimun VIII. Sulaqa († 1555). Unter seinen Nachfolgern löste sich die Bindung an Rom aber wieder. Die Union war nicht von Dauer. 1681 erkannte Rom dann Erzbischof Joseph I. von Amida (Diyarbakir in der Osttürkei) als „Patriarchen der Chaldäer“ an.

Das jetzige katholische Patriarchat nahm seinen Anfang, als Papst Pius VIII. (1829–1830) im Jahre 1830 den Metropoliten Johannes Hormizd von Mosul unter dem Namen Johannes VIII. zum ersten „Patriarchen von Babylon“ und Oberhaupt der katholischen Ostsyrer (Chaldäer) ernannte.

Seitdem gibt es eine bis heute ununterbrochene Reihe von Patriarchen im katholischen Teil der „Kirche des Ostens“. Ihre Namen sind:

Johannes VIII. Hormez	1830–1838	(Mosul)
Nikolaus Zaya	1840–1847	(Mosul)
Joseph II. Audo	1848–1878	(Mosul)
Elija XIV. Abbo Alyonan	1879–1894	(Mosul)
Abdišo V. Khayat	1894–1899	(Mosul)
Joseph Emmanuel II. Thomas	1900–1947	(Mosul)
Joseph VII. Ghanima	1947–1958	(Bagdad)
Paul II. Cheiko	1958–1993	(Bagdad)
Raphael I. Bidawid	1993–2003	(Bagdad)
Emmanuel III. Delly	2003–	(Bagdad)

[15] Vgl. Aprem, The Assyrians (wie Anm. 13), 282 f.; Gabriele Yonan, Art. Kirche des Ostens III, in LThK 5 (Freiburg u. a. ^{3}1996), 1496 f.

[16] Vgl. Heinzgerd Brakmann, Art. Kirche des Ostens II. Unionsversuche, in: LThK 5 (Freiburg u. a. ^{3}1996), 1994 f.

Ökumenischer Dialog und Hoffnung auf Einheit

Der trostlos zusammengeschrumpfte Rest der einst blühenden „Kirche des Ostens" ist heute nicht nur in einen katholischen und einen kleineren nicht-unierten Zweig (wohl kaum noch 150.000 Gläubige) gespalten. Der nicht-römische Teil zerfällt zudem neuerdings in zwei Gruppen, von denen jede ihr eigenes Kirchenoberhaupt *(Katholikos)* hat. Das Schisma brach Ende der sechziger Jahre des 20. Jahrhunderts aus.[17] Erzbischof Mar Thoma Darmo, der von dem im Exil lebenden Patriarchen Mar Isa Šimun XXI. zum Erzbischof von Indien geweiht worden war, setzte sich an die Spitze einer Gruppe von Bischöfen, die mit der Amtsführung ihres Patriarchen unzufrieden waren. Die opponierenden Bischöfe warfen ihm vor, sich nicht um die Belange der Kirche zu kümmern. Man kam überein, einen neuen Patriarchen zu wählen. Als solcher wurde Mar Thoma Darmo 1968 gewählt. Dieser neue Patriarch von Bagdad starb aber schon 1969. Sein Nachfolger wurde Mar Addai II.

Damals lebte der von einem Teil des assyrischen Episkopats abgesetzte Patriarch Mar Isa Šimun XXI. noch. Er heiratete 1973. 1975 wurde er ermordet. Daraufhin schritten einige Bischöfe, die Mar Addai II. als rechtmäßigen Patriarchen nicht anerkannten, zur Wahl eines Nachfolgers. Als solcher wurde 1976 Mar Dinkha IV., der Bischof von Persien (Iran), gewählt. Es gab nunmehr zwei assyrische Katholikoi oder Patriarchen. Diese Kirchenspaltung dauert bis zur Stunde fort. Es ist keine ernste Bereitschaft zu erkennen, das Schisma zu heilen, obwohl es auf der Hand liegt, dass die „Heilige Apostolische und Katholische Assyrische Kirche des Ostens" durch diese Spaltung noch mehr geschwächt wird und Gefahr läuft, sich völlig aufzulösen.

Ein Hoffnungszeichen sind die Kontakte mit anderen christlichen Kirchen im Westen und neue ökumenische Initiativen. Zwar wurde die „Apostolische und Katholische Kirche des Ostens" schon 1948/1950 Mitglied des Ökumenischen Rates der Kirchen (ÖRK). Doch

---

17 Vgl. Yonan (wie Anm. 15).

verhinderte der desolate innere Zustand der Kirche und der Mangel an theologischen Experten, dass die „Assyrer" sich aktiv am ökumenischen Dialog beteiligen konnten. Eine hoffnungsvollere Entwicklung trat erst ein, seit Mar Dinkha IV. Khnanyaya 1976 zum Patriarchen gewählt worden war. Er repräsentiert allerdings, wie erwähnt, nur einen Teil, wenn auch den größeren Teil, der Assyrischen Kirche. Ihm gelang es, seine Kirche in die bilateralen und multilateralen ökumenischen Dialoge einzuführen.[18]

Insbesondere macht der Dialog mit der römisch-katholischen Kirche, der in den achtziger Jahren begann, erstaunliche Fortschritte. Im November 1994 kam es zu einer Begegnung zwischen Papst Johannes Paul II. († 2005) und Patriarch Mar Dinkha IV. Bei dieser Gelegenheit wurde eine gemeinsame christologische Erklärung unterzeichnet.[19] Am 15. August 1997 billigten sodann der damalige chaldäische Patriarch Raphael I. Bidawid (Bagdad) und der assyrische Patriarch Mar Dinkha IV. ein bilaterales Programm, das erklärtermaßen zur vollen Kirchengemeinschaft führen soll.[20]

Die Beziehungen zwischen den beiden Schwesterkirchen des ostsyrischen Ritus haben sich mittlerweile so gut entwickelt, dass sogar die eucharistische Gemeinschaft in pastoralen Notsituationen vereinbart werden konnte. In dem entsprechenden Dokument vom 20. Juli 2001 hat Rom die Feier der Eucharistie mit der Anaphora von Addai und Mari, die bei den Assyrern keinen Einsetzungsbericht enthält, als gültig anerkannt.[21]

---

[18] Vgl. Winkler, Ostsyrisches Christentum (wie Anm. 3), 135–158; Geo Zhadikkatt, Towards a closer Communion between the Assyrian Church of the East and the Syro-Malabar Church, in: The Harp 14 (2001) 1–40.

[19] Vgl. AAS 87 (1995) 685–687; deutsche Übersetzung in diesem Band.

[20] Vgl. Der christliche Osten 52 (1997) 62; ebd., 53 (1998) 136 f.

[21] Vgl. den Text in diesem Band; über die Konsequenzen für die Kirchen des ostsyrischen Ritus in Kerala vgl. Mar Aprem, Intercommunion between the Syro-Malabar-Church and the Church of the East in India, in: The Harp 14 (2001) 41–48. Zur ökumenischen Bedeutung dieses mutigen Schrittes vgl. Johannes Oeldemann, Die Erben von Addai und Mari, in: Christ in der Gegenwart 54 (2001) 93 f.; ders., Wachsende Gemeinschaft zwischen den Kirchen ostsyrischer Tradition, in: Der christliche

Bei der ersten Begegnung des Katholikos-Patriarchen der Assyrischen Kirche des Ostens, Mar Dinkha IV., mit Papst Benedikt XVI. am 21. Juni 2007 im Vatikan, sagte der Papst wörtlich: „Die Gemeinsame Kommmission (für den theologischen Dialog zwischen der katholischen Kirche und der Assyrischen Kirche des Ostens) widmete sich dem wichtigen Studium des sakramentalen Lebens in unseren jeweiligen Traditionen und konnte bezüglich der Anaphora der Apostel Addai und Mari eine Einigung herbeiführen. Mit tiefer Dankbarkeit anerkenne ich die Resultate dieses Dialogs, die im Hinblick auf andere umstrittene Fragen auf weitere Fortschritte hoffen lassen. Gewiss verdienen diese Erfolge besser bekannt und anerkannt zu werden, da sie verschiedene Formen pastoraler Zusammenarbeit zwischen unseren Gemeinschaften ermöglichen. (...). Es ist zu hoffen, dass die fruchtbare Arbeit, die die Kommission im Laufe der Jahre geleistet hat, fortgesetzt werden kann, ohne jemals das eigentliche Ziel unseres gemeinsamen Wegs zur Wiederherstellung der vollen Gemeinschaft aus dem Auge zu verlieren." (OR dt. vom 20.7.2007, S. 11).

Ein Teil der Assyrer im Irak und in der Diaspora stehen dieser Entwicklung abwartend bis ablehnend gegenüber. Sie erkennen den 1976 gewählten Katholikos-Patriarchen Mar Dinkha VI. nicht an. Ihr Kirchenoberhaupt ist der in Bagdad residierende Patriarch Addai II. Es bleibt zu hoffen, dass die innere Zerrissenheit, die das Zeugnis der „Kirche des Ostens" im Meer des Islam so oft verdunkelt und gelähmt hat, bald überwunden werden kann. Andernfalls ist zu befürchten, dass das ostsyrische Christentum in seiner mesopotamischen Heimat auf Dauer keinen Bestand haben wird.

Osten 57 (2002) 19–22; dort (S. 23–25) auch der Text der römischen Richtlinien vom 20. Juli 2001.

Die Thomas-Christen in Südindien

Der bedeutendste und lebenskräftigste Zweig der syrisch-orientalischen Tradition blüht heute im Süden Indiens, in Kerala. Die dortigen Christen führen den Ursprung des kirchlichen Lebens in ihrer Heimat auf den Apostel Thomas zurück.[22] Thomas gehörte zum Kollegium der Zwölf Apostel. Während Matthäus, Markus und Lukas Thomas nur in ihrem jeweiligen Apostelkatalog nennen, lässt das Johannesevangelium ein auffälliges Interesse an diesem Apostel erkennen. Im vierten Evangelium wird Thomas nicht weniger als sieben Mal genannt. Sein Beinamen „Didymus" (Zwilling) ist die griechische Übersetzung des aramäischen Namens. Thomas tritt als besonders glaubwürdiger Zeuge der Auferstehung Christi hervor. Denn er weigerte sich zunächst, der Osterbotschaft zu glauben, bis der Auferstandene selbst sich ihm zeigte und ihn aufforderte, seine Wundmale zu berühren (Joh 20,24–29). Darauf bekannte Thomas seinen Christus-Glauben in einer Klarheit und Eindeutigkeit, wie es bis dahin kein anderer Apostel getan hatte: „Mein Herr und mein Gott!" (Joh 20,28).

Auch an Thomas war der Auftrag des auferstandenen Herrn ergangen: „Geht zu allen Völkern und macht alle Menschen zu meinen Jüngern; tauft sie auf den Namen des Vaters und des Sohnes und des Heiligen Geistes und lehrt sie alles zu befolgen, was ich euch geboten habe" (Mt 27,19 f.). Die Apostelgeschichte und die anderen Schriften des Neuen Testaments geben keine Auskunft darüber, wo Thomas nach Pfingsten gewirkt hat. Nach der von den „Thomas-Christen"[23] hochgehaltenen Tradition, soll der Apostel im Jahre 52

---

[22] Vgl. Placid J. Podipara, Die Thomas-Christen (Das östliche Christentum N.F. 18), Würzburg 1966; Albrecht Dihle, Art. Indien, in: RAC 18 (1998) 1–56, hier 46 f.; Joseph Kolangadan, The Historicity of Apostle Thomas Evangelization in Kerala, in: The Harp 8/9 (1995/96) 305–327; Hans-Joachim Klimkeit, Art. Asien III. Kirchengeschichte, in: LThK 1 (Freiburg u. a. ^{3}1993), 1067 f.; Jürgen Tubach, The veneration of the Apostle Thomas in the Church Province of Persis, in: The Harp 15 (2002) 13–23.

[23] Vgl. Paul Wiertz, Die Thomaschristen Indiens, in: Handbuch der Ostkirchenkun-

nach Indien gekommen sein. Unmöglich ist das nicht. Es gab um diese Zeit Handelsverbindungen auf dem Seeweg zwischen der arabischen Halbinsel und Südindien. Es gab von Indien aus über Persien Verbindungen in den vorderen Orient. Nachgewiesen ist auch um diese Zeit jüdische Präsenz an der Malabar-Küste. Die erste von Thomas evangelisierte Gemeinschaft soll denn auch aus Juden-Christen bestanden haben. Der Missionstätigkeit des Apostels wird die Gründung von acht Gemeinden zugeschrieben: Chayal, Kokkamangalam, Kollam, Kottakaku, Niranam, Maliamkara, Palayur und Thiruvamkode.

Der Apostel soll seine Verkündigung in Indien mit dem Blut besiegelt haben.[24] Thomas, der einst seine Mitapostel aufgefordert hatte, mit Jesus nach Jerusalem hinaufzugehen und nötigenfalls dort mit ihm zu sterben (vgl. Joh 11,16), soll am 3. Juli 72 in Mylapore bei Madras das Martyrium erlitten haben. Dort zeigt man das „Thomas-Grab", an dem auch Papst Johannes Paul II. bei seinem Indien-Besuch gebetet hat. In einem Brief an die Bischöfe Indiens vom 18. Mai 1987 schrieb er damals: „Seit den ältesten Zeiten hat eine ansehnliche Gruppe von Christen, ‚Thomas-Christen' genannt, im Süden Indiens gelebt. Die Überlieferung versichert nachdrücklich, dass der Apostel Thomas selbst nach Indien kam und das Evangelium verkündigte, sowohl im äußersten Süden als auch an jenen Orten, die heute als Madras-Mylapore bekannt sind."[25]

Kritische Forscher bezweifeln die Zuverlässigkeit der indischen Thomas-Tradition. Sie weisen darauf hin, dass die erste Nachricht über

---

de I (wie Anm. 3), 249–268; Heinzgerd Brakmann, Art. Thomaschristen, in: LThK 10 (Freiburg u. a. ^{3}2001), 1–6. Zu den folgenden Ausführungen vgl. vor allem Paul Pallath, La liturgia eucaristica della chiesa siro-malabarese, Padua 2000, 109–115.

[24] Erstmals erwähnen die ursprünglich syrisch verfassten apokryphen Thomasakten aus dem Anfang des 3. Jahrhunderts das Martyrium des Apostels in Indien; vgl. Hans Reinhard Seeliger, Art. Thomas, Apostel II. Verehrung, in: LThK 9 (Freiburg u. a. ^{3}2000), 1505 f.

[25] Zit. n. Pallath, Liturgia (wie Anm. 23), 109; eigene Übersetzung aus dem Italienischen.

einen gewaltsamen Tod des Apostels in Indien erst im frühen dritten Jahrhundert auftaucht. Die damals in syrischer Sprache, wohl in Edessa, aufgezeichneten so genannten „Thomas-Akten" betrachten Thomas als Zwillingsbruder Jesu. Nach der Auferstehung und Himmelfahrt Jesu sei Thomas, so wird dort berichtet, als Sklave nach Indien verkauft worden. Am Hof des Königs Gundaphoros habe er als Zimmermann und Baumeister gearbeitet. Es sei ihm gelungen, die Hof- und Dienstleute des Königs Misdai zum Christenglauben zu bekehren. Deshalb habe ihn der König hinrichten lassen. Die „Thomas-Akten" wissen ferner von einem Grab des Apostels in Indien, das aber nur Staub enthalte. Die Gebeine des Apostels seien nämlich von einem Glaubensbruder in „die Gegend des Westens" (ActThom 170) gebracht worden.

Der Kirchenschriftsteller Origenes († um 253) nennt als Missionsgebiet des Apostels Thomas das Gebiet der Parther in Mesopotamien. Von dort aus gab es immer schon Austauschbeziehungen mit Indien. Sicher ist, dass die Gebeine des Apostels Thomas im vierten Jahrhundert in Edessa *(Urfa)*, dem Zentrum des aramäischen Christentums im nördlichen Mesopotamien, verehrt wurden. Ephräm der Syrer († 373) geht vom Martyrium des Apostels Thomas in Indien aus. Nach ihm brachte „ein Kaufmann" die Reliquien nach Edessa. Sie wurden zu Ephräms Lebzeiten in einem Schrein, „dem Schatzkasten des Thomas" (carm. Nis. 42,1 f.: CSCO S. 102,37; 103,28 f.), aufbewahrt. In Edessa hat um 380 die abendländische Pilgerin Egeria die Thomas-Reliquien verehrt (Peregrinatio Egeriae 17,1; 19,2).

Wie immer es mit den ersten Anfängen des Christentums in Südindien gewesen sein mag, fest steht, dass das Evangelium durch die persische Kirche dorthin gelangte. Es wurde in seiner ostsyrischen Ausprägung in Südindien eingepflanzt und heimisch.

Die Thomas-Christen waren eine „kleine Herde". Von der übrigen Christenheit fast gänzlich isoliert, blieben sie allerdings weiterhin in Verbindung mit der ostsyrischen Mutterkirche. Es bestand zudem ein gewisses fortdauerndes Abhängigkeitsverhältnis zur „Kirche des Ostens".[26] Der indische Bischofssitz wurde nämlich nicht mit einem Einheimischen besetzt, sondern mit einem von der persisch-ostsyrischen Mutterkirche entsandten Hierarchen. Im 16. Jahrhundert, als portugiesische Missionare die Thomas-Christen an der Malabar-Küste entdeckten, residierte dieser ostsyrische Metropolit „für ganz Indien" in Angamali (Kerala).

Das „ausländische" Kirchenoberhaupt der Thomas-Christen beschränkte seine Tätigkeit faktisch auf die bloßen bischöflichen Amtshandlungen. Dadurch war aber die liturgische Einheit mit der persischen Mutterkirche auf der Basis des ostsyrischen Ritus gewährleistet. Hinsichtlich der Kirchenleitung war die indische Kirche weitgehend „autokephal". Das tatsächliche Kirchenregiment lag bei einem Prälaten aus dem einheimischen Klerus, der sich „Archidiakon für ganz Indien" nannte. Unterstützt von der „Vollversammlung", bestehend aus Vertretern der Geistlichkeit und Repräsentanten des Volkes, hatte er alle gesetzgeberischen Vollmachten, die autochthone so genannte Syro-Malabarische Kirche zu verwalten und zu führen.

Wie indisch war das südindische Christentum? Die jahrhundertelange Symbiose mit der es umgebenden dominanten Hindu-Kultur begünstigte einen Inkulturationsprozess. Die Thomas-Christen übernahmen Feste und sozio-kulturelle Strukturen; sie ließen sich auch von der hinduistischen Tempelarchitektur und gewissen Hindu-Riten inspirieren. So wurden Elemente der indischen Kultur, sofern sie mit dem Christentum vereinbar waren, integriert. Die Kirche des heiligen Thomas, wie sie die portugiesischen Eroberer in Kerala vorfanden, war indisch in ihrer Kultur, christlich in ihrem Bekenntnis und orientalisch in ihrer Liturgie.[27] Dieses eigengeprägte kulturelle

---

[26] Vgl. ebd., 112f.

[27] Vgl. P. J. Podipara, Hindu in Culture, Christian in Religion, Oriental in Worship, in: OstKSt 8 (1959) 82–104; Jo Vaz, Sacred Art and Architecture of Indian Christians, in: Ephrem's Theological Journal 10 (2006) 35–50. Zur Frage der indischen Identität der Thomas-Christen in Kerala vgl. auch Karl Pinggéra, Syrisches Erbe und indische Identität. Auseinandersetzungen um Inkulturation und Liturgie in der syro-malabarischen Kirche, in: Tamcke/Heinz, Suryoye (wie Anm. 13), 137–157.

und spirituelle Erbe bezeichnen die Thomas-Christen mit dem Begriff „Toma Marga", was so viel bedeutet wie „der Weg" oder „das Gesetz des heiligen Thomas". Das Kernstück dieses „thomas-christlichen" Patrimoniums war und ist der Gottesdienst nach ostsyrischer Art mit gewissen indischen Besonderheiten.

Im Sog der Latinisierung

1498 landete der Portugiese Vasco da Gama in Kalikut. Portugal etablierte seine Kolonialherrschaft an der Malabar-Küste. Die Seefahrer aus dem katholischen Portugal entdeckten zu ihrer Überraschung, dass es dort einheimische Christen gab. Diese Entdeckung hätte zu einem Fest der Begegnung und einer Chance für die Evangelisierung Indiens werden können. Doch von Anfang an herrschte auf Seiten der katholischen Kolonialherren ein Klima des Misstrauens und des Unverständnisses im Umgang mit den Thomas-Christen. Die mit den portugiesischen Seefahrern ins Land kommenden Missionare kannten nur die lateinische Form des Christentums. Alles, was von der römischen Art abwich, erschien ihnen suspekt. Zudem galten die ostsyrischen Christen im Abendland als „Nestorianer", also als Häretiker mit einem falschen Christus-Bekenntnis. Ihre Liturgie und ihr Kirchenwesen schienen in vielfacher Hinsicht voller Fehler und Mängel zu sein.
Unter diesen ungünstigen Voraussetzungen kam es leider nicht zu einem christlichen Miteinander, nicht einmal zu einem toleranten Nebeneinander. Obwohl der ostsyrische Metropolit für Indien seit 1558 durch seine Communio mit dem mit Rom unierten chaldäischen Patriarchen auch selbst in Gemeinschaft mit der römisch-katholischen Kirche stand, wurde seine Kirche behindert und unterdrückt. Als Metropolit Mar Abraham von Angamali 1597 starb, verhinderte die portugiesische Kolonialmacht, dass ein Nachfolger des ostsyrischen Ritus gewählt wurde. Der Zeitpunkt schien vielmehr günstig, die nun bischofslosen Thomas-Christen gleichzuschalten und die Syro-Malabarische Kirche dem portugiesischen

Kirchenregiment *(padroado)* zu unterstellen. Das darin verankerte Patronatsrecht erkannte dem König von Portugal das Recht zu, die Bischöfe in seinem Herrschaftsbereich zu ernennen.

Mit dieser kirchenpolitischen Zielvorstellung rief Erzbischof Dom Aleijo de Menezes OESA von Goa (1559–1617) – Goa war die erste, 1534 errichtete lateinische Diözese in Indien – die Syro-Malabarische Kirche zu einer Synode nach Diamper *(Udayamperur)* zusammen.[28] Kirchenrechtlich war er dazu im Grunde nicht befugt, da er keine Jurisdiktion über die ostsyrischen Christen der Malabar-Küste besaß. Die Synode fand vom 20.–26. Juni 1599 statt. Sie stellt ein besonders dunkles Kapitel in der vielfach belasteten Geschichte der Beziehungen zwischen der Westkirche und den orientalischen Kirchen dar. Diamper stand nämlich ganz im Zeichen von massiven Latinisierungsmaßnahmen. Verfügt wurde die Abschaffung vieler liturgischer und sonstiger Eigengewohnheiten der Syro-Malabaren, die vorschnell als schismatisch, häretisch oder abergläubisch deklariert wurden. Im Gegenzug wurde eine ganze Reihe lateinischer Besonderheiten eingeführt. Um den Latinisierungsprozess auf Dauer zu stellen, sollte fortan ein lateinischer Bischof der syro-malabarischen Gemeinschaft vorstehen. Der erste lateinische Bischof, dem 1599 der Metropolitansitz der Thomas-Christen übertragen wurde, war der Jesuitenpater Francesco Roz.

Unter ihm und seinen Nachfolgern wurde die Angleichung an die westliche Kirchendisziplin, die lateinische Liturgie und die abendländische Theologie kontinuierlich vorangetrieben. Infolge dieses Latinisierungsdrucks kam es wenige Jahrzehnte später zu einer ersten Spaltung unter den Thomas-Christen. Der Archidiakon Thomas Parambil († 1673) bemühte sich, unterstützt von opponierenden Glaubensgenossen, aus dem Ausland einen syrischen Bischof für die Syro-Malabaren zu bekommen. Mit Erfolg. Doch als Mar Atallah, ehemaliger syrisch-orthodoxer Erzbischof von Damaskus, anreiste, wurde er von den Portugiesen abgefangen und nach Europa depor-

---

[28] Vgl. Pallath, Liturgia (wie Anm. 23), 113 f.; J. Thaliath, The Synod of Diamper, Rom 1958; George Nedumgatt, The Synod of Diamper revisitet, Rom 2001.

tiert. „Daraufhin kam es zum antilateinischen Schwur der Thomas-Christen und zur Notbischofsweihe des Thomas (Parampil) durch zwölf Priester. Daraus erwuchs die nichtkatholische Fraktion der neuzeitlichen Thomas-Christen, künftig Malankaren genannt."[29] Der Defekt dieser unkanonischen Bischofsweihe und die dadurch fehlende apostolische Sukzession wurde 1665 geheilt. Damals kam der syrisch-orthodoxe Metropolit Gregorios Addalgalli von Jerusalem zusammen mit weiteren westsyrischen Bischöfen ins Land. Sie standen in der Folgezeit der syro-malankarischen Gemeinschaft zur Verfügung. Durch diese Bischöfe des Patriarchats von Antiochien wurden der westsyrische Ritus, das Bekenntnis und die Kirchenordnung der syrisch-orthodoxen Kirche von Antiochien auf Dauer bei den Thomas-Christen Südindiens eingepflanzt. Es entstand die in Kirchengemeinschaft mit dem syrisch-orthodoxen Patriarchat von Antiochien stehende malankarische Kirche.
Diese Abspaltung und die daraus hervorgegangene neue nicht-römische Kirchenorganisation alarmierten Rom. Es gelang der für die Missionsgebiete zuständigen römischen Behörde, der Kongregation für die Glaubensverbreitung („Propaganda fide"), mit Hilfe von Ordenspriestern (OCD: Unbeschuhte Karmeliten) und des ersten einheimischen katholischen Bischofs Chandy Parambil einen Teil der orientalischen Christen Südindiens, etwa 40 %, bei der katholischen Kirche zu halten.

Die Thomas-Christen des westsyrischen Ritus (Malankaren)

Die Geschichte der außerhalb der Kirchengemeinschaft mit Rom stehenden Thomas-Christen, der Malankaren[30], war in der Folgezeit durch mehrfache Schismen belastet. 1772 spaltete sich die heute nur noch wenige Anhänger zählende „Unabhängige syrische Kirche" ab (zur Zeit etwa 5000 Gläubige). Unter der englischen Kolonialherr-

---

[29] Vgl. Brakmann, Thomaschristen (wie Anm. 23), 1; zum Folgenden vgl. ebd., 1–4.
[30] Vgl. Wiertz, Thomaschristen (wie Anm. 23), 256–261.

schaft verstärkte die Kirche von England ihre Aktivitäten unter den nichtkatholischen Thomas-Christen. Sie förderte eine Reformbewegung, die eine Annäherung an die Gottesdienstpraxis der Kirche von England befürwortete. 1836 schloss sich ein kleiner Teil der Malankaren formell der Anglikanischen Kirche an. Diese Gemeinschaft nennt sich heute „Church of South India". Sie ist Teil der Anglikanischen Kirchengemeinschaft. Die der anglikanischen Tradition verbundenen, aber weiterhin in der Gemeinschaft der orthodoxen Malankaren verbleibenden reformerischen Gruppierungen wurden 1876 von Patriarch Petros IV. († 1894) exkommuniziert. So entstand „die evangelische Mar-Thomas-Kirche hochkirchlichen Stils, die Kommuniongemeinschaft mit den Anglikanern pflegt."[31]

Bei den syrisch-orthodoxen Malankaren kam es 1911 zu Spannungen und Auseinandersetzungen zwischen dem in Indien amtierenden Patriarchen Abdallah II. († 1915) und dem nach Selbstständigkeit strebenden Metropoliten Dionysios VI. Der innerkirchliche Streit führte seit 1912 zu einem Nebeneinander von zwei syrisch-orthodoxen Jurisdiktionen bei den Malankaren. Bis heute ist dieser Bruderzwist nicht beigelegt. Es gibt zwei zahlenmäßig etwa gleich starke Kirchen (jeweils ca. 650.000 Gläubige) des westsyrischen Ritus: die mit dem syrisch-orthodoxen Patriarchen von Antiochien in Damaskus in voller Kirchengemeinschaft stehende *Malankara Syrian Orthodox Church* (Sitz des ersten Hierarchen in Moovattupuzha/Kerala) und die autokephale Katholikos-Partei der *Malankara/Indian Orthodox Church* (Sitz des Katholikos in Kottayam/Kerala).[32]

Dieser malankarische Zweig der Thomas-Christen hat seit den Kontakten mit dem syrisch-orthodoxen Patriarchat von Antiochien, also seit der Mitte des 17. Jahrhunderts, den Ritus dieser Kirche, die westsyrische Liturgie, übernommen. Bis heute ist dies die Eigenliturgie der Malankaren geblieben. Sie gebrauchen neuerdings aber

---

[31] Brakmann, Thomaschristen (wie Anm. 23), 2.

[32] Vgl. ebd., 3 f.

neben dem Syrischen zunehmend die Landessprache Malayalam[33] im Gottesdienst. Das gilt auch für die mit Rom unierten Malankaren.

Katholische Malankaren[34] gibt es seit 1930. Sie kommen aus beiden Jurisdiktionen der zerstrittenen orthodoxen Malankaren. Der ständigen innerkirchlichen Auseinandersetzungen überdrüssig, suchten Geistliche und Laien den Anschluss an die katholische Kirche. Bei der Union mit Rom sollten aber das orientalische liturgische, theologische und spirituelle Erbe und die Kirchendisziplin der Malankaren nicht untergehen. Im Pontifikat Pius XI. (1922–1939), der dezidiert eine Latinisierung der Orientalen ablehnte, waren die Rahmenbedingungen für die Wiederherstellung der Kirchengemeinschaft mit dem Apostolischen Stuhl in Rom günstig. So entstand die katholische Syro-Malankarische Kirche. Sie zählt heute mehr als 400.000 Gläubige. Der Sitz des syro-malankarischen Erzbischofs, der diese Ostkirche leitet, ist in Trivandrum (Kerala). Zu dem lange einzigen Suffraganbistum Tiruvalla (seit 1932) kam 1978 ein weitere Diözese hinzu (Battery). Mittlerweile gibt es 2 Erzbistümer und 3 Eparchien (Bistümer).

Auf verschlungenen Umwegen ist durch die Union von 1930 ein Teil der im 17. Jahrhundert aus der Kirchengemeinschaft mit Rom aus-

---

33 Vgl. Bertram Schmitz, Malayalam – Der Charakter einer bedeutenden Sprache gegenwärtiger orientalischer Liturgie, in: M. Tamcke, A. Heinz (Hg.), Zu Geschichte, Theologie, Liturgie und Gegenwartslage der syrischen Kirchen (Studien zur Orientalischen Kirchengeschichte 9), Münster u. a. 2000, 381–397.

34 Vgl. Wirtz, Thomaschristen (wie Anm. 23), 263; Brakmann, Thomaschristen (wie Anm. 23), 3 f. Auf Initiative des Päpstlichen Rates zur Förderung der Einheit der Christen arbeitet inzwischen je eine gemeinsame Kommission für den Dialog zwischen der katholischen Kirche und der orthodoxen syrisch-malankalischen Kirche *(Orthodox Syrian Church)* und der syrisch-orthodoxen malankarischen Kirche mit dem Ziel einer Wiederherstellung der Gemeinschaft mit Rom; vgl. den Bericht über die getrennten Tagungen der beiden Kommissionen im Dezember 1994: OR (dt.) vom 20. Januar 1995, S. 10; über die 10. Begegnung in Kottayam im Oktober 1998 vgl. The Harp 13 (2000) 276 f.

geschiedenen Thomas-Christen wieder in die Gemeinschaft mit dem römischen Papst zurückgekehrt. Dies war nur möglich, weil sich, wie bereits angedeutet, die Rahmenbedingungen für die Beziehungen zwischen Rom und den Orientalen grundlegend verändert hatten. Rom hatte Abschied genommen von dem unseligen Grundsatz der „praestantia latina“ (Vorrang der römischen Kirchendisziplin und Liturgie). An die Stelle der jahrhundertelangen Latinisierungsmaßnahmen war endlich der Respekt vor der Eigentradition der orientalischen Schwesterkirchen getreten.
Das Zweite Vatikanische Konzil (1962–1965) hat diese Neuorientierung nachdrücklich bekräftigt. In seiner Liturgiekonstitution (SC 4) heißt es: „Die heilige Mutter Kirche erkennt allen rechtlich anerkannten Riten gleiches Recht und gleiche Ehre zu. Es ist ihr Wille, dass diese Riten auch in Zukunft erhalten und in jeder Weise gefördert werden, und es ist ihr Wunsch, dass sie soweit es not tut, in ihrem ganzen Umfang gemäß dem Geist gesunder Überlieferung überprüft und im Hinblick auf die Verhältnisse und Notwendigkeiten der Gegenwart mit neuer Kraft ausgestattet werden.“[35]

Wiedergeburt der Syro-Malabarischen Kirche

Diese Konzilsaussage wurde zu einem kräftigen Reformimpuls für die katholischen Thomas-Christen des ostsyrischen Ritus. Ihr Kirchenwesen und ihre Eigenliturgie waren, wie bereits erwähnt, seit der Ankunft der Portugiesen einem dauernden Latinisierungsdruck ausgesetzt gewesen. Es kam zu einer weitgehenden Aufgabe oder doch zu einer artfremden Überformung des ostsyrischen Erbes. Dass dies ein Irrweg war, hat Papst Johannes Paul II. offen zugegeben, als er am 10. Januar 1996 zu den im Vatikan versammelten Bischöfen der Syro-Malabarischen Kirche sprach. Wörtlich sagte der Papst: „Als andere Christen aus dem Westen in euren Gegenden ankamen,

[35] Vgl. dazu etwa Balthasar Fischer, Liturgie oder Liturgien, in: TThZ 90 (1981) 265–275.

habt ihr ihnen hochherzig Gastfreundschaft gewährt. Für euch bedeuteten sie eine neue Öffnung hin zur Universalität der Kirche. Doch gleichzeitig hat ein Mangel an Verständnis für euer kulturelles und religiöses Erbe viel Schmerz verursacht und eine Wunde geschlagen, die nur zum Teil vernarbt ist. Sie macht auch heute noch ein hohes Maß an Heiligkeit und Weisheit auf Seiten der Hirten der Kirche nötig, die in besonderer Weise verantwortlich sind für den Aufbau, den Frieden und die Brüderlichkeit unter allen, die Christus folgen."[36]

Die Abkehr von den zweifelhaften Bemühungen, die syro-malabarischen Thomas-Christen zum „römischen Wesen" zu bekehren und ihnen eine latinisierte Liturgie vorzuschreiben, setzte im Pontifikat Papst Leos XIII. (1878–1903) ein.[37] Zwar schien es zunächst, als sei das Ende der katholischen Thomas-Christen nunmehr besiegelt. Papst Leo XIII. verfügte eine neue kirchliche Einteilung für Indien. Darin kamen die Syro-Malabaren nicht mehr vor. Ab dem 1. September 1886 gab es keinen eigenen Hierarchen mehr für die katholischen Orientalen in Kerala. Die syro-malabarischen Katholiken gehörten nach der neuen Diözesaneinteilung zur lateinischen Erzdiözese Verapoly.

Doch das war gottlob nicht das letzte Wort. Es dauerte nicht einmal ein Jahr, bis Papst Leo XIII. am 20. Mai 1887 zwei Apostolische Vikariate für die orientalischen Katholiken errichtetete: Trichur und Kottayam. Ihr Territorium wurde von der Erzdiözese Verapoly abgetrennt. Zwar waren die ersten beiden Bischöfe noch Europäer und vom lateinischen Ritus. Aber diese grundsätzliche Wiederherstellung einer eigenen syro-malabarischen Hierarchie ließ keinen Zweifel daran, dass es der Wille des Papstes war, den Thomas-Christen in der katholischen Weltkirche einen Platz und eine Zukunft zu geben. Knapp ein Jahrzehnt später kam 1896 ein weiteres syro-malabari-

---

[36] OR (it.) vom 10. Januar 1996, S. 5; zit. n. Pallath, Liturgia (wie Anm. 23), 114 f.; eigene Übersetzung aus dem Italienischen.

[37] Vgl. Lonappan Arangassery, A Handbook on Catholic Eastern Churches, Changanassery 1999, 93 f.; J. Hajjar, Les chrétiens uniates du Proche-Orient, Paris 1962, 309–318.

sches Vikariat hinzu: Ernakulam. Noch bedeutsamer war, dass gleichzeitig, am 28. Juli 1896, erstmals nach drei Jahrhunderten lateinischen Kirchenregiments, drei einheimische syro-malabarische Bischöfe ernannt wurden. Unter Papst Pius X. (1903–1914) kam es 1911 zur Errichtung eines vierten syro-malabarischen Apostolischen Vikariats.

Diese Entwicklung hin zur Wiedergeburt der Syro-Malabarischen Kirche wurde sanktioniert, als Papst Pius XI. am 23. Dezember 1923 die syro-malbarische Hierarchie definitiv wiederherstellte.[38] Ernakulam wurde Erzbischofssitz. Die übrigen drei Apostolischen Vikariate wurden die neuen syro-malabarischen Suffraganbistümer Changanassery, Kottayam und Trichur. Das kirchliche Leben blühte auf. Es gab einen bewundernswerten Aufschwung. Die Zahl der Gläubigen wuchs rasch, so dass die kirchliche Verwaltung der erfreulichen Aufwärtsentwicklung angepasst werden musste. Pius XII. errichtete 1956 eine weitere syro-malabarische Kirchenprovinz mit dem Metropolitansitz in Changanassery.

Die neuere Geschichte der katholischen Thomas-Christen in Kerala beginnt also im Pontifikat Leos XIII. Unter dem ebenfalls den orientalischen Kirchen sehr gewogenen Papst Pius XI. kam es 1923 zur Wiederherstellung der syro-malabarischen Hierarchie. Von da an ist die syro-malabarische Kirchengeschichte eine einzige Erfolgsgeschichte.

Rom war nun bemüht, einen Prozess der allmählichen Delatinisierung in Gang zu setzen und diesen Prozess fördernd und fordernd zu begleiten. Das dabei verfolgte Ziel war die Wiederherstellung der ostsyrischen Liturgie in ihrer Ursprünglichkeit.[39] Dieser Prozess, der noch andauert, verlief nicht störungsfrei. Es gab zum Teil hart-

---

[38] Vgl. die Apostolische Konstitution „Romani Pontifices, in: AAS 7 (1924) 257–262.

[39] Vgl. zum Folgenden Pallath, Liturgia (wie Anm. 21), 115–120; John Moolan, The period of Annunciation – Nativity in the East Syrian Calendar, Kottayam 1985, 5–8; Pinggéra, Erbe (wie Anm. 27), 144–154.

näckigen Widerstand gegen derartige Bemühungen. Er kam weniger von „Zentralisten" in der römischen Kurie als aus den eigenen Reihen der Syro-Malabaren. Bischöfe, Priester und Gläubige hatten sich mittlerweile so sehr an die latinisierte Gottesdienstpraxis gewöhnt, dass sie den hohen Wert ihrer eigenen orientalischen Tradition kaum noch wahrnahmen. So ließen etwa die syro-malabarischen Bischöfe 1934 das römische Buch für die vom Bischof zu vollziehenden liturgischen Feiern, das Pontificale Romanum, aus dem Lateinischen ins Syrische übersetzten. Sie erbaten dafür die Approbation des Apostolischen Stuhls. Wäre sie gewährt worden, hätten die syro-malabarischen Bischöfe fortan alle bischöflichen Amtshandlungen, von der Erteilung der Weihen bis zur Firmspendung, zwar in syrischer Sprache, aber ganz nach lateinisch-römischer Art vorgenommen. Doch Rom gab eine negative Antwort. Papst Pius XI. ließ die Antragsteller wissen, dass die vorgeschlagene Übernahme der lateinischen Praxis unerwünscht sei und der Apostolische Stuhl derartige Vorhaben nicht länger unterstützen wolle. Die syro-malabarischen Bischöfe erhielten deshalb die Weisung, vorerst bei der bisherigen Praxis zu bleiben.

Gleichzeitig trug der Papst den syro-malabarischen Bischöfen auf, eine Liturgische Kommission einzurichten. Diese sollte das traditionelle syrische Pontifikale erneuern.

Entsprechend dem Wunsch des Papstes wurde eine solche Kommission, bestehend aus kompetenten Fachleuten, am 2. Mai 1936 eingerichtet. Ihr Arbeitsauftrag beschränkte sich zunächst auf die Wiederherstellung eines syro-malabarischen Pontifikales in Treue zur ostsyrischen Eigentradition. Den Vorsitz der Arbeitsgruppe übernahm der gelehrte, mit dem syrischen Erbe bestens vertraute spätere Kurienkardinal Eugène Tisserant (1884–1964). Ihn löste in dieser Funktion der Dominikanerpater J. Vosté ab. Unter dem Titel „Ktaba d'Takse Kumrae" konnte nach zwei Jahrzehnten intensiver Forschungs- und Redaktionsarbeit im Jahre 1957 die revidierte Fassung des ostsyrischen Pontifikales in syrischer Sprache *(Editio princeps)* gedruckt werden. Papst Pius XII. (1939–1958) erklärte am 8. Juli

1958 diese Ausgabe für amtlich und fortan in der Syro-Malabarischen Kirche verbindlich.

Die Kongregation für die Orientalischen Kirchen ließ dazu Ausführungsbestimmungen in lateinischer Sprache erarbeiten. Dieses ergänzende „Zeremoniale" mit dem Titel „Ordo persolvendi Ritus Pontificales iuxta usum Ecclesiae Syro-Malabarensis" (Ordnung für den Vollzug der bischöflichen Amtshandlungen nach dem Brauch der Syro-Malabarischen Kirche) sollte den Umgang mit dem neuen Liturgiebuch erleichtern und seine Rezeption fördern. So war es der Apostolische Stuhl, der dafür sorgte, dass die Thomas-Christen in der Mitte des 20. Jahrhunderts ein Hauptstück ihres liturgischen Erbes zurückbekamen, das ihnen im 16. Jahrhundert von Eiferern für die römische Liturgie genommen worden war.

Die Reform des Pontifikales war nur der erste Schritt einer umfassenderen liturgischen Erneuerung „nach der altehrwürdigen Norm der Väter" (SC 50). Noch unter Pius XII. (1939–1958) kam 1954 zu der Pontifikale-Kommission eine weitere Arbeitsgruppe, die sich mit der Revision des „Messbuchs", des „Rituales" und der Stundenliturgie befassen sollte. Sie stand unter der Leitung von P. Alphonse Raes SJ, Professor am Päpstlichen Orientalischen Institut in Rom.

Im gleichen Jahr, in dem die Musterausgabe *(Editio princeps)* des syro-malabarischen Pontifikales gedruckt wurde, konnte die zweite Arbeitsgruppe als erstes Ergebnis ihrer Arbeit der Ostkirchenkongregation den Entwurf für die zukünftige Gestalt der Eucharistiefeier vorlegen. Die Vorlage enthielt den „Ordo communis", also die Grundordnung für die Feier des Opfers Christi *(Qurbana)*, und die drei in der ostsyrischen Tradition gebräuchlichen Hochgebete: die Anaphora von Addai und Mari, die nach Theodor von Mopsuestia benannte und die „Nestorius-Anaphora".[40] Die Überprüfung durch

---

[40] Vgl. die lateinische Übersetzung der drei Anaphoren bei Anton Hänggi – Irmgard Pahl (Hg.), Prex eucharistica. Vol. I: Textus e variis liturgiis antiquioribus selecti (Spicilegium Friburgense 12), Freiburg/Schweiz ^{3}1998, 375–396. Die syro-malabarische Fassung des Missale-Drucks von 1960 (Taksa d'Qudaše) ebd., 405–409; eine deutsche Übersetzung der drei Anaphoren in: Johannes Madey/Georg Vavanikunnel, Qurbana. Die göttliche Liturgie der Thomas-Christen ostsyrischer Tradition

die Kongregation führte zu keinen Änderungen. So approbierte Papst Pius XII. am 26. Juni 1957 den Text der *Quddaša*-Feier. Hinter der Neuordnung standen die gleichen Bearbeitungsgrundsätze wie hinter der Arbeit am Pontifikale. Es ging darum, die eucharistische Liturgie der Syro-Malabaren von Latinismen und Entstellungen zu reinigen und ihr die authentische ostsyrische Form wiederzugeben. Die Kompetenz der Bearbeiter bürgte für die Qualität des Ergebnisses.

Liturgiereform mit Hindernissen

Die tatsächliche Einführung der neuen Ordnung für die Eucharistiefeier, die im Grunde die bessere alte war, zog sich mehrere Jahre lang hin. Zunächst ließ die Kongregation für die Orientalischen Kirchen eine Sammlung von Rubriken und Hinweisen drucken, die dafür sorgen sollte, dass die räumlichen und sonstigen Voraussetzungen geschaffen wurden, damit die erneuerte *Quddaša*-Feier sachgerecht vollzogen werden konnte. Der Faszikel mit dem Titel „Ordo celebrationis ‚*Quddaša*' iuxta usum Ecclesiae Syro-Malabarensis" erschien in Rom am 7. Mai 1959. Er enthält die Vorschriften und Regeln für den geordneten Ablauf der Feier, Anweisungen bezüglich der Architektur und Ausstattung der Kirchen, Beschreibungen der liturgischen Gefäße, Geräte und Paramente, auch Bemerkungen zum liturgischen Kalender.

Im folgenden Jahr erschien ebenfalls in Rom das „Supplementum Mysteriorum". Dieser Zusatzband bietet die wechselnden Texte (Gebete, Gesänge, biblische Lesungen) für die Feiern im Herrenjahr und

(Syro-Malabarische Kirche), Paderborn 1992, 20–52. Die deutsche Fassung der Anaphora von Addai und Mari in ihrer jetzt maßgeblichen syro-malabarischen Form findet sich auch in der von den gleichen Autoren herausgegebenen Broschüre: Raza. Die Ordnung der feierlichsten Form der Göttlichen Liturgie der Thomas-Christen Indiens ostsyrischer Überlieferung, Paderborn/Kottayam 1993, 28–35; vgl. zum Ganzen auch: Johannes Madey, The Reform on the Liturgy of the Syro-Malabar Church and the Holy See of Rome, in: OstKSt 30 (1981) 130–168.

die Heiligentage *(Proprium de Tempore et de Sanctis)*. Im gleichen Jahr (Mai 1960) wurde in Kerala *(Alwaye)* die Grundordnung der *Quddaša*-Feier mit der Anaphora von Addai und Mari und Hinweisen zum Vollzug gedruckt. Erst als die Kongregation für die Orientalischen Kirchen am 20. Januar 1962 die Instruktion „De ritu Sacrificii Eucharistici instaurando – Über die zu erneuernde Feierform des Eucharistischen Opfers" an die syro-malabarischen Bischöfe richtete und den liturgischen Gebrauch der zweisprachigen (Syrisch/Malayalam) Ausgabe des reformierten syro-malabarischen Buchs für die *Quddaša*-Feier anordnete, setzte der Rezeptionsprozess ein. Am Thomas-Fest (3. Juli) 1962 – im Jahr der Konzilseröffnung – trat die neue Ordnung offiziell in Kraft. Ihre Einführung gestaltete sich schwierig. Die Rückkehr zum Erbe der Väter traf auf erheblichen Widerstand, nicht zuletzt bei den Bischöfen.

Die syro-malabarischen Bischöfe hatten in der Regel eine westlich geprägte theologische Ausbildung durchlaufen. Der eigenen ostsyrischen Tradition waren sie ziemlich entfremdet. Die nüchterne Kürze der römischen Art war ihnen vertrauter geworden als das reiche Zeremoniell der orientalischen Liturgien. Jedenfalls erhielt die Ostkirchenkongregation schon bald von syro-malabarischen Bischöfen Beschwerdebriefe und Änderungsvorschläge, die vor allem Kürzungen verlangten. Sie fanden in Rom kein Gehör und wurden abschlägig beschieden.

Inzwischen hatte das Konzil begonnen (Eröffnung 11. Oktober 1962). In dem ersten von den Konzilsvätern verabschiedeten Dokument, der Liturgiekonstitution vom 4. Dezember 1963, wird ausdrücklich von legitimer liturgischer Vielfalt und der Möglichkeit von Anpassungen der Liturgie an die kulturellen Eigenheiten und Bedürfnisse bestimmter Völker gesprochen (vgl. SC 37–40). Die syro-malabarischen Bischöfe widersetzten sich aber einer Rückkehr zum reinen syro-orientalischen Ritus. Sie machten gegenüber der Ostkirchenkongregation geltend, dass die Liturgiereform in ihrem Gebiet der „mens indiana" (dem indischem Wesen) stärker Rechnung tragen müsse, womit freilich vor allem die zur Gewohnheit gewordenen westlichen Elemente gemeint waren.

Das römische Dikasterium sah sich genötigt, dem Drängen der Bischöfe widerstrebend nachzugeben. Zunächst wurden durch ein Dekret vom 3. Dezember 1963 einige Kürzungen und behutsame Anpassungen der Grundordnung erlaubt. Damit gaben sich die Gegner der Reform aber nicht zufrieden. Sie ließen einen dem latinisierenden Brauch der Vergangenheit stark verpflichteten Ritus für die *Quddaša*-Feier erarbeiten, den sie der Kongregation für die Orientalischen Kirchen nur in der Landessprache Malayalam zur Approbation vorlegten. Rom gab schließlich seine Zustimmung, doch nur auf Probe und zeitlich begrenzt *(ad experimentum et ad tempus)*. Die neue Ordnung trat am 15. August 1968 in Kraft. Da dieser nur unter Vorbehalt zugelassene Messritus stark abwich von dem 1962 päpstlich vorgeschriebenen *Quddaša*-Ordo kam es zu neuen pastoralen Problemen. Rom sah sich in der Folgezeit genötigt, die Geltungszeit der provisorischen Ordnung mehrfach zu verlängern.

Die Entwicklung nach dem Zweiten Vatikanum

Mit der Zulassung der verkürzten und von westlichen Elementen durchsetzten Ordnung von 1968 setzte bei den Syro-Malabaren eine zweifelhafte liturgische Kreativität ein.[41] Nach dem Vorbild und unter dem Einfluss westlicher Länder, in denen um diese Zeit selbstverfasste Hochgebete in Umlauf kamen und liturgische Eigenmächtigkeiten um sich griffen, kamen auch bei den Syro-Malabaren verschiedene liturgische Texte in Gebrauch, die nicht approbiert waren. Es tauchten neue Eucharistie-Formulare auf, etwa eine „Indische Messe“ oder eine „Messe nach indischer Art“ oder auch „die kurze Messe“. Das von den Bischöfen favorisierte, von Rom bloß vorläufig approbierte Formular bekam also schnell viele Geschwister.

Der Apostolische Stuhl musste schließlich eingreifen. Der Gebrauch von nicht approbierten liturgischen Texten wurde untersagt. Außer-

41 Vgl. Pinggéra, Erbe (wie Anm. 27), 141–145.

dem stellte die Ostkirchenkongregation in ihrer Intervention vom 23. Juni 1978 klar, dass das syro-malabarische „Missale" von 1962 nach wie vor als Grundordnung und Ausgangspunkt für alle Überlegungen hinsichtlich einer Weiterentwicklung des syro-malabarischen Messritus zu gelten habe. Die Kongregation sandte darüber hinaus am 12. August 1980 an jeden einzelnen syro-malabarischen Bischof ein gründlich vorbereitetes Dokument über den Stand der Liturgiereform in der Syro-Malabarischen Kirche. Darin wurden die Defizite der im Umlauf befindlichen inoffiziellen Formulare klar benannt und eine neue Anstrengung des Episkopats angemahnt, um einvernehmlich mit dem Heiligen Stuhl zu einer trag- und zukunftsfähigen Lösung zu kommen. Unter den dabei zu beachtenden Grundsätzen hob Rom nachdrücklich die Treue zur syrisch-orientalischen Tradition hervor, besonders bei der Feier der Eucharistie. Die Bischöfe wurden an einschlägige Aussagen des Konzilsdekrets über die Orientalischen Kirchen erinnert. Dort heißt es etwa (OE 6): „Alle Ostkirchen sollen wissen und davon überzeugt sein, dass sie ihre rechtmäßigen liturgischen Bräuche und ihre eigene Ordnung bewahren dürfen und müssen (...). Wenn sie (die Orientalen) wegen besonderer Zeitumstände oder persönlicher Verhältnisse ungebührlich von ihren östlichen Gebräuchen abgekommen sind, sollen sie sich befleißigen, zu den Überlieferungen ihrer Väter zurückzukehren."[42] Den im August 1980 zum Ad-limina-Besuch in Rom weilenden syromalabarischen Bischöfen wurden diese Grundsätze einer gesunden Liturgiereform auch von Papst Johannes Paul II. (1978–2005) und dem Präfekten der Ostkirchenkongregation nahegebracht.

Die Bischöfe beeilten sich dem Drängen Roms nachzukommen. Schon am 3. Oktober 1981 übermittelte der damalige Vorsitzende der syro-malabarischen Bischofskonferenz, Kardinal Joseph Parecattil, der Kongregation für die Orientalischen Kirchen eine neu aus-

---

[42] Diesen Grundsatz bekräftigt auch der Codex des Kirchenrechts der katholischen Ostkirchen (CCEO, can. 39); vgl. John [Johannes] Madey, Liturgy and Canon Law in the light of the Instruction ‚Il padre incomprensibile' (HIRS 10), Changanassery – Paderborn 1996, 8–13.

gearbeitete Ordnung für die Messfeier. Für den Text hatte eine Mehrheit der Bischöfe gestimmt, eine Minderheit war nicht damit einverstanden. Die Kongregation ließ die Vorlage durch eine Gruppe von Fachleuten prüfen. Sie schien nicht approbationsreif. Ihre Mängel erläuterte die Kongregation in einem Dokument, das sie im März 1983 allen syro-malabarischen Bischöfen zusandte. Sie erbat zudem eine rasche Überarbeitung bis zum 15. September desselben Jahres, damit der schädliche Schwebezustand mit seinen Unsicherheiten und willkürlichen Experimenten endlich beendet werden könnte. Rom monierte, dass das Votum der Minderheit, die für die klare Wiederherstellung der syrisch-orientalischen Tradition gestimmt hatte, ganz unberücksichtigt geblieben war. Beanstandet wurden schwerwiegende Abweichungen von den Baugesetzen des ostsyrischen Ritus, die Beibehaltung zahlreicher Latinismen und die Tendenz zu Auslassungen und Kürzungen.
Die syro-malabarische Bischofskonferenz antwortete mit zwei Dokumenten, die den unterschiedlichen Standpunkt der beiden Gruppen und deren Überlegungen zur Liturgiereform referierten. Rom erkannte seine Position im Votum der Minderheit, der „pars minor sed sanior". Nach nochmaliger eingehender Prüfung aller Gesichtspunkte formulierte die Ostkirchenkongregation in einer endgültigen Anweisung (24. Juli 1985) präzise Richtlinien und unbedingt einzuhaltende Vorgaben für eine abermalige und letzte Überarbeitung der *Quddaša*-Feierordnung. Sie sollte ein eindeutig syrisch-orientalisches Profil bekommen. Nach Erhalt des in diesem Sinn verbesserten Textes erteilte die Ostkirchenkongregation diesem am 19. Dezember 1985 die Approbation.
Dass alles am Schluss relativ schnell ging, hatte seinen Grund in der bevorstehenden Indien-Reise des Papstes. Es war nämlich Papst Johannes Paul II., der in Kerala am 8. Februar 1986 die Eucharistie nach dem erneuerten syro-malabarischen Ritus feierte. Durch diese hochfeierliche Papstmesse wurde die neue Messordnung *(Raza)* in Kraft gesetzt. Damit war im Wesentlichen das Ziel erreicht, den Thomas-Christen wieder jene syrisch-orientalische Form der Eucha-

ristiefeier zurückzugeben, die bei ihnen heimisch war, bevor im 16. Jahrhundert die Latinisierungsversuche einsetzten.
Doch trotz der demonstrativen Geste des Papstes sträubte sich immer noch die Mehrheit der syro-malabarischen Bischöfe die reformierte Feierform auch zur Norm für die gewöhnlichen Eucharistiefeiern an Sonn- und Feiertagen zu machen. Man berief sich darauf, dass Rom nur die hochfeierliche Form *(Raza)* verbindlich gemacht habe. Für die Normalform könne das ebenfalls von Rom approbierte provisorische „Missale" von 1968 weiterhin benutzt werden. Außerdem gingen in Rom wieder Anträge ein, die Kürzungen und Anpassungen verlangten. Daraufhin veröffentlichte die Ostkirchenkongregation am 5. Mai 1988 aus pastoralen Erwägungen einige Regeln über mögliche Vereinfachungen bei der einfachen und feiertäglichen Form der *Quddaša*-Feier. Gleichzeitig aber wurde betont, dass die Vollform *(Raza)* Grundlage und Richtschnur für die syro-malabarische Gestalt der Eucharistiefeier bleibt. Am Thomas-Fest (3. Juli) 1989 trat das in diesem Sinn gestaltete neue syro-malabarische Messbuch in Kraft.

Die Anerkennung als eigenständige katholische Ostkirche

Seit 1923 gibt es wieder eine syro-malabarische Hierarchie. Aber die Struktur dieser Ostkirche stand zunächst noch ganz im Zeichen der lateinischen Kirchenorganisation. Es fehlte ihr noch die für die orientalischen Kirchen charakteristische synodale Komponente.[43] Die syro-malabarischen Bischöfe bildeten zwar eine eigene Bischofskonferenz. Doch im Unterschied zu anderen katholischen Ostkirchen konnten sie ohne Rekurs nach Rom keine Entscheidungen treffen.
Diese unbefriedigende Situation wurde inzwischen bereinigt. Papst Johannes Paul II. erhob durch die Apostolische Konstitution *Quae*

43 Vgl. John Madey, „Structures" in the Churches of Eastern Tradition, in: The Harp 17 (2004) 1–13.

maiori vom 16. Dezember 1992 die Syro-Malabarische Kirche in den Rang eines Groß-Erzbistums. Damit ist diese katholische Ostkirche faktisch einem Patriarchat gleichgestellt (vgl. CCEO c. 151–154). Es gibt im Grunde nur einen Unterschied zwischen Patriarchat und Groß-Erzbistum: Während ein gewählter Patriarch unmittelbar nach seiner Wahl durch die Bischofssynode inthronisiert werden kann (vgl. CCEO c. 63–77), muss der ebenfalls von der Synode seiner Kirche gewählte Groß-Erzbischof zuvor die Bestätigung durch den Papst erbitten und erhalten (vgl. CCEO c. 153).

Das Oberhaupt der Syro-Malabarischen Kirche, der Groß-Erzbischof, hat seinen Sitz in Ernakulam-Angamaly. Die Thomas-Christen des syro-malabarischen Ritus haben jetzt ein hohes Maß an Selbstständigkeit erlangt. In Communio mit dem Papst und dem Bischofskollegium der katholischen Weltkirche kann die Syro-Malabarische Kirche nunmehr ihre inneren Angelegenheiten selbstverantwortlich entscheiden.

Rom konnte zum damaligen Zeitpunkt allerdings nicht darüber hinwegsehen, dass es hinsichtlich der Wiederherstellung der ostsyrischen Liturgie nach wie vor Meinungsverschiedenheiten unter den syro-malabarischen Bischöfen gab. Deshalb schränkte Papst Johannes Paul II. vorläufig die Rechte des Groß-Erzbischofs und der syromalabarischen Synode ein. Der Papst behielt sich zunächst noch zwei Dinge vor: die Ernennung neuer Bischöfe und die Entscheidung in Fragen der Liturgie. Erst einige Jahre später schien die Zeit reif, der Syro-Malabarischen Kirche alle Rechte zuzugestehen, die das Kirchenrecht für ein Groß-Erzbistum vorsieht, also auch das Recht der Bischofswahl und die Zuständigkeit für die syro-malabarische Eigenliturgie.[44] Ein Brief des Papstes vom 14. März 1998 an die syro-malabarische Bischofssynode teilte dieser die römische Entscheidung mit. Gleichzeitig erhielten die Bischöfe seitens der Ostkirchenkongregation Richtlinien, nach denen sie bei der weiteren liturgischen Reform- und Inkulturationsarbeit verfahren sollten.

Da dieser Prozess in Kerala noch zu keinen allseits akzeptierten Er-

---

[44] Vgl. Madey, Liturgy (wie Anm. 41), 22–30.

gebnissen geführt hat, ergriff Rom wieder die Initiative. Die Ostkirchenkongregation gab am 6. Januar 2003 die Editio typica der feierlichsten Form der syro-malabarischen Eucharistiefeier *(Raza)* in syrischer Sprache heraus: *Taksa d'Raze. Ordo Mysteriorum (Missale) iuxta usum Ecclesiae Syrorum orientalium Malabarensis*. Moussa Kardinal Daoud, Präfekt der Ostkirchenkongregation und vordem syrisch-katholischer Patriarch von Antiochien, überreichte den syro-malabarischen Bischöfen diese Ausgabe anlässlich ihres Ad-limina-Besuchs im gleichen Jahr. Damit liegt ein normativer Text vor, der auch für die *Qurbana*-Feier in der Landessprache Malayalam oder in Englisch verbindlich ist. Rom hofft auf diese Weise Unsicherheiten und Eigenmächtigkeiten definitiv abzustellen. Die Kräfte, die eine vollständige Wiederherstellung des ostsyrischen (chaldäischen) Ritus erreichen wollen, können sich durch diese römische Maßnahme bestärkt fühlen.[45]

Ein hoffnungsvoller Aufbruch und ungelöste Probleme

Der durch die Erhebung zur Kirche *sui iuris* zum Ausdruck gebrachte Vertrauensbeweis des Apostolischen Stuhls hat das Selbstbewusstsein der syro-malabarischen Christen in Kerala gestärkt und der Entfaltung ihres kirchlichen Lebens neue Impulse gegeben. Davon zeugt der weitere Ausbau der Hierarchie. 1995 wurden zwei neue Kirchenprovinzen (Trichur und Tellicherry) errichtet. Dort, wo die Thomas-Christen zuhause sind, im Süden des südindischen Bundesstaats Kerala, zählt ihre Kirche mittlerweile 14 Bistümer in vier Kirchenprovinzen. Außerhalb der Heimatregion, in anderen indischen Bundesstaaten, gibt es inzwischen weitere 11 „extraterritoriale" Bistümer oder Apostolische Exarchate des syro-malabarischen Ritus. Die Zahl der Gläubigen steigt kontinuierlich. Mit fast 3 ½ Millionen Mitgliedern ist die Syro-Malabarische Kirche nach der griechisch-

---

[45] Vgl. Geo Thadikkatt, The Normativ Qurbana Taksa of the Syro-Malabar Church, in: COri 25 (2004) 68–82; Pinggéra, Erbe (wie Anm. 27), 155f.

katholischen Kirche der Ukraine die zweitgrößte katholische Ostkirche. Einzigartig ist die hohe Zahl der geistlichen Berufungen. Es gibt etwa 40 syro-malabarische Schwesterngemeinschaften und mehr als 10 Männerorden mit mehr als 30.000 beziehungsweise annähernd 3.500 Professen. In den Priesterseminaren herrscht kein Nachwuchsmangel. An die 3.000 Diözesanpriester sind in den syro-malabarischen Bistümern tätig. Weitere arbeiten in lateinischen Diözesen Indiens und im Ausland. Etwa 70% der Missionare und Missionsschwestern in Indien kommt aus der Syro-Malabarischen Kirche.

Die Leiden und die Schwierigkeiten der Vergangenheit sind vorüber, aber nicht spurlos. Infolge der langen Überfremdung ist es für die Syro-Malabaren nicht leicht, die eigene Identität wiederzugewinnen. Die Wiederherstellung der ostsyrischen Liturgie bei den katholisch gebliebenen Thomas-Christen war ein steiniger Weg. Es brauchte viel Weisheit, große Geduld und eine entschiedene Dialogbereitschaft auf beiden Seiten. Doch dieser mühsame Prozess hat gezeigt, wie eine vertrauensvolle Zusammenarbeit zwischen der römischen Zentrale und einer eigengeprägten Ortskirche zu guten Ergebnissen führen kann. Schon jetzt zeigt sich: Aus dem neu erworbenen Erbe der Väter wird der Syro-Malabarischen Kirche neue Kraft zuwachsen.

Diese Ostkirche ist reich an spirituellen Werten, jung in ihrer Begeisterung für die Ausbreitung des Evangeliums und lebendig in ihrem Glaubenszeugnis. Sie profitiert von einem gesunden, religiös geprägten Familienleben ihrer Mitglieder. Bei den Thomas-Christen hat das tägliche gemeinsame Hausgebet am Abend seinen festen Platz. Religion ist nicht bloß eine Sache der Alten. Diese Kirche hat ein frisches Gesicht. In den Pfarrgemeinden funktioniert die Einführung und Einübung in das Christsein und in das Leben mit der Kirche. So kann die Syro-Malabarische Kirche voll Optimismus in die Zukunft schauen. Sie ist für die katholische Weltkirche ein vielversprechender Hoffnungsträger auf dem indischen Subkontinent. Sie ist im Augenblick der blühendste Zweig am uralten Baum des syrischen Christentums.

Noch zu lösende Fragen

Es bleiben trotz der erfreulichen Entwicklung in den letzten Jahren doch noch offene Fragen und ungelöste Probleme. Der Großerzbischof von Ernakulam-Angamaly, Kardinal Varkey Vithayathil (79), und die rund 400 Delegierten, die sich Ende August 2006 zur ersten internationalen Versammlung der unierten Ostkirche des syro-malabarischen Ritus in Cochin/Kerala eingefunden hatten, drängten auf ein Ende „römischer Restriktionen" ihrer Eigenverantwortlichkeit. Die „Dominanz des lateinischen Ritus" über die Syro-Malabarische Kirche dauere tatsächlich immer noch fort und müsse endlich ein Ende haben. Als Papst Johannes Paul II. 2004 dieser Ostkirche auch das Recht zuerkannt hatte, eigenverantwortlich Bischöfe zu ernennen, neue Eparchien (Bistümer) zu errichten und liturgische Fragen zu entscheiden, wurde dieser Schritt Roms vom syro-malabarischen Episkopat begeistert begrüßt. Diese Begeisterung sei bald verflogen, stellte der Großerzbischof fest. Noch immer müssten viele Tausende Syro-Malabaren außerhalb Keralas in Indien ohne eigene Pfarreien und Institutionen leben und den Anordnungen der jeweiligen lateinischen Bischöfe folgen. Rom beansprucht weiterhin für die Belange der syro-malabarischen Christen außerhalb Keralas allein zuständig zu sein. Immerhin hat der Vatikan mittlerweile die Gründung einiger syro-malabarischer Bistümer in anderen indischen Bundesstaaten zugestanden. Eparchien gibt es heute in den Bundesstaaten Andhra Pradesh, Chhatisgarh, Gujarat, Karnataka, Madhya Pradesh, Maharashtra, Tamil Nadu, Uttanranchal und Uttar Pradesh. Doch in vielen Regionen sperren sich die lateinischen Bischöfe gegen syro-malabarische Jurisdiktionsbezirke. Das ist mit ein Grund, dass sich nicht wenige Gläubige von ihrer Kirche abwenden und Freikirchen beitreten.
Es dürften etwa 300.000 syro-malabarische Christen sein, die heute außerhalb Keralas „unter lateinischen Bischöfen" leben. Daher ist der Wunsch des syro-malabarischen Episkopats nur zu verständlich, neue Bistümer und Personalpfarreien in anderen Regionen Indiens gründen zu dürfen. Insbesondere verlangen sie, dass in den großen

Metropolen wie Bangalore, Chennai, Kalkutta oder Neu Delhi jeweils auch ein syro-malabarisches Bistum eingerichtet wird, damit die dort lebenden orientalischen Christen ihren Glauben nach ihrer Art leben und feiern können.

Die heutigen 25 syro-malabarischen Jurisdiktionsbezirke wurden in der Mehrzahl zwischen 1977 und 2005 errichtet. Die Bischofskonferenz besteht zur Zeit (2006) aus 5 Erzbischöfen, 21 Bischöfen und 4 Weihbischöfen. Der Episkopat ist verhältnismäßig jung. Auch die Syro-Malabarische Kirche hat ein junges Gesicht und schaut in eine vielversprechende Zukunft.

2. Das Kirchenjahr und die Heiligentage bei den Ostsyrern

Die Kirchen in Ost und West feiern Jahr um Jahr die Feste ihres Herrn, die Gedenktage seiner Mutter und anderer Heiligen. Es gibt die gewöhnliche Zeit im Jahreskreis und es gibt Intensivphasen des religiösen und gottesdienstlichen Lebens. Festzeiten wechseln mit Zeiten der Einkehr und Umkehr.

Der Sonntag als Urfeiertag

Der Grundbaustein des liturgischen Jahres ist der Sonntag. Er gilt in allen christlichen Konfessionen als Tag des Gemeindegottesdienstes und als Wochenfeiertag. Seit der Zeit der Apostel haben die Christen diesen ersten Tag nach dem Sabbat mit einem neuen Namen benannt. Der Sonntag ist ihnen der „Herrentag" (vgl. Offb 1,10). Denn es geschah an einem Sonntag, dass ihr gekreuzigter Herr auferstanden ist und es war ebenfalls an einem Sonntag, als er vom Vater den Heiligen Geist gesandt hat (vgl. Apg 2,1–13). Schon die im syrisch-palästinensischen Raum um die Wende zum zweiten Jahrhundert entstandene Zwölfapostellehre weiß um den Vorrang des Sonntags (vgl. Did 14). Sie bezeugt den „Herrentag" als den Tag, an dem die Gläubigen zusammenkommen, um „an der Eucharistiefeier teilzunehmen und so des Leidens, der Auferstehung und der Herrlichkeit des Herrn Jesus zu gedenken ..." (SC 106). Der Sonntag ist Gedenktag des Anfangs der Schöpfung und der durch Christus gewirkten Neuschöpfung.
Der erste Tag der Woche feiert Woche für Woche das ganze Christus-Mysterium. In der Sonntagseucharistie lässt sich der auferstandene Herr von seinen Gläubigen im Heute der Feier finden. Die Erfahrung des Apostels Thomas (vgl. Joh 20,24–29) wird zur Erfahrung der Christen aller Orte und Zeiten. Zur syrischen Sonntags-

frömmigkeit gehört aber auch die Überzeugung, dass es ein Sonntag sein wird, an dem Christus wiederkommt.[1] Dann werden ihm wie einst am „Hosanna-Sonntag" die Scharen entgegenziehen, wenn er mit großer Macht und Herrlichkeit vom östlichen Himmel her erscheint (Mt 24,29–31).

Die Gliederung des Herrenjahres

Im Kreislauf des Jahres mit seinen 365 Tagen entfaltet die Kirche das eine Heilsgeheimnis Christi in seinen Einzelmysterien. Das Kirchenjahr beginnt mit dem Gedächtnis der Menschwerdung des Sohnes Gottes und seiner Geburt. An Ostern feiert die Kirche sein erlösendes Leiden und seine Auferstehung. Sie gedenkt 40 Tage später seiner Himmelfahrt und an Pfingsten der Sendung des Heiligen Geistes. Wenn die Zahl der Monate dann wieder voll wird und der Jahreskreis sich schließt, geht der Blick in die Zukunft. Die Kirche, die Braut Christi, schaut aus nach dem ungewissen Tag, an dem der Bräutigam wiederkommen wird, um sein Heilswerk zu vollenden. „Indem sie (d. h. die Kirche) so die Mysterien der Erlösung feiert, erschließt sie die Reichtümer der Machterweise und der Verdienste ihres Herrn, so dass sie jederzeit gewissermaßen gegenwärtig gemacht werden und die Gläubigen mit ihnen in Berührung kommen und mit der Gnade des Heiles erfüllt werden." (SC 102).

Die Kirchen der syrischen Tradition haben ihre eigene Art, das Mysterium Christi im Kreislauf des Jahres zu feiern. Bei den Ostsyrern geht die bis heute maßgebliche Gliederung des Kirchenjahres auf den großen Reformer ihrer Liturgie, den Patriarchen (Katholikos) der Kirche des Ostens, Išo'yahb III. (647–657)[2], zurück.[3] Er verein-

---

[1] Vgl. Andreas Heinz, Sonntagsfrömmigkeit in der heutigen Liturgie der Syrisch-Maronitischen Kirche, in: Hans-Jürgen Feulner u. a. (Hg.), Crossroad of cultures. Studies in Liturgy and Patristics in honor of Gabriele Winkler (OCA 260), Rom 2000, 369–393, bes. 386–389.

[2] Vgl. Peter Bruns, Art. Ischojahb III., in: LACL, 319.

[3] Vgl. Baby Varghese, East syrian liturgy during the Sassanid period, in: The Harp

heitlichte die monastische Observanz des „Oberen Klosters“ in Mosul (Nordirak) und die liturgische Tradition an der Patriarchalkirche von Seleukia-Ktesiphon (südlich von Bagdad). Die spezifisch syrische Grundstruktur des liturgischen Jahres brauchte von ihm aber nicht erfunden zu werden. Sie war in beiden Gewohnheiten damals schon voll ausgebildet. Ihre charakteristischen Merkmale sind die Einteilung des Jahres in Sieben-Wochen-Perioden, ferner das Gedächtnis von herausragenden biblischen Heiligen und Heiligengruppen (Kirchenlehrer) an den Freitagen zwischen Epiphanie und der Fastenzeit und das „Ninive-Fasten“ drei Wochen vor Beginn der Großen Osterfastenzeit.
Išo'yahb III. kodifizierte die liturgische Feierordnung im Jahreskreis *(Temporale)* in seinem *Hudra* (Zyklus) genannten Chorbuch. Dessen liturgischer Kalender teilt das Jahr in neun Einheiten *(šabo'e)*. Jede zählt idealerweise sieben Wochen. Die Chaldäische und Syro-Malabarische Kirche gibt ihnen die folgenden Namen:

1. Verkündigung und Geburt (Christi) – *Subara*
2. Erscheinung des Herrn (Epiphanie) – *Denha*
3. Fastenzeit – *Sauma*
4. Auferstehung – *Qyamta*
5. Apostel – *Šlihe*
6. Sommer – *Qayta*
7. Elija – *Elya*
8. Mose – *Moše*

---

15 (2002) 205–218, bes. 216–218; John Moolan, The period of Annunciation – Nativity in the East Syrian Celandar. Its background and place in the liturgical year, Kottayam 1985, 11 f.; Pauly Maniyattu, Heaven on Earth. The theology of liturgical spacetime in the East Syrian Qurbana, Rom 1995, 189 f.; Paul Pallath, La Liturgia Eucaristica della Chiesa Siro-Malabarese, Padua 2000, 139 f.; vgl. auch den Überblick über das Temporale und Sanktorale im chaldäischen Brevier, in: Hansjörg Auf der Maur, Feste und Gedenktage der Heiligen. Feiern im Rhythmus der Zeit II/1 (Gottesdienst der Kirche 6,1), Regensburg 1994, 356 f.; Nicolaus Nilles, Kalendarium Manuale utriusque ecclesiae orientalis et occidentalis, 2 Bde, Oeniponte (Innsbruck) 1896, hier Bd. 2, 678–688.

9. Kirchweih – *Qudaš 'edta.*

Die Gesamtzahl der liturgisch mit Messe und Offizium ausgestatteten Sonntage beträgt 60. Da aber das Sonnenjahr tatsächlich nicht so viele Sonntage zählt, entfallen regelmäßig einige. Der fünfte, sechste und siebte Mose-Sonntag wird praktisch nie gefeiert. Das gilt auch für den achten Epiphanie-Sonntag. Die Ausdehnungen und Verkürzungen ergeben sich aufgrund des schwankenden Ostertermins. Besonders die Mose-Zeit kann, da sie Ende Okober enden muss, in manchen Jahren sehr kurz ausfallen.

Die Zeit der Verkündigung und des Geburtsfestes Christi *(Subara-Yalda)*

Der Jahreskreis beginnt mit der Periode der Verkündigung und Geburt *(Subara-Yalda)*.[4] Sie umfasst vier Verkündigungs-Sonntage und zwei Weihnachtssonntage, so dass diese erste Einheit sechs Wochen dauert. Wie in der römischen Liturgie beginnt die weihnachtlich geprägte liturgische Zeit am vierten Sonntag vor dem Geburtsfest Christi, zwischen dem 27. November und dem 4. Dezember. Sie endet mit dem Sonntag vor Epiphanie (6. Januar).
Einen Advent nach Art der Westkirche kennen die syrischen Kirchen nicht. Aber es gibt doch so etwas wie eine Vorweihnachtszeit.[5] Bei den Ostsyrern bereiten die vier letzten Sonntage vor dem Fest auf Weihnachten vor. Bei den Westsyrern gehen sechs Verkündigungs-Sonntage dem Fest der Geburt Christi am 25. Dezember voraus.[6] Wie

---

[4] Vgl. Juan Mateos S.J., Lalya-Sapra. Les offices chaldéens de la nuit et du matin (OCA 156), Rom 1972, 108–133; Moolan, The period (wie Anm. 3), 12–14; Maniyattu, Heaven (wie Anm. 3), 190; Pallath, Liturgia (wie Anm. 3), 140–142.

[5] Vgl. Anton Baumstark, Festbrevier und Kirchenjahr der syrischen Jakobiten. Eine liturgiegeschichtliche Vorarbeit (Studien zur Geschichte und Kultur des Altertums, hg. von E. Drerup u. a., 3. Bd. Heft 3–5), Paderborn 1910, 169–175.

[6] Vgl. Andreas Heinz, Feste und Feiern im Kirchenjahr nach dem Ritus der Syrisch-Orthodoxen Kirche von Antiochien (Sophia 31), Trier 1998, 57 f.

der Name „Subara-Verkündigung“ schon vermuten lässt, bestimmen die Ankündigung der Geburt des Messias und die Verkündigung der Menschwerdung des Sohnes Gottes den Charakter der vier Verkündigungs-Sonntage. Am ersten wird das Evangelium von der Verkündigung der Geburt des Vorläufers Johannes verlesen (Lk 1,1–25). Am zweiten *Subara*-Sonntag hört die Gemeinde die Verkündigung Gabriels an die Jungfrau aus Nazareth und Marias Magnificat anlässlich ihres Besuchs bei Elisabeth (Lk 1,26–56). Die Evangelien der beiden folgenden Sonntage berichten von der Geburt und Sendung Johannes des Täufers als des Wegbereiters Christi und von der Verkündigung an Josef (Lk 1,27–80; Mt 1,18–25).
Diese von den Evangelien der Messfeier vorgegebenen thematischen Schwerpunkte werden allerdings in den übrigen liturgischen Texten wenig beachtet. Das durchgängige Feiermotiv auch schon der Vorweihnachtssonntage ist das Mysterium der Inkarnation. In dieser Hinsicht ist ein Gesang im ostsyrischen Offizium zu Beginn des ersten *Subara*-Sonntags ein Schlüsseltext für die ganze folgende liturgische Zeit:

Gott, das Wort, das vom Vater ausgeht,
hat die Gestalt eines Knechtes angenommen,
nicht die Gestalt der Engel, sondern der Nachkommen Abrahams.
Und wegen seiner Güte ist er in unsere Menschheit gekommen,
um unser Geschlecht aus dem Irrtum zu retten.[7]

Bei den Syro-Malabaren im südindischen Bundesstaat Kerala[8] ist diese Zeit unter dem Namen *Irupathanchu Nombu* bekannt, was so viel bedeutet wie 25-Tage-Fasten. Das könnte auf lateinischen Einfluss zurückgehen, da bis weit in die Neuzeit in der römischen Liturgie der Advent als Buß- und Fastenzeit galt. Die Akten der Synode von Diamper (1599) bemerken jedoch, dass es schon vor Ankunft der Portugiesen bei den dortigen Thomas-Christen üblich gewesen

---

[7] Mateos, Lalya-Sapra (wie Anm. 4), 108f.; eigene Übersetzung aus dem Französischen.

[8] Vgl. Moolan, The period (wie Anm. 3), 13f.

sei, vom 1. bis 24. Dezember zu fasten. Diese Praxis dürfte monastische Wurzeln haben. Nach dem Zeugnis von Gabriel von Basra (Ende 9. Jahrhundert) fasteten die Mönche in der Zeit der Apostel und der Elija-Zeit. Das an sich in der nach Mose benannten Zeit übliche Fasten hätten sie in die *Subara*-Wochen verlegt.[9] Diese Fastenzeit vor Weihnachten hat sich, ähnlich wie in der Westkirche, nach dem Vorbild der Osterfastenzeit herausgebildet, nachdem Weihnachten neben Ostern als zweiter Schwerpunkt des liturgischen Jahres stärker hervortrat. In Indien mag auch die generelle Hochschätzung des Fastens im Hinduismus diese Praxis einer „Adventsfastenzeit" beeinflusst und gefördert haben.

Die ostsyrische Liturgie der Wochen vor dem Geburtsfest Christi ist nicht von Fasten- und Bußgedanken geprägt. Es dominieren in ihr die Freude über die Menschwerdung des Sohnes Gottes, der Dank für die Erfüllung der messianischen Voraussagen, das Lob der Jungfrau und Mutter, die den Erlöser geboren hat und der Jubel über den Anbruch der Heilszeit durch den, der Himmel und Erde wieder verbindet.

Die Chaldäer und Syro-Malabaren feiern die Geburt Christi gemeinsam mit den anderen Kirchen des Ostens und Westens am 25. Dezember. Der Osten hat dieses Fest von der römischen Kirche übernommen. Weihnachten ist nach allem, was wir wissen, zuerst in Rom gefeiert worden, sicher gegen Ende der Regierungszeit Kaiser Konstantins I. († 337). In den 70er-Jahren des 4. Jahrhunderts hat die Kirche von Antiochien das Fest eingeführt. So bezeugt es Johannes Chrysostomus in einer 386 gehaltenen Predigt (PG 40,351).

Das Geburtsfest Christi *(Yalda)* erinnert in seiner ostsyrischen Gestalt an alles, was die biblischen Schriftsteller über das Ereignis von Bethlehem berichten. Verkündigt wird am Fest selbst die lukanische Weihnachtserzählung (Lk 2,1–20). Am ersten Sonntag nach Weihnachten hört die Gemeinde die Perikope von der Huldigung der Weisen, dem Kindermord des Herodes, der Flucht nach Ägypten und der Rückkehr nach Nazareth (Mt 2,1–23). Das Motiv der Huldi-

---

9 Vgl. Mateos, Lalya-Sapra (wie Anm. 4), 115f.

gung der Sterndeuter aus dem Osten gehört also schon zur Weihnachtsfeier. Im Stundengebet des Geburtsfestes Christi heißt es in einem Gesang:

Anbetungswürdig ist das Kind, das durch den Stern die Sterndeuter rief,
auf dass sie kämen, es anzubeten.
Sie führten Geschenke mit und brachten sie seiner Hoheit dar.[10]

Es überrascht nicht, dass die „Kirche des Ostens" beim Gedächtnis der Anbetung der Weisen „aus dem Osten" (Mt 2,1) an deren Herkunft aus Persien, dem Land zwischen Euphrat und Tigris, erinnert. Im Offizium begegnet uns ein Gesang, in dem Persien seine Gesandten und Anbeter gleichsam aussendet und ihnen eine friedvolle Reise und glückliche Ankunft beim König der Könige wünscht. Die persische Kirche, die ihre Missionare bis nach Indien und China gesandt hat, sieht auch diese Völker in Gestalt der „Könige aus dem Morgenland" schon an der Krippe knien:

Die Könige Persiens, die Könige Indiens, die Könige Chinas
haben ihre Häupter gebeugt
und den König aus Davids Haus angebetet.[11]

Entsprechend der ältesten ostsyrischen Tradition, nach der nur am Freitag und Sonntag Eucharistie gefeiert wurde, ist der Freitag zwischen dem ersten und zweiten Weihnachtssonntag liturgisch besonders hervorgehoben. Er wird als Marientag begangen. Die Kirche beglückwünscht gleichsam die Mutter des Herrn zur glücklichen Geburt des Erlösers. Ein solches Mariengedächtnis in der Nähe des Weihnachtsfestes kennt auch der byzantinische Ritus (26. Dezember) und die römische Liturgie (1. Januar: Hochfest der Gottesmutter Maria). Bei den Syro-Malabaren erklingt an diesem weihnachtlichen Marienfeiertag wieder das Evangelium von der Botschaft des

---

[10] Mateos, Lalya-Sapra (wie Anm. 4), 108f.; eigene Übersetzung aus dem Französischen.

[11] Ebd., 130f.; eigene Übersetzung aus dem Französischen.

Erzengels Gabriel und Marias Lobgesang über ihre Erwählung (Lk 1,26–55). Der zweite *Yalda*-Sonntag erinnert in seinem langen Evangelium (Lk 2,21–52) an alle Ereignisse der Kindheit Jesu: die Beschneidung und Namengebung, die Darstellung im Tempel und das Zeugnis von Simeon und Hanna, die Wallfahrt des zwölfjährigen Jesus nach Jerusalem und seine Wiederauffindung im Kreis der Lehrer, die über seine Weisheit staunten.

Epiphanie *(Denha)*

Die zweite Sieben-Wochen-Periode beginnt mit dem Fest der Erscheinung des Herrn *(Denha)* am 6. Januar und reicht bis zum Beginn der Großen Fastenzeit.[12] Sie umfasst, abhängig vom schwankenden Ostertermin, vier bis neun Wochen. Das vorherrschende Verkündigungsmotiv ist die Offenbarung Gottes in der Welt. Das Kind Marias ist in Wahrheit der Sohn des ewigen Vaters, der in Zeichen und Wundern seine verborgene Göttlichkeit kundtut. Die Liturgie des Festes am 6. Januar selbst ist geprägt vom Gedächtnis der Taufe Jesu. Diese ist das erste Theophanie-Ereignis am Anfang seines öffentlichen Wirkens: Bei seiner Taufe im Jordan wurde Jesus durch die Stimme vom Himmel als der Sohn Gottes proklamiert (Mt 3,1–17). Das Herabsteigen des Gottessohnes in das Wasser des Jordan hat aber auch allen Wassern der Schöpfung überirdische Heilkraft mitgeteilt. Fortan werden aus dem Wasser und dem Heiligen Geist in der Taufe die Kinder Gottes und die Kinder der Kirche geboren. In einem Gesang der chaldäischen Tagzeitenliturgie an Epiphanie heißt es:

> *Durch deine Taufe, o unser Heiland, wurden die Wasserquellen geweiht.*

---

[12] Vgl. Mateos, Lalya-Sapra (wie Anm. 4), 134–153; Moolan, The period (wie Anm. 3), 14–23; Maniyattu, Heaven (wie Anm. 3), 191; Pallath, Liturgia (wie Anm. 3), 142.

Sie sind ein geistlicher Mutterschoß für das Menschengeschlecht geworden.
In ihnen werden geboren, werden eingeschrieben
die Erstgeborenen des Himmels.[13]

In Kerala heißt Epiphanie bei den Malabaren „Rakuli", was so viel bedeutet wie: Bad in der Nacht. In Erinnerung an die Taufe Jesu war es einst üblich, am Vorabend von Epiphanie in einem Fluss ein Bad zu nehmen. Vom Festinhalt ist auch der andere bei den Christen in Südindien verbreitete Name „Pindikuthiperunal" (Lichtfest) inspiriert. Als Hinweis auf Christus, der als „das Licht der Welt" (Joh 8,12) erschienen ist, pflegen die Christen am Vorabend von Epiphanie eine ausgewachsene Bananenstaude vor ihrem Haus aufzustellen und brennende Fackeln daran zu befestigen. Die Kinder umtanzen den Lichterbaum und singen: „Gott ist herrlich *(El Paya)*".[14]
Nach der Taufe durch Johannes trat Jesus in der Öffentlichkeit auf. Seine göttliche Kraft und Vollmacht zeigten sich sogleich in der Synagoge seiner Heimatstadt Nazareth (1. Sonntag nach Epiphanie). Am 2. Epiphaniesonntag wird als Evangelium der Prolog des Johannesevangeliums verkündigt. In der römischen Liturgie ist dieser bedeutungstiefe Text das Evangelium des Weihnachtshochamtes. Der vierte Evangelist bezeugt, dass derjenige, der am Herzen des Vaters ruht und selber Gott ist, wahrhaft Mensch geworden und in diese Welt gekommen ist. Offenbarung der in Jesus verborgen anwesenden göttlichen Herrlichkeit ereignete sich, als dieser den Diener des Hauptmanns von Kafarnaum heilte (3. Epiphaniesonntag). Auch das Zeichen auf der Hochzeit zu Kana, als Jesus Wasser in guten Wein verwandelte, war ein Epiphanie-Ereignis (4. Epiphaniesonntag). Jesus ist, das hebt das Evangelium des 5. Epiphaniesonntags hervor, der Menschensohn, der vom Himmel herabgestiegen und wieder zum Himmel hinaufgestiegen ist (Joh 3,1–21).

---

[13] Mateos, Lalya-Sapra (wie Anm. 4), 139; eigene Übersetzung aus dem Französischen.
[14] Vgl. Moolan, The period (wie Anm. 3), 22.

Eine Besonderheit der Zeit zwischen Epiphanie und der Fastenzeit ist in allen Kirchen der syrischen Tradition das „Ninive-Fasten" *(Sauma d'Ninewe)*.[15] Es fällt in die drittletzte Woche vor Beginn der Osterfastenzeit. Biblisches Vorbild ist das Fasten der Leute von Ninive, die auf den Bußruf des Propheten Jona hörten. Durch ihr Fasten wendeten sie den von Gott angedrohten Untergang ihrer Stadt ab (Jona 3,1–10). Die Leseordnung der Syro-Malabaren sieht die Jona-Perikope in der Eucharistiefeier am Mittwoch der Ninive-Woche vor.

Die Passage im Buch Jona über das unheilabwehrende Fasten der Niniviten dürfte die entsprechende christliche Fastenpraxis begründet haben. Erst nachträglich wird die volkstümliche Erklärung nachgeschoben worden sein, die das Ninive-Fasten auf ein historisches Ereignis der christlichen Ära zurückführt. Die diesbezügliche Überlieferung[16] berichtet, in der Zeit des Katholikos-Patriarchen Ezechiel (570–581) habe die Pest in der Gegend von Kirkuk und Ninive gewütet. Diese Seuche habe zahlreiche Opfer gefordert. Damals sei ein Engel erschienen und habe die Menschen aufgefordert, zu fasten und zu beten, um von der Plage befreit zu werden. Die Erscheinung geschah an einem Montag. Die Gläubigen fasteten daraufhin drei Tage. Bei der Eucharistiefeier am Freitag kommunizierten sie. Daraufhin habe das Sterben ein Ende gefunden.

Zum dankbaren Gedächtnis an dieses Ereignis wurde das Drei-Tage-Fasten *(Moona Noyambu)*, wie die Thomas-Christen dieses Fasten nennen[17], fortan alljährlich gehalten. Außer den eigentlichen Fasttagen Montag bis Mittwoch ist auch der Donnerstag der Ninive-Woche durch eine spezielle Messfeier ausgezeichnet, was sonst nur an den Freitagen der Fall ist.

---

[15] Vgl. Mateos, Lalya-Sapra (wie Anm. 4), 147–151; Moolan, The period (wie Anm. 3), 21; zur westsyrischen Praxis vgl. Heinz, Feste (wie Anm. 6), 63 f.

[16] Vgl. Baumstark, Festbrevier (wie Anm. 5), 191 f.

[17] Vgl. Moolan, The period (wie Anm. 3), 21.

Am sechsten Epiphaniesonntag ist es wieder Johannes der Täufer, der auf den hinweist, „der von oben kommt und über allem steht" (Joh 3,31). Wunderbare Heilungen erweisen am siebten Epiphaniesonntag erneut die göttliche Vollmacht Jesu. Am letzten, praktisch nie vorkommenden achten Epiphaniesonntag kehrt abermals das Motiv der Taufe Jesu wieder. Wie am ersten Tag der Epiphanie-Zeit hört die Gemeinde erneut die Stimme aus dem Himmel: „Du bist mein geliebter Sohn; an dir habe ich Gefallen gefunden." (Mk 1,11).

Heiligengedächtnisse an den Freitagen der Epiphaniezeit

Die Freitage der Epiphaniezeit haben als Gedenktage der Heiligen ein besonderes Relief.[18] Sie gelten als Feiertage. Nacheinander werden herausragende biblische Heilige und Gruppen von nachbiblischen Heiligen kommemoriert. Der erste Freitag nach Epiphanie ist dem Gedächtnis Johannes des Täufers gewidmet. Auch die byzantinische Kirche kennt das Johannes-Fest als Begleitfest zu Epiphanie.

Die Reihe der Heiligengedächtnisse wird bei den Ostsyrern am darauf folgenden Freitag fortgesetzt mit dem Fest der „Apostelfürsten" Petrus und Paulus. Dann folgt das Gedächtnis der vier Evangelisten. Der Diakon und erste christliche Märtyrer Stephanus steht gleichsam für die große Schar aller Blutzeugen. Es folgt das Freitags-Fest der griechischen Kirchenlehrer. Ein Woche später wird der syrischen (und römischen) Kirchenväter gedacht. Am vorletzten Freitag feiert man das Fest des jeweiligen Kirchenpatrons. Der letzte Freitag vor Beginn der Fastenzeit ist der Gedenktag aller verstorbenen Gläubigen, gleichsam der Allerseelentag der ostsyrischen Tradition. In einem Gesang des chaldäischen Stundengebets heißt es an diesem Freitag:

---

[18] Vgl. Mateos, Lalya-Sapra (wie Anm. 4), 141; Moolan, The period (wie Anm. 3), 20f.

Herr der Jünger,
fortlebend durch alle Zeiten,
denen, die in der Hoffnung auf dich gestorben sind,
vergib in deiner Barmherzigkeit.[19]

Auch die Westsyrer kennen ein solches Totengedächtnis vor Beginn der Osterfastenzeit.[20] Dort wird es allerdings sonntags begangen. Am vorletzten Sonntag gilt das Gedenken allen verstorbenen Priestern, am letzten Sonntag vor der Fastenzeit allen verstorbenen Gläubigen. Bei den katholischen Maroniten gibt es sogar drei Toten-Sonntage: einen für die verstorbenen Priester, einen zu Ehren aller Heiligen und den dritten und letzten zum Gedächtnis aller verstorbenen Gläubigen.[21]
So ist eine Wolke von Zeugen um den sich offenbarenden Sohn Gottes. Sie sind ihm gefolgt und waren ihm treu bis in den Tod. Durch ihr Vorbild rufen sie diejenigen, die ihrer gedenken, auf, den gleichen Weg der Nachfolge zu gehen. Ihr Beispiel stärkt die Gläubigen in der Treue zu dem, der gesagt hat: „Ich bin das Licht der Welt. Wer mir nachfolgt (…) wird das Licht des Lebens haben." (Joh 8,12).

Die Große Fastenzeit *(Sauma)*

Die Große Fastenzeit[22], die in der lateinischen Tradition „Quadragesima – Vierzig-Tage-Zeit" heißt, ist bei den Ostsyrern in der Tat ein Zeitraum von exakt 40 Tagen. Sie umfasst, zählt man den Palmsonn-

---

[19] Mateos, Lalya-Sapra (wie Anm. 4), 153; eigene Übersetzung aus dem Französischen.

[20] Vgl. Heinz, Feste (wie Anm. 6), 64.

[21] Vgl. Andreas Heinz, Die Heilige Messe nach dem Ritus der Syrisch-maronitischen Kirche (Sophia 28), Trier 1996, 169–177.

[22] Vgl. Mateos, Lalya-Sapra (wie Anm. 4), 154–192; Moolan, The period (wie Anm. 3), 23–32; Maniyattu, Heaven (wie Anm. 3), 191; Pallath, Liturgia (wie Anm. 3), 142–144; für den westsyrischen Ritus vgl. Heinz, Feste (wie Anm. 6), 64–67.

tag mit, sieben Sonntage vor Ostern. Der Fasteneröffnungssonntag ist demnach der Sonntag vor dem Aschermittwoch der römischen Fastenzeit. Der erste Fasttag ist der folgende Montag. Da die Sonntage als Fasttage ausscheiden, erhält man bis zum Palmsonntag 36 mögliche Fasttage. Nimmt man die vier ersten Tage der Heiligen Woche noch hinzu, ergibt sich exakt eine 40-tägige Fastenzeit. So entspricht die Fastenpraxis der Kirche dem Vorbild ihres Meisters, der 40 Tage in der Wüste gefastet hat (vgl. Mt 4,2).
Während der Fastenzeit unterscheidet der ostsyrische Ritus die gewöhnlichen Wochen und die „Wochen der Mysterien *(d'raze)*". Als solche gelten die erste und vierte Woche, insofern in diesen privilegierten Wochen an allen Tagen (ausgenommen samstags) die Eucharistie gefeiert wird. In den gewöhnlichen Wochen geschieht das nur am Freitag und Sonntag. Auch die ersten drei Tage der Karwoche werden als „Mysterien-Tage" begangen.

Die Heilige Woche

In den Ostkirchen wird an der Schwelle der Heiligen Woche der Auferweckung des Lazarus gedacht (Joh 11,17–44). Schon die abendländische Pilgerin Egeria berichtet in den 80er-Jahren des 4. Jahrhunderts von einer liturgischen Feier in *Lazarium* oder Betanien bei Jerusalem am Vortag des Palmsonntags (Itinerarium Egeriae 29,3–6). Bevor die Gläubigen in die Leidenswoche eintreten, schauen sie auf das Zeichen der Auferweckung des bereits drei Tage im Grab liegenden Lazarus. Es ist ein österliches Signal der Hoffnung, insofern Jesus durch dieses Wunder gezeigt hat, dass er stärker ist als der Tod. Er ist der Todesüberwinder, der dann selbst am dritten Tag von den Toten auferstehen wird. Da bei den Ostsyrern der Freitag der übliche Eucharistietag ist, finden wir dort das Lazarus-Gedächtnis am Freitag vor dem Palmsonntag.
Das liturgische Gedächtnis des Einzugs Jesu in Jerusalem acht Tage vor Ostern entspricht nicht nur den biblischen Berichten. Es geht auch auf ältesten Jerusalemer Brauch zurück (vgl. Itinerarium Ege-

riae 31,1). Die Syrer nennen den Palmsonntag „Hosanna-Sonntag".[23] Er feiert Jesus als den von den Propheten vorausgesagten Messias-König. Diesen Aspekt der Feier bringt ein poetischer Text der Tagzeitenliturgie besonders treffend ins Wort:

An dem Tag, als der Messias-König in Jerusalem einzog,
erhoben sich voll Staunen die Heerscharen oben
und die Menschenmenge auf Erden,
weil sie etwas nie Dagewesenes sahen,
das sich bei den Erdenbewohnern zutrug.
Die Priester wunderten sich, die Schriftgelehrten waren betroffen
und die Pharisäer schlugen Lärm,
als sie die Kinder rufen hörten: Gepriesen sei der Davidssohn!
Voll Verachtung fragten sie, wer ‚der da' denn sei.
Vorwurfsvoll antworteten ihnen die Kinder[24] *und sagten:*
Das ist Jesus, von dem alle Propheten Zeugnis abgelegt haben,
der, den Mose, der Erwählte, in seinen Büchern den Großen genannt hat,
der, den David den Herren genannt hat, der zur Rechten sitzt,
der, den Jesaja Kind und Sohn und Herrscher der Zeiten genannt hat.
Er ist der König, den Micha von Ephrata aus angekündigt hat.

---

[23] Vgl. Heinz, Feste (wie Anm. 6), 68–71. Zur ostsyrischen Feier der Heiligen Woche vgl. Antony George Kollamparampil, The Life-giving Paschal Lamb. Great Week-Celebrations in the East Syrian Liturgy, Changanassery (Kerala) 1997; ders., „To sing Hosanna to Christ the King the Redeemer of mankind. The Palm Sunday Liturgy of the East Syrian Tradition, in: Ephemerides liturgicae 111 (1997) 305–342; ders., Liturgical celebration of the Paschal Triduum in the Syro-Malabar Church, in: ELit 109 (1995) 64–79; Mateos, Lalya-Sapra (wie Anm. 4), 193–232; Moolan, The period (wie Anm. 3), 32.

[24] Zu diesem Gegensatz zwischen den uneinsichtigen „Alten" und den hellsichtigen, für Christus begeisterten Kindern vgl. Andreas Heinz, Antijudaismus in der christlichen Liturgie? Das Beispiel der Syrischen Kirchen in der „Großen Woche", in: Martin Tamcke (Hg.), Syriaca II. Beiträge zum 3. deutschen Syrologen-Symposium in Vierzehnheiligen 2002 (Studien zur Orientalischen Kirchengeschichte 33), Münster 2004, 307–325, bes. 309–314.

Jeremia hat ihn Lichtstrahl genannt, der die ganze Erde erleuchtet.
Ezechiel wies darauf hin, dass die Erde dem Joch seiner Herrschaft unterworfen ist.
David rief aus: Er ist der Heilige der Heiligen, würdig heilig gepriesen zu werden.
Er ist gekommen und hat ihre Offenbarungen und Vorhersagen erfüllt.[25]

Der Montag der Karwoche, an dem die Westsyrer den eindrucksvollen Nachtgottesdienst der „Ankunft im Hafen" feiern[26], hat auch bei den Ostsyrern ein besonderes Relief. Die Schriftlesungen der Qurbana-Feier eröffnen die „Woche der Leiden". Die erste alttestamentliche Lesung erinnert an das Schicksal Josefs, der von seinen Brüdern verkauft wurde. Er wurde so zum Vorausbild des Messias, der von den Anführern seines Volkes verworfen und dem Tod preisgegeben wurde. Entsprechend dem Zeugnis der Evangelisten wird am Dienstag der Karwoche der Salbung Jesu in Betanien gedacht (Joh 12,1–11). Der Mittwoch ist der Tag, an dem Judas seinen Meister verraten hat (Mt 26,14–16).
Mit dem Gründonnerstag, den die Westsyrer „Donnerstag der Mysterien" nennen[27], die Ostsyrer „Pascha-Donnerstag", geht die Osterfastenzeit zu Ende. Am Abend beginnt die Österliche Dreitagefeier *(Triduum paschale)* vom Leiden und Sterben, der Grabesruhe und Auferstehung des Herrn. Die Eucharistiefeier des Pascha-Donnerstags ist mit biblischen Lesungen ausgestattet, die hinweisen auf das Vorausbild des Pascha-Lamms und das Prophetenwort vom Aufblick zu dem, „den sie durchbohrt haben" (Sach 12,10). Die neutestamentlichen Perikopen sprechen vom Abendmahl und Herrenmahl.

---

[25] Mateos, Lalya-Sapra (wie Anm. 4), 194; eigene Übersetzung aus dem Französischen.

[26] Vgl. Heinzgerd Brakmann, Heimkehr zum Taufort. Zum Ursprung der syrischen „Prozession der Ankunft im Hafen" am Karmontag, in: Ernst Dassmann und Klaus Thraede (Hg.), Vivarium (FS Theodor Klauser). Jahrbuch Antike und Christentum. Erg. Bd. 11, Münster 1984, 1–10; Heinz, Feste (wie Anm. 6), 71–74.

[27] Vgl. Heinz, Feste (wie Anm. 6), 75–77.

Zur liturgischen Begehung des Gründonnerstags gehört auch bei den Ostsyrern die Fußwaschung.
Bei den syro-malabarischen Christen in Kerala gibt es am Abend des Pascha-Donnerstags einen häuslichen Brauch, der offensichtlich vom jüdischen Pesach-Mahl beeinflusst ist (vgl. Ex 12).[28] Es werden mehrere ungesäuerte Brote gebacken. Abends wird eines davon, das mit einem Kreuz bezeichnet ist, vom Familienvater gebrochen und an die Familienmitglieder ausgeteilt. Dazu gibt es ein süßes Getränk. Man isst und trinkt im Stehen. Sorgfältig wird darauf geachtet, dass nichts übrig bleibt oder zur Erde fällt. Nicht-Christen dürfen von diesem besonderen Brot nicht essen.
Am „Freitag der Leiden" bildet die Verkündigung der Passion einen Schwerpunkt der gottesdienstlichen Feier. Während in der römischen Liturgie am Karfreitag immer die Johannespassion gelesen wird, ist bei den Ostsyrern die liturgische Leidensgeschichte eine kunstvolle Textkomposition *(Cento)* aus den Passionsberichten aller vier Evangelisten. Sie wird im Abendgottesdienst *(Ramša)* nach den zwei alttestamentlichen Lesungen und der Lesung aus dem Galaterbrief (Gal 2,17–3,14) vorgetragen. Wie bei den Westsyrern[29] gibt es auch im ostsyrischen Ritus den Brauch, am Ende der Vesper *(Ramša)* des Karfreitags den Gläubigen einen Bittertrank zu reichen.[30] Dazu erklingt im Wechsel zwischen zwei Chören der folgende Gesang:

Erhebe dich, Adam, erster Mensch, und schau auf den Sohn, den Erstgeborenen;
wie ein Sünder leidet er durch die Hand des Volkes der Juden.

Erhebe dich, Abel, Opfer des Hasses deines eigenen Bruders,
schau den Heiland der Welt, der stirbt für die Erdenbewohner.

Erhebe dich, milder Noah, der du einst der Vertreter der Menschheit warst,

[28] Vgl. Moolan, The period (wie Anm. 3), 29.
[29] Vgl. Heinz, Feste (wie Anm. 6), 83.
[30] Vgl. Moolan, The period (wie Anm. 3), 29; Pallath, Liturgia (wie Anm. 3), 144.

schau den Sohn des Höchsten, der heute ans Kreuz geschlagen wurde.

Erhebe dich, Melchisedek, großer Priester, der du nicht das Fleisch von Tieren auf dem Altar geopfert hast,
komm heute und schau den Sohn, der das Mysterium von Brot und Wein darbringt.

Erhebe dich, heiliger Isaak, vor der Opferung gerettet durch das Lamm im Dornengestrüpp,
betrachte dieses wahre Geheimnis, das sich heute in der Person deines Erlösers erfüllt.

Erhebe dich, Mose, erster der Propheten, schau den Herrn der Propheten,
gemartert von den Söhnen der Propheten, wie die Propheten es vorhergesagt haben.

Erhebe dich, Zefanja, schau die Kirche, die erlöst wurde durch die Kreuzigung,
schau, wie gesammelt wurde, was zerstreut war, und zerstreut, was versammelt war.

Gepriesen sei dein Tod, gepriesen deine Auferstehung.
In deiner Güte vergib deinen Dienern, die deine Gottheit bekennen.
Sei für uns Zuflucht in deiner Kraft.
Breite allezeit deine Erbarmungen aus
über der Gemeinschaft der Kirchen,
die an die Wahrheit deiner Auferstehung glauben.

Dir und deinem Vater und dem Heiligen Geist
Ehre und Anbetung
von Ewigkeit zu Ewigkeit. Amen.[31]

---

[31] Pallath, Liturgia (wie Anm. 3), 144f.; eigene Übersetzung aus dem Italienischen.

Die ostsyrische Karfreitagsliturgie ist nicht einseitig auf das Passionsgedächtnis ausgerichtet. Sie feiert das ganze Pascha-Mysterium, seine dunkle und helle Seite, Tod und Auferstehung. Das Pascha des Leidens und das Pascha der Auferstehung durchdringen sich gegenseitig, wobei am Karfreitag freilich das Leidensgedächtnis stärker hervortritt, an Ostern das Auferstehungsgeschehen und das neue Leben, das der Sieg Christi über den Tod den Kindern der Kirche bringt.

Die Zeit der Auferstehung *(Qyamta)*

Die mit dem Ostersonntag beginnende vierte liturgische Zeit des ostsyrischen Kirchenjahres endet an Pfingsten.[32] Es ist die Fünfzig-Tage-Zeit *(Pentekoste)*, die sieben Mal sieben Tage zählt. Der auf diese sieben Wochen Osterfeier folgende 50. Tag ist als festlicher Abschlusstag gleichsam der große Oktavtag von Ostern. Erst als der Auferstandene vom Vater den Heiligen Geist gesandt hatte, war die Kirche mit der Kraft von oben ausgerüstet, um allen Völkern das Heil zu bringen.

Der Ostersonntag heißt mit vollem Namen „Großer Sonntag der Auferstehung unseres Herrn". Er feiert nicht nur die Befreiung des Gekreuzigten aus den Banden des Todes, sondern bedenkt auch den Segen der Auferstehung Christi für die ganze Schöpfung. Ein Gesang des chaldäischen Osteroffiziums rühmt:

> *Seht da, die ganze Schöpfung ist durch Christus, den Urheber des neuen Lebens, erneuert.*
> *Denn durch ihn wurde die Macht des Todes zerstört und durch seinen Ruf hat er die Toten erweckt.*
> *Satan stöhnt bitter und spricht: Weh mir, ich bin der Spott Adams und seiner Kinder geworden,*

---

[32] Vgl. Mateos, Lalya-Sapra (wie Anm. 4), 233–246; Moolan, The period (wie Anm. 3), 32–38.

denn, seht, Jesus hat mir meine Macht geraubt und meinen Besitz meiner Hand entrissen
und durch seine Auferstehung
hat er seinem ganzen Geschlecht das Leben gegeben.[33]

In einem anderen Gesang heißt es:

Unser Herr ist auferstanden und hat jedem Geschöpf Hoffnung gegeben.
Er hat die Wächter in Schrecken versetzt durch seine große Macht.
O König der Könige, gewähre Frieden den Königen in ihren Reichen,
damit wir ein ruhiges und friedliches Leben führen können
durch den Frieden, der von dir kommt.[34]

Die erste Woche der Auferstehungs-Zeit, im römischen Ritus Osteroktav genannt, hat bei den Ostsyrern den Namen „Woche der Wochen".[35] Alle Tage dieser ersten Osterwoche – ausgenommen der Samstag – sind Tage der Eucharistiefeier. Die *Qurbana*-Feier von Montag bis Freitag ist jeweils mit eigenen biblischen Lesungen ausgestattet. Sonst werden in der Regel die Sonntagsperikopen wiederholt. Von Montag bis Donnerstag ist die Auferstehung Christi und die Teilhabe der Getauften an seinem Leben (Gleichnis vom Weinstock und den Rebzweigen am Ostermittwoch) das große Verkündigungsthema. In dieser eucharistischen Hervorhebung der Osterwoche lebt die Erinnerung an die frühere Taufpraxis der Kirche weiter: Diejenigen, die in der Osternacht getauft worden waren, nahmen in der Osterwoche, mit ihren weißen Taufgewändern bekleidet, täglich an der Eucharistiefeier teil.

---

[33] Mateos, Lalya-Sapra (wie Anm. 4), 236f.; eigene Übersetzung aus dem Französischen.

[34] Ebd., 237.

[35] Vgl. Moolan, The period (wie Anm. 3), 33f.

Freitag der Bekenner

Der Freitag in der „Woche der Wochen" ist so etwas wie das Allerheiligen-Fest des ostsyrischen Ritus.[36] Dieser Tag ist dem Gedächtnis aller „Bekenner" gewidmet. Die „Wolke von Zeugen" (Hebr 12,1: neutestamentliche Lesung) umfasst nicht nur die christlichen Zeugen im engeren Sinn, sondern schließt alle ein, die angefangen vom gerechten Abel bis in die Gegenwart für Gott Zeugnis abgelegt haben. Die biblischen Lesungen erinnern an die drei jungen Männer im Feuerofen (Dan 3,25–45), an das Schicksal des Stephanus (Apg 6,8–7,10) und an das Glaubenszeugnis der Patriarchen und Propheten (Hebr 11). Das Evangelium ruft die Christen aller Zeiten zu einem furchtlosen Bekenntnis auf.

Das Gedächtnis der Glaubenszeugen am Freitag nach Ostern hat einen historischen Hintergrund. Die Kirche im Perserreich hatte unter dem Sassanidenherrscher Šapur II. (309–379) eine fast 40 Jahre währende, harte Verfolgungszeit durchzustehen. Am Karfreitag des Jahres 341 ließ der Perserkönig Mar Simon bar Sabbae, den Katholikos von Seleukeia-Ktesiphon, das Oberhaupt der „Kirche des Ostens", zusammen mit anderen Bischöfen und Christen hinrichten. Diese Blutzeugen sind am Todestag ihres Herrn mit Christus gestorben, um auch mit ihm zu leben. Da der Karfreitag als Gedenktag des Leidens und Sterbens Christi sich als Jahrgedächtnistag der „Persischen Märtyrer" nicht eignete, gedachte und gedenkt man ihrer Jahr für Jahr am Freitag nach Ostern, dem Oktavtag ihres Martyriums. Sehr bald entwickelte sich dieser Gedenktag zu einem Fest aller heiligen Zeugen. In diesem Sinn feiert auch die westsyrische Kirche von Antiochien den „Freitag der Bekenner" in der Osterwoche.

---

[36] Vgl. ebd., 34 f., Heinz, Feste (wie Anm. 6), 92.

Der „Neue Sonntag“

Der zweite Ostersonntag hat in Erinnerung an die an diesem Sonntag einst abgelegten weißen Kleider der Neugetauften *(dominica in albis depositis)* im Westen den Namen „Weißer Sonntag“ erhalten. In der syrischen Tradition heißt er der „Neue Sonntag“.[37] Der Name könnte daher kommen, dass nach dem überragenden Sonntag der Auferstehung, dem Ostersonntag, nun gleichsam die Reihe der Sonntage wieder neu beginnt, von denen jeder ein Ostern im Kleinen ist. An Ostern ist der Sonntag gleichsam neu geboren worden. Der „erste Tag nach dem Sabbat“, wie die Syrer, biblischem Sprachgebrauch folgend (Mt 28,1 parr), den Sonntag nennen, hat vom Ereignis der Auferstehung Christi her einen neuen Inhalt bekommen. Er ist als Auferstehungs-Gedenktag ein „neuer Sonntag“. Der Name könnte auch eine Anspielung auf die durch die Taufe an Ostern geschenkte „Neuheit des Lebens“ in Christus sein. Jeder Sonntag erneuert, nährt und stärkt dieses neue Leben in der Mitfeier der Sonntagseucharistie.

In der Tagzeitenliturgie des ostsyrischen Ritus wird der Sonntag als der „neue Tag“ besungen, an dem Christus den Seinen die Hoffnung auf das Leben in der „neuen Welt“ gegeben hat:

Der Sonntag, er ist der neue Tag.
Kommt, lasst uns ein neues Loblied singen
Christus, dem neuen Bräutigam,
der uns die neue Welt versprochen hat.[38]

Die das Gesicht des „Neuen Sonntags“ prägende biblische Lesung ist das Evangelium von der Begegnung des Apostels Thomas mit dem Auferstandenen (Joh 20,19–31). Während die Christen des Westens

---

[37] Vgl. Mateos, Lalya-Sapra (wie Anm. 4), 243 f.; Moolan, The period (wie Anm. 48), 35 f.; Heinz, Feste (wie Anm. 6), 93–95.

[38] Mateos, Lalya-Sapra (wie Anm. 4), 244; eigene Übersetzung aus dem Französischen; zur syrischen Sonntagsfrömmigkeit vgl. auch meinen in Anm. 1 angeführten Aufsatz.

vom „ungläubigen" Thomas sprechen, betonen die Syrer positiv dessen klares Christusbekenntnis. Überwältigt von der leibhaftigen Präsenz des Meisters in seiner nachösterlichen Gegenwartsweise bekennt Thomas Jesus als seinen „Herrn und Gott *(Kyrios kai Theos)*". Besonders die Thomas-Christen Südindiens, die überzeugt sind, dass dieser Apostel als erster das Evangelium in ihr Land gebracht hat, haben eine große Verehrung für den „gläubigen" Thomas. Die syro-malabarischen Christen pflegen am Thomas-Sonntag eine Wallfahrt zum Berg Malayattur zu unternehmen. Der Apostel Thomas soll sich auf diesem Berg 40 Tage lang betend und fastend aufgehalten haben.[39]

Christi Himmelfahrt

Das Gedächtnis der Himmelfahrt des Auferstandenen wird auch in den Kirchen der syrischen Tradition am 40. Tag nach Ostern begangen (vgl. Apg 1,3).[40] Als die Pilgerin Egeria in den 80er-Jahren des 4. Jahrhunderts die Osterzeit in Jerusalem miterlebte, gab es das Fest am Donnerstag der sechsten Osterwoche noch nicht. Das Gedächtnis der Erhöhung Christi zum Vater war damals noch mit der Pfingstfeier am 50. Tag nach Ostern verbunden. (Itinerarium Egeriae 42–43). Doch um diese Zeit hatte man in der syrischen Metropole Antiochien am Orontes offenbar schon begonnen, das Himmelfahrtsgedächtnis am 40. Tag nach Ostern zu feiern. Johannes Chrysostomus († 407) ist der Gewährsmann dafür. Von ihm ist eine Predigt erhalten, die er am Fest Christi Himmelfahrt des Jahres 386 in seiner Heimatstadt Antiochien gehalten hat. Unter Patriarch Severus von Antiochien († 538) wurde das Fest dort mit größter Feierlichkeit begangen. Die syrische Liturgie akzentuiert stark die Hoheit und kosmische Herrscherstellung Christi, des Königs *(Malka)*. Christi

---

39 Vgl. Moolan, The period (wie Anm. 3), 35.

40 Vgl. ebd., 35 f., Mateos, Lalya-Sapra (wie Anm. 4), 244–246.

Himmelfahrt ist gleichsam das Inthronisationsfest des Messias-Königs.[41]

Im Heimatland der „Kirche des Ostens" zwischen Euphrat und Tigris beginnt um diese Zeit die Sommerhitze. Von daher erklärt sich der Brauch, von Christi Himmelfahrt bis zum ersten Kirchweihsonntag im Herbst den Wortgottesdienst der Eucharistiefeier unter freiem Himmel, im Vorhof der Kirche, zu feiern. So zieht man, wenn im Abendlob *(Ramša)* des Festes der Hymnus *Laku Mara* (Zu dir, Herr) angestimmt wird, in feierlicher Prozession mit Kreuz, Leuchtern, Evangeliar und Weihrauch aus der Kirche auf den Vorplatz. Dieser dient während der heißen Sommerzeit als Freilicht-Kirche. Nach Beendigung des draußen gefeierten Wortgottesdienstes zieht die Gemeinde dann jeweils zum eucharistischen Teil der Feier wieder in die Kirche. In Kerala kennt man wegen der andersartigen klimatischen Verhältnisse diesen Brauch nicht.

Die Zeit der Apostel *(Šlihe)*

Pfingsten ist der Ausgangspunkt der sieben Wochen umfassenden, nach den Zwölf Aposteln benannten liturgischen Zeit.[42] Erst als der Heilige Geist auf die versammelten Jünger und Jüngerinnen Jesu herabgekommen war, hatten sie die Kraft, ihre Überzeugung offen zu bekennen und die Botschaft Jesu in die Welt zu tragen. So thematisiert diese Kirchenjahrszeit die Sendung der Apostel, ihre Verkündigungstätigkeit, die erste Ausbreitung der Kirche über die Grenzen des jüdischen Volkes hinaus, die Konstituierung der apostolischen Gemeinden. Für die Benennung dieser Sieben-Wochen-Periode nach den „Gesandten – *Šlihe*" war der Umstand ohne Bedeutung, dass in diese Zeit gewöhnlich die Gedenktage einiger Apostel fallen: Philippus und Jakobus (11. Mai), Barnabas (11. Ju-

[41] Heinz, Feste (wie Anm. 6), 95–97.

[42] Vgl. Mateos, Lalya-Sapra (wie Anm. 4), 247–262; Moolan, The period (wie Anm. 3), 38–42.

ni), Peter und Paul (29. Juni) und Thomas (3. Juli). Diese Feste gehen in der Regel auf lateinischen Einfluss zurück. So ist beispielsweise der ursprüngliche ostsyrische Gedenktag der Apostel Petrus und Paulus der zweite Freitag der Epiphanie-Zeit.
Wie bei den Westsyrern gibt es auch in der ostsyrischen Liturgie an Pfingsten einen „Ritus der Kniebeugung".[43] In der Fest- und Freudenzeit zwischen Ostern und Pfingsten ist nach ältestem Brauch das kniende Beten nicht erlaubt. Wird diese Zeit nun an Pfingsten beschlossen, wird auch das Kniebeugen, das charakteristisch ist für das Buß- und Bittgebet, wieder aufgenommen. Während die Chaldäer im Irak diese Zeremonie praktizieren, scheint sie bei den Thomas-Christen in Kerala dem Latinisierungsdruck im 16. Jahrhundert zum Opfer gefallen zu sein.[44] Auch der einstige Brauch, nach Pfingsten das sogenannte „Apostelfasten" zu beobachten, wird heute nicht mehr geübt.
Er ist allerdings sehr alt. Schon im 4. Jahrhundert haben wir Belege aus Ägypten (Athanasius), Jerusalem (Egeria) und Antiochien (Apostolische Konstitutionen), dass die Woche nach Pfingsten als Fastenwoche begangen wurde. Die weitere Entwicklung führte dazu, dass diese zunächst bloß einwöchige Fastenzeit weiter ausgedehnt wurde.[45] Wie wir von Gabriel von Basra (9. Jahrhundert) erfahren, war die zur damaligen Zeit sich über die ganze Periode der Apostel erstreckende Fastenzeit nicht bloß eine Sache der Mönche, sondern auch der Gläubigen „in der Welt". Diese hatten allerdings zunehmend Schwierigkeiten, den Sinn dieses Fastens einzusehen und es tatsächlich zu beachten.
Seine ursprüngliche Bedeutung ist den Apostolischen Konstitutionen (ApConst 5,20, 14) zu entnehmen: Die Fasttage sollten nach der österlichen Fest- und Freudenzeit die Christen wieder an den Ernst des Christseins erinnern. Für die Kirche ist das ewige Osterfest

---

[43] Vgl. Heinz, Feste (wie Anm. 6), 98–100.
[44] Vgl. Moolan, The period (wie Anm. 3), 39.
[45] Vgl. Mateos, Lalya-Sapra (wie Anm. 4), 252 f.

noch nicht angebrochen; der Kampf mit den Mächten des Bösen ist noch nicht ausgestanden und siegreich beendet.

Der „Goldene Freitag"

Der Freitag der Pfingstwoche hat in der syrischen Tradition ein besonderes Relief.[46] In Antiochien fand der Tag nachweislich schon zur Zeit des Patriarchen Severus († 538) besondere Beachtung. Der Name erklärt sich durch ein Motiv aus der Lesung der Tagesmesse (Apg 3,1–26). Die Perikope berichtet von der Heilung des Gelähmten am schönen Tor des Tempels. Der bettelnd dort sitzende behinderte Mann hatte die an ihm vorbeikommenden Apostel Petrus und Johannes um ein Almosen gebeten. Petrus antwortete ihm: „Silber und Gold besitze ich nicht. Doch was ich habe, das gebe ich dir: Im Namen Jesu Christi, des Nazoräers, geh umher!" (Apg 3,6). Das Petruswort von dem ihm abgehenden Gold hat also dem Tag den Namen gegeben.

Doch sein eigentlicher Inhalt ist ein anderer. Zu beachten ist, dass die Heilung des Gelähmten das erste Heilungswunder nach Pfingsten ist, von dem das Neue Testament berichtet. Die Apostel haben diese Heilung nicht aus eigener Kraft gewirkt. Petrus gibt, wie er ausdrücklich sagt, dem Gelähmten „im Namen Jesu" die Gesundheit wieder. Es ist also der erhöhte Herr, der in der Kraft seines Geistes durch seine Gesandten (*Šlihe* ist das syrische Wort für Apostel) immer noch sein Heil wirkt. In seinem Erdenleben hat Jesus Kranke geheilt. Daran erinnert das Evangelium am „Goldenen Freitag" (vgl. Lk 7,1–23). Aber auch nachdem er zum Vater heimgekehrt ist, macht er vom Himmel her durch seine „Gesandten" Menschen heil. Sein Erbarmen wird nun durch seine auf die Apostel gegründete Kirche der erlösungsbedürftigen Menschheit aus- und mitgeteilt. Das ist die überzeitlich gültige gute Nachricht des „Goldenen Freitags".

---

[46] Vgl. ebd., 253 f.; Heinz, Feste (wie Anm. 6), 102 f.

Freitag der (Zweiund)Siebzig Jünger

Die Westsyrer widmen am Ende der Apostel-Zeit einen Tag dem gemeinsamen Gedächtnis aller Apostel.[47] Es ist der Tag nach dem 29. Juni, an dem man zusammen mit der Westkirche das Fest der Apostel Petrus und Paulus begeht. Dieses gemeinsame Apostelgedächtnis prägt bei den Ostsyrern den ersten Sonntag des neuen Sieben-Wochen-Zyklus der Sommerzeit *(Qayta)*.[48] Am Ende der Apostel-Zeit, am letzten Freitag, wird im ostsyrischen Ritus das Gedächtnis der Siebzig Jünger begangen.[49] Gemeint sind jene „72 andere Jünger", die Jesus zusätzlich zur Gruppe der Zwölf Apostel ausgewählt hat (vgl. Lk 10,1). Er sandte sie in alle Städte und Dörfer, in die er selbst gehen wollte. Die Anzahl der Jünger wird nach der besseren handschriftlichen Textüberlieferung mit 72 angegeben. Einige griechische Handschriften und die syrische Pešitta sprechen von „siebzig" Jüngern. Von daher erklärt sich der uneinheitliche Festtitel. Das Motiv schließt sinnvoll die Apostel-Zeit ab.

Die Sommerzeit *(Qayta)*

Sie umfasst in der Regel sieben Wochen. Die heiße Jahreszeit, in welche diese liturgische Zeit immer fällt, hat ihr den Namen gegeben. Der erste Sonntag dieses neuen Sieben-Wochen-Zyklus wird als Fest der Zwölf Apostel begangen. Dieses Thema verklammert glücklich die vorausgegangene Apostel-Zeit mit der neuen liturgischen Einheit der sieben Sommer-Wochen.

Der erste Sonntag dieser Kirchenjahrszeit hat den Namen „Nusardel".[50] Er könnte aus dem Persischen kommen. Seine Bedeutung wäre dann: „Erster Sonntag des neuen Jahres". Der Sonntag „Nusar-

---

47 Vgl. Heinz, Feste (wie Anm. 6), 103.

48 Vgl. Mateos, Lalya-Sapra (wie Anm. 4), 262–267.

49 Vgl. ebd., 260; Moolan, The period (wie Anm. 3), 40.

50 Vgl. Mateos, Lalya-Sapra (wie Anm. 4), 262 f.

del" liegt in der Nähe der Sommersonnenwende, die in Persien als Anfang eines neuen Jahres galt. Die ostsyrischen Liturgiebücher deuten den Namen dagegen als „Fest Gottes". Diese philologisch nicht haltbare Interpretation scheint von der Endung „El = Gott" inspiriert worden zu sein.

Für die Thomas-Christen Keralas verbindet sich mit diesem Sonntag das Gedächtnis an ein Ereignis ihrer jüngeren Kirchengeschichte.[51] Es war an einem solchen ersten Sonntag der Sommerzeit, dem Fest der Apostel, als in der Anfangsphase der portugiesischen Herrschaft Mar Jakob (1503–1547) von der Chaldäischen Kirche und drei weitere ostsyrische Bischöfe in Kondungallur in Kerala ankamen. Sie wurden freundlich von den portugiesischen Missionaren empfangen und konnten nach ihrem Ritus mit den einheimischen Gläubigen die Liturgie feiern. Leider blieb es nicht bei diesem gesunden Respekt vor der orientalischen Eigentradition der Christen an der Malabar-Küste. Die Missionare aus dem Westen beargwöhnten schon bald jede Abweichung von der römischen Art. Die traurigen Folgen sind bekannt. Doch das Apostelfest ist im Sinn des oben erwähnten freudigen Ereignisses bei den Malabaren mit guten Erinnerungen verbunden.

Der Sommer ist die Zeit des Wachsens und des Reifens. Die Verkündigungs- und Gebetsthemen an den Sonntagen der Sommerzeit zeigen eine gewisse Parallelität auf der Ebene des geistlichen Lebens zu diesen Vorgängen in der Natur. Der Same, den die Apostel bei allen Völkern und Nationen ausgesät haben, ist aufgegangen und wächst. Die Gläubigen sind eingeladen, den Glauben zu vertiefen und in ihrem Christsein zu wachsen. Im Garten der Kirche blüht das Leben und der Herr der Kirche segnet sein Volk und krönt sein Heiligtum mit Ehre und Herrlichkeit.

Die Ausbreitung des Glaubens und der Weg der Kirche durch die Zeit hat ein Ziel. Am Ende der Zeit steht der Tag, an dem der Herr der Kirche wiederkommen wird. Von daher kommt eine gewisse Ernsthaftigkeit in diese helle Sommerzeit. Der Christ soll so leben,

---

[51] Vgl. Moolan, The period (wie Anm. 3), 44.

dass er jeder Zeit seinem Herrn begegnen kann. So gehört auch Umkehr, Buße und das Gebet um Vergebung und um Gottes Barmherzigkeit zu dieser Zeit zwischen Aussaat und Ernte. Ein syrischer Kirchenschriftsteller, Rabban Brik-Išo (14. Jahrhundert), kommentiert die Intention der Sommerzeit folgendermaßen: „Als die heiligen Apostel auszogen bis zu den vier Enden der Schöpfung, als sie predigten, lehrten, Jünger machten und in der ganzen Welt tauften, als sie die Altäre, die Tempel, die Götterbilder und die Kultorte der Dämonen von Grund auf zerstörten, als sie die Bilder und Statuen zerbrachen, als sie die Schöpfung reinigten und säuberten, als sie sie vom Schmutz der Sünde rein wuschen, von ihrer Schande und teuflischen Verderbtheit, von da an bis zum Ende der Welt flehen und rufen die Gläubigen, alle Kinder der Kirche, zu Gott und bitten ihn um die Vergebung ihrer Sünden. Deshalb sprechen sie: *Hallelayni* – Wasche mich durch Tränen (der Reue)! Auch haben alle Gesänge dieser Zeit einen Bezug zur Buße und zur Hinwendung zu Gott."[52]

Elija-Kreuz

Diese liturgische Zeit beginnt spätestens am Sonntag vor dem Kreuzfest im September (14. September). Bei einem frühen Ostertermin gehen mehrere Elija-Sonntage dem Fest des siegreichen Kreuzes voraus. Auch gilt die Regel, dass am Sonntag nach dem Kreuzfest immer die Texte vom 4. Elija-Sonntag zu nehmen sind. Für den Fall, dass die Sommerzeit so weit in den September hineinreicht, dass nur ein Sonntag vor dem 14. September übrig bleibt, entfallen der 2. und 3. Elija-Sonntag. Die idealerweise sieben Sonntage umfassende Einheit „Elija-Kreuz" zählt dann tatsächlich nur fünf Sonntage.
Die Elija-Kreuz-Zeit ist ganz von Endzeitgedanken durchdrungen.[53]

---

[52] Zit. n. Mateos, Lalya-Supra (wie Anm. 4), 462f.; eigene Übersetzung aus dem Französischen; vgl. auch Moolan, The period (wie Anm. 3), 45.

[53] Vgl. Mateos, Lalya-Sapra (wie Anm. 4), 274–288; Moolan, The period (wie Anm. 3), 45–48.

Das beherrschende Thema ist der Gedanke an das Zweite Kommen Christi. Die Gläubigen schauen aus nach dem ungewissen Tag, an dem ihr Herr wiederkommen wird, um die Lebenden und die Toten zu richten. Dann wird er, wie drei seiner Apostel es bei der Verklärung auf dem Berg voraussehen durften (Mt 17,1–13), allen in seiner göttlichen Macht und Herrlichkeit erscheinen. Elija und Mose waren Zeugen der Verklärung Jesu. Der Prophet Elija wird ihm bei seinem Zweiten Kommen vorausgehen (vgl. Mt 17,10f.). In diesen eschatologischen Kontext fügt sich auch das Kreuzfest am 14. September ein.

Das Fest kommt aus Jerusalem.[54] Es hat seine Wurzeln in den Weihefeierlichkeiten der konstantinischen Kirchenanlage über dem Heiligen Grab und am Golgota-Felsen. Nach der Heilig-Land-Reise Helenas, der Mutter Kaiser Konstantins I. (306–337), war über dem Grab Christi die Rotunde der Anastasis errichtet worden. Neben dem damals noch unter freiem Himmel sichtbaren Ort, wo das Kreuz des Erlösers gestanden hatte, ließ Kaiser Konstantin die große Bischofs- und Gemeindekirche Jerusalems, das Martyrium, erbauen. Am 13. September 335 wurde der heilige Bezirk, der neue Tempel der Christen, eingeweiht. Seitdem hat die Kirche von Jerusalem alljährlich in einer achttägigen Feier das Jahrgedächtnis dieser denkwürdigen Kirchweihe gefeiert. Einige Jahrzehnte nach dem Ereignis hat die abendländische Pilgerin Egeria dieses Jerusalemer Kirchweihfest miterlebt und seinen Glanz beschrieben. (Itinerarium Egeriae 48). Egeria verrät uns auch, dass man in Jerusalem den Weihetag der Grabeskirche für den Tag hielt, „an dem man das Kreuz des Herrn gefunden hatte“. Diese Tradition mag im Hintergrund stehen, wenn die ostsyrische Kirche ursprünglich das Kreuzfest, anders als die Byzantiner und Lateiner, nicht am 14., sondern am 13. September gefeiert hat.[55]

---

[54] Vgl. Heinz, Feste (wie Anm. 6), 105–112; Mateos, Lalya-Sapra (wie Anm. 4), 282f.

[55] Vgl. Mateos, Lalya-Sapra (wie Anm. 4), 283. Zu den Darstellungen des Kreuzes

Von einer in Jerusalem vorhandenen Kreuzreliquie erfahren wir erstmals durch den Jerusalemer Bischof Cyrill in seinen um 348 gehaltenen Katechesen. Darin erwähnt er, dass damals schon Teilchen vom Jerusalemer Kreuz bis an die entlegensten Orte gelangt waren. Die Pilgerin Egeria hat in den 80er-Jahren des 4. Jahrhunderts in Jerusalem erlebt, dass man am Karfreitag den Gläubigen die Kreuzreliquie zur Verehrung gezeigt hat (Itinerarium Egeriae 37,2–3).
Eine solche erwähnt die aquitanische Pilgerin am Kirchweihfest der Grabeskirche nicht. Eine liturgische Verehrung des Heiligen Kreuzes am 14. September bezeugt dann aber zu Anfang des 5. Jahrhunderts (415) das armenische Lektionar von Jerusalem. Sie trat im Bewusstsein der ortsansässigen Gläubigen und der Jerusalem-Pilger allmählich so stark in den Vordergrund, dass das Heilige Kreuz dem Tag seinen Namen gab.
Während sich in Byzanz und in Rom für das Kreuzfest am 14. September der Name „Kreuzerhöhung *(exaltatio sanctae crucis)*" durchgesetzt hat, ist für die syrische Tradition der Name „Kreuzauffindung *(inventio sanctae crucis)*" zutreffender. Doch auch bei den Syrern geht es in der Liturgie am 14. September nicht um die bloße Erinnerung an die wunderbaren Umstände der Auffindung des Kreuzes Christi durch Helena. Das Kreuz wird in seiner theologischen Bedeutung gesehen und in das Licht von Ostern gestellt. Stärker als die römische Liturgie deutet die syrische Tradition das Kreuz als eschatologisches Zeichen: Es wird am östlichen Himmel erscheinen und Signal für das Zweite Kommen Christi sein (Mt 24,30). Das Zeichen des Menschensohnes in den Wolken wird das Endgericht und die Vollendung der Erlösung ankündigen.
Der oben bereits erwähnte *Hudra*-Kommentar von Brik-Išo sieht zwischen der endzeitlichen Rolle des Propheten Elija und dem Heiligen Kreuz zudem eine direkte Verbindung: Elija werde mit dem

---

in der syrischen Tradition vgl. Jacob Kollaparambil, Cross and Crucifix in the Syrian Tradition, in: The Harp 8/9 (1995/1996), 177–183; Wolfgang Hage, Crosses with Epigraphs in the Mediaeval Central and East Asian Christianity, in: The Harp 8/9 (1995/1996), 375–382.

siegreichen Kreuz in den Händen den „Sohn des Verderbens" bekämpfen und alle Menschen zur Anbetung des Heiligen Kreuzes bekehren.[56]
In einem Gesang der chaldäischen Tagzeitenliturgie am Kreuzfest heißt es:

O du, unser Gott und unser Heiland, Christus,
durch dein Kreuz hast du über die Fürsten triumphiert,
behüte deine katholische Kirche
und erhöhe sie, wie Konstantin sie erhöht hat.[57]

Die Mose-Sonntage

Auf die liturgische Einheit „Elija-Kreuz" folgen weitere Sonntage von gleichem eschatologischen Kolorit. Sie werden nach Mose benannt, der wie Elija Zeuge der Verklärung Christi war (Mt 17,1–10). Die Dauer dieser Zeit schwankt zwischen wenigstens zwei bis höchstens sieben Sonntagen. Wegen ihrem wechselnden zeitlichen Ansatz und ihrer unterschiedlichen Dauer ist dieser Zyklus den syrischen Kommentatoren ein Hinweis auf die Ungewissheit des Tages und der Stunde, wann der Herr der Kirche wiederkommen wird. Die Mose-Sonntage sind inhaltlich eine Verlängerung der ganz auf die Parusie ausgerichteten Elija-Kreuz-Periode, die auch als die „Endzeit" des Kirchenjahres gilt.[58]

Die Zeit der Kirchweihe

Es handelt sich um vier Sonntage an der Nahtstelle zwischen dem Ende des alten Kirchenjahres und dem Beginn des neuen. Die Westsyrer, die um die gleiche Zeit (Anfang November) ebenfalls zwei

[56] Vgl. Mateos, Lalya-Sapra (wie Anm. 4), 463.
[57] Ebd., 282; eigene Übersetzung aus dem Französischen.
[58] Vgl. ebd., 283–288; Moolan, The period (wie Anm. 3), 48–50.

Kirchweih-Sonntage begehen, sehen in ihnen eher den Auftakt zum neuen Kirchenjahr[59], während die Ostsyrer diese „Kirchen-Sonntage" eher als Abschluss und Gipfel des alten Kirchenjahres verstehen.[60] Inhalt der Feier ist nämlich der hoffnungsvolle Ausblick auf die endgültige Vollendung der Kirche im himmlischen Jerusalem. Was die Entstehung dieser Kirchweih-Sonntage angeht, gibt es verschiedene Erklärungsversuche. Manche sehen den Ursprung in der Weihe der Bischofskirche von Edessa oder der von Ktesiphon, dem Sitz des Katholikos-Patriarchen. Andere denken an eine christliche Parallele zum jüdischen Chanukka-Fest, das an die Tempelweihe erinnert (1 Makk 4,36–59). Doch das große Thema der syrischen Kirchweih-Sonntage ist spezifisch christlich. Die Kirche erscheint als Braut Christi, die der wiederkommende Bräutigam heimführt in die ewigen Wonnen seines Himmels. Brik-Išo kommentiert: „Ganz am Ende hat er (Patriarch Išo'Yahb III.) die Kirchweih-Sonntage angesetzt als das Letzte nach dem Kommen von Elija und nach der Vernichtung, Entmachtung und Verurteilung des Sohnes des Verderbens. Dann wird der himmlische Bräutigam aus den Himmeln seiner glorreichen Heiligkeit erscheinen und er wird alle Menschen aus dem Staub auferwecken. Er wird die Gerechten zu den Höhen emporsteigen lassen und die Sünder wird er in die Hölle *(Gehenna)* schicken. Die heilige Kirche, die Braut Christi – das sind die Heiligen und die wahren Gläubigen – wird voll Freude ihm entgegen gehen und wird ihn mit aller Ehrerbietung begleiten, ihn, den wahrhaftigen Bräutigam, Jesus, unseren Heiland. Er wird die Kirche, seine Braut empfangen und sie mit sich in den Himmel einziehen lassen. Er wird sie in sein Brautgemach führen und sie zu seiner Rechten Platz nehmen lassen und er wird sie mit jeder Art von Wohltaten erfreuen, die nicht vorüber und nicht vorbei gehen werden. Sie aber wird sich in ihm freuen und jubeln. Und mit ausgezeichneten Stimmen und

---

[59] Vgl. Heinz, Feste (wie Anm. 6), 57 f.; Baumstark, Festbrevier (wie Anm. 5), 167 f.

[60] Vgl. Mateos, Lalya-Sapra (wie Anm. 4), 289–298; Moolan, The period (wie Anm. 3), 50–53; Pallath, Liturgia (wie Anm. 3), 146 f.

süßen Gesängen wird sie zusammen mit den himmlischen Chören Lobpreisungen singen. Unser Herr würdige auch uns, teilzuhaben an den Freuden der Heiligen. Amen, ja Amen."[61]

Die Feier der Kirchweih-Zeit beginnt mit der Vesper *(Ramša)* am Vorabend des ersten Kirchweih-Sonntags. Sie wird durch einen feierlichen Einzug in die Kirche eröffnet. Wo nämlich von Christi Himmelfahrt an der Wortgottesdienst der *Qurbana*-Feier wegen der Sommerhitze in den Vorhof der Kirche verlegt worden war, markiert die Prozession vom Vorhof in die Kirche an der Schwelle der Kirchweih-Sonntage die Rückverlegung der ganzen Liturgie in die Kirche während des Winterhalbjahrs.

Die inhaltsreichen liturgischen Texte der Kirchweih-Sonntage entfalten eine großartige Theologie der Kirche. Sie erscheint vor allem als die Braut des himmlischen Bräutigams und der Ort, wo der Erlöser nicht aufhört, sein Erbarmen auszuteilen.

Am ersten Kirchweih-Sonntag heißt es in einem Gesang des Offiziums:

Rede, rede, o Kirche, von unserem Erlöser,
Braut des Königs, deren Schönheit entzückend und begehrenswert ist.
Es ist Gott, der Seiende von Ewigkeit her,
der dich in seiner Liebe sich angetraut hat.[62]

An einer anderen Stelle sind Bitten für die Kirche zu hören:

Möge ihre begehrenswerte Schönheit nicht verdunkelt werden,
möge ihr großer Reichtum nicht verarmen.
Erinnere dich (Herr) deines Versprechens an Petrus,
mach deine Worte durch Taten wahr.

Festige ihre Tore und sichere ihre Riegel,
erhöhe ihre Kraft und erbaue ihre Mauern,

---

[61] Mateos, Lalya-Sapra (wie Anm. 4), 463 f.; eigene Übersetzung aus dem Französischen.

[62] Ebd., 293; eigene Übersetzung aus dem Französischen.

segne ihre Söhne, behüte ihre Kinder,
stärke ihre Priester, vernichte die, die sie hassen.

Möge der Friede, der von dir kommt, in ihr wohnen,
reiße mit der Wurzel aus die Spaltungen, die entzweien.

Gewähre uns, ein ruhiges Leben zu führen,
ohne Verwirrung, im wahren Bekenntnis,
indem wir den Glauben bewahren
zusammen mit guter Hoffnung und vollkommener Liebe.[63]

Ein anderes Lied besingt die Würde der Kirche, die Christus sich zur Braut erwählt hat:

Gepriesen sei Christus, der dich zu seiner Braut gemacht hat
durch das Wasser der Taufe.
Du, die du Braut Christi geworden bist,
suche keinen anderen Bräutigam.
Denn er ist der wahre Bräutigam,
der von jeher war und für immer sein wird.
Er hat dir seinen Leib als Brautgabe gegeben
und als Pfand seine Wahrheit.
Tausch ihn nicht gegen einen anderen aus,
denn wie diesen wirst du keinen anderen finden.[64]

---

[63] Ebd., 294; eigene Übersetzung aus dem Französischen.

[64] Ebd., 295; eigene Übersetzung aus dem Französischen.

3. Der Gottesdienstraum, liturgische Geräte und Gewänder im syro-malabarischen Ritus

Die Ostung des Kirchenraums

Der Kirchenraum weist bei den Syro-Malabaren eine Dreiteilung auf: das Kirchenschiff (H*aykla*), der Chorraum *(Qestroma)* und das Allerheiligste mit dem Altar *(Madbaha).*[1] Der Chorraum liegt um eine Stufe höher als das Kirchenschiff, der Altarraum drei Stufen höher als der Chorbereich. Durch diese Gliederung ist der Kirchenraum ein Abbild der „oberen" und „unteren" Welt. Er stellt Himmel und Erde in einem dar, „unvermischt und ungetrennt". Der Altarraum, das Allerheiligste, symbolisiert den Himmel, das Schiff die Erde. Der Chorraum zwischen beiden ist die Übergangszone zwischen beiden Welten. In beiden ist Christus der Herr. Er thront im Himmel und ist gleichzeitig inmitten seines Volkes gegenwärtig, das ihm entgegengeht und sein Zweites Kommen erwartet.

Die Thomas-Christen haben wie ihre syrische Mutterkirche seit den ältesten Zeiten die Tradition bewahrt, die Kirchen zu osten. Der Altarraum liegt immer an der Ostseite des geosteten Kirchengebäudes, so dass der vor ihm stehende Zelebrant nach Osten, in die Richtung der aufgehenden Sonne, schaut.

Die Feier des Opfers Christi zum Volk hin *(versus populum)* ist den östlichen Riten fremd. Wo sie unter westlichem Einfluss nach dem Zweiten Vatikanischen Konzil bei den Syro-Malabaren eingedrungen ist, geschah dies ohne Zustimmung Roms. Von offizieller Seite wird nachdrücklich darauf gedrängt, dass überall wieder die orientalische Praxis eingehalten wird: Priester und Gemeinde stehen gleich-

---

[1] Vgl. zum Folgenden Pallath, Liturgia (wie 2, Anm. 3), 120–123; Maniyattu, Heaven (wie 2, Anm. 3), 108 f.; Varghese Pathikulangara, Qurbana. The Eucharistic Celebration of the Chaldeo-Indian Church (Chaldeo-Indian Liturgy 2), Kottayam 1998, 87 f., hier 133–149.

gerichtet vor Gott; sie beten in Richtung des Altars und des darüber angebrachten Kreuzes. Alle schauen gemeinsam nach Osten.
Die Symbolik dieser Gebetsrichtung ist von überzeitlicher Bedeutung. Die Hinwendung nach Osten ist Ausdruck der Ausrichtung des gläubigen Menschen auf das letzte Ziel der Geschichte und das Ziel aller Erdenwege: Das Ziel der Geschichte aber ist der Tag, an dem der Herr der Geschichte wiederkommt. Das erhoffte Ziel aller Erdenwege ist der Einzug in das Paradies. Die syrischen Liturgieerklärer weisen zur Begründung des Gebets in die östliche Richtung auf bestimmte Bibelstellen hin: Das Paradies, aus dem die Stammeltern vertrieben wurden und wohin Christus die Erlösten wieder zurückbringt, lag „im Osten“ (Gen 2,8). Von dort her wird auch der wiederkommende Herr erwartet. Im Osten Jerusalems, auf dem Ölberg, ist der Auferstandene in den Himmel aufgefahren (Lk 24,50). Von Osten her wird deshalb auch sein Zweites Kommen erwartet (Apg 1,11). Das „Zeichen des Menschensohnes“ (Mt 24,30) wird bei seiner Wiederkunft am östlichen Himmel erscheinen, worauf das Kreuz an der Ostwand der Kirche hinweist.
In der Ostung des Gebets drückt sich die christliche Grunderfahrung des „schon und noch nicht“ aus. Wann immer die Gläubigen bei der Eucharistiefeier in Berührung kommen mit dem in ihrer Mitte vergegenwärtigten Werk der Erlösung, sollen sie sich bewusst bleiben, dass die Vollendung noch aussteht. Die Kirche ist noch auf dem Weg. Unterwegs in der Zeit verkündet sie den Tod ihres Herrn, preist seine Auferstehung und erwartet sein Kommen in Herrlichkeit.
Ein ostsyrischer Liturgieerklärer des 9. Jahrhunderts sagt über die Bedeutung des Gebets nach Osten: „Wenn wir in diese Richtung anbeten und meditieren, wenden wir uns gewissermaßen der oberen Stätte zu, dem Ort des Lebens, der Wohnung der Heiligen, dem Platz, von dem wir vertrieben wurden, dem Ort, von wo aus die Sonne aufgeht, von wo wir ursprünglich herkommen, dem Ort, der von den Propheten des Herrn gepriesen wird.“[2]

---

[2] Expositio I, 90; zit. n. Maniyattu, Heaven (wie 2, Anm. 3), 109; eigene Übersetzung aus dem Englischen.

Das Allerheiligste

Das Allerheiligste, in dem der Altar steht, symbolisiert das himmlische Jerusalem, den Wohnort Gottes. Von dort ist Christus, „die Sonne der Gerechtigkeit" (Mal 3,20), gekommen, kommt er noch immer und wird er kommen. Das Allerheiligste ist gleichsam der Himmel auf Erden. Die Heiligkeit dieses Ortes wird dadurch hervorgehoben, dass nur geweihte Personen ihn betreten, um dort den heiligen Dienst zu vollziehen: Bischof, Priester und Diakone. Über dem Zugang zum Allerheiligsten brennt ein Ewiges Licht *(Tukkuvilakku)*. Ein Vorhang trennt den Altarraum vom unteren Chor und Kirchenschiff. Nur während der heiligen Zeit der liturgischen Feier wird der Vorhang an bestimmten Stellen der Liturgie geöffnet. Dann geht der Blick der Gläubigen gleichsam schon jetzt in den offenen Himmel. Insofern der Vorhang symbolisch Erde und Himmel voneinander trennt, ist er dem Firmament vergleichbar. In syrisch-orthodoxen Kirchen sieht man deshalb oft Altarvorhänge, die mit Sonne, Mond und Sternen übersät sind. Bei den Thomas-Christen schmückt eine Abbildung des Thomas-Kreuzes oder ein Verkündigungsbild (Inkarnation) das Altarvelum. Dieses verhüllt das Allerheiligste eigentlich nur, um das Heilige zu seiner Zeit um so eindrücklicher zu enthüllen. Der Gebrauch des Altarvorhangs ist in der hochfeierlichen Form der syro-malabarischen Messe *(Raza)* vorgeschrieben. Wenn er geöffnet wird, deckt er sozusagen die verborgene Herrlichkeit Gottes auf. Der Himmel öffnet sich. Der Glanz der göttlichen Mysterien wird den Gläubigen vor Augen gestellt.

Der Altar

Die syrische Tradition gibt aus Holz gefertigten Altären einen gewissen Vorzug.[3] Holz als Material des Altars wird wegen seines Hin-

---

[3] So das syrische Pontifikale; vgl. Ktaba d'Takse Kumrae, Rom 1957, 68; Pathikulangara, Qurbana (wie Anm. 1), 139–142.

weischarakters auf das Kreuzesholz geschätzt. Bei den Ostsyrern steht allerdings eine andere Symbolik im Vordergrund: Der Altar stellt in erster Linie das Grab Christi dar, das den toten Erlöser geborgen hat, aber auch Ort seiner Auferstehung war. Der Altar ist der Ort, wo das Vergebung gewährende Sühneopfer Christi gegenwärtig gesetzt wird und wo die Herrlichkeit Gottes thront. Als Name für den Altar hat das Syrische den griechischen Begriff „thronos – Thron" übernommen. Er findet sich auch als Fremdwort *(sornos)* im Malayalam.

Die Christus-Symbolik des Altars wird bei seiner Weihe vor allem dadurch hervorgehoben, dass die ganze Altarplatte mit heiligem Öl gesalbt wird. Christus bedeutet: der Gesalbte. Das Syrische hat anstelle des griechischen „Christos" den semitischen Namen *M'šiha* – Messias bewahrt.

Das Thomas-Kreuz

An der Ostwand der Kirche über dem Altar befindet sich ein Kreuz. Es hat bei den Syro-Malabaren eine besondere Form: das Thomas-Kreuz.[4] Sein Urbild, in Granit gehauen, wird auf dem Thomasberg bei Madras gezeigt und verehrt. Die Lokaltradition berichtet, auf diesem Stein sei der Apostel Thomas als Märtyrer gestorben. Zum Andenken daran sei später das Kreuz in den Stein gemeißelt worden. Als die portugiesischen Missionare um die Mitte des 16. Jahrhunderts auf dem Thomasberg die Fundamente für den Bau eines Thomas-Heiligtums ausheben ließen, fand man am 23. März 1547 diesen Stein mit dem eingemeißelten Thomas-Kreuz. Er wurde nach Abschluss der Bauarbeiten an der Ostseite des Altars eingesetzt. Dort befindet er sich bis heute.

Nach dem Bericht von Zeitgenossen geschah es am 18. Dezember

[4] Vgl. Pathikulangara, Qurbana (wie Anm. 1), 55–58; Jo Vaz, Sacred Art and Architecture of Indian Christians, in: Ephrem's Theological Journal 10 (2006) 35–50, hier 40–50.

1558, dass dieser Stein mit dem eingemeißelten Thomas-Kreuz Blut und Wasser „schwitzte“. Nach dem Zeugnis portugiesischer Missionare wiederholte sich das Zeichen mehrere Jahre hindurch am gleichen Tag. Als man den Papst darüber unterrichtete, gestattete dieser, dass fortan am 18. Dezember das Fest des wunderbaren Kreuzes von Mylapore gefeiert werden durfte.

Beim Thomas-Kreuz handelt sich um ein „leeres“ Kreuz, ohne die Darstellung des Gekreuzigten. Vor dem Hintergrund des Auferstehungszeichens „leeres Grab“ deutet die Frömmigkeit der indischen Christen das „leere“ Kreuz als Hinweis auf die Auferstehung. Die vier Enden des Kreuzes sind wie Blüten gestaltet. Sie kennzeichnen das Kreuz als Lebenssymbol. Über dem Kreuz ist eine Taube zu sehen. Die Taube ist aus dem Bericht über die Taufe Jesu als Symbol des Heiligen Geistes bekannt (vgl. Mt 3,16). Nach Paulus war es der Heilige Geist, der den toten Jesus zu neuem Leben auferweckt hat (vgl. Röm 8,11). So zeigt sich durch das Geist-Symbol der Taube das Thomas-Kreuz noch eindeutiger als Symbol von Tod und Auferstehung Christi. Es steht für den gekreuzigten und auferstandenen Herrn selbst.

Das Kreuz ist, so wie der untere Teil des Reliefs von vielen gedeutet wird, über einer Lotusblüte errichtet. Sie steht gleichsam für Indien, wo das Kreuz Christi eingepflanzt wurde und aufragt. Die Lotusblüte ruht ihrerseits auf einem durch drei Stufen dargestellten „Hügel“. Er symbolisiert die Höhe von Golgota, wo das Kreuz Christi stand. Bei den Thomas-Christen genießt diese besondere indische Form des Kreuzes hohe Verehrung. Sie findet sich nicht nur in ihren Kirchen, sondern ist auch in den Häusern allgegenwärtig.

Weitere Orte im Altarraum

Innerhalb des Altarraums befinden sich zwei „Bethgaze“.[5] Mit dem Namen „Bethgaza – Schatzhaus“ wird die jeweils links und rechts in

---

[5] Vgl. ebd., 142 f.; Pallath, Liturgia (wie 2, Anm. 3), 120–122.

der Seitenwand angebrachte Nische bezeichnet. In diesen beiden Wandvertiefungen befinden sich die heiligen Gefäße mit Brot und Wein für die *Qurbana*-Feier. Dort geschieht auch die Bereitung der Gaben, bevor diese zum Altar übertragen werden. Der Kelch wird auf der Südseite vorbereitet; die Patene (Hostienschale) mit dem Brot steht im *Bethgaza* der Nordwand. Dort befindet sich zudem ein Gefäß mit Wasser und ein Handtuch für die Händewaschung. Die Wandnischen sind in manchen Kirchen mit kunstvoll gestalteten Türen versehen oder durch einen Vorhang geschlossen. In Kirchen, in denen sie nicht vorhanden sind, übernehmen zwei seitlich aufgestellte Tischchen ihre Funktion.
Auf der vom Volk aus gesehen linken Seite des Altarraums steht in manchen Kirchen eine Stele mit dem Tabernakel für die Aufbewahrung des eucharistischen Sakraments. In älteren Zeiten diente die Nische *(Bethgaza)* der Nordwand als Aufbewahrungsort der Eucharistie. Das ist neuerdings wieder möglich, sofern sich dort ein sicher verschließbarer Tabernakel befindet. Der Tabernakel kann seinen Platz aber auch an der Ostwand über dem Altar und unter dem Thomas-Kreuz erhalten.
Auf der vom Volk aus gesehen rechten Seite des Altarraums befindet sich der Taufort *(Beth maamodita)*.[6] Die syro-malabarische Tradition hebt auf diese Weise die enge Verbindung der drei Initiationssakramente Taufe, Firmung und erster Euchariestieempfang (Erstkommunion) hervor. Was für die Feier der Taufe benötigt wird, hat seinen Platz auf dem Taufbrunnen.

Der Chorraum

Der mit *Qestroma* bezeichnete Platz im vorderen Teil des Kirchengebäudes ist eine Übergangszone zwischen dem Versammlungsraum der Gläubigen und dem Allerheiligsten des Altarraums. Der Chor-

---

[6] Vgl. Pallath, Liturgia (wie 2, Anm. 3), 122f.; Pathikulangara, Qurbana (wie Anm. 1), 146f.

raum[7], wo sich der in zwei Gruppen geteilte Chor während des Gottesdienstes aufhält, liegt drei Stufen tiefer als der Altarraum und eine Stufe höher als das Schiff. Der Gesang ist in allen orientalischen Liturgien von hoher Bedeutung. Die menschliche Stimme lässt sich beim Gotteslob nicht durch Instrumente (Orgel) vertreten. In Syrien dürfte das wechselweise Singen zweier Chöre zuerst praktiziert worden sein. Bei den Syro-Malabaren unterscheidet man den „oberen" oder „himmlischen" Chor, der den Gesang der Liturgen im Altarraum unterstützt, und den „unteren oder irdischen" Chor, dessen Aufgabe es ist, den Gemeindegesang mitzutragen. Gesungen werden grundsätzlich die in den liturgischen Büchern vorgeschriebenen Gesänge.

Das Schiff

Das Kirchenschiff (H*aykla*) ist der Platz für die Gläubigen.[8] Das Schiff symbolisiert die Erde. Es ist der Ort, wo sich das Volk Gottes versammelt, um in der Zeit seiner irdischen Pilgerschaft immer wieder die Lehren des Meisters zu hören, sein Erbarmen zu empfangen, die großen Taten Gottes zu preisen und in den öffentlichen und persönlichen Anliegen zu Gott zu beten.
Im Schiff hat das Bema seinen Platz.[9] Ursprünglich war es, ähnlich wie in den Synagogen, eine Art Tribüne mitten im Versammlungsraum der Gläubigen. Nach heutigem Brauch hat dieser Feierort dagegen meistens seinen Platz in kurzer Entfernung vor dem Chorraum, am Anfang des Kirchenschiffs. Er ist der Ort des Wortgottesdienstes.

---

[7] Vgl. Pallath, Liturgia (wie 2, Anm. 3), 122; Pathikulangara, Qurbana (wie Anm. 1), 143.

[8] Vgl. Pallath, Liturgia (wie 2, Anm. 3), 122; Pathikulangara, Qurbana (wie Anm. 1), 144f.

[9] Vgl. Pathikulangara, Qurbana (wie Anm. 1), 145f.; P. Yousif, Le lieu de la célébration de la parole dans la liturgie chaldéenne, in: Chroniques de l'art sacré 34 (1993), 6–10; vgl. die Abbildungen verschiedener historischer und moderner Bema-Anlagen bei: Maniyattu, Heaven (wie 2, Anm. 3), 333–336.

Beim Bema (*Dais*) handelt es sich um ein leicht erhöhtes Podest. Es befinden sich dort Sitze für den Bischof, die Priester, Diakone und andere, die einen liturgischen Dienst versehen. In der Mitte des Bema steht eine Art Altar. Auf diesem kleinen Bema-Tisch, der Golgota symbolisiert, befindet sich ein Kreuz (Thomas-Kreuz) zwischen zwei Leuchtern. Dort liegt auch das Lektionar für die Lesung aus dem Alten Testament (*Qeryane*) und das Buch für die Lesung aus der Apostelgeschichte oder den neutestamentlichen Briefen (*Engarta*). Links und rechts vom Bema-Tisch steht jeweils ein Ambo, von wo aus die biblischen Lesungen vorgetragen werden. Der auf der Südseite stehende Ambo ist der Ort für die Verkündigung der alttestamentlichen Lesungen, die Epistel wird vom Ambo auf der Nordseite des Bema gelesen. Das Evangelium wird ebenfalls vom Bema aus verkündigt. Dort wird auch die Homilie gehalten.
In der allerdings nur selten zelebrierten, hochfeierlichen *Qurbana*-Feier *(Raza)* werden immer alle vier vorgesehenen biblischen Lesungen verkündigt: zwei aus dem Alten Testament und zwei aus dem Neuen Testament (Epistel und Evangelium). Bei der feierlichen Form, die an Sonn- und Feiertagen die gebräuchliche ist, kann die Anzahl der Schriftlesungen auf drei oder auch zwei reduziert werden.
Die syrische Tradition sieht im Bema das Symbol für das irdische Jerusalem, die Mitte der Welt. Dort hat Jesus inmitten des Volkes gelehrt. Wie damals in Jerusalem ist heute seine Lehre immer wieder neu vom Verkündigungsort inmitten des Kirchenschiffes zu hören.
In Jerusalem stand auch das Kreuz der Erlösung. Der aus Holz gefertigte kleine Bema-Altar mit dem Kreuz darauf weist auf das Kreuz von Golgota hin. Deshalb heißt er bei den Syrern auch „Gagulta – Golgota“. Das lebenspendende Kreuz steht im Zentrum der christlichen Botschaft. Es weist den Weg zum Himmel. Der Weg von der Erde zum Himmel ist aber nach den Worten Jesu „eng“ (Mt 7,14). Diesen „engen“ Weg symbolisiert bei den Ostsyrern der schmale Verbindungsgang, der vom Bema zum Allerheiligsten führt. Nicht überall ist dieser „Steg“ architektonisch hervorgehoben. In der neuen, am 7. Juni 1992 vom „Patriarchen von Babylon“, Raphael I. Bi-

dawid, geweihten chaldäischen Kirche in Paris ist das jedoch der Fall.[10] Wie es sich schon bei den frühesten Zeugnissen des ostsyrischen Kirchenbaus nachweisen lässt[11], verbindet ein schmaler Gang (*Sqaqona*) Altarraum und Bema, die himmlische und die irdische Welt. Bei der Feier der Eucharistie sieht das Auge des Glaubens auf diesem schmalen Weg, wie einst der Patriarch Jakob auf der „Himmelsleiter" (Gen 28,12), Engel zwischen beiden Welten sich hin und her bewegen.

Die liturgischen Gewänder

Die Gewandung eines Bischofs oder Priesters für die Eucharistiefeier entspricht im ostsyrischen Ritus weitgehend dem Brauch der anderen orientalischen Kirchen.[12] Vergleichbar der Albe im lateinischen Ritus wird zunächst das Untergewand (*Kotina*) angelegt. Ein Gürtel (*Zunara*) hält es zusammen. Er ist breiter als das abendländische Zingulum und von gleicher Stoffart und Farbe wie Stola und Messgewand. Die Stola (*Urara*) ist, wie in den orientalischen Riten üblich, nicht in zwei Streifen geteilt. Sie hat die Form einer breiten, die beiden Teile verbindenden, vom Gürtel gehaltenen Stoffbahn aus dem gleichen Material und von der gleicher Farbe wie das Messgewand (*Paina*). Dieses ist vorne offen und ähnelt dem Chormantel im lateinischen Ritus. Einen praktischen Zweck aber auch eine ästhetische Funktion haben die Armstulpen (*Zande*). Auch sie sind aus dem gleichen Paramentenstoff und von der gleichen Farbe wie das Messgewand. Sie sorgen dafür, dass die Ärmel der Albe nicht über die Hände rutschen und bei den Verrichtungen am Altar hinderlich sind.

---

[10] Vgl. Yousif, Le lieu (wie Anm. 9), 6; Maniyattu, Heaven (wie 2, Anm. 3), 335.

[11] Vgl. Erich Renhart, Das Syrische Bema. Liturgisch-archäologische Untersuchungen (Grazer Theologische Studien 20), Graz 1995.

[12] Vgl. Pallath, Liturgia (wie 2, Anm. 3), 123; Pathikulangara, Qurbana (wie Anm. 1), 61–63; s. auch die einschlägigen Begriffserklärungen im Glossar dieses Bandes.

Grundsätzlich tragen alle, die einen liturgischen Dienst versehen, liturgische Gewänder. Bei den einfachen Altardienern (Ministranten) sind es Albe (*Kotina*) und Gürtel (*Zunara*). Diakone und Subdiakone tragen zusätzlich die ihrem Weihegrad zukommende Stola (*Urara*).

4. Die Ordnung der biblischen Lesungen in der syro-malabarischen Eucharistiefeier

In der römischen Liturgie umfasst der Wortgottesdienst der Messe nach dem Zweiten Vatikanischen Konzil in seiner Vollgestalt an Hochfesten und Sonntagen drei biblische Lesungen. Die erste wird dem Alten Testament entnommen mit Ausnahme der Osterzeit. Dann wird nur aus den Büchern des Neuen Testamentes gelesen; zwischen Ostern und Pfingsten ist die erste Lesung in der Regel ein Abschnitt aus der Apostelgeschichte. Die zweite Lesung wird der neutestamentlichen Briefliteratur, vornehmlich den Paulusbriefen, entnommen. Den Höhepunkt der Wort–Gottes-Feier bildet die Verkündigung des Evangeliums.

Die ostsyrische Tradition kennt dagegen eine vierstufige Leseordnung. Sie berücksichtigt mit jeweils zwei Lesungen beide Testamente gleichermaßen.[1] Die ersten beiden Lesungen sind dem „Gesetz und den Propheten" (vgl. Lk 24,25–27) entnommen. An einigen Heiligentagen tritt allerdings ausnahmsweise an die Stelle der zweiten alttestamentlichen Lesung (aus den Propheten) eine Lesung aus der Apostelgeschichte. Es folgen zwei neutestamentliche Lesungen, eine aus den Briefen der Apostel und das Evangelium.

In der hochfeierlichen Form der *Qurbana*-Feier *(Raza)* ist die Verkündigung aller vier biblischen Lesungen vorgeschrieben. In der feierlichen Form der Gemeindemesse an Sonn- und Feiertagen ist eine Reduktion auf drei, ja sogar bis auf zwei gestattet. Das Evangelium darf jedoch nie ausfallen. Auch dürfen die Schriftlesungen nicht durch nicht-biblische Texte ersetzt werden.

Die Leseordnung der Syro-Malabarischen Kirche entspricht derjenigen der katholischen Chaldäer.

---

[1] Vgl. Pallath, Liturgia (wie 2, Anm. 3), 150–166; Missel Chaldéen (wie Anm. 14), 299–322.

Die biblischen Lesungen im Jahr des Herrn

I. Die Verkündigungssonntage *(Subara)* der Advents- und Weihnachtszeit

Erster Verkündigungssonntag: Verkündigung an Zacharias (4. Sonntag vor Christi Geburt)

Gen 17,1–27 Bund Gottes mit Abraham und Verheißung eines Sohnes

Jes 42,18–43,13 Verheißung der Befreiung aus der babylonischen Gefangenschaft

Eph 4,2–18 Einander dienen mit der je eigenen Gnadengabe zum Wohl des ganzen Leibes

Lk 1,1–25 Ankündigung der Geburt Johannes des Täufers

Zweiter Verkündigungssonntag: Verkündigung an Maria und ihr Besuch bei Elisabeth

Num 22,20–23,2 Der Seher Bileam und Balak

Jes 43,14–44,5 Israels Weg durch die Wüste und die Verheißung der Ausgießung des Geistes

Kol 4,2–18 Ermahnungen zur Beharrlichkeit im Gebet und zur Dankbarkeit

Lk 1,26–56 Verkündigung der Geburt Jesu an Maria und ihr Gang zu Elisabeth

Dritter Verkündigungssonntag: Verkündigung des Vorläufers Johannes des Täufers

Gen 18,1–19 Gottes Einkehr bei Abraham und Ankündigung der Geburt Isaaks

Ri 13,2–24 Ankündigung der Geburt Simsons

Eph 3,1–21 Paulus als Verkünder des in Christus offenbar gewordenen Heilsplans Gottes

Lk 1,57–80 Geburt Johannes des Täufers, des Wegbereiters Christi

Vierter Verkündigungssonntag: Verkündigung an Josef, der Maria zu sich nimmt

Gen 24,50–67 Isaak nimmt Rebekka zur Braut

1 Sam 1,1–18 Hannas Gebet um einen Sohn und die Verheißung der Geburt Samuels

Eph 5,5–21 Das neue Leben der Christen im Licht des Herrn

Mt 1,18–25 Josef nimmt Maria als seine Braut zu sich, wie es ihm der Engel aufgetragen hat.

25. Dezember: Geburt des Herrn

Jes 7,10–16 und 9,1–3. 6–7 Das Prophetenwort Jesajas über das Kommen Emmanuels

Mi 4,1–3 und 5,2–5. 8–9 Der Herr wird auf dem Berg Zion als König herrschen

Gal 3,15–4,6 Die Rechtfertigung durch den Glauben an Christus

Lk 2,1–20 Die Geburt Jesu in Betlehem

Fünfter Verkündigungssonntag: Verkündigung an die Weisen (Erster Sonntag nach Christi Geburt)

Gen 21,1–21 Geburt Isaaks und Entfernung Hagars und Ismaels

1 Sam 1,19–28 Geburt Samuels entsprechend der Verheißung an Hanna

Gal 4,18–5,1 Die Christen sind wie Isaak Kinder der Verheißung

Mt 2,1–23 Ankunft der Sterndeuter, Flucht nach Ägypten vor dem Kindermord des Herodes

2. Freitag nach Christi Geburt: Fest der Gottesmutter Maria

Ex 15,11–21/Mi 6,1–5/Jer 31,13–17 Lob der Rettungstaten des Herrn

Apg 1,1–14 Die Apostel, die Frauen und die Mutter Jesu im Gebet versammelt

Röm 16,1–27 Grüße und Ermahnungen des Apostels Paulus

Lk 1,26–55 Marias Gesang des Magnificat

oder:

Mt 1,1–16. 18–25 Stammbaum Jesu – Maria, die Mutter des Messias

Sechster Verkündigungssonntag: Verkündigung an den greisen Simeon und die Prophetin Hanna (2. Sonntag nach Christi Geburt)

Ex 2,1–10 Die Geburt von Mose

Jes 49,1–6 Der Gottesknecht ist das Licht für die Völker

2 Tim 2,16–26 Selbstloser Dienst für Christus zum Heil der Menschen

Lk 2,21–52 Darstellung des Herrn im Tempel und das Zeugnis Simeons und Hannas

II. Die Zeit der Erscheinung unseres Herrn

6. Januar: Erscheinung unseres Herrn

Num 24,2–9. 15–25 Bileams Segensspruch: Ein Stern geht in Jakob auf

Jes 4,2–5; 11,1–5; 12,4–6 Der Spross aus der Wurzel Isais

Tit 2,11–3,7 Die Gnade Gottes ist allen Menschen erschienen

Mt 3,1–17 Die Taufe Jesu und die Stimme vom Himmel: Das ist mein geliebter Sohn!

Freitag nach Erscheinung des Herrn: Fest Johannes des Täufers

Jes 35,3–10; 40,1–8 Der Herr kommt, uns zu retten

Apg 13,13–33 Johannes hat dem Herrn den Weg bereitet

Eph 2,19–3,21 Paulus verkündigt den Heiden Christus als die Offenbarung des verborgenen Heilsplans Gottes

Mt 11,7–15 Jesus über Johannes den Täufer

oder:

Mk 6,14–19 Enthauptung Johannes des Täufers

Erster Epiphaniesonntag

Ex 3,1–15 Moses Berufung und Sendung

Jes 44,21–45,4 Ankündigung der Befreiung Israels durch König Kyrus

2 Tim 3,1–15 Treue und Beharrlichkeit in einer verdorbenen Welt

Lk 4,14–30 Jesus beginnt seine Sendung – Gottes Geist ist über ihm

Zweiter Freitag nach Erscheinung des Herrn: Fest der Apostel Petrus und Paulus

2 Kön 4,8–37 Elisäus erweckt ein totes Kind zum Leben

Apg 9,32–42 Petrus besucht die Gemeinden und erweckt Tabita zum Leben

2 Kor 10,1–7 11,21–33 Paulus spricht von seinem Einsatz und seinen Leiden für das Evangelium

Mt 16,13–19; Joh 21,15–19 Christusbekenntnis des Apostels Petrus

Zweiter Epiphaniesonntag

Num 10,29–11,10 Israels Zug zum Land der Verheißung – Murren des Volkes

Jes 45,11–17 Gott, der Herr aller Dinge, ist der Retter seines Volkes

Hebr 3,1–4. 7 Christus übertrifft Mose

Joh 1,1–28 Das Wort ist Fleisch geworden und hat unter uns gewohnt

Dritter Freitag nach Erscheinung des Herrn: Fest der heiligen Evangelisten

1 Kön 18,30–39 Elija errichtet dem Herrn einen neuen Altar

Apg 5,12–32 Zeichen und Wunder durch die Apostel

1 Kor 4,9–16 und 2 Kor 1,8–14 Wir sind Toren um Christi willen

Mt 9,35–10,15 Jesus erwählt zwölf Apostel und sendet sie aus

Dritter Epiphaniesonntag

Num 11,11–20 Klagen des Volkes Israels

Jes 45,18–46,4 Der Herr ist der Gott und Retter aller

Hebr 3,14–4,10 Treue im Glauben bis zum Ende

Joh 1,29–42 Das Zeugnis des Johannes: „Seht, das Lamm Gottes!“

oder:

Mt 8,1–13 Der Diener des Hauptmanns von Kafarnaum wird geheilt; Gottes Heil wird auch den Heiden zuteil

Vierter Freitag nach Erscheinung des Herrn: Fest des heiligen Stephanus

1 Kön 21,1–21 Prophetenwort Elijas gegen König Ahab

Apg 6,8–15; 7,51–8,2 Martyrium des Diakons Stephanus

2 Kor 3,18–4,18 Der Dienst des Apostels für die Gemeinden

Mt 11,20–30; 23,29–39 Vorwürfe gegen die verstockten Städte und Wehrufe über die Schriftgelehrten und Pharisäer

oder:

Mt 10,6–22 Vor Gericht wird der Geist eures Vaters in euch sprechen

Vierter Epiphaniesonntag

Num 11,23–35 Gott speist Israel in der Wüste

Jes 46,5–13 Gott bleibt seinen Verheißungen treu

Hebr 7,18–28 Christus, der Hohepriester, der alle rettet, die sich zu Gott bekehren

Joh 1,43–2,11 Das Wunder auf der Hochzeit zu Kana; Jesus offenbart seine Herrlichkeit

Vierter Freitag nach Erscheinung des Herrn: Fest der heiligen griechischen Kirchenlehrer

1 Sam 22,6–21 Sauls Rache an den Priestern von Nob

Apg 22,27–23,16 Paulus vor dem Hohen Rat

2 Tim 2,8–19 und 4,1–8.14–18 Die Krone der Gerechtigkeit

Mt 4,23–5,19 Erstes Auftreten Jesu; die Seligpreisungen

Fünfter Epiphaniesonntag

Dtn 18,9–22 Aberglaube und echte Prophetie

Jes 48,12–20 Kyrus als Werkzeug Gottes zur Befreiung seines Volkes

Hebr 6,9–7,3 Die Zuverlässigkeit der Verheißung Gottes

Joh 3,1–21 Die neue Geburt aus Wasser und Geist

Ninive-Fasten: Dreitägiges Fasten und Gebet

Montag

Jes 63,17–64,12 Das Gebet des Volkes um Gottes Erscheinen und Erbarmen

Hab 3,1–19 Das Gebet des Habakuk

1 Tim 2,1–3,10 Gebet für alle Menschen

Mt 18,23–35 Das Gleichnis vom unbarmherzigen Gläubiger

Dienstag

1 Sam 7,3–9 Samuel fordert die Israeliten zur Rückkehr zum Herrn auf

Jes 59,1–18 Die Hindernisse für das kommende Heil

Röm 12,1–21 Das neue Leben der Glaubenden aus dem Geist

Lk 18,2–14 Das Gleichnis vom gottlosen Richter und der Witwe und das Beispiel des Pharisäers und des Zöllners

Mittwoch

Joël 2,15–27 Gott achtet auf das Gebet und Fasten des Volkes

Jona 3,1–4,11 Jona ruft Ninive zur Umkehr auf und das Erbarmen Gottes

Röm 9,14–10,17 Die Freiheit und das Erbarmen Gottes

Mt 6,1–18 Vom Almosengeben, Gebet und Fasten

Donnerstag nach dem Ninive-Fasten

Jes 65,16–66,2 Das endzeitliche Heil

Jer 17,21–26 Die Heiligung des Sabbats

Röm 10,1–13 Wer den Namen des Herrn anruft, wird gerettet werden

Lk 15,4–32 Die Gleichnisse vom verlorenen Schaf, von der verlorenen Drachme und vom verlorenen Sohn

Sechster Freitag nach Erscheinung des Herrn: Fest der heiligen syrischen Lehrer

2 Kön 13,14–21 Die Krankheit und der Tod Elischas

Apg 12,25–13,12 Die Aussendung von Barnabas und Saulus

Hebr 13,1–9.16–21 Aufruf zu einem christlichem Leben

Mt 16,24–17,9 Leidensankündigung und Verklärung Jesu

Sechster Epiphaniesonntag

Dtn 24,9–22 Menschlichkeit und Großzügigkeit

Jes 63,7–16 Das Gebet des Volkes um Gottes Erscheinen

Hebr 8,1–9,10 Christus, der Mittler des Neuen Bundes

Joh 3,22–4,3 Der Täufer und der Messias

Siebter Freitag nach Erscheinung des Herrn: Fest des Ortspatrons

Jes 41,8–16 Trost für Israel

Apg 19,8–20 Das Wirken und die Wundertaten des Apostels Paulus in Ephesus

2 Kor 10,4–18 Vom Aufbau der Gemeinde

Mt 24,45–47; 25,14–23 Das Gleichnis vom treuen und klugen Knecht und die törichten und klugen Jungfrauen

Siebter Epiphaniesonntag

Dtn 14,2–15,4 Seid rein für euren Gott

Jes 42,5–9.14–17 Der Herr ist der Erlöser und Erneuerer

1 Tim 6,9–21 Wie sich der Mann Gottes verhalten soll

Mt 7,28–8,13 Die Heilung eines Aussätzigen und der Hauptmann von Kafarnaum

Letzter Freitag nach Erscheinung des Herrn: Gedächtnis aller verstorbenen Gläubigen [Allerseelen]

Ez 37,1–14 Die Vision von der Auferweckung Israels

Sir 44,1–45,6 Lob der Väter und Patriarchen Israels

1 Kor 15,34–57 Die Vollendung des Heils bei der Auferstehung des Leibes

Mt 25,31–46 Das Weltgericht und das Gottesreich für diejenigen, die Gutes tun

Achter Epiphaniesonntag

Ex 15,22–26 In der Wüste stellt der Herr das Volk auf die Probe

Jes 44,23–45,3 Die Erlösung Israels und die Berufung des Perserkönigs Kyrus

Eph 1,15–2,7 Gebet um die Erkenntnis der Hoheit Christi und das neue Leben in ihm

Mk 1,1–11 Du bist mein geliebter Sohn, an dir habe ich Gefallen gefunden

III. Die Zeit des Großen Fastens

Erster Fastensonntag

Ex 34,1–7.27–35 Mose fastete vierzig Tage und vierzig Nächte; die Gesetzestafeln

Jes 58,1–12.14 Die wahre Frömmigkeit

Eph 4,17–5,4; 5,15–21 Der alte und der neue Mensch

Mt 3,16–4,11 Das Fasten und die Versuchung Jesu in der Wüste

Erster Montag der Fastenzeit: Bestreuung mit Asche

Gen 1,1–19 Die Erschaffung des Himmels und der Erde

Josua 1,1–15 Entfernt euch nicht vom Gesetz des Herrn

Röm 1,1–25 Gottes Heil für alle, die glauben; der Zorn Gottes über die Ungerechtigkeit der Menschen

Mt 5,17–37 Geh und versöhne dich mit deinem Bruder, dann komm und opfere deine Gabe

Erster Dienstag der Fastenzeit

Gen 1,20–2,7 Die Erschaffung der Lebewesen und des Menschen

Josua 1,16–2,11 Die Kundschafter in Jericho
Röm 1,28–2,6 Die Sünden der Menschen
Mt 5,38–48 Von der Vergeltung und von der Liebe zu den Feinden

Erster Mittwoch der Fastenzeit
Gen 2,18–25 Die Erschaffung der Frau
Josua 2,8–24 Raab und die Kundschafter
Röm 2,7–27 Der Mensch vor Gottes Gericht
Mt 6,1–18 Vom Almosengeben, Beten und Fasten

Erster Donnerstag der Fastenzeit
Gen 3,1–19 Die Sünde Adams und Evas
Josua 3,1–13 Die Vorbereitung zum Übergang über den Jordan
Röm 2,28–3,26 Gottes Treue angesichts der Schuld aller Menschen
Mt 6,19–34 Sucht zuerst das Reich Gottes und seine Gerechtigkeit

Erster Freitag der Fastenzeit
Gen 3,20–4,16 Kain tötet Abel
Josua 3,14–4,9 Der Übergang über den Jordan
Röm 3,31–4,25 Gerechtigkeit durch den Glauben: das Beispiel Abrahams
Mt 7,1–14 Vom Richten, vom Vertrauen beim Gebet und von den zwei Wegen

Zweiter Fastensonntag
Gen 5,19–31 Der Mensch ist dem Tod unterworfen
Josua 4,15–24 Die Gedenksteine nach dem Übergang über den Jordan
oder: Jes 5,20–25 Der Zorn des Herrn gegen das trotzige Volk
Röm 6,1–23 Die Freiheit der Getauften von der Sünde
Mt 7,15–27 Nur wer den Willen Gottes erfüllt, wird in das Himmelreich kommen

Zweiter Freitag der Fastenzeit
Gen 5,32–6,22 Die Bosheit der Menschen
Josua 5,1–12 Die Beschneidung in Gilgal
oder: Jes 24,1–6 Die Ankündigung des Weltgerichts
Röm 7,1–13 Die Freiheit der Christen vom Gesetz und die Sünde
oder: Röm 9,14–24 Die Freiheit und das Erbarmen Gottes
Mk 11,27–12,12 Die Vollmacht Jesu und das Gleichnis von den bösen Winzern
oder Mt 15,10–20 Von Reinheit und Unreinheit

Dritter Fastensonntag
Gen 7,1–24 Die große Flut
Josua 5,13–6,5 Die Vision des Josua
Röm 7,14–25 Der innere Kampf gegen das Böse
Mt 20,17–28 Vom Herrschen und vom Dienen

Dritter Freitag der Fastenzeit
Gen 9,8–29 Gottes Bund mit Noach und Noachs Fluch und Segen
Josua 6,6–27 Die Eroberung Jerichos unter der Führung von Josua
oder: Jes 33,7–16 Der Gerechte wird in Zion wohnen
Röm 7,25–8,11 Das Leben der Christen im Geist
oder: 1 Kor 13,8–13 Das Hohelied der Liebe
Mk 12,13–44 Die Frage nach der Steuer für den Kaiser, nach der Auferstehung der Toten, nach dem wichtigsten Gebot, nach dem Messias und das Opfer der Witwe
oder: Lk 15,1–10 Die Gleichnisse vom verlorenen Schaf und von der verlorenen Drachme

Vierter Fastensonntag
Gen 11,1–32 Der Turmbau zu Babel
Josua 6,27–7,15 Gott bestraft Achans Diebstahl
Röm 8,12–27 Das Leben als Kinder Gottes
Mt 21,23–46 Die Frage nach der Vollmacht Jesu, das Gleichnis von den ungleichen Söhnen und das Gleichnis von den bösen Winzern

Vierter Freitag der Fastenzeit
Gen 14,18–15,15 Gottes Bund mit Abraham
Josua 9,1–14 Die List der Gibeoniter
oder: Jes 44,6–8.21–25 Kehrt zum Herrn zurück
Röm 11,25–36 Die Errettung ganz Israels
oder: Röm 15,1–6 Die Auferweckung Christi und das Heil
Joh 7,14–36 Jesu Auftreten im Tempel
oder: Lk 12,13–21 Das Beispiel von der falschen Selbstsicherheit des reichen Mannes

Fünfter Fastensonntag
Gen 16,1–16 Gott erbarmt sich Hagars; Ismaels Geburt
Josua 9,15–27 Das Bündnis mit den Gibeonitern
oder: Hosea 7,10–16 Die Undankbarkeit Israels
Röm 12,1–21 Gleicht euch nicht dieser Welt an, sondern erneuert euer Denken

Joh 7,32–52; 8,12–20 Christus, Quelle des lebendigen Wassers und Licht der Welt

Fünfter Freitag der Fastenzeit

Gen 18,1–19 Gott zu Gast bei Abraham
Josua 14,6–15 Josua und Kaleb
oder: Jes 48,1–11 Der Erweis der Gottheit des Herrn durch Weissagungen
Röm 13,1–14 Der Christ und die staatliche Ordnung
oder: 2 Kor 8,8–15 Seid hilfsbereit gegenüber den Armen
Joh 8,31–59 Die Wahrheit wird euch frei machen
oder: Lk 18,9–14 Das Beispiel vom Pharisäer und vom Zöllner

Sechster Fastensonntag

Gen 19,1–7.9–26 Das Gericht über Sodom und die Rettung Lots
Josua 21,43–22,9 Israel ergreift Besitz vom verheißenen Land
Röm 14,10–23 „Starke“ und „Schwache“ in der Gemeinde
Joh 9,39–10,21 Die Blindheit der Pharisäer; Jesus der Gute Hirte gibt sein Leben für die Schafe

Sechster Freitag der Fastenzeit

Gen 19,27–30 Gott rettet Abraham und Lot
Josua 22,10–20 Der Altar am Jordan
Röm 15,1–13 Aufruf zur Einmütigkeit in der Gemeinde
oder 1 Joh 2,3–11 Das neue Gebot
Joh 11,1–45 Tod und Auferstehung des Lazarus
oder Mt 18,21–25 Das Gleichnis vom unbarmherzigen Gläubiger

Siebter Fastensonntag oder „Hosanna-Sonntag“ [Palmsonntag]

Gen 49,1–12.22–26 Der Segen Jakobs
Sach 4,8–14; 7,9–10; 8,4–5.12–19; 9,9–12 Der kommende Friedenskönig
Röm 11,13–24 Das Bild vom Ölbaum
Mt 20,29–21,22 Der Einzug Jesu in Jerusalem und die Tempelreinigung

Letzter Montag der Fastenzeit [Montag der Karwoche]

Gen 37,1–22 Josef und seine Brüder
Josua 22,21–29 Der Herr, Gott, ist allmächtig
Hebr 1,1–14 Der Sohn überragt die Engel
Joh 11,47–12,11 Der Tötungsbeschluss des Hohen Rates und die Salbung in Betanien

Letzter Dienstag der Fastenzeit [Dienstag der Karwoche]
Gen 37,23–36 Josef wird verkauft
Josua 22,30–23,1 Israel lebt in Frieden im verheißenen Land
Hebr 4,14–6,8 Christus der wahre und ewige Hohepriester
Joh 12,12–43 Jesus zieht in Jerusalem ein und sagt seinen Tod und seine Verherrlichung voraus

Letzter Mittwoch der Fastenzeit [Mittwoch der Karwoche]
Gen 40,1–23 Josef deutet die Träume zweier Gefangenen
Josua 23,1–16 Josuas Rede an das Volk
Hebr 9,11–28 Das einmalige Opfer Christi
Joh 13,1–17 Die Fußwaschung
oder: Joh 13,21–28 Jesu Hinweis auf den Verräter

Pascha-Donnerstag [Gründonnerstag]
Ex 12,1–20 Anordnung der Pascha-Feier
Sach 9,9–12; 11,12–13; 12,9–14; 13,7–9 Weissagung über den Messias: Sie werden auf den schauen, den sie durchbohrt haben
1 Kor 5,7–8; 8,15–17; 11,23–35 Paulus über die Feier des Herrenmahls
Mt 26,1–5.14–30 Das Abendmahl und die Einsetzung der Eucharistie

Leidensfreitag [Karfreitag]
Jes 52,13–53,12 Das vierte Lied vom Gottesknecht
Dan 9,20–27 Der Erzengel Gabriel erklärt die Prophetie Daniels, der betet und Israels Sünden bekennt
Gal 2,17–3,14 Die Gerechtigkeit aus dem Glauben
Lk 22,63–23,12; Mt 27,19; Lk 23,13–23; Mt 27,24–25; Lk 23,24–45; Mt 27,51–54; Joh 19,23–42 Das Leiden des Herrn [Eine aus den Passionsberichten aller vier Evangelisten komponierte Leidensgeschichte]

Der Große Samstag [Karsamstag]
Gen 22,1–19 Abrahams Opfer
Jona 2,1–10 Jona für drei Tage und drei Nächte im Bauch des Fisches
1 Kor 1,18–31 Die Botschaft vom Kreuz
Mt 27,62–66 Die Bewachung des Grabes

IV. Die Zeit der Auferstehung

Der Große Sonntag der Auferstehung unseres Herrn [Ostern]
Jes 60,1–7 Die Herrlichkeit des Herrn kehrt nach Jerusalem zurück
1 Sam 2,1–10 Das Danklied der Hanna
Röm 5,20–6,23 Tod und Auferstehung zum neuen Leben
Joh 20,1–18 Die Auferstehung Jesu und die Erscheinung des Auferstandenen vor Maria Magdalena

Montag in der „Woche der Wochen" [Ostermontag]
Jes 60,9–22 Die zukünftige Herrlichkeit Jerusalems
Apg 2,14–36 Die Predigt des Petrus: Christus ist auferstanden
Eph 6,10–24 Aufruf zum geistigen Kampf in der Kraft des Herrn
Joh 14,18–15,15 Die Verheißung des Heiligen Geistes

Dienstag in der „Woche der Wochen" [Dienstag in der Osteroktav]
Jes 61,1–9 Die frohe Botschaft des Heiles
Apg 2,37–47 Erste Bekehrungen und das Leben der jungen Gemeinde
1 Kor 15,1–19 Die Auferweckung Christi und das Heil
Lk 24,13–35 Die Begegnung der Jünger mit dem Auferstandenen auf dem Weg nach Emmaus

Mittwoch in der „Woche der Wochen" [Mittwoch in der Osteroktav]
Jes 61,10–62,5 Das neue Zion in göttlichem Glanz
Apg 4,23–31 Erste Verfolgung und Gebet der Urgemeinde um Furchtlosigkeit
Eph 4,1–16 Die Einheit des Geistes wahren
Joh 15,1–25 Jesus der wahre Weinstock und wir die Rebzweige

Donnerstag in der „Woche der Wochen" [Donnerstag in der Osteroktav]
Jes 54,1–15 Der Segen Gottes für das Volk
Apg 6,1–7 Die Wahl der sieben Diakone
Kol 2,8–3,4 Gott hat Jesus auferweckt
Mt 10,1–15 Die Wahl der Zwölf Apostel
oder: Mk 16,1–8 Die Auferstehung Jesu

Freitag in der „Woche der Wochen": Allerheiligen [Freitag in der Osteroktav]
Dan 3,25–45 [3,51–90] Der Lobgesang der drei jungen Männer im Feuerofen
Apg 6,8–7,10 Die Verhaftung und die Rede des Stephanus
Hebr 11,3–10; 11,32–12,2 Das Wesen und die Wichtigkeit des Glaubens
Mt 10,16–33 Aufforderung zu furchtlosem Bekenntnis

Zweiter Sonntag der Auferstehung – Neuer Sonntag [Weißer Sonntag]
Jes 55,4–13 Mahnung zur Umkehr und zum Vertrauen auf Gottes Wort
Apg 4,32–5,11 Die Gütergemeinschaft der Urgemeinde
Kol 1,1–20 Dank und Fürbitte für die Gemeinde; Loblied auf Christus
Joh 20,19–31 Der Apostel Thomas bekennt seinen Glauben an den Auferstandenen

Dritter Sonntag der Auferstehung [Dritter Ostersonntag]
Jes 56,1–7 Verheißung an die Fremden und die Kinderlosen
Apg 5,34–42 Die Apostel vor dem Hohen Rat
Eph 1,1–14 Loblied auf den durch Christus verwirklichten Heilsplan Gottes
Joh 14,1–14 Jesus der Weg, die Wahrheit und das Leben

Vierter Sonntag der Auferstehung [Vierter Ostersonntag]
Jes 49,13–23 Gottes Trost für Zion
Apg 8,14–25 Petrus und Johannes in Samarien
Eph 1,15–2,7 Gebet um Erkenntnis der Hoheit Christi
Joh 16,16–33 Heimgang Jesu zum Vater; euer Schmerz wird sich in Freude verwandeln

Fünfter Sonntag der Auferstehung – Mar Addai-Gedächtnis [Fünfter Ostersonntag]
Jes 49,7–13 Die wunderbare Heimkehr
Apg 9,1–19 Die Bekehrung des Saulus
Hebr 10,19–36 Mahnung zum Vertrauen und zur Ausdauer
Joh 21,1–14 Die Erscheinung des Auferstandenen am See von Tiberias

Sechster Sonntag der Auferstehung [Sechster Ostersonntag]
Jes 51,9–11; 52,7–12 Das neue Heil für Zion
Apg 10,1–16 Die Vision des Hauptmannes Kornelius und des Petrus in Joppe: Heil auch für die Heiden
Eph 2,4–22 Die Einheit von Juden und Heiden in Christus
Joh 17,1–26 Das Abschiedsgebet des Herrn für seine Jünger

Donnerstag: Christi Himmelfahrt
2 Kön 2,1–15 Die Entrückung Elijas
Apg 1,1–14 Die Himmelfahrt Jesu
1 Tim 1,18–2,15 Christus ist der einzige Mittler zwischen Gott und den Menschen
Lk 24,36–53 Die Erscheinung des Auferstandenen in Jerusalem

Siebter Sonntag der Auferstehung [Siebter Ostersonntag]
Jes 6,1–13 Die Berufung des Propheten Jesaja
Apg 1,15–26 Die Wahl des Matthias zum Apostel und Zeugen der Auferstehung Christi
Phil 1,27–2,11 Das Beispiel Christi, der sich erniedrigt hat
Mk 16,9–20 Erscheinung des Auferstandenen und Aussendung der Apostel

V. Die Zeit der Apostel

Erster Apostel-Sonntag: Das Pfingstfest
Ex 19,1–9; 20,18–21 Die Erscheinung Gottes auf dem Berg Sinai
Apg 2,1–21 Die Herabkunft des Heiligen Geistes
1 Kor 12,1–27 Der eine Geist und die vielen Gaben
Joh 14,15–16.25–26; 15,26–16,15 Das Wirken des Heiligen Geistes

Goldener Freitag [Freitag der Pfingstwoche]
Jes 35,3–10 Die Verheißung des messianischen Heils
Apg 3,1–26 Die Heilung des Gelähmten am „schönen Tor" des Tempels, die Rede des Petrus auf dem Tempelplatz
1 Kor 12,28–13,13 Die höheren Gnadengaben – das Hohelied der Liebe
Lk 7,1–23 Der Hauptmann von Kafarnaum, die Auferweckung eines jungen Mannes in Nain

Zweiter Apostel-Sonntag
Joel 2,15–26 Der Aufruf zur Buße und die Erhörung durch Gott
Apg 4,5–22 Petrus und Johannes vor dem Hohen Rat
1 Kor 5,6–6,11 Missstände in der christlichen Gemeinde
Lk 7,31–50 Die Begegnung Jesu mit der Sünderin

Donnerstag: Fest des heiligsten Leibes und Blutes unseres Herrn
Gen 14,1–20 Melchisedek bringt Brot und Wein dar
Mal 1,6–11 Die rechte Gottesverehrung: Vom Aufgang der Sonne bis zum Untergang wird das reine Opfer dargebracht
1 Kor 10,15–17; 11,23–30 Die rechte Feier des Herrenmahles
Joh 6,51–64 Ich bin das lebendige Brot, das vom Himmel herabgekommen ist

Dritter Apostel-Sonntag
Dtn 1,3–17 Aufbruch vom Sinai und Rechtsordnung für Israel
Jes 1,1–9 Das jüdische Volk entfernt sich von Gott
1 Kor 7,1–7 Die christliche Ehe

Lk 10,23–42 Das Beispiel vom barmherzigen Samariter

Freitag: Fest des heiligsten Herzens unseres Herrn

Gen 13,8–18 Abraham und Lot trennen sich
Jos 8,18–29 Die Eroberung Ais
oder: Jos 8,30–35 Josua bringt Gott ein Opfer dar
Röm 9,30–10,17 Christus ist der Retter für alle, die glauben
Mt 11,25–30; Joh 19,30–37 Jesus ist gütig und von Herzen demütig, sein Herz ist durchbohrt

Vierter Apostel-Sonntag

Dtn 1,16–33 Israel hat gegen den Herrn gesündigt
Jes 1,10–20 Der falsche und der wahre Gottesdienst
1 Kor 9,13–27 Lauft, um den unvergänglichen Siegeskranz zu gewinnen
Lk 6,12–46 Die Wahl der Zwölf Apostel und die Bergpredigt

Fünfter Apostel-Sonntag

Dtn 1,33–2,1 Die Strafe für die Untreue des Volkes
Jes 1,21–31 Das Gericht über Jerusalem
1 Kor 14,1–19 Über die Charismen der Prophetie und der Zungenrede
Lk 12,16–34 Die falsche Selbstsicherheit des reichen Mannes

Sechster Apostel-Sonntag

Dtn 4,1–10 Ermahnung zur Einhaltung des Gesetzes, zur Treue dem Herrn gegenüber
Jes 2,1–19 Wandelt im Licht des Herrn
1 Kor 10,14–32 Über Götzendienst und Götzenopferfleisch
Lk 12,57–13,17 Mahnung zur Versöhnung und Umkehr und die heilende Kraft Jesu

Siebter Apostel-Sonntag

Dtn 4,10–24 Vergiss den Bund mit dem Herrn nicht
Jes 5,8–25 Wehrufe über das trotzige Israel
1 Kor 15,58–16,24 Die Sammlung für die bedürftigen Christen in Jerusalem
Lk 13,22–35 Von der engen und von der verschlossenen Tür; Klage über Jerusalem

Letzter Freitag in der Zeit der Apostel: Die Zweiundsiebzig Jünger

Jes 41,8–20 Du bist mein Knecht, dich habe ich erwählt
Apg 13,13–23 Die Rede des Paulus in Antiochia in Pisidien

Röm 8,28–9,5 Die sichere Hoffnung der Apostel, die sich auf die Liebe Gottes gründet

Mt 10,37–11,15 Ruf in die Nachfolge Christi; Lohn für diejenigen, die einen Jünger aufnehmen

VI. Die Zeit des Sommers

Erster Sommersonntag: Fest der Zwölf Apostel

1 Kön 18,30–39 Der Altar aus zwölf Steinen und das Opfer Elijas

Apg 5,12–32 Zeichen und Wunder der Apostel

1 Kor 1,9–16; 2 Kor 1,8–14 Mahnung zur Einheit

Lk 14,1–14 Die Heilung eines Wassersüchtigen am Sabbat; Mahnung zu Bescheidenheit und Liebe

Zweiter Sommersonntag

Dtn 4,32–40 Die Liebe Gottes zu Israel

Jes 3,16–4,6 Die Verheißung der Rettung

2 Kor 3,4–18 Dienst am Buchstaben und Dienst im Geist

Lk 15,4–32 Die Gleichnisse vom verlorenen Schaf, von der verlorenen Drachme und vom verlorenen Sohn

Dritter Sommersonntag

Dtn 5,1–16 Die zehn Gebote

Jes 5,1–7 Das Lied vom Weinberg

2 Kor 7,1–11 Lasst uns nach vollkommener Heiligung streben

Joh 9,1–38 Die Heilung des Blindgeborenen

Vierter Sommersonntag

Dtn 5,16–6,3 Geht auf den Wegen, die der Herr euch geboten hat

Jes 9,8–21 Die Ankündigung des Strafgerichtes über Israel

2 Kor 10,1–18 Wer sich rühmen will, der rühme sich des Herrn

Mk 7,1–23 Von Reinheit und Unreinheit

Fünfter Sommersonntag

Lev 23,33–43 Das Laubhüttenfest

Jes 28,14–22 Drohungen gegen das ungläubige Volk

2 Kor 12,14–21 Die Sorge des Apostels Paulus um die Gemeinden

Lk 16,19–17,10 Das Gleichnis vom reichen Mann und dem armen Lazarus

Freitag: Hl. Simonia und ihre sieben Söhne
Dan 3,25–45 Das Gebet des Asarja im Feuerofen
Apg 6,8–7,2; 7,51–8,2 Die Verhaftung des Stephanus und seine Steinigung
Hebr 11,3–10; 11,32–12,2 Der Glaube der Väter
Mt 10,16–33 Aufforderung zu furchtlosem Bekenntnis

Sechster Sommersonntag
Lev 19,1–4.9–14 Seid heilig
Jes 29,13–24 Die Armen jubeln über den Heiligen Israels
1 Thess 2,1–12 Rückblick auf das erste Wirken des Apostels Paulus
Lk 17,5–19 Die zehn geheilten Aussätzigen und der dankbare Samariter

Freitag: Hl. Simon Bar Sabe und Gefährten
Jes 41,8–16 Du mein Knecht Israel, den ich erwählte
Apg 19,8–20 Das Wirken des Paulus in Ephesus und der Beschwörungsversuch der sieben Söhne von Skeua
Eph 4,1–16 Mahnungen zur Einheit
Joh 15,1–25 Der Weinstock und die Rebzweige

Siebter Sommersonntag
Lev 19,15–19; 20,9–14 Gebote zur Gerechtigkeit und Liebe
Jes 30,1–15 Die Nutzlosigkeit des Bündnisses mit Ägypten; Bestrafung des trotzigen Volkes
1 Thess 2,14–3,13 Das Amt des Bischofs und des Diakons
Lk 18,1–14 Beharrlichkeit im Gebet; das Gebet des Pharisäers und des Zöllners

Letzter Freitag in der Zeit des Sommers: Hl. Qardeg, Märtyrer
Dan 6,6–24 Daniel in der Löwengrube
Apg 12,1–13 Die wunderbare Befreiung des Petrus
2 Kor 12,1–14 Begnadung und Schwachheit des Apostels
Mt 10,37–42; 16,24–27; 19,27–30 Wer das Leben um meinetwillen verliert, wird es gewinnen

VII. Die Zeit des Propheten Elija und des Heiligen Kreuzes

Erster Elija-Sonntag
Dtn 6,20–7,6 Ein Volk, das dem Herrn geweiht ist
Jes 31,1–9 Warnung vor Ägypten
2 Thess 1,1–10 Die Bedrängnis der Thessalonicher und das gerechte Gericht Gottes

Lk 18,35–19,10 Die Heilung eines Blinden bei Jericho; Jesus im Haus des Zöllners Zachäus

Zweiter Elija-Sonntag
Dtn 7,7–11 Der Herr ist treu, beachtet seine Gebote
Jes 30,15–26 Die Begnadigung des Volkes
2 Thess 2,15–3,18 Mahnungen des Apostels Paulus
Mt 13,1–23 Das Gleichnis vom Sämann

Dritter Elija-Sonntag
Dtn 7,12–26 Israel und die Völker des Landes
Jes 32,1–33,6 Das Reich der Gerechtigkeit
Phil 1,12–25 Paulus, Verkünder der Frohen Botschaft
Mt 13,24–43 Die Gleichnisse vom Unkraut unter dem Weizen, vom Senfkorn und vom Sauerteig

14. September: Kreuzauffindung
Jes 42,13–43,12 Der Sieg Gottes und die Heimkehr Israels
oder: Jes 42,1–9 Das erste Lied vom Gottesknecht
Apg 2,14–36 Die Pfingstpredigt des Petrus
1 Kor 1,18–31 Die Botschaft vom Kreuz
Lk 24,13–35 Die Begegnung der Jünger mit dem Auferstandenen auf dem Weg nach Emmaus

Erster Sonntag vom Kreuz und vierter Elija-Sonntag
Dtn 8,11–20 Israel und der Reichtum
Jes 33,13–24 Die bessere Zukunft
Phil 1,27–2,11 Aufruf zur Eintracht und Liebe nach dem Beispiel Christi
Mt 4,12–5,16 Die Berufung der ersten Jünger und die Seligpreisungen

Zweiter Sonntag vom Kreuz und fünfter Elija-Sonntag
Dtn 9,1–8 Kein Rechtsanspruch Israels auf das Land
Jes 25,1–8 Der Dank für den Untergang der feindlichen Städte und das Festmahl auf dem Berg Zion
Phil 3,1–14 Ich habe alles aufgegeben, um Christus zu gewinnen
Mt 17,14–26 Die Heilung eines mondsüchtigen Jungen und die Tempelsteuer

Dritter Sonntag vom Kreuz und sechster Elija-Sonntag
Dtn 9,13–22 Die Auflehnung Israels und die Vergebung Gottes
Jes 26,1–19 Das Lied von der Gerechtigkeit Gottes
Phil 4,4–23 Freut euch im Herrn zu jeder Zeit

Mt 15,21–38 Die Erhörung der Bitte einer heidnischen Frau und die Speisung der Viertausend

Vierter Sonntag vom Kreuz und siebter Elija-Sonntag
Dtn 10,12–22 Die Bundestreue Israels
Jes 33,1–14 Der Herr erfüllt Zion mit Recht und Gerechtigkeit
1 Kor 14,1.3.12.20.21.26.31–33 Über die Charismen der Gemeinde
Mt 18,1–18 Christliche Demut und die Barmherzigkeit Gottes

VIII. Die Zeit des Mose

Erster Mose-Sonntag
Dtn 11,1–12 Gründe, Gott und seinen Geboten treu zu sein
Jes 40,1–17 Die Verheißung der Heimkehr und Trost für das Volk
2 Kor 1,23–2,16 Vergebung für den Sünder
Mt 20,1–16 Das Gleichnis von den Arbeitern im Weinberg

Zweiter Mose-Sonntag
Dtn 11,13–12,1 Der Lohn für die Einhaltung der Gebote des Herrn
Jes 40,18–41,7 Die auf den Herrn hoffen, erfahren seine Kraft
Gal 5,1–26 Freiheit oder Knechtschaft, die Liebe als Frucht des Geistes
Lk 8,41–56 Die Auferweckung der Tochter des Jairus

Dritter Mose-Sonntag
Dtn 13,12–18 Der Abfall einer Stadt
Jes 41,8–20 Trost für Israel
Gal 6,1–18 Das Gesetz Christi
Mt 8,23–9,9 Der Sturm auf dem See, die Heilung der Besessenen von Gadara und die Heilung eines Gelähmten

Vierter Mose-Sonntag
Dtn 12,29–14,2 Anstiftung zum Abfall; Mahnung zur Treue
Jes 41,21–42,4 Der Gottesknecht
1 Tim 5,1–16 Stand und Aufgabe der Witwen
Mt 22,22–37 Die Frage nach der Auferstehung der Toten und nach dem wichtigsten Gebot

IX. Die Zeit der Kirchweihe

Erster Kirchweihsonntag

Ex 40,17–36 Die Herrlichkeit Gottes über seiner Wohnstätte
Jes 6,1–13 Die Berufung des Propheten Jesaja
1 Kor 12,28–13,13 Das Hohelied der Liebe
Mt 16,13–19 Das Messiasbekenntnis des Petrus und die Antwort Jesu: Auf diesen Felsen werde ich meine Kirche bauen

Zweiter Kirchweihsonntag

Ex 39,32–40,16 Mose und die Weihe der Wohnstätte Gottes
1 Kön 8,10–29 Salomo und die Weihe des Tempels
Hebr 8,1–9,10 Christus der Mittler des neuen Bundes
Mt 12,1–21 Jesus ist der Herr über den Sabbat und größer als der Tempel

Dritter Kirchweihsonntag

Num 7,1–10; 9,15–18 Die Weihegaben der Stammesführer, die Wolkensäule über dem heiligen Zelt
Jes 54,1–15 Der Segen Gottes für das Volk
Hebr 9,5–15 Das neue allein genügsame Opfer; Christus der Mittler des neuen Bundes
Joh 2,12–22 Die Vertreibung der Händler aus dem Tempel

Vierter Kirchweihsonntag

1 Kön 6,1–19 Der Tempelbau
Ez 43,1–7; 44,1–5 Die Herrlichkeit Gottes erfüllt den Tempel
Hebr 9,16–28 Das einmalige Opfer Christi
Mt 22,1–14 Das Gleichnis vom königlichen Hochzeitsmahl
oder: Mt 22,41–23,22 Wort gegen die Schriftgelehrten und die Pharisäer, weil sie nicht tun, was sie lehren und die Weisung Gottes verfälschen.

Die biblischen Lesungen an Heiligenfesten und Gedenktagen

Die liturgisch begangenen Heiligentage *(Sanctorale)* sind in der ostsyrischen Tradition dem Herrenjahr *(Temporale)* deutlich untergeordnet. Die Gesamtheit der Heiligengedächtnisse, deren Zahl weniger als 50 beträgt und somit bedeutend geringer ist als in der lateinischen Kirche, wird mit dem Begriff „*gaza* – Schatz" bezeichnet. In der Regel wird das Gedächtnis eines/einer Heiligen oder häufiger einer Gruppe von Heiligen an einem bestimmten Freitag begangen. Der bevorzugte Ansatz des Heiligengedenkens am Freitag, dem wöchentlichen Gedenktag des Kreuzesleidens Christi, erklärt sich dadurch, dass ursprünglich nur Märtyrer als Heilige liturgisch verehrt wurden. Weil sie in ihrem Zeugentod dem leidenden und sterbenden Herrn aufs Engste verbunden waren, lässt er sie auch teilhaben an seiner Auferstehung und seinem Leben. Die Märtyrer sind Christus im Tod gleichförmig geworden. Durch diese tiefe Verbundenheit mit Christus, der in ihnen Gestalt angenommen hat, sind die Märtyrer die vollkommenste Verkörperung eines konsequenten Christseins. Wenn die Kirche des Ostens bevorzugt am Freitag der Heiligen gedenkt, hat sie darin – wie in vielen anderen Dingen – eine sehr alte Tradition bewahrt. Das Schicksal der Märtyrer war immer wieder auch das Schicksal dieser leidgeprüften Ostkirche.
Die ältesten Heiligengedächtnisse sind jene an den Freitagen nach Epiphanie.[2] Die Reihe der Zeugen eröffnet Johannes der Täufer am ersten Freitag nach Erscheinung des Herrn. Auch er gehört zu denen, die ihr Zeugnis mit dem Blut der Treue besiegelt haben (Mt 14,3–12). Als letzter der alttestamentlichen Propheten steht er gleichsam für die ganze Gruppe der Propheten und Gerechten des alten Bundes, die den Messias erwartet und ihm den Weg bereitet haben. An den folgenden Freitagen wird der Evangelisten, dann des Erzmärtyrers Stephanus gleichsam als des Vorbilds und Repräsen-

---

[2] Vgl. zum Folgenden: Pallath, Liturgia (wie 2, Anm. 3), 147f., 166f.; Mateos, Lalya-Sapra (wie 2, Anm. 4), 141; Moolan, The period (wie 2, Anm. 3), 14–16. 20f.; Pathikulangara, Qurbana (wie Anm. 1).

tanten aller christlichen Märtyrer gedacht; es folgt das Gedenken der griechischen und der syrischen Kirchenlehrer. Ephräm und Narsai sind die herausragenden Gestalten in der Zeugengruppe der syrischen Lehrer. Es folgt der Gedächtnis-Freitag des jeweiligen Kirchenpatrons. Dann das Gedenken an alle, die in Christus entschlafen sind. Am letzten Freitag der Epiphanie-Zeit wird eigens an die 40 Märtyrer von Sebaste erinnert, deren Verehrung schon Ephräm († 373) bezeugt.
Etwas vom Stimmungsgehalt ostsyrischer Heiligenfeste kann der folgende Text aus dem chaldäischen Brevier vermitteln. Er besingt das Vorbild der Märtyrer für ein konsequentes Christsein, besonders in Anfechtungen und Zeiten der Verfolgung.

> *Seht da, wie ihr Sterben überall mehr verherrlicht wird als ihr Leben,*
> *und an allen Ecken und Enden werden ihre Feste gefeiert.*
> *Schaut, wie von überall her die Leute zu ihrem Jahrgedächtnis eilen,*
> *und an allen Tagen glänzt ihr Andenken auf dem Angesicht der ganzen Erde (...).*
> *Wo ist ein Mensch, der sich über diese Heiligen nicht freut,*
> *und wo ist einer, der ihr Andenken und ihre Feste nicht ehrt?*
> *Und wenn da jemand ist, der Verfolgung erleidet,*
> *möge er sich ein Beispiel an den Märtyrern nehmen,*
> *deren Festgesänge und Gedenktage er auswendig kennt.*
> *So wird er mit Freude seine Leiden ertragen.*[3]

Der Heiligenkalender der Syro-Malabarischen Kirche weist über diese ursprünglichen, in das liturgische Jahr organisch eingefügten Heiligengedächtnisse noch eine relativ große Zahl von weiteren Heiligentagen auf.[4] Einige, wie die großen Marientage, sind in das Her-

---

[3] Vgl. Breviarium iuxta ritum Syrorum Orientalium id est Chaldaeorum, hg. von P. Bedjan C. M., 3 Bde, Paris 1886/1887, hier Bd. 2, 65; zit. n. Pallath, Liturgia (wie 2, Anm. 3), 147 f.; eigene Übersetzung aus dem Italienischen.

[4] Vgl. die folgende Liste; Pallath, Liturgia (wie 2, Anm. 3), 167–176. Auch das Sanctorale der Chaldäer ist unter westlichem Einfluss sehr ausgeweitet worden; vgl.

renjahr eingefügt. Die meisten aber haben ihr fixes Datum an bestimmten Kalendertagen. Bei einem Zusammentreffen mit dem Sonntag, einem Herrenfest oder einem Freitagsgedächtnis *(dukana)* haben die letzteren in jedem Fall den Vorrang.

Kirchenrechtlich gelten in allen orientalischen Kirchen folgende Feste als gebotene Feiertage: Christi Geburt, Epiphanie, Christi Himmelfahrt, Mariä Entschlafung (Mariä Aufnahme in den Himmel) und Peter und Paul. Dazu alle Sonntage und die regelmäßig an einem Sonntag begangenen Herrentage, vor allem Ostern und Pfingsten.[5]

Zusätzlich feiert die Syro-Malabarische Kirche das Fest des Apostels Thomas (3. Juli) als Hochfest und arbeitsfreien Feiertag.[6]

Unter westlichem Einfluss hat sich eine Vielzahl von Heiligengedächtnissen in den mit Rom verbundenen Kirchen des ostsyrischen Ritus eingebürgert. Diese haben jedoch keinen Verpflichtungscharakter. Ihre tatsächliche Feier bleibt einzelnen Regionen, Diözesen, Ordensgemeinschaften oder Pfarreien überlassen, die eine besondere Beziehung zu diesem oder jenem Heiligen haben. Vor allem die relativ zahlreichen Ordensheiligen werden in der Regel nur in den Häusern der entsprechenden religiösen Gemeinschaft gefeiert. Darüber hinaus hat unter dem Einfluss abendländischer Missionare die Verehrung bestimmter im Westen beliebter Volksheiligen auch bei den orientalischen Christen Anklang und Verbreitung gefunden. Das hat im syro-malabarischen Heiligenkalender seine Spuren hinterlassen. Er enthält im Gegensatz zu der diesbezüglich grundsätzlich sehr zurückhaltenden ostsyrischen Tradition eine auffallend große Zahl von Heiligen. Die liturgischen Bücher bieten für die Feier ihrer Gedächtnisse Propriumstexte und thematisch ausgewählte Schriftlesungen an.

Nicolaus Nilles SJ, Kalendarium Manuale utriusque ecclesiae, 2 Bde, Oeniponte (Innsbruck) 1897, hier Bd. 2, 678–688.

5 Vgl. CCEO can. 888 § 3.

6 Vgl. Pallath, Liturgia (wie 2, Anm. 3), 167.

3. Dezember: Hl. Franz Xaver, Missionar in Indien
Dtn 26,17–19 Der Grund, das Gesetz zu halten: der Bund
Jes 45,20–24 Es gibt keinen Gott außer mir
2 Kor 6,3–10 In jeder Lage erweisen wir uns als Diener Gottes
Mk 6,7–13 Die Aussendung der zwölf Apostel

5. Dezember: Hl. Sabas[7]
1 Kön 19,3–8 Elija erfährt am Horeb Gottes Schutz
Sir 45,1–6 Gott hat Mose herrlich und groß gemacht
Jak 1,2–12 Die bestandene Versuchung wird mit der Krone des Lebens belohnt
Mt 19,27–29 Der Lohn für die Nachfolge Christi

7. Dezember: Hl. Ambrosius, Kirchenlehrer
Dtn 7,1–11 Israel, Gottes Volk, und die Völker des Landes
Sir 15,1–6 Das rechte Suchen nach Weisheit
2 Tim 4,1–8 Aufruf zur unerschrockenen Verkündigung des Wortes
Lk 14,25–33 Wer sein Kreuz nicht auf sich nimmt, kann nicht mein Jünger sein

8. Dezember: Unbefleckte Empfängnis der seligen Jungfrau Maria
Sir 24,1–34 Lob der Weisheit: Vor aller Schöpfung hat er mich erschaffen
oder: Gen 3,8–15 Die Frau, die der Schlange den Kopf zertritt
Weish 7,21–8,10 Die Weisheit ist schöner als die Sonne
Hebr 1,1–13; 2,16–18 In dieser Endzeit hat Gott zu uns gesprochen durch seinen Sohn
Mt 1,1–17; Lk 1,46–55 Der Stammbaum Jesu und das Magnificat Marias

18. Dezember: Gedächtnis des Kreuzwunders, das der Apostel Thomas gewirkt hat[8]
Ex 17,4–6 Das Wunder des Wassers aus dem Felsen
Weish 7,7–9 Die Gottesgabe der Weisheit

---

[7] Gemeint ist der Mönch und Abt Sabas († 532) in Mar Saba bei Jerusalem, den auch das Römische Martyrologium am 5. Dezember nennt; vgl. Martyrologium Romanum ex decreto Sacrosancti Oecumenici Concilii Vaticani II instauratum auctoritate Ioannis Pauli PP. II. promulgatum, Vatikan 2001, 623.

[8] Auf dem Stein, auf dem nach der Überlieferung der Thomas-Christen der Apostel Thomas den Märtyrertod gestorben ist, ist ein Kreuz, das so genannte Thomas-Kreuz, eingemeißelt. Dieses Kreuz soll mehrfach, erstmals aber am 18. Dezember 1558, Blut und Wasser „geschwitzt" haben. Daraufhin wurde das alljährliche Fest zu Ehren des wunderbaren Kreuzes von Mylapore/Madras eingeführt; vgl. die Ausführungen zum Thomas-Kreuz in diesem Band (S. 100 f.).

Eph 2,19–22 Ihr seid auf das Fundament der Apostel und Propheten gegründet
Joh 14,1–6 Jesus ist der Weg, die Wahrheit und das Leben

27. Dezember: Hl. Johannes, Apostel und Evangelist
Ex 33,9–23 Die Erneuerung des Bundes: Der Herr ist mit seinem Volk
Sir 15,1–6 Das rechte Suche nach Weisheit
Röm 8,35–39 Was kann uns trennen von der Liebe Christi
Joh 21,20–24 Der Jünger, den Jesus liebte

28. Dezember: Gedächtnis der Unschuldigen Kinder
Gen 4,3–8 Kain tötet Abel
Jer 31,15–17 Bitteres Klagen und Weinen in Rama
Hebr 11,3–10; 11,32–12,2 Der Glaube der Väter und Patriarchen
Mt 2,13–18 Der Kindermord des Herodes in Betlehem

1. Januar: Beschneidung unseres Herrn (Namen Jesu)
Gen 17,1–27 Bund Gottes mit Abraham, das Zeichen der Beschneidung und die Verheißung eines Sohnes
Jes 42,18–43,13 Ich habe dich beim Namen gerufen, du bist mein
Gal 5,1–6; Phil 2,5–11 Nicht die Beschneidung zählt, sondern der Glaube; der Name Jesu ist größer als alle anderen Namen
Mt 1,18–25; Lk 2,21 Man gab ihm den Namen Jesus, wie der Engel ihn genannt hatte

3. Januar: Seliger Kyriakus Elias Chavara, Ordensgründer[9]
Gen 12,1–4 Abrahams Berufung
Jes 44,1–4 Die Ausgießung des Geistes
1 Petr 4,12–19 Ausdauer in der Prüfung
Lk 10,21–24 Der Dank Jesu an den Vater, weil er die Botschaft vom Reich Gottes den „Kleinen" geoffenbart hat

18. Januar: Kathedra Petri
Gen 45,3–8 Josef gibt sich seinen Brüdern zu erkennen
Ez 2,1–7 Die Sendung Ezechiels
1 Petr 1,1–7 Die Hoffnung eines Christen und das Ziel seines Glaubens
Mt 16,13–19; Joh 21,15–19 Das Messiasbekenntnis des Petrus und die Antwort Jesu: Auf diesen Felsen werde ich meine Kirche bauen

---

[9] Vgl. Martyrologium (wie Anm. 7), 78. Der 1871 verstorbene Selige hat die in Kerala stark vertretene Kongregation der Karmeliten von der Unbefleckten Empfängnis Mariens gegründet.

20. Januar: Hl. Sebastian, Märtyrer
Dtn 32,37–43 Es gibt keinen Gott außer mir
Jes 49,1–4 Die Sendung des Gottesknechtes
oder: 2 Makk 7,1–9 Das Martyrium der sieben Brüder und ihrer Mutter
2 Tim 2,1–5 Leiden wie ein guter Soldat Christi
Mt 10,24–33 Aufforderung zu furchtlosem Bekenntnis zu Jesus Christus

24. Januar: Hl. Timotheus
2 Kön 22,2–4 Er tat, was dem Herrn gefiel
Weish 7,28–8,3 Das Wesen der Weisheit
1 Tim 6,11–16 Aufforderung an Timotheus, nach Gerechtigkeit, Frömmigkeit, Glauben und Liebe zu streben
Mt 16,24–27 Wer mir nachfolgen will, verleugne sich selbst

25. Januar: Bekehrung des Hl. Paulus
Ex 3,1–14 Die Berufung des Mose
Apg 9,1–22 Die Bekehrung des Saulus
1 Kor 15,1–10 Die Auferweckung Christi und das Heil
Mt 20,8–16 Das Gleichnis von den Arbeitern im Weinberg

26. Januar: Hl. Polykarp, Bischof
Ex 3,1–6 Die Berufung des Mose
Dan 3,19–26 Die drei jungen Männer im Feuerofen
2 Kor 6,4–10 In jeder Lage erweisen wir uns als Diener Gottes
Lk 12,49–53 Selig der Knecht, den der Herr bei seinem Kommen wachend findet

29. Januar: Hl. Franz von Sales, Bischof
Dtn 6,3–9 Gott lieben mit ganzem Herzen
Sir 1,7–10 Die ihr den Herrn fürchtet, vertraut auf seine Barmherzigkeit
Röm 8,26–30 Denen, die Gott lieben, gereicht alles zum Guten
Mt 22,34–40 Die Frage nach dem wichtigsten Gebot

1. Februar: Hl. Ignatius von Antiochien, Bischof und Märtyrer
1 Kön 22,31–35 Der Tod Ahabs
Weish 3,1–6 Die Seelen der Gerechten sind in Gottes Hand
Röm 8,35–39 Wer wird uns trennen von der Liebe Christi?
Joh 12,24–26 Das Weizenkorn stirbt und bringt viele Frucht

2. Februar: Der Einzug unseres Herrn Jesus Christus in den Tempel [Darstellung des Herrn; Lichtmess]

Lev 12,1–8 Die Reinigung der Wöchnerin
Jes 42,1–7 Das erste Lied vom Gottesknecht
Röm 9,30–10,4 Die Erfüllung des Gesetzes in Christus
Lk 2,22–38 Darstellung Jesu im Tempel und das Zeugnis des greisen Simeon und der Prophetin Hanna

4. Februar: Hl. Johannes von Britto, Märtyrer[10]

Dtn 33,9–11 Sie haben auf dein Wort geachtet und deinen Bund bewahrt
Weish 5,1–5 Die Bösen und die Guten im Endgericht
Röm 8,18–25 Die Leiden dieser Zeit sind nicht zu vergleichen mit der künftigen Herrlichkeit
Lk 14,25–33 Vom Ernst der Nachfolge Christi

6. Februar: Hl. Titus

1 Kön 22,47–51 Joschafat, König von Juda
Weish 5,16–20 Der Sieg der Gerechten
Tit 2,11–15 Gnade und christliches Leben
Mt 16,24–27 Wer mir nachfolgen will, verleugne sich selbst

24. Februar: Hl. Matthias, Apostel

1 Kön 16,1–13 Die Sünden des Volkes reizen den Zorn Gottes
Apg 1,15–26 Die Wahl des Matthias zum Apostel
1 Kor 1,26–30 Wer sich rühmen will, der rühme sich des Herrn
Mt 11,25–30 Das Evangelium für die „Kleinen" und vom leichten Joch Jesu

7. März: Hl. Thomas von Aquin, Kirchenlehrer

1 Kön 3,5–12 Salomos Bitte um Weisheit
Weish 7,7–14 Die Gottesgabe der Weisheit
1 Kor 1,18–25 Die Torheit des Kreuzes
Mt 5,13–19 Vom Salz der Erde und vom Licht der Welt

9. März: Die Vierzig Martyrer von Sebaste[11]

Dan 3,25–45 Das Gebet des Asarja
Apg 6,8–7,10 Die Verhaftung und die Rede des Stephanus

---

[10] Indienmissionar aus dem Jesuitenorden, der 1693 das Martyrium erlitt; vgl. Martyrologium (wie Anm. 7), 127.

[11] Vgl. Martyrologium (wie Anm. 7), 173; Wolfgang Wischmeyer, Art. Sebaste III. Vierzig Martyrer, in: LThK 9 (Freiburg u. a. ^{3}2000), 360.

Hebr 11,3–10; 11,32–12,2 Der vorbildliche Glaube der Väter
Mt 10,16–33 Verfolgungen und Aufforderung zu furchtlosem Bekenntnis

12. März: Hl. Gregor der Große, Papst
1 Chr 16,37–42 Der Gottesdienst in Jerusalem und in Gibeon
Sir 44,1–7 Das Lob der Väter Israels
Kol 3,12–17 In euren Herzen herrsche der Friede Christi
Lk 10,1–9 Die Aussendung der zweiundsiebzig Jünger

18. März: Hl. Cyrill von Jerusalem, Bischof
Dtn 4,1–8 Ermahnung zur Treue
Sir 39,6–14 Aufgabe und Stellung des Schriftgelehrten: Betrachtung der Geheimnisse Gottes
1 Kor 10,14–21 Meidet den Götzendienst
Mt 10,23–28 Verfolgung und Standhaftigkeit

19. März: Hl. Josef
Jes 41,8–16 Du bist mein Knecht, dich habe ich erwählt
Apg 19,8–20 Die Wundertaten des Paulus in Ephesus
2 Kor 10,4–18 Anerkannt ist, wen Gott empfiehlt
Mt 1,18–25 Josef mit Maria, der Mutter Jesu, verlobt

21. März: Hl. Benedikt, Abt
Gen 17,1–8 Bund Gottes mit Abraham und Verheißung eines Sohnes
Weish 9,1–12 Gebet um Weisheit
Röm 8,12–17 Das Leben der Christen im Geist
Mt 5,1–12 Die Seligpreisungen

25. März: Verkündigung an Maria, die Mutter Gottes [Verkündigung des Herrn]
Ex 15,11–21; Mi 6,1–5; Jer 31,13–17 Lobgesang, Gott ist allmächtig
Apg 1,1–14 Die zum Gebet versammelten Apostel mit den Frauen und der Mutter Jesu
Hebr 1,1–13; 2,16–18 In dieser Endzeit aber hat Gott zu uns gesprochen durch den Sohn
Lk 1,26–38 Die Verkündigung der Geburt Jesu durch den Engel Gabriel

11. April: Hl. Leo der Große, Papst
Dtn 32,1–4 Das Lied des Mose
Sir 39,6–13 Der Schriftgelehrte sinnt über Gottes Geheimnisse nach

Hebr 5,1–4 Christus, der wahre und ewige Hohepriester
Mt 25,14–33 Das Gleichnis von den Talenten

24. April: Hl. Georg, Märtyrer
Dan 6,5–24 Daniel in der Löwengrube
Apg 12,1–23 Die Hinrichtung des Apostels Jakobus und die Befreiung des Apostels Petrus aus dem Gefängnis
2 Kor 12,1–14 Begnadung und Schwachheit des Apostels
Mt 10,37–42; 16,24–27; 19,27–30 Wer das Leben um meinetwillen verliert, wird es gewinnen

25. April: Hl. Markus, Evangelist
Gen 41,39–45 Josefs Macht über Ägypten
Ez 1,10–14 Die Vision des Propheten Ezechiel
2 Tim 4,7–18 Markus unterstützt Paulus bei der Verkündigung des Evangeliums
Mk 16,15–20 Geht in die ganze Welt und verkündet das Evangelium allen Geschöpfen

1. Mai: Hl. Josef der Arbeiter
Gen 3,17–19.23–24 Im Schweiße deines Angesichts sollst du dein Brot essen
Weish 9,10–19 Ohne Fleiß kein Preis
Kol 3,14–17 Alles geschehe im Namen Jesu, des Herrn
Mt 13,54–58 Jesus, der Sohn des Zimmermanns Josef

2. Mai: Hl. Athanasius von Alexandrien, Bischof
2 Sam 22,1–7 Davids Danklied
Sir 45,1–5 Ein Mann, von Gott geliebt und von den Menschen geachtet
2 Kor 4,5–14 Der Schatz in zerbrechlichen Gefäßen
Mt 10,23–38 Furchtloses Bekenntnis zu Christus

11. Mai: Hl. Philippus und Hl. Jakobus, Apostel
Ex 15,1–6 Das Lied des Mose
Weish 5,1–5 Die Bösen und die Guten im Endgericht
1 Kor 9,16–23 Das Evangelium zu verkünden ist Pflicht des Apostels
Joh 14,1–13 Philippus, wer mich gesehen hat, hat den Vater gesehen

15. Mai: Unsere Liebe Frau von den Saaten
Ex 15,11–18 Das Lied des Mose
Apg 1,1–8 Warten auf die Erfüllung der Verheißung des Vaters
Röm 16,1–27 Haltet fest am Guten und meidet das Böse

Joh 2,1–12; Mt 13,53–57; 12,46–50; Lk 11,27–28 Was er euch sagt, das tut; Maria hat den Willen des Vaters erfüllt

11. Juni: Hl. Barnabas, Apostel
1 Chr 16, 8–12 Das Loblied Davids
Apg 11,21–26 Der apostolische Dienst des Barnabas
Gal 2,1–10 Barnabas in Begleitung des Apostels Paulus
Mt 10,16–22 Die Apostel sind wie Schafe unter den Wölfen

18. Juni: Hl. Ephräm, Kirchenlehrer
Dtn 26,16–19 Das Volk des Bundes, dem Herrn geweiht
Sir 45,1–6 Der Herr hat ihn hoch geehrt und groß gemacht
Röm 5,1–5 Die Liebe Gottes ist ausgegossen in unsere Herzen durch den Heiligen Geist
Mt 5,13–19 Vom Salz der Erde und vom Licht der Welt

28. Juni: Hl. Irenäus, Bischof und Märtyrer
Ex 28,28–30 Aaron, der Mittler Israels vor dem Herrn
Mal 2,5–7 Zuverlässige Belehrung kam aus seinem Mund
2 Tim 3,14–17 Die heiligen Schriften dienen zur Belehrung und Ermahnung
Mt 10,28–33 Furchtloses Zeugnis für Christus
oder: Joh 14,26–30 Trostworte an die Jünger

29. Juni: Hl. Petrus und hl. Paulus, Apostel
(Schriftlesungen wie am zweiten Freitag nach Erscheinung des Herrn)

3. Juli: Hl. Thomas, Apostel
Gen 2,8–15 Adam im Paradies
Spr 4,10–18 Mahnung, auf dem Weg der Weisheit zu gehen
Eph 2,19–22 Ihr seid auf das Fundament der Apostel und Propheten gebaut
Joh 20,24–29 Thomas begegnet dem Auferstandenen

10. Juli: Hl. Franziskus Mootius und Gefährten[12]
1 Chr 16,23–29 Das Loblied Davids
Weish 3,1–8 Das jenseitige Los der Guten und der Bösen

---

[12] Es handelt sich um eine Gruppe von Franziskanern und anderer Christen um den Priester Emmanuel Ruiz, die 1860 in Damaskus den Martyrertod starben. Unter ihnen waren drei Brüder, Franziskus, Mootius und Raphael Massabki, aus der Syrisch-Maronitischen Kirche; vgl. Martyrologium (wie Anm. 7), 361.

Hebr 10,32–38 Mahnung zur Ausdauer in Leiden und Prüfungen
Mt 16,24–27 Das Kreuz auf sich nehmen in der Nachfolge Christi

15. Juli: Hll. Cyriakus und Julitta[13]
Dan 3,25–45 Das Gebet des Asarja
Apg 6,8–7,10 Die Verhaftung und die Rede des Stephanus
Hebr 11,3–10; 11,32–12,2 Der vorbildliche Glaube der Väter
Mt 10,16–33 Jesus vor den Menschen furchtlos bezeugen

16. Juli: Hl. Maria vom Berg Karmel
1 Kön 18,41–46 Elija betet auf dem Gipfel des Berges Karmel um Regen
Jes 35,1–4 Die Herrlichkeit des Karmel
2 Kor 1,3–7 Von der Teilhabe des Apostels an den Leiden Christi
Lk 11,27–28 Preisung Marias, deren Leib Christus getragen hat
oder: Joh 19,5–27 Maria und Johannes unter dem Kreuz

25. Juli: Hl. Jakobus, Apostel
Ex 24,12–18 Der Bundesschluss
Apg 11,27–12,3 Die Hinrichtung des Jakobus
1 Kor 4,9–15 Die Verantwortung des Apostels und seiner Mitarbeiter
Mt 20,20–33 Vom Herrschen und vom Dienen

28. Juli: Sel. Alphonsa, Ordensfrau[14]
Dtn 28,8–12 Der Herr wird dir den Himmel öffnen
Jes 53,10–12 Nach Leiden Licht
Gal 2,19–21 Ich wurde mit Christus gekreuzigt
Joh 12,20–26 Wenn das Weizenkorn stirbt, bringt es reiche Frucht

6. August: Verklärung des Herrn
Ex 19,1–8; 20,18–21 Der Bundesschluss am Sinai
Apg 1,15–26 Die Apostel sind Zeugen der Auferstehung Christi

---

[13] Es handelt sich um den auch bei den Westsyrern begangenen Gedenktag des Märtyrerkindes Mar Kyriakos († 301) und seiner Mutter Julita († 304); vgl. Heinz, Feste (wie 2, Anm. 6), 115.

[14] Über sie sagt das Römische Martyrologium: „In der Stadt Bharananganam in Kerala (Indien) die Selige Alphonsa von der Unbefleckten Empfängnis (Anna Muttathupadathu), die, um der ihr aufgezwungenen Ehe zu entgehen, einen Fuß ins Feuer hielt und, nachdem sie bei den malabarischen Klarissen aufgenommen worden war, in fast ständiger Krankheit ihr Leben Gott aufopferte"; Martyrologium (wie Anm. 7), 398; eigene Übersetzung aus dem Lateinischen.

Hebr 12,18–29 Ihr seid hinzugetreten zum Berg Zion, zur Stadt des lebendigen Gottes
Mt 17,1–9 Die Verklärung Jesu auf dem Berg

10. August: Hl. Laurentius, Diakon und Märtyrer
1 Chr 16,31–36 Das Loblied Davids
Sir 51,1–8 Dankt dem Herrn für sein Erbarmen
2 Kor 9,6–10 Gott liebt den, der freudig gibt
Joh 12,24–26 Wenn einer mir dienen will, folge er mir nach

15. August: Hinübergang Marias, der Mutter Gottes [Mariä Aufnahme in den Himmel]
Ex 15,11–18 Das Lied des Mose
Apg 1,1–8 Ihr werdet die Kraft des Heiligen Geistes empfangen
Röm 16,1–27 Haltet fest am Guten und meidet das Böse
oder: Offb 12,1–10 Eine Frau, mit der Sonne bekleidet und dem Mond unter ihren Füßen
Joh 2,12; Mt 13,53–57; 12,46–50; Lk 11,27–28 Maria hat den Willen Gottes erfüllt

16. August: Hll. Joachim und Anna, Eltern der seligen Jungfrau Maria
1 Sam 2,1–18 Danklied der Hanna nach der Geburt Samuels
Jes 54,1–8 Das neue Jerusalem
Hebr 11,8–12 Der Glaube Abrahams
Mt 1,1–16 Der Stammbaum Jesu

24. August: Hl. Bartolomäus, Apostel
Dtn 18,15–19 Ein Prophet wie Mose
Jes 22,15–22 Die Absetzung Schebnas und die Einsetzung Eljakims
1 Kor 12,27–31 Christus: ein Leib und viele Glieder
Lk 6,12–19 Die Wahl der Zwölf Apostel

28. August: Hl. Augustinus, Kirchenlehrer
Dtn 10,12–17 Den Herrn aus ganzem Herzen lieben
Weish 7,10–14 Die Gottesgabe der Weisheit, die Mutter aller Güter
2 Kor 5,14–21 Wenn einer in Christus ist, ist er eine neue Schöpfung
Mt 5,13–19 Vom Salz der Erde und vom Licht der Welt

3. September: Hl. Pius X., Papst
1 Kön 19,3–8 Elija erfährt Gottes Schutz am Horeb
Spr 9,1–5 Wendet euch ab von der Torheit und ihr werdet leben

1 Thess 2,2–8 Rückblick des Apostels Paulus auf sein erstes Wirken
Joh 21,15–17 Das Wort des Auferstandenen an Petrus: Weide meine Lämmer

8. September: Geburt Marias, der Mutter Gottes [Mariä Geburt]
Gen 17,1–27 Bund Gottes mit Abraham und Verheißung zahlreicher Nachkommenschaft
Jes 42,18–43,13 Israel, der blinde und taube Knecht, den Gott erlöst
Röm 16,1–27 Haltet fest am Guten und meidet das Böse
oder: Röm 8,26–30 Gott beruft, die er zum Heil bestimmt hat
Mt 1,1–16 Der Stammbaum Jesu

21. September: Hl. Matthäus, Apostel und Evangelist
1 Chr 29,9–18 Das Dankgebet Davids
Ez 1,10–14 Die Vision des Propheten Ezechiel
Hebr 11,23–26 Mose als Zeuge des Glaubens
Mt 9,9–13 Die Berufung des Matthäus und das Mahl mit den Zöllnern und Sündern

30. September: Hl. Hieronymus, Kirchenlehrer
Dtn 7,1–11 Israel, das Gott geweihte Volk, und die Völker des Landes
Sir 24,12–17 Lob der Weisheit
2 Tim 3,12–17 Die heiligen Schriften sind von Gott eingegeben
Mt 13,44–52 Die Gleichnisse vom Schatz, von der Perle und vom Fischfang

3. Oktober: Hl. Theresia vom Kinde Jesu, Ordensfrau
Dtn 32,8–12 Das Lied des Mose
Jes 66,12–14 Wie eine Mutter ihren Sohn tröstet, so tröste ich euch
Eph 3,14–19 Christus wohne durch den Glauben in euren Herzen
Mt 18,1–5 Der Rangstreit der Jünger; werdet wie die Kinder

4. Oktober: Hl. Franz von Assisi, Ordensgründer
Dtn 15,7–11 Helft den Armen
Jes 6,1–7 Die Berufung des Propheten: Meine Augen haben den Herrn der Heere gesehen
Gal 6,14–18 Durch das Kreuz Christi ist mir die Welt gekreuzigt
Mt 11,25–30 Das Evangelium für die „Kleinen" und das leichte Joch Jesu

15. Oktober: Hl. Theresa von Avila, Kirchenlehrerin
Dtn 11,10–15 Liebe den Herrn, deinen Gott und befolge seine Gebote
Jes 61,10–11 Ich freue mich über den Herrn

Kol 2,20–3,4 Wir sind mit Christus auferstanden zu einem neuen Leben
Mt 11,25–30 Jesus, Trost der Bedrückten

18. Oktober: Hl. Lukas, Evangelist
Tob 12,6–15 Fülle des Lebens für den, der Gutes tut
Sir 38,1–9 Vom Dienst des Arztes und der Heilung, die von Gott kommt
Kol 4,10–15 Lukas, Mitarbeiter und Freund des Apostels Paulus
Lk 10,1–9 Die Aussendung der zweiundsiebzig Jünger

28. Oktober: Hl. Pethion, Märtyrer[15]
Dtn 6,6–24 Daniel in der Löwengrube
Apg 12,1–23 Verfolgung durch König Herodes Agrippa
2 Kor 12,1–4 Entrückung und Vision des Apostels Paulus
Mt 10,37–42; 19,27–30 Verzicht um Christi willen und seine Belohnung

28. Oktober: Hl. Simon und hl. Juda, Apostel
Ex 15,11–13 Das Lied des Mose
Weish 10,17–20 Die Weisheit führt das Volk Israel
Eph 4,9–14 Die Gnadengaben zum Aufbau der Kirche
oder: Eph 6,10–17 Aufruf zum geistigen Kampf für das Evangelium des Friedens
Joh 15,18–25 Der Hass der Welt gegen die Jünger und der Beistand des Geistes zum Zeugnis für Christus

14. November: Hl. Josaphat, Bischof und Märtyrer[16]
Lev 1,1–9 Opfer für den Herrn
Sir 51,1–8 Ein Danklied für die Rettung aus großen Nöten
Hebr 5,1–10 Christus, der wahre und ewige Hohepriester
Joh 10,11–16 Der Gute Hirt gibt sein Leben für seine Schafe

23. November: Hl. Klemens I., Papst
Ex 33,16–19 Die Erneuerung des Bundes
Sir 51,13–17 Ich verherrliche den, der mir Weisheit verliehen hat
Phil 3,17–4,3 Freut euch im Herrn zu jeder Zeit
Mt 24,42–47 Mahnung zur Wachsamkeit

---

[15] Persischer Mönch, der im Jahre 446 als Märtyrer starb.

[16] Es handelt sich um den am 12. November 1623 ermordeten ruthenischen Bischof Josaphat von Polazk in Weißrussland, der als „Märtyrer der Union" verehrt wird; vgl. Martyrologium (wie Anm. 7), 584. Der 14. November war sein Gedenktag im früheren römischen Messbuch.

27. November: Hl. Jakobus Intercisus, Märtyrer in Persien[17]

Dan 6,6–24 Daniel in der Löwengrube

Apg 12,1–23 Die Hinrichtung des Apostels Jakobus und die Befreiung des Apostels Petrus aus dem Gefängnis

2 Kor 12,1–14 Begnadung und Schwachheit des Apostels

Mt 10,37–42; 16,24–27; 19,27–30 Nachfolge Jesu und ihr Lohn

28. November: Hl. Andreas, Apostel

Gen 28,10–17 Die Vision Jakobs von der bis zum Himmel reichenden Leiter

Sach 8,20–23 Lasst uns zum Herrn gehen und ihn bitten

Röm 10,10–18 Die rettende Botschaft des Evangeliums und der Glaube

Mt 4,18–22 Jesus beruft die ersten Jünger, zuerst Andreas und seinen Bruder Simon.

[17] Vgl. Martyrologium (wie Anm. 7), 610.

5. Die Eucharistiefeier nach dem Ritus der Syro-Malabarischen Kirche

Aufbau der Feier

Die Syro-Malabarische Kirche feiert die Eucharistie nach ostsyrischem Ritus.[1] Insofern gibt es eine weitgehende Übereinstimmung ihrer *Qurbana*-Feier mit der Feierordnung der anderen Kirchen der ostsyrischen Tradition. Es sind dies die nicht-unierte assyrische „Kirche des Ostens" und die mit dem Apostolischen Stuhl in Rom verbundene „Chaldäische Kirche" unter dem „Patriarchen von Babylon" als Oberhaupt. Die Art und Weise, wie diese Kirchen das tun, was Christus seinen Aposteln im Abendmahlssaal zu tun aufgetragen hat (Lk 22,19; 1 Kor 11,23–25), weist aber in der Grundstruktur der Feier eine weitgehende Übereinstimmung auch mit der Eucharistiefeier der anderen Kirchen auf. So können wir auch im ostsyrischen Ritus eine Zweiteilung erkennen. Der erste Hauptteil ist die Feier des Wortes Gottes (Wortgottesdienst), der zweite Hauptteil ist die Feier der Eucharistie im engeren Sinn.

Die beiden Hauptteile sind durch ihre jeweiligen Feierorte klar voneinander unterschieden. Der Wortgottesdienst hat seinen Platz auf dem Bema, das idealerweise mitten im Gläubigenraum errichtet ist; der eucharistische Teil wird im Altarraum vollzogen. Die beiden

---

[1] Auf Einzelbelege wird bei der folgenden Beschreibung des Aufbaus und des Verlaufs der Eucharistiefeier nach syro-malabarischem Ritus weitgehend verzichtet. Ausgewertet wurden hauptsächlich die einschlägigen Publikationen von Idris Emlak, Die Mysterienfeier der Ostsyrischen Kirche im 9. Jahrhundert. Die Deutung der göttlichen Liturgie nach dem 4. Traktat einer anonymen Liturgieerklärung, Münster 2004; Johannes Madey/Georg Vavanikunnel, Qurbana oder die Eucharistiefeier der Thomaschristen Indiens. Mit einem Vorwort von Placid J. Podipare CMI, Paderborn – Changanacherry – Trivandrum 1968; Maniyattu, Heaven (wie 2, Anm. 3); Moolan, The period (wie 2, Anm. 3); Pallath, Liturgia (wie 2, Anm. 3); Pathikulangara, Qurbana (wie 3, Anm. 1).

Hauptteile entsprechen der „Katechumenenmesse“ und der „Gläubigenmesse“ der frühen Kirche. Bis heute sieht die ostsyrische Liturgie am Ende des Wortgottesdienstes eine Entlassung der Nicht-Getauften vor. Der entsprechende Ruf der Diakone ist jedoch nur dann zu hören, wenn auch tatsächlich Katechumenen anwesend sind. In diesem Fall ergeht an sie die Aufforderung, die Kirche vor der Opferfeier zu verlassen. Die Teilnahme an der Feier der Darbringung *(Qurbana)* des Opfers Christi ist allein den durch die Sakramente der Eingliederung „eingeweihten“ Gläubigen vorbehalten.

Eröffnung und Eingangsriten

Die *Qurbana*-Feier beginnt nicht abrupt. Es wird nicht sofort die Bibel aufgeschlagen und die erste Lesung vorgetragen. Dem Wortgottesdienst geht vielmehr ein Einleitungsteil voraus. Bischof, Priester, Diakone und andere, die einen liturgischen Dienst ausüben, begeben sich an ihre Plätze, aber nicht formlos. Sie ziehen in Prozessionsform in die Kirche ein. Die Teilnehmer der Einzugsprozession gehen zunächst zum Altarraum, wo alle durch eine tiefe Verneigung dem Altar ihre Reverenz erweisen. Wenn das Evangeliar mitgetragen wird, wird es auf die rechte Seite des Altars gelegt. Dann begeben sich alle zum Bema, dem Ort des Wortgottesdienstes. Die Prozession kann auch auf direktem Weg zum Bema gehen. Wird das Evangeliar auch in diesem Fall mitgetragen, wird es auf dem Bema-Altar niedergelegt. Es kann sich auch bereits zu Beginn der *Qurbana*-Feier an seinem gewöhnlichen Platz auf dem Altar im Allerheiligsten befinden. Auf dem Bema nehmen alle ihre Plätze ein, und zwar so, dass sie mit der Gemeinde nach Osten, in Richtung Altar schauen. Der Vorhang, der Altarraum und Schiff trennt, ist geschlossen. Während die Prozession einzieht, singt das Volk gewöhnlich ein Einzugslied.
Der syro-malabarische Ritus kennt als erstes Element des Eröffnungsteils eine Erinnerung an den Auftrag Jesu, dasjenige immer wieder zu seinem Gedächtnis zu tun, was er selbst am Abend vor

seinem Leiden getan hat (Lk 22,19; 1 Kor 11,24f.). Es handelt sich um das sogenannte „Mandatum – Auftrag". Daran schließt sich das „Gloria" an. Der Lobpreis Gottes wird in der biblischen Kurzform gesungen, entsprechend dem Gesang der Engel in der Geburtsstunde Christi (Lk 2,14). Das „Mandatum" kann in Form eines Wechselrufs zwischen Zelebrant und Volk am Anfang der Feier stehen. Sein Inhalt kann auch Leitmotiv eines kurzen frei formulierten Eröffnungswortes sein. Die Gläubigen greifen in diesem Fall das Motiv des Wiederholungsauftrags in einem Gesang auf, der in das „Gloria" mündet. Ein solches „Mandatum-Lied" lautet etwa:[2]

Wie der Herr beim Paschamahl uns aufgetragen,
versammeln wir uns in seinem Namen
und bringen in Eintracht das Opfer dar.
Versöhnen wir uns miteinander,
bauen wir einen neuen Altar
und feiern wir dieses Opfer der Liebe!

Ehre sei Gott in der Höhe
und Friede auf Erden
und gute Hoffnung den Menschen
auf immer und ewig.

Es ist bemerkenswert, wie in diesem Eröffnungselement die beiden Schwerpunkte des Heilswerks Christi richtig zusammen gesehen und gemeinsam ins Wort gebracht werden: das Mysterium der Menschwerdung im „Gloria" und das der Erlösung durch das Kreuzesopfer, vorausnehmend dargestellt im gebrochenen Brot und im Kelch des Abendmahls und in Erinnerung gerufen durch den Wiederholungsauftrag. Anfang und Höhepunkt des in Christus verwirklichten

---

[2] Vgl. Die heilige Liturgie der Syro-Malabarischen Kirche. Die Eucharistiefeier der Thomaschristen Indiens, o. O. und o. J. [Manuskriptdruck für die syro-malabarischen Christen in Deutschland], hier S. 4. Das mir vorliegende Exemplar des 28 S. umfassenden Textheftes hat mir der jetzt in der Diözese Trier tätige syro-malabarische Priester George Vadakkinezaata vermittelt, wofür ich ihm auch an dieser Stelle herzlich danke.

Heilsplans Gottes werden so gleich zu Beginn der Feier genannt, ehe das Werk der Erlösung in eben dieser Feier gegenwärtig wird, so dass die Gläubigen damit in Berührung kommen können.
Zu den Stücken des Eröffnungsteils gehört ferner das „Gebet des Herrn“. In der gewöhnlichen Gemeindemesse beten alle gemeinsam nach einer kurzen Aufforderung des Zelebranten das Vaterunser. In der hochfeierlichen Form *(Raza)*, fakultativ auch sonst, erfährt der biblische Text (Mt 6,9–13) eine Erweiterung. Sie besteht aus einem mehrfach wiederholten Heilig-Ruf. Der erste Teil des Vaterunsers, der von Gottes Name, Reich und Wille spricht, wird so eindrucksvoll hervorgehoben. Die Preisung durch die Heilig-Akklamation ist die angemessene Antwort auf Gottes Heilswirken, das in der Sendung seines Sohnes zur Rettung der Welt seinen Höhepunkt erreicht hat. An das Vaterunser schließt sich ein Gebet des Priesters an: Gott möge die Anwesenden befähigen zu einer würdigen und fruchtbaren Feier der durch Christus gewirkten Erlösung der Menschen.
Anschließend wird ein einzelner Psalm oder eine Dreiergruppe von Psalmen gesungen. Das syro-malabarische Messbuch *(Taksa)* bietet zwei Dreiergruppen zur Auswahl an, von der die zweite (Ps 145–147) schon im 9. Jahrhundert bezeugt ist. In der sonn- und feiertäglichen Gemeindemesse kann ein passender Psalm frei ausgewählt werden. Bevorzugt wird Ps 145 gesungen. Die Psalmodie *(Marmitha)* kann bis auf wenige im Wechsel zwischen Zelebrant und Volk gesungene Psalmverse gekürzt werden. Sehr verbreitet ist der Ersatz der Psalmodie durch ein Psalmlied, das aber dem Inhalt von Ps 145 in etwa entspricht. Häufig wird in der Landessprache Malayalam gesungen:

Herr, mein König, ich singe dein Lob.
Allmächtiger Gott, in Ewigkeit lobe ich deinen Namen.
Tag für Tag werde ich dich loben,
o Ruhmreicher, Mächtiger und Herr aller Dinge.
Grenzenlos ist deine Herrlichkeit.

Von Geschlecht zu Geschlecht werde ich erzählen
von deinen guten Taten.[3]

Bei ostsyrischen Liturgieerklärern wird die Psalmodie im Eröffnungsteil als Symbol für die alttestamentliche Zeit vor dem Kommen Johannes des Täufers gedeutet. Doch begegnet auch die Erklärung vom Wortsinn her: Ps 145 besingt die Herrlichkeit und die Großtaten Gottes. Ps 146 spricht davon, dass Gott ein Ohr hat für jene, die in Bedrängnis zu ihm rufen. Ps 147 bekennt, das Gott der Retter seines Volkes ist und dankt für seine Güte. Der Liturgiehistoriker denkt nüchterner: Die Psalmodie an dieser Stelle diente ursprünglich dazu, die Wartezeit bis zur Ankunft des Bischofs auszufüllen. Wenn der Eucharistiefeier das Morgenlob *(Sapra)* nicht unmittelbar vorausging (was gewöhnlich der Fall war), trat an seine Stelle Psalmengesang. Nach dem Eintreffen des Bischofs begann dann mit dem Gesang „Laku mara – Herr aller Dinge" die eigentliche *Qurbana*-Feier.

Nach der Psalmodie oder dem Eingangslied folgt ein Gebet des Bischofs beziehungsweise des Priesters. Das syro-malabarische Messbuch *(Taksa)* bietet jeweils eines an für Sonn- und Feiertage, für Herrenfeste und andere bedeutende Feiertage sowie für Gedenktage *(Dukrana)* und gewöhnliche Werktage. Inhaltlich stimmen alle darin überein, dass sie den Altar als den Ort der Gegenwart Gottes und den Thron seiner Herrlichkeit loben, vor dem sich die Gläubigen zusammen mit den Engeln anbetend niederwerfen.

Danach wird der Gesang an der Schwelle des Heiligtums *(Onita d'Qanke)* angestimmt. Er greift in seinem variablen Teil das Thema des Tages auf. In seinen gleichbleibenden Versen ist er ein Lobgesang auf das Heilige Kreuz. Der Gesang begleitet die Kreuzverehrung, die in der hochfeierlichen Form *(Raza)* an dieser Stelle vorgesehen ist: Der Hauptzelebrant (Bischof) reicht allen mitwirkenden Klerikern und den Gläubigen das Kreuz zum Kuss. Die Antiphon mit

---

[3] Die heilige Liturgie (wie Anm. 2), 5.

dem Refrain „Das Kreuz war die Ursache unseres Heiles …" wird so lange wiederholt, wie die Kreuzverehrung dauert.
Geschichtlich dürfte sich diese Zeremonie, die Altar und Kreuz in den Mittelpunkt stellt, so erklären: Ursprünglich begab sich der Hauptzelebrant zu Beginn der Feier in den Altarraum, während alle anderen direkt zum Bema gingen. Nach dem Psalmengesang wurde das Velum vor dem Altarraum geöffnet, der Altar wurde sichtbar und der Bischof begab sich vom Altarraum zum Bema, wobei er unterwegs den Gläubigen das Handkreuz zum Kuss reichte.
An sich soll es keine *Qurbana*-Feier ohne Darbringung von Weihrauch geben. An dieser Stelle legt der Zelebrant zum ersten Mal drei Weihrauchkörner ins Rauchfass. Die aufsteigende Duftwolke ist Ausdruck der zu Gott aufsteigenden Gebete der Gläubigen (vgl. Ps 141,2) und Heiligen (Offb 5,8; 8,3). In der orientalischen Tradition wird der Weihrauch aber auch als Medium der Sündenvergebung verstanden. In einem Gebet zum Einlegen der Weihrauchkörner heißt es, der Weihrauch möge Gott wohlgefällig sein und „die Vergebung der Schuld und der Vergehen" der Schafe seiner Herde erwirken. Nach Paulus sollen ja die Christen durch ihr vorbildliches Leben „Wohlgeruch Gottes" unter denen sein, die gerettet werden sollen (vgl. 2 Kor 2,15). Vor allem aber ist der Weihrauch Ausdruck der Anbetung und Hingabe des Menschen. So lässt der Diakon zuerst den Weihrauch am Altar im Allerheiligsten aufsteigen, ehe er durch die ganze Kirche geht und die Gläubigen beweihräuchert. Der Zelebrant sagt in einem abschließenden Gebet, dass der „süße Duft" der Liebe Gottes sich über seiner Kirche ausbreitet und sie würdig macht, seinen Sohn zu empfangen. Gott selbst hat seine Kirche gereinigt und so für das Kommen des Bräutigams bereit gemacht.
Wenn die Wolke des Weihrauchs – in der Bibel ist die Wolke ein Zeichen der Gegenwart Gottes – den Raum erfüllt, öffnet sich der Vorhang des Allerheiligsten. Die Gemeinde singt mehrmals den uralten Christus-Hymnus „Laku mara d'kolla – Herr aller Dinge". Sie akklamiert Jesus Christus, den sie als den göttlichen Lebensspender und Retter bekennt. Als solcher ist er bei seiner Taufe proklamiert worden, als der Himmel sich öffnete und der Geist Gottes in Gestalt

einer Taube auf ihn herabkam (Mt 3,16f.). An diese Offenbarung zu Beginn des öffentlichen Wirkens kann sich die Gemeinde erinnert fühlen, wenn der Vorhang des Altarraums aufgeht und somit der Himmel offen steht, aus dem der Sohn Gottes zur „Rettung der Seelen“ gekommen ist.

Aber auch Ostersymbolik ist im Spiel. Als Jesus in das Reich des Todes herabstieg und die Tore der Unterwelt zerbrach, begrüßten ihn die vom Herrscher der Unterwelt gefangen gehaltenen Verstorbenen als ihren Befreier. Sie sangen, so die ostsyrische Tradition, ihrem Erlöser das „Laku mara“ entgegen (vgl. 1 Petr 3,19). Diesen „Gesang der Söhne Adams“ singt nun die Gemeinde Christus. Er ist auch für sie zum Spender des Lebens geworden. Der Überlieferung nach soll der Hymnus von Katholikos Simeon bar Saba (323–341) in die *Qurbana*-Feier eingeführt worden sein. Ein Gebet des Zelebranten beschließt den Eröffnungsteil.

Der Wortgottesdienst

An der Schwelle der Wort-Gottes-Feier steht das Trishagion. Das Volk proklamiert Gott als den Heiligen, den Starken, den Unsterblichen. Die Vision des Propheten Jesaja (Jes 6,3) hat den Gesang inspiriert. Dieser sah und hörte, wie die vor dem Thron Gottes stehenden Serafim einander zurufen: „Heilig, heilig, heilig ist der Herr der Heere!“ Zu denken ist auch an die himmlische Liturgie, wie sie die Offenbarung des Johannes schildert (Offb 4,8). In seiner liturgischen Form ist das Trishagion erstmals auf dem Konzil von Chalkedon 451 nachzuweisen. In der römischen Liturgie begegnet er uns bei der Kreuzverehrung am Karfreitag. Der Ruf ist dort an Christus gerichtet. Dieser hat sich, obwohl er am Kreuz starb, durch seine Auferstehung als der heilige, starke und unsterbliche Gott erwiesen. Auch im westsyrischen Ritus wird das Trishagion als Christus-Akklamation verstanden. Die syrisch-orthodoxen Christen, auch die katholischen Syrer und die Syro-Malankaren in Kerala, fügen beim letzten Ruf zudem die nur auf Christus zutreffende Ergänzung hinzu: „Heiliger Unsterblicher, der du für uns gekreuzigt worden bist, erbarme dich unser!“

In der ostsyrischen Tradition wird der Ruf trinitarisch verstanden. Er gilt dem einen und dreifaltigen Gott. Das syro-malabarische Messbuch lässt mit dem Trishagion den Wortgottesdienst beginnen. Das darauf folgende Abschlussgebet schaut auf zu dem erhabenen Gott, der „unter den Heiligen wohnt“ und der doch mit Wohlwollen auf seine Gläubigen schaut und sich ihnen zuwendet.

Der Wortgottesdienst umfasst in der ostsyrischen Tradition in seiner Vollgestalt vier biblische Lesungen. Es lassen sich zwei Zweier-Einheiten unterscheiden. Die erste besteht in der Regel aus zwei alttestamentlichen Lesungen. Im Normalfall ist die erste Lesung dem „Gesetz“ *(Tora)* und die zweite den prophetischen Büchern des Alten Testaments entnommen. Das entspricht der Leseordnung des Synagogengottesdienstes am Sabbat. Auf diesen ersten Teil der Wortverkündigung folgt ein ebenfalls aus zwei Lesungen bestehender neutestamentlicher Teil. In ihm ist die erste Lesung den Briefen der Apostel, meistens des Apostels Paulus, entnommen; die zweite Lesung, die den Höhepunkt der Verkündigung bildet, ist ein Abschnitt aus einem der vier Evangelien. Diese Leseordnung wird gelegentlich leicht abgewandelt: An die Stelle der zweiten Lesung aus dem Alten Testament tritt in diesen Fällen eine Lesung aus der Apostelgeschichte. Die erste Lesung aus der *Tora* kann dann auch eine Perikope aus den Propheten sein. In der gewöhnlichen Gemeindemesse kann die Anzahl der Lesungen bis auf zwei (Epistel und Evangelium) reduziert werden. Die Auswahl der Perikopen stimmt weitgehend mit der Leseordnung der Chaldäer überein.

Die Reihenfolge der biblischen Lesungen entspricht dem Fortschritt der Offenbarung, die im Wirken Jesu (Evangelium) ihren Höhepunkt erreicht. Diese Steigerung zeigt sich auch in der Person der Verkünder. Während die alttestamentlichen Lesungen von Lektoren vorgetragen werden, ist es Sache eines Diakons, die neutestamentliche Lesung (Epistel) aus einem Apostelbrief zu singen. Das Evangelium verkündigt immer der Bischof beziehungsweise der zelebrierende Priester, der im heiligen Drama der Liturgie Christus repräsentiert.

Zwischen dem alttestamentlichen Teil des Wortgottesdienstes und der Lesung aus dem Neuen Testament erklingt ein Zwischengesang. Seine syrische Bezeichnung lautet *Šuraya*, was wörtlich „Anfang" bedeutet. Der Name könnte darauf hinweisen, dass dieser Gesang den Anfang des neutestamentlichen Teils des Wortgottesdienstes ankündigt. Er hat jedoch eher die Funktion des „Antwortpsalms" der römischen Messe. Er schaut nämlich zurück auf die alttestamentlichen Lesungen. Beschränkt man sich auf den Vortrag bloß einer Lesung vor dem Evangelium, entfällt der *Šuraya*-Gesang. Konkret handelt es sich um einige Psalmverse, die von der Selbstoffenbarung Gottes singen und in einem Zusatz den aktuellen Feieranlass in Erinnerung rufen. Das dazugehörige Abschlussgebet des Priesters bittet um ein aufmerksames und fruchtbares Hören des Wortes Gottes.

Es kann in der hochfeierlichen Form der *Qurbana*-Feier *(Raza)* ein weiterer Gesang hinzutreten. Er heißt *Turgama*, was Übersetzung oder Erklärung bedeutet. Es gibt eine Vielzahl solcher Gesänge, unter denen man auswählen kann. Es handelt sich um ausdrucksstarke, liturgische Poesie, wie die Syrer sie lieben. Singend macht man sich klar, was das für ein Wort ist, das nun verkündigt werden soll. Man überbietet sich gegenseitig im Lob der heiligen Schriften des Neuen Testaments und fordert einander auf, mit bereitem Herzen das Wort Gottes zu hören. Dieser Gesang schaut also nach vorne und bereitet die Anwesenden auf die Verkündung der neutestamentlichen Perikopen vor.

Wie es auch die Lektoren der alttestamentlichen Lesungen getan haben, erbittet und empfängt der Diakon, bevor er die Epistel vorträgt, den Segen vom Hauptzelebranten.

Die Verkündigung des Evangeliums auf dem Gipfel des Wortgottesdienstes wird durch besondere Riten vorbereitet. Die Vorsänger stimmen den Halleluja-Gesang *(Zumara)* an. Er besteht aus einigen passend zum Tag oder Anlass ausgewählten Psalmversen, die von einem dreifachen Halleluja-Ruf des Volkes gerahmt werden. Unterdessen legt der Zelebrant Weihrauch ins Rauchfass. Das dazu gesprochene Gebet bittet um Sündenvergebung. Den Halleluja-Gesang

beschließt der Zelebrant mit einem Gebet, das Christus preist, der Mensch geworden ist und „die Dunkelheiten unseres Geistes“ durch sein Evangelium erleuchtet hat.
Eindrucksvoll gestaltet sich die Übertragung des Evangeliars aus dem Altarraum zum Bema in einer festlichen Prozession. Zum Einholen des Evangelienbuches begeben sich der Erzdiakon beziehungsweise der Hauptzelebrant und alle anderen, die einen liturgischen Dienst versehen, vom Bema zum Altarraum. Während der Erzdiakon/Priester das erhobene Evangeliar den Gläubigen zeigt, singt er einen Ruf auf Christus „das Licht der Welt“ und „das Leben aller“. Wenn er anschließend das heilige Buch erhoben zum Bema trägt, ziehen ihm die Altardiener, ein Kreuzträger, der Rauchfass- und zwei Kerzenträger voraus. Die Diakone singen während der Prozession im Wechsel mit der Gemeinde einen Gesang *(Turgama)*, der die Größe und die heilsame Wirkung des Evangeliums in zahlreichen Strophen lobt. Darin heißt es etwa:

Diese Worte haben euch einen geistlichen Schatz aufgetan
und dieses Buch ist ganz erfüllt von Leben und Wonne.

Oder:

Hier ist das Licht, die Wahrheit und das Leben;
und der darin verkündigt wird, ist es, der die Toten und Lebenden richtet.

Ist der Gesang beendet, verkündigt der Hauptzelebrant, nachdem ein Diakon zum Aufstehen und aufmerksamen Hören aufgerufen hat, das Evangelium. Kreuz- und Kerzenträger stehen neben und vor ihm. Der Thuriferar inzensiert während der Verkündigung das Evangeliar. Dieses wird nach seiner Verehrung (Buchkuss) von einem Diakon zum Altar zurückgebracht und dort niedergelegt. An Sonn- und Feiertagen folgt die Homilie. Den Abschluss des Wortgottesdienstes bildet die vom Diakon gesungene Fürbittlitanei *(Karozutha)*, gefolgt von einem Segensgebet und dem (fakultativen) Ruf zur Entlassung der Nicht-Getauften.
Der äußere Verlauf des Wortgottesdienstes ist nicht bloß funktional

zu verstehen. Er hat nach den syrischen Liturgieerklärern durchgehend eine symbolische Bedeutung. Die ganze Heilsökonomie findet in der *Qurbana*-Feier ihre abbildhafte Darstellung und zeichenhafte Vergegenwärtigung. Der erste Teil des Wortgottesdienstes steht demnach für die Zeit vor der Ankunft des Messias.

Dann beginnt die Zeit des Neuen Testaments. Wenn der Diakon mit dem Buch für die Verkündigung der Epistel kommt, stellt er Gabriel dar, der dem altbundlichen Priester Zacharias die Botschaft von der Geburt seines Sohnes Johannes, des Wegbereiters Jesu, bringt (Lk 1,8–22). Zacharias und seine Priesterkollegen befanden sich inmitten Jerusalems, im Tempel. Sie werden infolgedessen vom Zelebranten und seiner Assistenz auf dem Bema dargestellt, das Jerusalem symbolisiert. Sie schweigen wie der verstummte Zacharias. Ihr Sitzen bedeutet, dass sie auf die Ankunft Christi warten. Sie ahnen aber noch nicht, dass die Ordnung des alten Bundes schon dabei ist, überholt zu werden durch die Ereignisse, die Gabriel ankündigt.

Dagegen stehen die Gläubigen im Kirchenschiff aufrecht. Sie symbolisieren die einfachen Menschen, die sich im Gegensatz zu den Priestern und Schriftgelehrten erhoben und aufmachten, um den zur Erde kommenden Messias zu suchen und zu finden. Sie stellen jene dar, die das Kind als den Retter der Welt hellsichtig erkannten, zu einem Zeitpunkt, als es der großen Öffentlichkeit noch verborgen war: die ungebildeten Hirten, die Weisen aus dem Osten, die Menschen Ägyptens, die ihm Asyl gewährten. Insbesondere dürfen sich die Frauen im Schiff als Repräsentanten der vom Geist erleuchteten biblischen Frauen verstehen, die Christus als erste aufnahmen: Maria, Elisabeth und Hanna, die Prophetin.

Die Verkündigung der Epistel selbst, die dem Evangelium vorausgeht, versinnbildet die Predigt Johannes des Täufers. Dieser ging Christus voraus und bereitete ihm den Weg, als er schon verborgen unter den Menschen war. Der Halleluja-Ruf vor dem Evangelium wird gedeutet als die Aufforderung des Johannes, der rief: „Kehrt um, denn das Himmelreich ist nahe!“ (Mt 3,2). Wenn das Volk den Halleluja-Ruf aufnimmt und wiederholt, deutet das auf die Bereitschaft der Menschen hin, die am Jordan den Umkehr-Ruf des Täufers hörten und befolgten. Die zwischen den Halleluja-Rufen stehenden Psalmverse sollen dagegen die Warnung und den Tadel des Johannes an die Adresse der unbelehrbaren jüdischen Priester symbolisieren.

Wenn sich dann der Vorhang des Allerheiligsten öffnet und das Evangeliar am Altar verehrt wird, gleicht das der Taufe Jesu durch Johannes, als der Himmel sich öffnete und eine Stimme rief: „Das ist mein geliebter Sohn, an dem ich Gefallen gefunden habe!" (Mt 3,17). Von da an begann die Lehrtätigkeit und das Heilswirken Jesu. Die feierliche Übertragung des Evangeliars vom Altar zum Bema erinnert an das Kommen Christi aus der Herrlichkeit des Himmels in die Welt der Menschen. In der Mitte der Welt, in Jerusalem, hat er seine Botschaft verkündigt. Deshalb ist das Bema, das Jerusalem darstellt, auch der Ort der Evangeliumsverkündigung. In der Evangeliumsprozession repräsentiert der Bischof (Zelebrant) Gott, das Wort, das als Mensch unter Menschen wohnte (vgl. Joh 1,14). Die Diakone stellen die den Christus-König bei seinem Kommen in die Welt begleitenden Engel dar. Weihrauch und Lichter ehren ihn.

Der Bischof (Zelebrant) repräsentiert Christus selbst. Deshalb ist er es, der bei den Syrern das Evangelium verkündigt, in dem Christus zu seinem Volk spricht und ihm sein Beispiel vorstellt. Dagegen darf nicht der Bischof selbst das Evangeliar nach der Verkündigung zum Altar zurücktragen. Das muss ein Diakon tun. Denn der Gang zum Altar wird als Gang Christi nach Golgota gedeutet. Andere haben ihn dorthin zur Kreuzigung geführt. Das Hinstellen des Evangelienbuches auf den Altar versinnbildet die Aufrichtung des Kreuzes Christi durch die, die ihn am Kreuz erhöhten.

Durch den Kreuzestod des Erlösers wurde die Menschheit mit Gott, dem Vater, versöhnt und der Zugang zum Erbarmen Gottes steht von da an offen. Schon am Kreuz hat Jesus angefangen, dieses Erbarmen auszuteilen: Er betete für diejenigen, die ihn gekreuzigt hatten; er versprach dem reumütigen Schächer den Einzug ins Paradies. Deshalb ist an dieser Stelle der Liturgie der richtige Zeitpunkt gekommen, Gott um sein Erbarmen zu bitten. Das geschieht in den beiden von Diakonen vorgetragenen großen Fürbittlitaneien *(Karozutha)*.

Das Passionsgedächtnis, das sich mit diesen Riten nach der Evangeliumsverkündigung verbindet, schließt das Auferstehungsgedächtnis mit ein. Denn die Erhöhung Christi am Kreuz war auch die Stunde seiner Verherrlichung. Man darf an den Hebräerbrief denken, wo gesagt wird, dass Christus mit dem Versöhnungsblut seines Opfers in das Heiligtum des Himmels eingegangen ist, um dort als Hoherpriester für seine Menschenbrüder und -schwestern ununterbrochen einzutreten (vgl. Hebr 9,11–28). Da das Allerheiligste den Himmel symbolisiert, weist die Rückkehr des Evangeliars dorthin auch auf die Heimkehr Christi zum Vater hin.

Wenn dann einer aus der Gruppe der Diakone am Ende der Fürbitten die Gläubigen aufruft, ihr Haupt zu beugen, um den Segen zu empfangen, wird noch deutlicher das Ereignis der Himmelfahrt Christi vergegenwärtigt. Die Diakone, die in der Liturgie generell Engel darstellen, repräsentieren dann die „zwei Männer in weißen Gewändern“ im Himmelfahrtsbericht der Apostelgeschichte (Apg 1,10). Diese riefen den zum Himmel schauenden Jüngern zu: „Dieser Jesus, der von euch ging und in den Himmel aufgenommen wurde, wird ebenso wiederkommen, wie ihr ihn habt zum Himmel hingehen sehen.“ (Apg 1,11). Beim Aufblick zu ihrem Herrn sahen die Jünger, wie dieser „seine Hände erhob und sie segnete“ (Lk 24,50). Diesen Segen Christi symbolisiert das Segensgebet des Zelebranten am Ende des Wortgottesdienstes.

Die Gabenbereitung

In der römischen Messe geschieht die Gabenbereitung dann, wenn der Wortgottesdienst mit dem Allgemeinen Gebet (Fürbitten) zu Ende gegangen ist und die Feier des Opfermahls beginnt. Doch der Platz für diese rituelle Handlung war in der römischen Liturgie nicht immer so eindeutig festgelegt, wie es nach dem Zweiten Vatikanischen Konzil der Fall ist. In den mittelalterlichen Varianten des

römischen Messritus, die in manchen Ordens- und Diözesanliturgien bis weit in die Neuzeit weiterlebten, war die Bereitung der Gaben schon im Eröffnungsteil oder zwischen Lesung und Evangelium vorgesehen. Der ostsyrische Ritus sieht sie vor, sobald das Evangeliar an seinen Platz zurückgebracht worden ist beziehungsweise nach der Homilie, wenn der Diakon die Fürbitten *(Karozutha)* vorträgt.
Da der Vorhang nach der Verkündigung des Evangeliums geschlossen worden ist, vollzieht sich die Gabenbereitung an den beiden Seitennischen des Altarraums unter Ausschluss der Öffentlichkeit. Die Gemeinde weiß, was unter dem Gesang der Fürbittlitaneien hinter dem Vorhang geschieht. Optisch nicht abgelenkt, kann sie ihre Aufmerksamkeit ungeteilt den Rufen und Bitten des Diakons zuwenden. Daran ist das Volk auch aktiv beteiligt: Jede Bitte des Diakons beantworten die Gläubigen mit dem Ruf „Herr, erbarme dich unser" oder in der zweiten Litanei, in der die Gebetsaufforderung mit „erbitten wir" endet, mit der Akklamation „Von dir, o Herr".
So ungewöhnlich diese Gleichzeitigkeit von Fürbitten und Gabenbereitung auf den ersten Blick auch scheinen mag, sie hat ihre tiefe Bedeutung. Auch der abendländischen Messfrömmigkeit ist der Gedanke nicht fremd, dass der Priester, wenn er Hostienschale und Kelch bereitet, gleichsam mit den Hostien auch die Anliegen der Gläubigen auf die Patene legt und mit dem Wein und dem Wasser, die er in den Kelch gießt, die Sorgen und Bitten der Menschen in das Opfer Christi hinein empfiehlt. In der *Qurbana*-Feier werden diese Anliegen und Bitten von den Diakonen laut ausgerufen, während verhüllt und in der Stille gleichzeitig das Brot auf die Patene gelegt und Wasser und Wein in den Kelch gegossen werden.
Die Handlung ist von Gebetsworten begleitet. Diese erinnern zunächst an den Priesterdienst Aarons im Bundeszelt, der gottgewollt und gottgefällig war. Genauso gottgefällig soll auch der Dienst der neutestamentlichen Priester sein, wenn sie das Opfer Christi feiern, das die altbundlichen Opfer vollendet und abgelöst hat. Das Eingießen des Wassers in den Wein erinnert an die Öffnung der Seite des Gekreuzigten, aus der Blut und Wasser strömten (Joh 19,34). In manchen mittelalterlichen Ordens- und Diözesanliturgien war als

Begleitspruch zum Eingießen von Wein und Wasser in den Messkelch das folgende Begleitwort gebräuchlich: „Blut strömte aus der Seite Christi hervor und Wasser zur Vergebung der Sünden!" In der Präfation des Herz-Jesu-Festes heißt es: „Aus seiner geöffneten Seite strömen Blut und Wasser, aus seinem durchbohrten Herzen entspringen die Sakramente der Kirche."

Für das naturwissenschaftlich geprägte, kausale abendländische Denken ist es schwer nachvollziehbar, dass im ostsyrischen Ritus Brot und Wein schon bei der Gabenbereitung als Leib und Blut Christi bezeichnet werden. Schon beim Eingießen des Weines in den Kelch heißt es: „Das kostbare Blut wird in den Kelch Christi, unseres Herrn, gegossen" und, wenn das Brot auf die Patene gelegt wird, sagt der (Erz-)Diakon: „Diese Patene wird bezeichnet mit dem heiligen Leib unseres Herrn Jesus Christus …".

Zunächst ist zu beachten, dass in der syrischen Liturgie das Brot der Eucharistiefeier durchgehend, vor und nach dem Eucharistischen Hochgebet, der Anaphora, mit dem gleichen Namen „Bukra" bezeichnet wird. Der Ausdruck bedeutet „der Erstgeborene". „Bukra" bezeichnet also den einzigen Sohn des ewigen Vaters, der Mensch geworden ist und im Brot und Wein der Eucharistie sich immer neu vergegenwärtigt. Das geschieht, wenn die Kirche zu seinem Gedächtnis tut, was er ihr aufgetragen hat. Dann tritt die Kirche gleichsam ein in die himmlische Welt, wo Christus mit seinem Opfer für immer präsent ist vor dem Thron des Vaters. In der heiligen Zeit der *Qurbana*-Feier gilt das Vor- und Nachher der irdischen Zeit nicht mehr. Die Gläubigen geraten vielmehr in die präsentische Sphäre Gottes, wo Vergangenheit und Zukunft ewige Gegenwart sind. So wie das Opfer Christi, das ein für alle Mal auf der Erde vollbracht wurde, jetzt und für immer in der himmlischen Welt gegenwärtig ist (vgl. Hebr 9,11 f.), ist es auch im Heute der liturgischen Feier nicht erst ab einem bestimmten Zeitpunkt da. Schon bei der Gabenbereitung ist das Brot auf der Patene und der Wein im Kelch kein gewöhnliches Brot und kein gewöhnlicher Wein mehr. Die Gaben sind bereits zu diesem Zeitpunkt Symbole und Abbilder des Leibes und Blutes Christi. In der liturgischen oder sakralen Zeit gibt es die klare

Trennungslinie zwischen Vorher und Nachher nicht. Das gefeierte Mysterium ist eins und reine Gegenwart. So wird in den Texten der Gabenbereitung das, was in den Kelch gegossen wird, einmal als Wein und Wasser bezeichnet, dann aber auch schon als das „kostbare Blut".

Ein syro-malabarischer Theologe schreibt dazu: „Liturgie ist eine Feier, bei der himmlische und irdische Wirklichkeiten sich miteinander verschränken. Nach dem liturgischen Verständnis der Ostkirchen lassen die Gläubigen die ganze Welt hinter sich und alles, was irdisch ist, um ganz und gar in die göttliche Liturgie einzutreten; sie treten in den Himmel ein für die Dauer der Zeit, in der die himmlischen Wirklichkeiten vollzogen werden. Obwohl sie menschliche Wesen bleiben, befinden sie sich während der ganzen liturgischen Feier in der himmlischen oder göttlichen Sphäre. Als Menschen verstehen sie alles zeitlich, das heißt nach dem irdischen Zeitverständnis von Vergangenheit, Gegenwart und Zukunft. Doch die himmlischen Wirklichkeiten, die sie feiern, existieren jenseits von Zeit und Raum. In der himmlischen Welt kommen Vergangenheit und Zukunft zusammen in der Gegenwart. Alles, was ist, ist reine Gegenwart. (…). Sie (die Gläubigen) treten ein in den Himmel und die himmlische Sphäre, wo während ihrer liturgischen Feiern die zeitliche Abfolge ihre Bedeutung völlig verliert."[4]

Segen und Entlassung der Katechumenen

Die Bereitung der Gaben wird hinter dem geschlossenen Vorhang vollzogen. Auch wenn der Vorhang nicht geschlossen wird und der Zelebrant selbst die Gabenbereitung vornimmt, geschieht diese unauffällig unter dem Gesang der beiden Fürbittlitaneien. Sie hat jedenfalls vorbereitenden Charakter. Der Ritus gilt noch nicht als Teil der eigentlichen Eucharistiefeier. So erfolgt der Segen über die Gläu-

[4] Pathikulangara, Qurbana (wie 3, Anm. 1), 183; eigene Übersetzung aus dem Englischen.

bigen am Ende des Wortgottesdienstes (Gebet zur Handauflegung) und die Entlassung der Nicht-Getauften denn auch erst nach dem Abschlussgebet der Fürbitten.

Der auf dem Bema zelebrierte Wortgottesdienst stellt das öffentliche Leben Jesu dar. Deshalb können diesem ersten Teil der Feier alle beiwohnen, die seine Unterweisung hören und von seinem Heilswirken erfahren wollen. Jesus hat in seinem irdischen Leben nicht nur seinen Jüngern gepredigt, sondern allen, die zu ihm kamen. So ist er auch im Heute der gottesdienstlichen Feier nicht nur seinen Gläubigen Meister und Lehrer, sondern auch denen, die noch nicht zu seinem Volk gehören. Auch ihnen gilt seine Heilssorge. Auch sie sind in seinem Abschiedssegen für die Jünger (Lk 24,50f.) miteingeschlossen. Hat er doch am Ende seines irdischen Lebens auch für jene gebetet, die durch die Predigt des Evangeliums zum Glauben an ihn kommen würden (vgl. Joh 17,20).

Die Aufforderung an die eventuell anwesenden Nicht-Getauften, am Ende des Wortgottesdienstes die Kirche zu verlassen, ergeht nur, wenn sie auch tatsächlich angebracht ist. In jedem Fall aber hören die Gläubigen vom Diakon oder vom Zelebranten die folgende Einladung:

> *Es mögen diejenigen, die getauft sind und mit dem Siegel des Lebens besiegelt wurden, nun andächtig und aufmerksam verweilen, um an den heiligen Mysterien teilzunehmen!*

Gabenprozession und vorbereitende Riten (Vor-Anaphora)

Ist der Wortgottesdienst beendet, erwartet man als erste Handlung des eucharistischen Hauptteils der *Qurbana*-Feier das Herbeibringen der bereits bereiteten Gaben und ihr Niederstellen auf dem Altar. Die syro-malabarische Liturgie kennt jedoch an der Nahtstelle zwischen Wort-Gottes-Feier und Opferfeier einen Ritus, der sonst in der ostsyrischen Tradition nicht vorkommt. Er ist altes Eigengut der Syro-Malabaren. Schon die ältesten erhaltenen Handschriften des

14./15. Jahrhunderts bezeugen ihn. Deshalb wurde er auch in der hochfeierlichen Form *(Raza)* der erneuerten Messfeier beibehalten. In der feierlichen und einfachen Form ist er freigestellt.

Der Ritus, der üblicherweise als „Prostratio – Niederwerfen" bezeichnet wird, stellt sich folgendermaßen dar: Zwei Diakone haben am Ende der Fürbittlitanei *(Karozutha)* das Evangeliar und das Kreuz vom Bema zum Altar getragen und, nachdem sie beides mit einem Kuss verehrt haben, auf den Altar gestellt. Danach bleiben sie, mit dem Gesicht der Gemeinde zugewandt und zum Bema blickend, links und rechts vor dem Altar stehen. Auf dem Fußboden, vor dem Bema, wurde inzwischen ein großes Tuch ausgebreitet, das in der Mitte mit einem Kreuz geschmückt ist. Der Zelebrant steigt, begleitet vom Erzdiakon, vom Bema herab. Er betet das Gebet am Ende der Litanei und das Segensgebet zur Handauflegung. Danach beginnt das Volk (der Chor) im Wechsel mit den Diakonen den Gesang zur „Prostratio" zu singen. Er bringt ins Wort, was gerade geschieht und was im weiteren Verlauf der Feier geschehen wird: Der Priester nähert sich dem Altar. Dort erhebt er betend seine Hände. Daraufhin kommt der Heilige Geist herab und konsekriert den Leib und das Blut Christi.
Während des Wechselgesangs kniet der Zelebrant an jeder der vier Ecken des ausgebreiteten „Kreuzvelums" nieder. Kniend küsst er jeweils drei Mal das Tuch, ehe er sich erhebt und das Kreuz darüber zeichnet. Er bewegt sich von links nach rechts. Der Gesang wird so lange wiederholt, bis der Zelebrant sich zum vierten Mal niedergeworfen, das „Kreuzvelum" geküsst und gesegnet hat. Dann wenden sich die beiden im Allerheiligsten stehenden Diakone dem Altar zu und bitten in gemeinsamem Gesang Christus, er möge seine Rechte ausgebreitet halten über seinem Volk und es vor allem Bösen bewahren. Daraufhin wenden sie sich dem Zelebranten zu. Sie singen gemeinsam, Christus möge seine Verheißung, die er den Aposteln gegeben hat, auch hier und heute wahr machen. Darauf verkündet der Zelebrant, der Christus darstellt, eben jene Verheißung: „Seht, ich bleibe bei euch alle Tage bis zum Ende der Welt!" Die

Diakone antworten vom Altar aus: „Durch deine Gnade sei in unserer Mitte, wie du inmitten der Apostel warst!" Drei Mal wird dieser Wechselruf wiederholt. Dann steigen die Diakone herab, um ihrerseits sich ebenfalls niederzuwerfen und das „Kreuzvelum" zu küssen. Beim Herabsteigen bitten sie Christus, die Gläubigen vor Versuchungen zu bewahren und Tage des Friedens zu gewähren, damit sein „glorreicher Name" gepriesen und angebetet werde. Die Zeremonie schließt mit einem Segenswunsch für die Diakone und einer Bitte um Gottes beständigen Beistand.

Über den Sinn dieses eigentümlichen Ritus ist viel gerätselt worden. Manche wollen darin eine Art Verabschiedungszeremoniell vom Ort des Wortgottesdienstes vor dem Gang zum Altar sehen. Das dürfte kaum zutreffen. Der Ritus schaut nach vorne. Die ihn umgebenden Rufe und Gesänge sprechen proleptisch von der Vergegenwärtigung von Leib und Blut Christi.

Manche sehen in der Zeremonie eine Demutsgebärde des Zelebranten: Angesichts des von ihm anschließend zu vollziehenden hohen Dienstes werfe er sich vor der Majestät Gottes nieder. Doch es dürfte hier nicht bloß um die Anbetung Gottes in einem unspezifischen Sinn gehen. Die Texte sprechen betont von Christus. Im Zentrum steht die Bitte, dass der Herr selbst inmitten seiner Gläubigen sein möge, wie er inmitten seiner Apostel war. Das lässt an das Abendmahl denken und an das Mahl am Osterabend, als Thomas im Kreis der versammelten Jünger seine Hand ausstreckte, den Auferstandenen berührte und ausrief: „Mein Herr und mein Gott!" (Joh 20,28). Das Verheißungswort Jesu: „Seht, ich bleibe bei euch alle Tage!" (Mt 28,20) wird drei Mal wiederholt. Es dürfte das Schlüsselwort zum Verständnis des ganzen Ritus sein. Die Schlüsselgebärde ist das Sich-Niederwerfen an den vier Enden des kreuzgeschmückten Tuches. Die dadurch zum Ausdruck gebrachte Verehrung gilt selbstverständlich nicht dem Tuch, sondern dem darauf abgebildeten Kreuz. Es symbolisiert den inmitten seines Volkes gegenwärtigen Herrn selbst: Christus ist zwar in den Himmel heimgekehrt und thront zur Rechten des Vaters. Aber er ist weiterhin an allen vier

Enden der Erde gegenwärtig, wann und wo immer seine Gläubigen in seinem Namen versammelt sind (vgl. Mt 18,20).
Das Gedächtnis dieser Verheißung der bleibenden Nähe Christi ist an der Übergangsstelle zwischen Wortgottesdienst und der eigentlichen Eucharistiefeier sehr sinnvoll. Der Wortgottesdienst hat in Wort und Zeichen die Heilsgeschichte von der Schöpfung bis zum Erscheinen des Messias, insbesondere aber dessen irdisches Leben bis zu seiner Himmelfahrt kommemoriert. In der daran anschließenden Eucharistiefeier erlebt die Gemeinde, wie ihr Herr trotzdem bei ihr bleibt. Er ist seinen Gläubigen vom Himmel her nahe; er lässt in ihrer Mitte durch den Heiligen Geist sein Erlösungsopfer gegenwärtig werden und hört nicht auf, vom Altar her sein Erbarmen auszuteilen. Die versammelte Kirche kann dem auferstandenen und erhöhten Herrn begegnen, wie die Emmausjünger ihm begegnet sind und die Apostel, mit denen er nach Ostern gegessen und getrunken hat. Zwar ist Christus auch in seinem Wort gegenwärtig. Aber die Intensivform seiner realen Gegenwart ist das eucharistische Mysterium.

Das Niederstellen der Gaben auf dem Altar

Das orientalische Liturgieverständnis denkt ganzheitlich. Anders als die abendländische Messfrömmigkeit, die das Aussprechen der Abendmahlsworte sehr stark als den Augenblick der Wandlung von Brot und Wein in den Leib und das Blut Christi heraushebt, sieht der Osten in den ausgesonderten und bereiteten Gaben schon das, was sie werden sollen. Der Gesang der Mysterien *(Onita d'Raze)*, der die Übertragung des Brotes auf der Patene (Hostienschale) und des gemischten Kelches begleitet, nennt die Gaben schon „Leib Christi" und „kostbares Blut". Er lädt die Gläubigen ein, mit den Engeln, die unsichtbar in der Prozession zum Altar mitziehen, demjenigen „heilig" zuzurufen, der ihr Herr und Gott ist (vgl. Joh 20,28). Am Altar wird an den Auftrag Christi erinnert, bis zu seinem Zweiten Kommen „das Gedächtnis seines Leidens und Sterbens, seines

Begräbnisses und seiner Auferstehung zu begehen". Indem der Erzdiakon in der Mitte des Altares mit gekreuzten Armen Patene und Kelch erhebt, bittet er schon an dieser Stelle um die Annahme des Opfers Christi „aus unseren Händen".

Hier ist der Eigencharakter der liturgischen Zeit zu beachten: Nach dem Eintritt in die Sphäre des Himmlischen spielt das Vorher und Nachher keine Rolle mehr; alles ist reine Gegenwart. Nach ostkirchlicher Auffassung lässt sich die Vergegenwärtigung des Erlösungsopfers Christi nicht auf einen einzigen Moment einschränken. Der ganze Vollzug der Eucharistiefeier hat konsekratorische Bedeutung. Noch bevor der Erzdiakon oder der Zelebrant die Gaben auf dem Altar niederstellt, nennt er sie schon die „glorreichen, heiligen, lebenspendenden und göttlichen Mysterien".

Erst nachdem die Opfergaben übertragen und auf dem Altar niedergestellt sind, begibt sich der Zelebrant, der zuvor mit einem Gebet um Reinigung von Sünden die Hände gewaschen hat, vom Bema zum Altar. Den Gang zum Altar beschließt er mit der Bitte, Gott möge ihn würdig machen, „geistige und vernünftige Opfer" darzubringen.

In der gewöhnlichen sonn- und werktäglichen *Qurbana*-Feier ist es in der Regel Sache des Priesters selbst, die Gaben zu bereiten und zum Altar zu übertragen. Diese Handlung geschieht, während die „Antiphon der Mysterien" *(Onita d'Raze)* gesungen wird. An ihrer Stelle wird häufig ein Gemeindelied in der Volkssprache Malayalam angestimmt. Darin kommt in der Regel das Motiv des Selbstopfers in Vereinigung mit dem Opfer Christi zur Sprache. In einem solchen Gesang heißt es etwa:

In deine heiligen Hände
und zu deinen Füßen
lege ich mich selbst als Opfergabe.
Herr, nimm dieses geistige Opfer,
mein Herzensopfer, gnädig entgegen.
Um Anteil zu erhalten an deinem Leben
will ich mich darbringen auf dem Altar,

mich hingeben vor deinem Angesicht.
Wie eine Kerze werde ich mich verzehren,
um eine hell leuchtende Flamme zu sein.
In meinen Mitmenschen erblicke ich täglich
dein schönes, verwundetes Antlitz.
Stärke mich und lass mich Frieden und Liebe finden.[5]

Die letzten Strophen des „Gesangs der Mysterien" *(Onita d'Raze)* gedenken der mit Christus schon vollendeten Glieder seiner Herde. Sie rufen Maria und „die Apostel des Sohnes und Freunde des Eingeborenen" um ihre Fürsprache an für die Lebenden und Verstorbenen. Eine häufig gesungene Fassung in Malayalam lautet:

Ehre sei dem Vater und dem Sohn und dem Heiligen Geist.
Am heiligen Altar begehen wir das Gedächtnis der Jungfrau Maria, der Gottesmutter.
In alle Ewigkeit. Amen.
Apostel Jesu, ihr Freunde des Eingeborenen,
bittet, dass Friede herrsche in der Schöpfung.
Wir gedenken am Altar des heiligen Thomas
und aller Gerechten, die siegreich waren,
und der Märtyrer, die gekrönt worden sind.
Der starke Gott ist mit uns (…).
Alle Verstorbenen, die in der Hoffnung auf dich entschlafen sind, lass durch deine glorreiche Auferstehung zur Herrlichkeit auferstehn (…).[6]

Nach orientalischer Tradition ist die Übertragung der bereiteten Gaben zum Altar immer Sache des Klerus. Auch die syro-malabarische Liturgie kennt keine Gabenprozession der Gläubigen nach Art der römischen Messe. Rom hat im Zuge der Wiederherstellung der authentischen *Qurbana*-Feier auf der Beibehaltung des östlichen Brauches bestanden. Außerdem wurde betont, dass im ostsyrischen Ri-

[5] Die heilige Liturgie (wie Anm. 2), 12.
[6] Ebd.

tus die Gabenbereitung nie auf dem Altar vorgenommen werden darf. Dies würde die Symbolik des Altars durchkreuzen, der als Grab Christi betrachtet wird. Die Einrichtung der beiden „Schatzhäuser" *(Bethgaza)* in der linken und rechten Seitenwand des Altarraums, wo die Bereitung der Gaben ihren Ort hat, ist deshalb eine unerlässliche Voraussetzung für die ordnungsgemäße *Qurbana*-Feier.

Das Glaubensbekenntnis und das Gedenken am Altar

Das Gebet des Priesters vor dem Eintritt in den Altarraum spricht am Ende davon, dass das Opfer „im wahren Glauben" dargebracht werden soll. Das ist gleichsam das Stichwort für das anschließend gesungene Glaubensbekenntnis. In der hochfeierlichen Form der *Qurbana*-Feier *(Raza)* wird immer das „Große Glaubensbekenntnis", also das nizäno-konstantinopolitanische Credo, gesungen, und zwar im Wechsel zwischen zwei Chören. Nachdem der Zelebrant es angestimmt hat, kann das Volk den Text aber auch gemeinsam sprechen. In Ost und West ist der eigentlich liturgische Text des Glaubensbekenntnisses in der Eucharistiefeier allein das nizäno-konstantinopolitanische Credo. Erst seit dem 16. Jahrhundert ist bei den Thomas-Christen durch die westlichen Missionare auch das kürzere Apostolische Glaubensbekenntnis bekannt geworden. Durch Katechismen und Gebetbücher wurde es bei den Syro-Malabaren verbreitet. Es ist schließlich auch in die *Qurbana*-Feier eingedrungen. In der sonntäglichen Gemeindemesse tritt es vielfach an die Stelle des „Großen Glaubensbekenntnisses".
Zu den vorbereitenden Riten vor dem zentralen Teil der Feier gehört das fürbittende und ehrende Gedenken am Altar an alle, die noch auf dem Weg und an jene, die schon bei Gott angekommen sind. So ruft der Diakon die Anwesenden auf, bestimmter Personen zu gedenken, die besonders in die Darbringung des Opfers Christi hinein empfohlen werden: der Klerus vom Patriarchen bis zu den Diakonen, die gottgeweihten Männer und Frauen, die Familienangehörigen, die Regierenden und die Verstorbenen. Das Gedächtnis der

Heiligen gilt allen Gerechten des Alten und Neuen Bundes, namentlich den Propheten, Aposteln, Märtyrern und Bekennern.
Unterdessen hat sich der Zelebrant dem Altar genähert. Dabei hat er immer wieder um Vergebung seiner Sünden gebetet. Am Altar angekommen, verehrt er ihn durch einen dreifachen Kuss. Dann wendet er sich dem Volk zu und bittet um dessen Gebetshilfe. Die Gläubigen antworten – ähnlich wie in der römischen Messe – mit dem Wunsch, Gott möge das Opfer aus den Händen des Priesters annehmen zum Wohl des Volkes, des Priesters und der ganzen Welt.

Das Hochgebet – Quddaša

Die ostsyrische Tradition verwendet drei Eucharistische Hochgebete. Sie werden auch als erste, zweite und dritte Anaphora unterschieden. Die erste und am häufigsten gebrauchte ist die Anaphora von Addai und Mari. Sie ist benannt nach den „Lehrern des Ostens", Addai, dem Gründer der Kirche von Edessa, der angeblich einer der „72 anderen Jünger" war, und Mari, seinem Schüler, den die ostsyrische Tradition als Glaubensboten bei den Persern und Stifter der Kirche von Ktesiphon-Seleukia verehrt. Die zweite Anaphora ist nach Theodor von Mopsuestia († 428) benannt. Er stammte aus Antiochien in Syrien. 36 Jahre lang war er Bischof in Mopsuestia in Kilikien (Kleinasien). Er gilt in der „Kirche des Ostens" als große theologische Autorität. Die dritte Anaphora trägt den Namen des Nestorius, nach dem die Ostsyrer von Außenstehenden häufig als „Nestorianer" bezeichnet wurden. Nestorius war ein Schüler von Theodor von Mopsuestia und später Patriarch von Konstantinopel. Nachdem das Konzil von Ephesus 431 seine Christologie verworfen hatte, wurde er seines Amtes enthoben und 435 vom Kaiser in die ägyptische Wüste verbannt, wo er 451 starb. In allen drei Fällen handelt es sich nicht um authentische Werke der namengebenden Personen, sondern um spätere Zuschreibungen.

Die Anaphora von Addai und Mari

Die Anaphora von Addai und Mari hat von jeher das besondere Interesse der Forschung gefunden.[7] Sie gilt nicht nur als das älteste bis heute in liturgischem Gebrauch gebliebene Eucharistische Hochgebet überhaupt. Sie hat vor allem dadurch von sich reden gemacht, dass ihr Wortlaut in den ältesten und besten Textzeugen keinen Einsetzungsbericht aufweist. Auch die bis heute in der „Kirche des Ostens", bei den nicht-unierten Ostsyrern, verwendete Fassung enthält die Abendmahlsworte nicht. Es hat großes Aufsehen erregt, als das Päpstliche Sekretariat für die Einheit der Christen in einer von der Glaubenskongregation geprüften und von der Ostkirchenkongregation mitverantworteten Erklärung im Oktober 2001 trotzdem die Gültigkeit der so gefeierten Eucharistie anerkannt hat.[8] Infolgedessen wurde den katholischen Christen des ostsyrischen Ritus (Chaldäer) erlaubt, in Fällen, in denen ihnen der Eucharistieempfang in der eigenen Kirche nicht möglich ist, voll an der assyrischen Eucharistiefeier teilzunehmen und dort auch zu kommunizieren.

Bei den unierten Ostsyrern, den Chaldäern und Syro-Malabaren, ist die Anaphora von Addai und Mari ebenfalls das wichtigste und am häufigsten verwendete Eucharistische Hochgebet. Die bei ihnen im Gebrauch befindliche Fassung enthält aber den Einsetzungsbericht. So verlangt es die traditionelle römisch-katholische Sakramententheologie. Nach ihr sind die Abendmahlsworte von entscheidender Bedeutung für die Gültigkeit der Eucharistiefeier. Sie gelten als die *„forma sacramenti"*, als „die wesentlichen Worte", die gesprochen werden müssen, wenn die Wandlung von Brot und Wein in den Leib und das Blut Christi zustande kommen soll. Deshalb war und ist auch weiterhin bei den Katholiken des ostsyrischen Ritus die Anaphora von Addai und Mari nur in einer Textgestalt zugelassen, die den Einsetzungsbericht enthält.

Die Liturgiewissenschaft und die neuere Sakramententheologie sind

---

[7] Vgl. die auf S. 378–380 nachgewiesene Literatur.

[8] Vgl. den Text der Erklärung in diesem Band.

sich aber mehr und mehr bewusst geworden, dass die Fixierung auf das Aussprechen der „Konsekrationsformel" eine ungesunde Engführung der scholastischen Messtheologie darstellt. Das Eucharistieverständnis der alten Kirche und der Orientalen ist ganzheitlicher; es betrachtet die ganze Wort- und Zeichenhandlung der Anaphora als konsekratorisch. Wenn auch – wie im Eucharistiegebet von Addai und Mari – die Worte Jesu über das Brot und den Wein nicht wörtlich wiederholt werden, so ist die Sache doch da. Das Gebet lässt keinen Zweifel daran, dass die Kirche im Zentrum der *Qurbana*-Feier das tut, was ihr Herr ihr zu tun aufgetragen hat zum Gedächtnis seines Heilswerks. Der Glaube an die Realpräsenz des Leibes und Blutes Christi auf dem Altar wird mehr als einmal ausgesprochen; das Motiv der Darbringung des vergegenwärtigten Opfers Christi zieht sich wie ein roter Faden durch die ganze Anaphora.

Das römische Dokument aus dem Jahre 2001, das die Gültigkeit der Anaphora von Addai und Mari auch ohne Einsetzungsbericht anerkennt, betont denn auch die hinter diesem Gebet stehende Intention, „die Eucharistie in voller Kontinuität mit dem letzten Abendmahl und entsprechend der Absicht der Kirche zu feiern."[9] Die Verlautbarung unterstreicht ferner, dass die assyrische Kirche des Ostens den vollen Glauben an die wirkliche Gegenwart Christi in der Eucharistie und den Opfercharakter der Messe bewahrt hat. Ihre Priester sind gültig geweiht und sie spenden „wahre Sakramente". In der Anaphora von Addai und Mari seien zwar – so die römische Erklärung – die Einsetzungsworte dem Buchstaben nach nicht enthalten, doch komme ihr Inhalt an verschiedenen Stellen „euchologisch" (in Gebetsform) sehr wohl vor.[10]

---

[9] Vgl. die deutsche Fassung der Erklärung in diesem Band; auch: Der christliche Osten 57 (2002) 23–25, hier 24.

[10] Vgl. ebd.

Schon in der „Apostolischen Überlieferung", einer Kirchenordnung aus dem Anfang des dritten Jahrhunderts, gehen dem Eucharistischen Hochgebet Wechselrufe zwischen dem bischöflichen oder priesterlichen Vorsteher der Feier und den versammelten Gläubigen voraus.[11] Sie dienen dazu, der Versammlung bewusst zu machen, dass ihr Herr selbst in ihrer Mitte gegenwärtig ist. Zudem werden alle zum Mitvollzug des großen Gebets der Danksagung und Heiligung aufgerufen. Wie im byzantinischen Ritus geschieht die Vergewisserung der Gottesgegenwart mit biblischen Worten. Was der Apostel Paulus den Christen von Korinth gewünscht hat (vgl. 2 Kor 13,13), wünscht der Priester den versammelten Gläubigen: Die Gnade Christi, die Liebe des Vaters und die Gemeinschaft des Heiligen Geistes soll mit ihnen sein. Die syrische Tradition formt den Wunsch um zu einer Segensbitte. Der Zelebrant schließt sich dabei selbst mit ein; die Gemeinde bekräftigt seine Bitte mit ihrem „Amen".

Die anschließende Aufforderung, Herz und Verstand in die Höhe zu erheben, beantworten die Gläubigen mit der Versicherung, dass ihre Gedanken gerichtet sind zum „Gott Abrahams, Isaaks und Jakobs". Diese Formulierung lässt die biblisch-semitische Verwurzelung der ostsyrischen Gebetsweise erkennen. Sie betont aber auch an dieser hervorgehobenen Stelle, dass der Gott der Patriarchen auch der Gott der Christen ist. Die syrische Kirche hatte sich früh und lange mit häretischen Strömungen auseinanderzusetzen (Marcion, Bardaisan, Mani), die das Alte Testament verwarfen und nur das Neue Testament gelten lassen wollten.

An die jüdische Art zu beten erinnert auch der Ruf des Priesters: „Das Opfer wird Gott, dem Herrn des Alls, dargebracht!" Die Versammlung beantwortet ihn mit der antiken Zustimmungsformel: „*Axion kai dikaion* – Das ist würdig und recht"

Der Diakon beschließt die Wechselrufe mit dem Friedenswunsch.

---

[11] Vgl. Traditio Apostolica, 4; Wilhelm Geerlings (Übersetzung und Einleitung), Apostolische Überlieferung (Fontes Christiani 1), Freiburg u. a. 1991, 222f.

Wie immer bei den Syrern ist er auch hier nicht als wechselseitiger Zuruf formuliert. Es ist eine Friedensbitte, die alle Anwesenden, Klerus und Volk, gleichermaßen einschließt. Der Priester vertieft sie in einem Stillgebet, in dem er um ein reines Gewissen bittet, vor allem aber um „Liebe und Eintracht untereinander und mit allen". Das Opfer einer zerstrittenen Gemeinschaft kann Gott nicht gefallen (vgl. Mt 5,23 f.).

Preisung des Schöpfers

Der Priester bestätigt die Zustimmung der Gemeinde: Gott ist wert und würdig, von „jeder Zunge" und von „jedem Geschöpf" gelobt und gepriesen zu werden. Biblisch-semitischem Gebetsstil entspricht es, wenn als Adressat der Preisung „der glorreiche Name" Gottes genannt wird. Der Name steht für Gott selbst, der sich anrufbar gemacht hat und zu dem seine Gläubigen hinzutreten dürfen. Der eine und einzige Gott, der Mose aus dem brennenden Dornbusch heraus seinen Namen geoffenbart hat (vgl. Ex 3,14), ist den Christen als „die glorreiche Dreifaltigkeit" bekannt geworden. Der Priester nennt die drei Personen in der einen Gottheit, ehe er den Grund für den Lobpreis, der Gott gebührt, ins Wort bringt: Gott hat sich dem Menschen, der sich selbst und die Welt, in der er lebt, ganz und gar seinem Schöpfer verdankt, liebevoll zugeneigt und ihm „große Gnade" erwiesen. Das ist geschehen, obwohl der aus Staub gebildete und sterbliche Mensch keinerlei Anspruch darauf hat. In prägnanter Kürze wird hier der Dank für das Gottesgeschenk der Schöpfung ausgesprochen.
Die Schöpfung Gottes umfasst aber nicht nur die sichtbare Welt und ihre Bewohner, sondern auch die obere unsichtbare Welt. Scharen von Geistwesen erfüllen sie. Sie werden nicht müde, den Namen Gottes zu rühmen und seine Herrlichkeit anzubeten. Die Art und Weise, wie die Liturgie hier vom Gottesdienst der Engel spricht, hat alttestamentliche Bilder im Sinn und knüpft an biblische Ausdrücke an (vgl. 1 Kön 6,23–28; 22,19; Jes 6,2; Dan 7,10; Ps 104,4).

Der Prophet Jesaja durfte in seiner Berufungsvision das ewige unaufhörliche Lob Gottes im Himmel sehen und hören. Von ihm wissen wir, was die Serafim ohne Unterlass einander zurufen (vgl. Jes 6,2). Sie proklamieren die Heiligkeit Gottes und bekennen, dass die ganze Schöpfung voll ist von seiner Herrlichkeit. Der Priester erinnert in der laut gesungenen Schlusspassage des im Übrigen leise rezitierten Gebets (2. G'hanta) die Gemeinde an diese himmlische Liturgie. Das Volk stimmt in den Ruf der Geistwesen ein, so dass Erde und Himmel, die Geschöpfe der unteren und die der oberen Welt, sich zum gemeinsamen Gotteslob verbinden.
Diese einträchtige Preisung der beiden Welten geschieht mit den Worten der Serafim (Jes 6,2). Die Kirche ergänzt indes das Gotteslob durch Christuslob. Denn der Sohn Gottes, der am Herzen des Vaters ruht (vgl. Joh 1,18), ist selbst in die Welt der Menschen gekommen. Deshalb preisen die Gläubigen ihn mit dem Huldigungsruf, der bei seinem Einzug in Jerusalem erklang (vgl. Mt 21,9 parr). Die Preisung gilt dem, der damals gekommen ist; sie rühmt aber auch den, der „kommen wird", und zwar sowohl aktuell in der jeweiligen Feier als auch in der Zukunft, am Ende der Zeit.
Wie in allen Liturgien ist auch bei den Syrern das Sanctus ein Gesang der ganzen Gemeinde. Der Priester singt die Akklamation allerdings nicht mit, sondern bekennt parallel dazu in einem stillen Gebet die Heiligkeit der drei göttlichen Personen. Er sieht sich selbst in der Lage des Propheten Jesaja, der, als er Gott sah, seine gänzliche Unwürdigkeit erkannte (Jes 6,5). Er teilt die Erfahrung Jakobs: Vor dem Altar im Allerheiligsten stehend, kann er mit dem Patriarchen sagen: Ich habe den Herrn von Angesicht zu Angesicht gesehen. „Hier ist nichts anderes als das Haus Gottes und das Tor des Himmels" (Gen 28,17). Aus der Erkenntnis der eigenen Sündigkeit erwächst die Bitte um Reinigung und Heiligung: Gott selbst muss Priester und Volk würdig machen, „die Taten seines Erbarmens" zusammen mit den Engeln zu preisen.

Das Heilswerk des Sohnes Gottes

Vor der nächsten Gebetseinheit (3. G'hanta) vergewissert sich der Priester abermals der Gebetshilfe der Gläubigen. Nach dem Dank für die Schöpfung geht der Anaphora-Text nun dazu über, Gott für das Heilwerk seines Sohnes zu loben. Das Gebet spricht von der Wohltat der Menschwerdung: Der Sohn Gottes hat den Glanz der Gottheit hinter sich gelassen, um vorbehaltlos ein Mensch unter Menschen zu werden. Mit Worten des Apostels Paulus (vgl. Gal 4,4f.) wird sein Erlösungswerk gepriesen. Christus hat es vollbracht in seiner angenommenen Menschheit, die von seiner Mutter Maria kam. Er hat sich dem Gesetz unterworfen, um die frei zu kaufen, die unter dem Joch des Gesetzes gefangen waren und sich selbst nicht erlösen konnten. Verhalten wird nach dem Inkarnationsgedächtnis auf das Abendmahlsgeschehen verwiesen. Der Priester sagt, der Sohn habe uns das Gedächtnis unserer Erlösung hinterlassen und wir stellten es Gott vor Augen.

Diese Andeutung wird in der „katholischen Fassung“ der Anaphora verdeutlicht und entfaltet im Einsetzungsbericht. Er wird an dieser Stelle eingefügt. Sein Wortlaut weist deutliche Anklänge an den Römischen Kanon auf. Auch die Gebärden, welche die Herrenworte begleiten, sind bedeutsam. Wenn die Segensgebärde Jesu über Brot und Wein erwähnt wird, zeichnet der Priester jeweils drei Mal das Kreuz über das Brot *(Bukra)* und den Kelch. Es ist dies ein konsekratorisches Zeichen; es unterstreicht, dass die Worte wirken, was sie sagen. Der nach dem Einsetzungsbericht wieder aufgenommene Gebetsfaden knüpft zunächst an das Inkarnationsgedächtnis an. Zu beachten ist der Adressatenwechsel. War das Gebet bis dahin, wie es an sich den Regeln liturgischen Betens entspricht, an Gott-Vater gerichtet, wird nun Gott-Sohn angesprochen. Seine nach dem Abendmahlsgedächtnis intensiv erfahrene Realpräsenz drängt gleichsam dazu, ihn nun auch direkt anzusprechen und zu ihm zu beten. So erinnert der Priester Christus zuerst daran, dass er selbst den Seinen geboten hat, sich zu versammeln und dabei seiner Heilstaten zu gedenken.

Als erste dieser Wohltaten für die erlösungsbedürftige Menschheit wird wieder die „Kenosis" Christi erwähnt, die Herablassung des Sohnes Gottes, der sich mit einem Menschenleib bekleidet hat, obwohl ihm wesensmäßig die Gottesherrlichkeit eignet. Indem er die Menschennatur annahm, hat er diese in ihrer ursprünglichen Würde wiederhergestellt. Das Ehrenkleid, das Adam durch die Sünde verloren hatte, hat Christus der Menschheit zurückgegeben. Das, was der Mensch gewordene Gottessohn seinem „schwachen, hinfälligen und armseligen" Menschengeschöpf schenkt, wird in drei prägnanten Aussagen ins Wort gebracht: Er richtet den zu Fall gekommenen und darniederliegenden Menschen wieder auf; er befreit ihn aus seiner Todesverfallenheit und seiner Verstrickung in das Böse; er macht den Sünder durch und durch gerecht (vgl. Röm 5,18) und erleuchtet seinen Verstand zur wahren Gotteserkenntnis. Denn darin besteht letztlich die Wiederbelebung des gefallenen Menschen. Im „hohenpriesterlichen Gebet" Jesu heißt es (Joh 17,3): „Das ist das ewige Leben: dich, den einzigen wahren Gott, zu erkennen und Jesus Christus, den du gesandt hast." Das abschließend anklingende Motiv vom Sieg über die menschenfeindlichen Mächte, deren letzte der Tod ist (vgl. 1 Kor 15,25 f.), krönt mit einem österlichen Gedanken die Preisung der barmherzigen Liebeszuwendung Gottes. Die Gemeinde hört von dieser Danksagung für das Heilswerk Christi nur die laut vom Priester gesungene Doxologie. Sie erwähnt summarisch „alle uns gewährten Wohltaten und Gnaden", wofür die Beschenkten Gott Ehre und Anbetung darbringen, nicht nur in der augenblicklichen Feier, sondern immer und ewig.

Fürbittendes Gedenken

Der folgende Teil der Anaphora hat Bittcharakter. Es handelt sich um das, was man in der Fachsprache als Interzessionen bezeichnet. Sie gehen bei den Ostsyrern der Geist-Epiklese voraus und sind dadurch eng mit der Anamnese des Heilswerks Christi verbunden. Das Bittgebet des Priesters erfleht die fortdauernde Segenswirkung des

Opfers Christi für das ganze Gottesvolk in Vergangenheit und Gegenwart.
Der Diakon leitet diesen Teil der Anaphora mit einer Gebetseinladung und dem Friedenswunsch ein. Er fährt mit einer mystagogischen Unterweisung fort. Durch sie soll den Mitfeiernden die tiefe Bedeutung des Geschehens, in das sie hineingenommen sind, aufgehen. Da die Gemeinde das stille Gebet des Priesters nicht hört, sagt ihr der Diakon, was der Priester, in Verbundenheit mit dem hinter ihm stehenden Volk, von Gott erbittet: Er wird Personen und Personengruppen vor Gott nennen und für sie Erbarmen erflehen. Der Diakon fasst den Inhalt des langen für die Gemeinde unhörbaren Priestergebets *(Kušapa)* zusammen in der knappen Mitteilung: Der Priester erfleht Erbarmen für die ganze Welt. Doch die Gemeinde soll sich bewusst sein, dass der betende Priester und das sich ihm anschließende Volk unsichtbare Mitbeter haben. Der Diakon verkündet, was nur die Augen des Glaubens sehen: Serafim stehen „vor dem glorreichen Thron Christi" – damit ist der Altar gemeint – und Engel sind da, die mit lauten, dem menschlichen Ohr unhörbaren Gesängen „den Leib (Christi), der bereitet und den Kelch, der gemischt ist," rühmen.
Die Opfergabe liegt auf dem Altar. Indem der Priester sie Gott darbringt, bittet er, dass mit dem Opfer Christi auch diejenigen bei Gott angenommen und willkommen seien, die er namentlich nennt oder deren Nöte und Anliegen er dem barmherzigen Gott empfiehlt. Die Empfehlung beginnt mit den Namen der kirchlichen Vorsteher: Papst, Metropolit (Groß-Erzbischof), Bischof; es folgt die Erwähnung der „ganzen, katholischen Kirche", ihrer Priester und der weltlichen Obrigkeit. Es wird aber auch der Propheten, Apostel, Blutzeugen und der Gerechten gedacht, die schon bei Gott eine gute Aufnahme gefunden haben. Dann werden dem allmächtigen Gott Menschengruppen vorgestellt, die seine Erbarmungen erhoffen und erwarten: Trauernde und Bedrückte, Kranke und Notleidende, die Verstorbenen, das versammelte Volk und schließlich der ebenfalls auf einen gnädigen Gott angewiesene Priester selbst. Gott soll nicht auf ihre Sünden schauen, sondern nach seiner überreichen

Güte an ihnen handeln. Als erste und wichtigste Frucht wird denen, die später den Leib Christi empfangen werden, bemerkenswerterweise „der Nachlass der Schuld und die Vergebung der Sünden" erbeten. Die Eucharistie erscheint hier, durchaus ihrer Stiftung entsprechend, zuerst als Sakrament der Sündenvergebung.

Das Herabrufen des Heiligen Geistes

Abermals erbittet der Priester die Gebetshilfe aller anwesenden Gläubigen, ehe er im Gebet der Anaphora fortfährt. Die nächste und letzte Sinneinheit (4. G'hanta) spricht vom Heiligen Geist. In einer ausdrücklichen Epiklese wird um sein Kommen und Wirken in der aktuellen Feier gebeten.

Zunächst knüpft dieser vierte Gebetsteil aber an die Interzessionen des voraufgegangenen Teils an. Noch einmal werden diejenigen vor Gott in Erinnerung gebracht, die schon bei ihm angekommen und gütig aufgenommen worden sind: allen voran Maria, die Mutter Christi. Abermals wird sodann der Grund dafür genannt, dass die Kirche hoffnungsvoll und zuversichtlich vor Gott ihrer Glieder gedenken kann: Es ist das auf dem Altar gegenwärtige Gedächtnisopfer des Leibes und Blutes Christi.

Dieses friedenstiftende Opfer wurde von Christus am Kreuz für das Heil der ganzen Welt dargebracht. Seine Universalität bewegt die Kirche, über die eigenen Grenzen hinauszuschauen. Ihr fürbittendes Gedenken erfleht nicht nur Frieden und Sicherheit für die eigenen Gläubigen (vgl. 1 Tim 2,2). Es weitet sich am Ende aus zu einem Gebet, das auf das Heil „aller Bewohner der Erde" bedacht ist. Auch sie sollen „den einzigen, wahren Gott erkennen und Jesus Christus, den er gesandt hat" (Joh 17,3). Sie sollen den Weg gehen, den er in seinem Evangelium gelehrt hat und den schon viele vorausgegangen sind: die Propheten und Apostel, die Märtyrer und Bekenner, die Lehrer und geweihten Männer der Kirche und die vielen anderen „Kinder der Kirche", die durch das Siegel der Taufe für das ewige Leben bestimmt waren.

Von der Erinnerung an die Vorangegangenen kehrt das Gebet zum Geschehen in der Gegenwart zurück. So wie die Vorfahren im Glauben den Auftrag des Herrn erfüllt haben und wie eine Generation es der anderen ununterbrochen weitergegeben hat, ist auch die gegenwärtige Gemeinde im Namen ihres Herrn versammelt und begeht mit Lob und Dank die Gedächtnisfeier „des Leidens und Sterbens, des Begräbnisses und der Auferstehung" ihres Erlösers. Die Kirche begeht diese ihr überlieferte Feier (vgl. 1 Kor 11,23) nicht nur, weil sie dazu „das Mandat" ihres Herrn hat. Sie weiß auch, dass sie das alles nur in der Kraft des Heiligen Geistes tun kann (vgl. SC 7). Nur der Geist dessen, der Jesus von den Toten auferweckt hat (vgl. Röm 8,11), ist imstande, Brot und Wein zu Realsymbolen des hingegebenen Leibes Christi und seines zur Vergebung der Sünden vergossenen Blutes zu machen. Diese pneumatische Dimension der Vergegenwärtigung des Erlösungswerks Christi findet ihren liturgischen Ausdruck in der Epiklese.
Der griechische Ausdruck meint das Herbeirufen und das Herab-Beten des Heiligen Geistes. Der Diakon weist die Gemeinde eigens auf die Wichtigkeit dieses Vorgangs hin. Er fordert sie auf, sich äußerlich und innerlich angemessen zu verhalten. Schweigend, ehrfurchtsvoll und im Herzen um das Kommen des Geistes betend, sollen alle dessen Präsenz und geheimnisvolles Wirken miterleben.
Der Priester legt seine Arme in Kreuzesform übereinander und breitet sie mit nach unten offenen Händen über den Opfergaben aus. Wenn diese Gebärde der ausgebreiteten Hände auftaucht, geht es immer um das Wirken des Heiligen Geistes. Während also der Priester seine Hände über den Opfergaben ausgebreitet hält, betet er laut um die Herabkunft des Heiligen Geistes. Sein Gebet erinnert in diesem Augenblick an ein dramatisches Ereignis aus dem Alten Testament: das Gottesurteil auf dem Berg Karmel. Dort zeigte sich der Gott Israels im Streit mit den Baalspriestern als der einzig wahre Gott (1 Kön 18,1–46). Im Augenblick der Epiklese gleicht der Priester dem Propheten Elija, der Feuer vom Himmel auf das Opfer herabrief (1 Kön 18,36–39). Wie damals das Feuer von oben die Opfergabe ergriff und entzündete, so ergreift in der Eucharistiefeier das Feuer

des Heiligen Geistes die auf dem Altar bereitstehenden Opfergaben, durchdringt sie und erfüllt sie mit göttlicher Kraft. In der Vorstellungswelt der Syrer ist die heilige Eucharistie eine „feurige" Wirklichkeit. Das eucharistische Brot, das die Lippen berührt, erinnert an die glühende Kohle, mit der ein Seraf den Mund des Propheten Jesaja berührt hat, um ihn von seinen Sünden zu reinigen (vgl. Jes 6,6f.). Auch im Kelch ist gleichsam das Feuer des Heiligen Geistes. In der byzantinischen Eucharistiefeier heißt es in einem Kommuniongesang: „Wir haben das wahre Licht geschaut, den himmlischen Geist haben wir empfangen …".

Die Bitte des Priesters ist an Gott-Vater gerichtet. Er soll seinen Geist herabsenden. Wozu der Gottesgeist kommen soll, drückt die Epiklese der Anaphora von Addai und Mari durch drei Verben aus: Der Geist soll über dem Opfer „verweilen", es segnen und heiligen. Die erbetene Präsenz des Heiligen Geistes ist keine bloß momentane, vorübergehende Angelegenheit. Der hier verwendete syrische Ausdruck bedeutet „ruhen" oder „verweilen", meint also ein Kommen auf Dauer, ein „Einwohnen". Die bleibende Gegenwart des Heiligen Geistes in den Gaben von Brot und Wein verändert deren inneres Wesen. Diese konsekratorische Wirkung wird zusätzlich verdeutlicht durch die Doppelaussage, der Geist möge die Gaben segnen und heiligen. Damit ist der Sache nach das gemeint, was die abendländische Messfrömmigkeit „Wandlung" nennt. „Heiligen" bedeutet „konsekrieren". Die konsekratorische Wirkung der Herabkunft des Heiligen Geistes ist in der syrischen Eucharistietheologie so bedeutsam, dass von daher das ganze Eucharistiegebet auch den Namen *Quddaša* bekommen hat. Er bedeutet so viel wie „Gebet der Heiligung" (durch den Heiligen Geist).

Doch anders als in der westlichen Messfrömmigkeit gilt die Hauptaufmerksamkeit nicht so sehr der Wandlung der Gaben. Im Vordergrund steht vielmehr das, was ihr Empfang in den Gläubigen bewirken soll. Die „Heiligung" der Gaben ist ja nicht Selbstzweck. Sie dient der Wandlung der Herzen; sie ist das wirksamste Heilmittel zur Heilung der Seelen; sie ist die Arznei der Unsterblichkeit.

Die von der Darbringung des Opfers und der Teilnahme an der Opfergabe zuerst und vor allem erhoffte und erbetene Wirkung ist die Reinigung von Sünden. Die vorgefallenen Verfehlungen sollen vergessen sein und die Last der Schuld soll aufgehoben und erlassen werden. Das ist die sündentilgende Kraft der Eucharistie. Sie schöpft ihre Wirksamkeit aus dem sündentilgenden Erlösungsopfer Christi, das in ihr vergegenwärtigt wird. Wenn der Priester später das Sakrament austeilt, sagt er zu jedem Kommunikanten: „Der Leib unseres Herrn Jesus Christus (…) zur Vergebung der Sünden!" Und der Diakon spricht beim Reichen des Kelches: „Das kostbare Blut unseres Herrn Jesus Christus (…) zur Vergebung der Sünden."

Die positive Wirkung der Teilnahme an der Eucharistie ist die Verheißung ewigen Lebens. Die Opfergabe begründet in denjenigen, die sie empfangen, „die große Hoffnung auf die Auferstehung von den Toten und des neuen Lebens im Himmelreich." Im Hintergrund steht die Zusage Christi im Johannesevangelium (Joh 6,51): „Ich bin das lebendige Brot, das vom Himmel herabgekommen ist. Wer von diesem Brot isst, wird in Ewigkeit leben." Das natürliche Schicksal des sündigen Menschen ist der Tod. Er ist dem Tod verfallen und dazu verurteilt, am Ende seines Erdenlebens im Reich des Todes unterzugehen. Wer dagegen das Lebensbrot der Eucharistie empfängt, „wird leben, auch wenn er gestorben ist" (Joh 11,25). Seine Bestimmung ist es, aus dem Totenhaus der Unterwelt hinüberzugehen in die Welt des neuen Lebens. Seine Zukunft ist das neue Leben in der großen Gemeinschaft der vielen, denen Gott in seinem Haus Wohnung und Heimat gegeben hat.

Nach diesem eschatologischen Ausblick schließt das Gebet wie es begonnen hat: mit Lob und Dank für das von Gott „für uns" gewirkte „große und wunderbare Heilswerk". Wie am Anfang ist auch am Ende wieder in biblisch-semitischer Art vom Namen Gottes die Rede. Der erhabene Gott hat seinen Namen geoffenbart; er hat sich selbst gütig den Menschen mitgeteilt und barmherzig an ihnen gehandelt. Sein Name ist deshalb preiswürdig „in alle Ewigkeit". Die ganze Gemeinde gibt zu all dem durch ihr „Amen" feierlich ihre Zustimmung.

Ein syro-malabarischer Theologe schreibt im Rückblick auf die ganze Anaphora von Addai und Mari: „Im Gebet der Heiligung der Apostel Addai und Mari wird alles vollbracht durch eine großartige Komposition von vier Gebetszyklen. Jede dieser Gebetseinheiten ist ein charakteristisches Beispiel biblischen Betens. Die erste Gebetseinheit dankt dem allmächtigen Gott und rühmt ihn für seine Wohltaten im Allgemeinen. Die zweite (preist) Gott-Vater für sein Schöpfungswerk, die dritte den Sohn für sein Erlösungswerk und die vierte den Heiligen Geist für sein Werk der Heiligung. Auf diese Weise ist das *Quddaša*-Gebet der Apostel eine umfassende Preisung und Danksagung, die der allerheiligsten Dreifaltigkeit dargebracht wird."[12] In Wort und Zeichen wird das Werk der Erlösung vergegenwärtigt durch das Gedächtnis des irdischen Lebens des Sohnes Gottes, besonders seiner Menschwerdung, seines Leidens und Sterbens, seiner Auferstehung und Erhöhung, die Voraussetzung war für die Sendung des Heiligen Geistes. Dieser Geist, das wird besonders im epikletischen Schlussteil der Anaphora deutlich, wirkt auch heute in der Kirche, vor allem, wenn sie im Namen Christi versammelt ist, um zu tun, was er ihr zu tun aufgetragen hat zu seinem Gedächtnis (vgl. Lk 22,19; 1 Kor 11,23–25).

Buß- und Versöhnungsriten

Das Erlösungsopfer wird vergegenwärtigt, damit seine Frucht der Kirche zuteil wird. Das Austeilen und Empfangen des Segens, der vom Altar kommt, steht deshalb im Zentrum dessen, was nach dem Eucharistischen Hochgebet geschieht. Die Teilnahme an Leib und Blut Christi verlangt eine angemessene Vorbereitung. Das Vorbereitungsritual beginnt mit einem Friedensgebet und der Bitte um Vergebung der Sünden.

Wer die Absicht hat, sich den „glorreichen, heiligen, lebenspenden und göttlichen Mysterien" zu nähern, erkennt seine Unwürdigkeit.

---

[12] Pathikulangara, Qurbana (wie 3, Anm. 1), 234; eigene Übersetzung aus dem Englischen.

Sie verbietet ihm an sich, in die Nähe des heiligen Gottes zu kommen. Wenn der Mensch es trotzdem wagt, muss er zunächst die Erlaubnis dazu von Gott erbitten. Er darf darauf vertrauen, sie zu erhalten, weil es das Versöhnungsopfer Christi gibt. Christus ist das Friedensangebot Gottes. Seine Sendung war es, „das Volk von seinen Sünden zu erlösen" (Mt 1,21) und als das Licht aus der Höhe „allen zu leuchten, die in Finsternis sitzen und im Schatten des Todes" (vgl. Lk 1,79). An diesen Friedensstifter richtet sich das Friedensgebet am Anfang des Versöhnungsritus zwischen Anaphora und Kommunion.

Die Anrede nennt Christus den Frieden der Himmelsbewohner und die große Friedenshoffnung „der Bewohner der Erde". Diese Hoffnung stützt sich darauf, dass Christus, wie es im Brief an die Epheser heißt, „durch das Kreuz" Frieden gestiftet hat zwischen Gott und den Menschen. Er verkündet und bringt den Frieden den Nahen und den Fernen (vgl. Eph 2,15–17). Der Priester bittet also diesen Friedensbringer, seinen Frieden aufzurichten und auszubreiten, besonders in der Kirche, aber auch „in allen Teilen der Welt". Wenn dann ganz konkret um ein gutes Einvernehmen zwischen Staat und Kirche gebetet wird, um die „Verbannung" des Krieges von der Erde und um die Eliminierung von friedensunfähigen Unruhestiftern, damit die Gläubigen in Ruhe ein gottesfürchtiges Leben führen können, steht im Hintergrund die Gebetsaufforderung aus dem ersten Timotheusbrief (1 Tim 2,1 f.). Ein Psalmwort betont am Ende abermals die Überzeugung, dass der Friede mit Gott und untereinander eine von Gott geschenkte Gabe ist.

Die Bitte um Sündenvergebung geschieht mit Versen des Bußpsalms „Miserere" (Ps 51) oder mit den Worten von Ps 123. Was mit Worten erbeten wird, intendiert auch der anschließende Weihrauchritus. Wenn Weihrauch in der syrischen Liturgie verwendet wird, hat das immer etwas mit der Reinigung von Sünden und der Zuwendung göttlichen Wohlwollens zu tun. An dieser Stelle der Eucharistiefeier unterstreicht das Weihrauchritual den Sühnecharakter des vergegenwärtigten Opfers Christi. Die Zeichenhandlung ist ein Buß- und Vergebungsritus. Der Priester wendet sich und allen anderen im Zeichen des duftenden Weihrauchs die Verzeihung und die Liebe Gottes zu. Während er seine Arme in den aus dem Rauchfass aufsteigenden Rauch hält, bittet er, von seinen Sünden gereinigt und mit dem „Wohlgeruch" der Liebe Christi erfüllt zu werden. Dann legt er seine gleichsam mit dem Erbarmen Christi „aufgeladenen" Hände kreuzweise auf die Brust. Es ist dies, wie das begleitende Gebetswort erkennen lässt, ein Aneignungskreuzzeichen: Der Priester appliziert sich durch diese Gebärde die barmherzige Zuwendung des Erlösers. Das Gleiche geschieht, wenn er seine sozusagen in den Duft des göttlichen Wohlwollens getauchten Hände anschließend über dem Diakon und über allen Gläubigen ausbreitet.

Eine andere Symbolik kommt dann aber ins Spiel, wenn der Duft des Weihrauchs zuletzt auch dem Altar zugewendet wird. Wenn der heilige Tisch mit Weihrauchwolken umgeben wird, erscheint er als „der Thron des Herrn". Im Hintergrund steht die Jesaja-Vision (Jes 6,1–4): Der Prophet sieht „den Herrn" auf einem „hohen und erhabenen Thron" sitzen; und während die Serafim ihm „heilig" zurufen, füllt sich der Tempel mit (Weih-)Rauch. Neben der so hervorgehobenen Bedeutung des Altars als des Thrones Gottes inmitten seines Volkes, kennzeichnet der Weihrauch den Altar auch als Bild des Grabes Christi. Der Duft des Weihrauchs erinnert nämlich an die wohlriechenden Salben, mit denen die Frauen am Ostermorgen den Leib Christi ehren wollten. Damit verbindet sich wiederum der Versöhnungsgedanke: Der Weihrauch markiert und ehrt den Altar als den Ort, „wo das Sühneopfer seines (d. h. Christi) Leibes und Blutes gegenwärtig ist."

Die versammelten Gläubigen haben sich so vergewissert, dass Christus ihr Friede ist und dass sein Sühneopfer auf dem Altar vergegenwärtigt wurde. Daraus erwächst am Ende die Bitte des Priesters, Christus möge ihm selbst und der ganzen Versammlung die Erlaubnis geben, trotz der eigenen Unwürdigkeit sich dem Heiligen nähern zu dürfen.

Die Brotbrechung und Bezeichnung (Konsignation)

In allen Liturgien gibt es im Kommunionteil der Eucharistiefeier einen Ritus der Brotbrechung. Die Gebärde hat ihren Ursprung im Abendmahlssaal (vgl. Mt 26,26 parr). Jesus brach das Brot, ehe er es als seinen hingegebenen Leib austeilte. In der Anfangszeit der Kirche hat dieser Vorgang dem ganzen Herrenmahl sogar den Namen gegeben (Apg 2,46). Wenn das eucharistische Brot vor dem Empfang gebrochen wird, ist das wie eine Visualisierung des Brotwortes im Einsetzungsbericht der Anaphora. Dort war vom Leib Christi die Rede, der sterbend „zerbrochen wird zur Vergebung der Sünden". In der römischen Messe interpretiert der Begleitgesang vom geopferten Lamm Gottes, das Agnus Dei, die Zeichenhandlung als Hinweis auf den gewaltsamen Sühnetod Jesu am Kreuz. Das rituelle Brechen und Teilen der Hostie *(Bukra)* erinnert also daran, dass es der zur Vergebung der Sünden „zerbrochene" Leib Christi ist, der auf dem Altar bereitet wird, um ausgeteilt und empfangen zu werden. Die Gläubigen machen sich in dem von ihnen zur Brotbrechung gesungenen Gesang selbst darauf aufmerksam. Sie ermahnen sich gegenseitig, auf den Priester zu schauen, der in Gegenwart der heiligen Engel „den Leib Christi bricht und teilt" als Bild seiner Hingabe „zur Vergebung der Sünden".

Der Ritus beginnt mit einer Elevation. Mit Worten der Anbetung erhebt der Priester mit beiden Händen die Hostie. Er redet Jesus Christus, der im konsekrierten Brot gegenwärtig ist, direkt an. Er bekennt: Er ist „das lebendige Brot, das vom Himmel herabgekommen ist" (Joh 6,51); er ist gekommen, um durch seinen Tod der ganzen Welt das Leben zu geben. Die Gemeinde meditiert mit dem Blick auf die erhobene Hostie drei Punkte: 1. Das Wort ihres Herrn, dass er das lebendige Brot ist, und seine Verheißung, dass diejenigen, die ihn empfangen, leben und das Himmelreich erben werden; 2. die unsichtbare Gegenwart der Engel, die dem auf dem Altar gegenwärtigen Opfer Christi Ehrfurcht erweisen; 3. die Einladung Christi an die Sünder, zu ihm zu kommen, woraus die Bitte erwächst, durch das Tor seiner Barmherzigkeit eintreten zu dürfen.

Der Priester hält die Hostie, ehe er sie in der Mitte in zwei Hälften bricht, sich selbst vor Augen. In einer sehr persönlichen Gebärde der Verehrung küsst er das heilige Brot *(Bukra)* in Kreuzesform, aber nur andeutungsweise, ohne es tatsächlich mit den Lippen zu berühren. Er lobt Jesus dabei für alles, was er den Seinen geschenkt hat. Inbegriff der Hingabe Christi „für uns" ist seine Lebenshingabe am Kreuz, die durch die Brechung der Hostie abgebildet wird. Während der Priester die linke Hälfte des eucharistischen Brotes auf die Patene legt, zeichnet er mit der rechten Hostienhälfte im Kelch das Kreuzzeichen über den konsekrierten Wein. Dann taucht er den unteren Teil der Partikel in das Heilige Blut und bezeichnet, das heißt befeuchtet, damit kreuzförmig die auf der Patene liegende Hostienhälfte, auch weitere Partikel für die Kommunion der Gläubigen. In dieser Zeichenhandlung werden also die beiden Gestalten des Sakraments einander zugeordnet und miteinander verbunden: Das Blut im Kelch gehört zu diesem „zerbrochenen" Leib und der Leib Christi war in seiner Passion benetzt und überströmt von seinem Blut (vgl. Joh 19,34).

Die älteren syrischen Liturgieerklärer, etwa Theodor von Mopsuestia und Narsai, sehen in diesem Ritus der Brechung und anschließenden gegenseitigen Bezeichnung der beiden Gestalten (Konsignation) eine Demonstration der Einheit des einen Opfers Christi.[13] Auch wenn es zwei getrennte Elemente sind, soll ihre Zusammengehörigkeit zum Ausdruck bringen, dass unter beiden Gestalten das eine Mysterium des heilbringenden Leidens Christi gegenwärtig und wirksam ist. Aber die ostsyrische Tradition kennt auch die bei den Westsyrern geläufige Erklärung, dass das Zusammenbringen von Leib und Blut Christi seine Auferstehung symbolisieren soll. Nach semitischer Vorstellung ist das Blut der Träger des Lebens. Blut ist

---

[13] Vgl. Maniyattu, Heaven (wie 2, Anm. 3), 257 f.; vgl. Andreas Heinz, Überlegungen zur Struktur des Kommunionteils, in: Reinhard Messner, Eduard Nagel, Rudolf Pacik (Hg.), Bewahren und Erneuern. Studien zur Messliturgie. FS Bernhard Meyer SJ, Innsbruck – Wien 1995, 302–317, bes. 309–315 (syrische Liturgien); zur heutigen Praxis der katholischen Chaldäer vgl. Missel Chaldéen (wie Anm. 14), 95–110.

Leben. Die Benetzung des Leibes *(Bukra)* mit dem Blut stellt zeichenhaft die Rückkehr des Lebens in den toten Menschenleib Jesu dar. So sind Brechung und Konsignation in ihrer gegenseitigen Bezogenheit realsymbolische Darstellung von Tod und Auferstehung Christi, sakramentales Abbild des Pascha-Mysteriums der Erlösung. Am Ende wird noch einmal die Einheit des Sakramentes zum Ausdruck gebracht. Der Priester fügt die beiden getrennten Hostienhälften über dem Kelch zusammen. So demonstriert er, dass das unter heiligen Zeichen gegenwärtige Opfer Christi eines ist. Die nicht unierten Assyrer verstärken an dieser Stelle nochmals den während des ganzen Ritus stark akzentuierten Opfergedanken, indem sie den Priester in die rechte Hostienhälfte eine „Verletzung", eine Art Einkerbung, machen lassen. Dadurch soll an den Lanzenstoß in die Seite Christi erinnert werden und das vergossene Opferblut (Joh 19,34). Die zu der Zeichenhandlung der Vereinigung der Gestalten gesprochenen Worte beschreiben zusammenfassend, was zuvor geschehen ist und äußern den Wunsch, dass die „Mysterien" der Kirche denen, die sie empfangen, auch tatsächlich die Heilsgüter bringen, die sie verheißen: die Vergebung der Sünden und die erhoffte Teilnahme am „neuen Leben im Himmelreich". Das wünscht der Priester zuerst der aktuell versammelten Gemeinde, dann aber auch, im Bewusstsein der Verbundenheit der Ortskirche mit der Universalkirche, der Kirche „an allen Orten".
In der hochfeierlichen Form der syro-malabarischen *Qurbana*-Feier folgt eine Selbstbekreuzigung des Zelebranten auf der Stirn. Er kann in der gleichen Weise auch den Diakon bezeichnen. Die Gebärde ist begleitet von einer Vergebungsbitte. Der Ritus schließt mit dem trinitarischen Segenswunsch aus dem zweiten Korintherbrief (2 Kor 13,13), wodurch der Priester sich und der Gemeinde die Vergebung Gottes zuspricht.

Frieden und Eintracht unter den Gläubigen

War das Text- und Ritengefüge zwischen Anaphora und Kommunion bis dahin vom Motiv der Versöhnung mit Gott bestimmt, dominiert im zweiten Teil dieses Bußrituals der Gedanke der Versöhnung mit dem Nächsten. Der Diakon fordert alle auf, mit Ehrfurcht zum Empfang der Mysterien hinzuzutreten. Doch bevor dies tatsächlich geschieht, erinnert er die Gemeinde erneut daran, was diese „Mysterien des Leibes und kostbaren Blutes unseres Erlösers" bedeuten und beinhalten. In einem dichten und theologisch tiefen Text, der wahrscheinlich auf den großen syrischen Theologen Narsai (Narses von Edessa † 502) zurückgeht, proklamiert der Diakon einen Abriss des ganzen Heilswerks Christi. Er erinnert an die Kenose des Sohnes Gottes in der Menschwerdung, seine Lehrtätigkeit, seinen Tod und seine Auferstehung und das Geschenk der Eucharistie zum „Gedächtnis seines Erbarmens".

Erst nach dieser Anamnese erfolgt der Aufruf, mit der rechten inneren Haltung „die Gabe des Lebens" zu empfangen und an den „heiligen Mysterien der Kirche" teilzunehmen. Der Diakon fordert auf zu Reue und Abkehr von bösen Taten; er mahnt zur Vergebungsbereitschaft, wenn „unsere Brüder und Schwestern" gefehlt haben. Denn, wie Christus gelehrt hat und wie die Christen im Vaterunser beten, wird Gott nur denen ihre Schuld nachlassen, die ihrerseits ihren „Schuldigern" vergeben haben (vgl. Mt 6,12–14).

In Form einer Litanei weckt der Diakon durch eindringliche Rufe in den Kommunikanten die rechte Disposition. Jede seiner Mahnungen, Zorn, Neid und Feindseligkeit aus dem Herzen zu verbannen und Eintracht und Frieden untereinander zu wahren, beantwortet die Gemeinde mit der Bitte: „Herr, vergib die Sünden und Vergehen deiner Diener und Dienerinnen." Der Priester begleitet die Rufe von Diakon und Volk mit einem still verrichteten Gebet, das ebenfalls um die rechte Disposition und einen würdigen und fruchtbaren Empfang der heiligen Gabe bittet. Er bricht, sofern es nötig ist, während dieser Litanei das eucharistische Brot für die Kommunikanten. In der sonntäglichen Normalform der *Qurbana*-Feier tritt an die Stelle der litaneiartigen Wechselrufe nach einer Aufforderung des Diakons, Reue zu erwecken und zur Versöhnung mit dem Nächsten bereit zu sein, ein Gesang der Gemeinde. Inhaltlich entspricht er genau den diakonalen Rufen. Der Text lautet:

Lasst uns reinigen unser Gewissen von Zwietracht und Streit.
Lasst uns säubern unsere Seele von Zorn und Feindseligkeit.
Lasst uns empfangen die heilige Opfergabe und geheiligt werden durch den Heiligen Geist.
Lasst uns diese Mysterien empfangen in Eintracht des Geistes und im Frieden miteinander.
Herr, lass sie uns gereichen zur Auferstehung unseres Leibes und zum Heil unserer Seele und zum ewigen Leben. Amen.[14]

Das Gebet des Herrn

Als letztes Element der vorbereitenden Riten und als ihren Höhepunkt darf man den gemeinsamen Gesang des Vaterunsers betrachten. Der Priester lädt dazu ein. Die Einladung ist an Sonn- und Festtagen länger und feierlicher als an den gewöhnlichen Tagen. Das Leitmotiv ist in beiden Formeln gleich: Gott selbst ist es, der uns würdig macht und uns erlaubt (vgl. Röm 5,1 f.), ihn in dieser vertraulichen Weise als Vater anzusprechen mit Worten, die er selbst uns in den Mund gelegt hat. Wie alle anderen Liturgien verwenden auch die Ostsyrer die längere Fassung des Herrengebets aus der „Bergpredigt" (Mt 6,9–13). Sie beschließen das Gebet auch mit der bekannten Doxologie „Denn dein ist das Reich …". Diese kommt aus dem syrisch-palästinensischen Raum. Schon die „Zwölfapostellehre" bezeugt ihre Urfassung (Did 8,2). Wie in der römischen Messe und anderen Liturgien gibt es bei den Ostsyrern ebenfalls den Brauch, die letzte Vaterunser-Bitte in einem Nachgebet aufzugreifen und zu intensivieren. Die Bitte um Erlösung vom Bösen hat nicht

---

14 Die heilige Liturgie (wie Anm. 2), 23; der deutsche Text wurde leicht überarbeitet.

bloß „das Böse" im Blick, sondern denkt konkret an einen personalen Widersacher Gottes, der mit Unterstützung „seiner Scharen" (vgl. Mt 25,41) die Gläubigen auf den breiten Weg ins Verderben locken will (vgl. Mt 7,13).

Anders als in der römischen Messe, in der das Vaterunser durch Papst Gregor den Großen (590–604) seinen Platz unmittelbar nach dem Hochgebet, an der Spitze des Kommunionteils, erhalten hat, hat die ostsyrische Tradition den älteren Zustand bewahrt: Das Herrengebet steht als Tischgebet zum Herrenmahl unmittelbar vor dem Gang zur Kommunion.

Die Kommunion

Wenn der Priester den Lobpreis Gottes am Ende des Vaterunsers bekräftigt hat, ergeht mit dem Ruf „Sancta sanctis – Das Heilige den Heiligen" die Einladung zur Kommunion. Wie der Ruf ist auch die darauf folgende trinitarische Akklamation der Gemeinde Gemeingut der meisten orientalischen Liturgien. Ein anonymer ostsyrischer Liturgieerklärer des 9. Jahrhunderts erklärt beides in recht ungewohnter Weise.[15] Nach ihm sind die „Heiligen", denen das Heilige gebührt, nicht die Kommunikanten, sondern die drei Personen des einen heiligen Gottes. Das ergebe sich aus der Akklamation des Volkes. Die Gläubigen sähen sich selbst nicht als die Heiligen, sondern gäben alle Ehre dem allein heiligen Gott in drei Personen. Auf dieser Linie der Preisung dessen, der allein der vollkommen Heilige ist, erklingt vor der Kommunion des Priesters und der Diakone im Wechsel zwischen zwei Chören ein Gesang, der die Heiligkeit Gottes „an seiner heiligen Stätte" ehrfurchtsvoll bekennt. Die Gemeinde antwortet darauf mit Lob für denjenigen, der „in seiner heiligen Kirche" gegenwärtig ist, die ihn um seine Barmherzigkeit bittet.

Das durchgehende Motiv in den stillen Vorbereitungsgebeten des Priesters und in den Spendeworten bei der Kommunion der Diakone

[15] Vgl. Emlak, Mysterienfeier (wie Anm. 1), 221–223.

ist wieder die Bitte um Vergebung der Sünden. Dadurch, dass der Priester zuerst kommuniziert, zeige er, so erklärt etwa Narsai († 502), dass er selbst vor allen anderen die Vergebung nötig hat.[16] Andere betonen, dass es dem Priester, der das Opfer darbringt, zukommt, als erster hinzuzutreten und daran teilzuhaben. „Das entspricht der Überzeugung, dass der, der arbeitet, als erster die Früchte der eigenen Arbeit genießen darf."[17] Es ist auf jeden Fall das Ergebnis einer jüngeren Entwicklung, die man im Licht der ursprünglichen Praxis als Fehlentwicklung bezeichnen muss, wenn bei den nicht-unierten Assyrern die Kommunion des Klerus erst nach der Kommunion der Gläubigen stattfindet. Der Grund dafür dürfte rein praktischer Natur sein: Man will der Gemeinde das lange Warten während der Kommunion des Priesters und seiner Assistenz ersparen.

Wie der Zelebrant und die Altardiener empfangen auch die Gläubigen das Sakrament grundsätzlich unter beiden Gestalten. Auch wird das eucharistische Brot für die Kommunion des Volkes nicht dem Tabernakel entnommen, sondern es wird das in der aktuellen Feier konsekrierte Brot ausgeteilt. Wenn die Mysterien gereicht werden, wird jedem Kommunikanten die Vergebung der Sünden zugesprochen. Nur wenn ausnahmsweise aufgrund besonderer Umstände bloß das mit dem Blut Christi bezeichnete eucharistische Brot ausgeteilt wird, erwähnt die Spendeformel zusätzlich die Verheißung des ewigen Lebens.

Viel stärker als in der abendländischen Messfrömmigkeit wird die Eucharistie also bei den Syrern als eine Form der Sündenvergebung betrachtet. Mit besonderer Aufmerksamkeit achtet die syrische Theologie auf das vom Stifter des Sakraments selbst genannten Ziel seiner Lebenshingabe. Diese geschah „zur Vergebung der Sünden" (Mt 26,26–28; 1 Kor 11,24–26). Die Realsymbole seines hingegebenen Leibes und seines vergossenen Blutes werden deshalb gereicht und empfangen „zur Vergebung der Sünden". Der einflussreiche sy-

---

16 Vgl. Maniyattu, Heaven (wie 2, Anm. 3), 258 f.

17 Zit. n. Emlak, Mysterienfeier (wie Anm. 1), 223.

rische Theologe Narsai († 502) vergleicht das eucharistische Mahl mit dem Festmahl, das der barmherzige Vater dem verlorenen und zu ihm heimgekehrten Sohn bereitet (vgl. Lk 15,11–32).[18]
Eng verbunden mit dieser Betonung der sündentilgenden Wirkung der Eucharistie ist der Glaube an ihre lebenspendende Kraft. Das Sakrament des Leibes und Blutes Christi ist „Arznei der Unsterblichkeit" und Unterpfand des ewigen Lebens. Denn nach Paulus ist die Sünde die Ursache für den Tod (vgl. Röm 5,12; 1 Kor 15,21 f. 55 f.). Das Heilmittel aber, das die Sünde hinweg nimmt, ermöglicht dadurch, dass es die Ursache des Todes beseitigt, das Leben, so wie Jesus es verheißen hat: „Wer mein Fleisch isst und mein Blut trinkt, hat das ewige Leben und ich werde ihn auferwecken am Letzten Tag" (Joh 6,54). Seit Ephräm ist das Motiv der Eucharistie als „Arznei des Lebens" allgegenwärtig bei den syrischen Vätern.
Dieses Leben ist aber für die Gläubigen keine rein zukünftige Größe. Es beginnt schon mit der Teilnahme am eucharistischen Mahl. Dieses lässt die Kommunikanten schon jetzt eintreten in den himmlischen Hochzeitssaal des Bräutigams. Die Grenzen zwischen den Welten lösen sich auf. Die Getauften treten in der Eucharistiefeier hinzu „zur Stadt des lebendigen Gottes (…), zu Tausenden von Engeln, zu einer festlichen Versammlung (…), zu den Geistern der schon vollendeten Gerechten, zum Mittler eines neuen Bundes, Jesus" (Hebr 12,22–24).
Vor allem wird die Kommunion als innige Gemeinschaft mit Jesus verstanden. Wenn die Gläubigen sich in einer langen Reihe dicht hintereinander aufstellen, ist es, als ob sie Angst hätten, „sie könnten von der Glückseligkeit (der Begegnung mit Christus) ausgeschlossen werden".[19] Die Prozession der Kommunikanten ist ein Bild derer, die am Letzten Tag dem wiederkommenden Herrn entgegengehen in der Hoffnung, aus seinem Mund die Worte zu hören: „Kommt her, die ihr von meinem Vater gesegnet seid, nehmt das

---

[18] Vgl. Maniyattu, Heaven (wie 2, Anm. 3), 261.
[19] Zit. nach Emlak, Mysterienfeier (wie Anm. 1), 228.

Reich in Besitz, das seit der Erschaffung der Welt für euch bestimmt ist" (Mt 25,34).
Bei den Syro-Malabaren ist es üblich, die Kommunion der Gläubigen mit Gesängen des Volkes zu begleiten. Sehr verbreitet ist das folgende Kommunionlied. Es besingt die innige Verbundenheit mit Jesus in der Kommunion.

Komm, o Herr Jesus.
Mein Herz sehnt sich nach dir.
Du Liebe meines Herzens, du Quelle meines Seins;
in dir sind Liebe und Leben.

Komm, o Herr Jesus.
Du, Herr, bist meine Freude.
Du erfreust mich
mehr als die Schönheit der Blumen;
süßer bist du als Honig.
In meinem Herzen werde ich dir ein Lager aus Blumen bereiten.

Komm, o Herr Jesus.
Bin ich auch traurig
und von Krankheit geplagt,
bist du nur bei mir, o Herr, so bin ich getröstet.
Komm, o Herr Jesus.[20]

Danksagung und Segen

Mit der Kommunion hat die Feier ihren Höhepunkt und ihr Ziel erreicht. Es bleibt nur noch, für die Gnaden zu danken, die der König an sein Volk ausgeteilt hat. Diese Danksagung begleitet und umgibt schon die nach der Kommunion der Gläubigen zunächst zu verrichtenden äußeren Handlungen. Die heiligen Gefäße müssen gereinigt werden. Das Purifizieren geschieht am *Bethgaza* auf der rechten

[20] Die heilige Liturgie (wie Anm. 2), 25; deutscher Text leicht bearbeitet.

Seite des Altarraums. Es kann auch bis nach der Feier verschoben werden.

In den Gebeten, mit denen der Priester den Vorgang begleitet, bedenkt er die Größe der Gabe des Leibes und Blutes Christi. Sie soll ihm und allen anderen, die ihrer gewürdigt wurden, nicht „zum Gericht und zur Verdammnis gereichen“, sondern Vergebung der Sünden, Kraft zum Guten und Zuversicht vor dem Angesicht Gottes bringen.

Die empfangene Eucharistie erscheint vor allem als Angelt der kommenden Herrlichkeit. Es sind in erster Linie eschatologische Motive, die die stillen Gebete nach der Kommunion prägen. Der Priester wünscht sich und allen, die an Leib und Blut Christi Anteil erhalten haben, die Gemeinschaft mit dem Schächer im Paradies und mit allen Gerechten, die in der anderen Welt Gott mit dem Dreimal-Heilig-Ruf preisen.

Diese himmlische Welt ist nicht fern. Sie ragt hinein in die Gegenwart. Wenn der Priester aus dem Altarraum kommt, um die heiligen Mysterien auszuteilen, kommt Christus, der König selbst, begleitet von seinen Engeln und Heiligen. Der Himmel berührt die Erde. Vorausnehmend geschieht dann schon, was am Ende der Zeit geschehen wird, wenn die Erlösten ihrem wiederkommenden Herrn entgegengehen, um von ihm beschenkt und in sein Königreich geführt zu werden. Die Gläubigen dürfen im Heute der *Qurbana*-Feier schon eintreten in die Gemeinschaft mit den Himmelsbewohnern. Obwohl sie physisch noch auf der Erde leben, sind sie schon vereint mit den Bürgern im Königreich Gottes. Die Danksagung der Gläubigen auf Erden geschieht „in Gemeinschaft mit den Gerechten“; die Erdenbewohner vereinen ihre Danksagung mit den Preis- und Dankliedern der Engel und Heiligen.

Während Priester und Diakone mit der Reinigung der Gefäße befasst sind, singt das Volk einen Gesang nach der Kommunion. Das syro-malabarische Messbuch bietet drei unterschiedliche Texte an, einen für die Herrenfeste und sonstige hohe Feiertage, einen für die Sonntage und weniger bedeutende Gedenktage und schließlich einen für gewöhnliche Werktage. Von eindrucksvoller poetischer

Schönheit ist vor allem der festtägliche Kommuniongesang. Er verknüpft die gegenwärtige Heilserfahrung mit der erhofften eschatologischen Vollendung. So sollen die Ohren, die in der liturgischen Feier die Hymnen zur Ehre Gottes gehört haben, am Ende nicht sein Verdammungsurteil hören müssen; die Füße, die zur Kirche gegangen sind, sollen einst im „Land des Lichtes“ wandeln dürfen. Die Gemeinde bittet, in der Kraft der empfangenen Speise Frucht bringen zu können, in der Liebe zu wachsen und zum Lob der Herrlichkeit Gottes zu leben (vgl. Eph 1,12).
Das Kommunionlied an gewöhnlichen Sonntagen lobt Christus für sein Erlösungswerk: Er hat die Macht des Todes gebrochen und den Seinen das neue Leben im Himmelreich zugesagt. Die Gemeinde bittet, dass sie am Tag seines Zweiten Kommens ihm zuversichtlich entgegen gehen darf, um ihm für sein großes Erbarmen zu danken.
Der werktägliche Gesang nach der Kommunion äußert den Wunsch, dass der Empfang der Mysterien den Gläubigen die Vergebung der Sünden bringe. Im Vertrauen, dass dies tatsächlich durch die Kommunion geschehen ist, schließt das Lied mit dem Ausblick auf die Wiederkunft Christi. Christus soll es gnädig fügen, dass diejenigen, die gekommen sind, um seinen Leib und sein Blut zu empfangen, ihm auch vertrauensvoll entgegen gehen dürfen, wenn er abermals kommen wird.
Alle diese Kommuniongesänge sind Christus-Lieder. Sie reden denjenigen unmittelbar an, der in seinen Mysterien kommt und Begegnung schenkt. Im Sakrament lässt er sich von seinen Gläubigen finden. Dort können sie demjenigen, der gekommen ist und kommen wird, im Heute der liturgischen Feier von Angesicht zu Angesicht begegnen. Diese sakramentale Christus-Mystik ist charakteristisch auch für die nicht streng liturgischen Kommunionlieder des Volkes, die an dieser Stelle bisweilen anstelle der offiziellen Texte in der Landessprache Malayalam gesungen werden.
Nachdem der Diakon alle nochmals ermahnt hat, für die empfangenen Mysterien Dank zu sagen, antwortet das Volk mit der Akklamation: „Ehre sei Gott für seine unaussprechliche Gabe.“ Der Priester fasst die Danksagung der Versammlung in einem Schlussgebet zu-

sammen. Noch einmal bittet er um den Segen der empfangenen Mysterien: die Vergebung der Sünden und die sichere Hoffnung auf die Auferstehung und das ewige Leben.

In der hochfeierlichen Form der *Qurbana*-Feier *(Raza)* gehört zu diesem Danksagungs- und Schlussteil auch das Vaterunser. Die Gemeinde singt es in der erweiterten feierlichen Form wie am Anfang der Feier oder mit dem normalen Wortlaut.

In der gewöhnlichen sonn- und feiertäglichen Gemeindemesse folgt dagegen sofort das Segensgebet über das Volk. Der Priester spricht es am Eingang des Heiligtums. Es gibt unterschiedliche Textfassungen für Sonn- und Feiertage, Werktage und zum Totengedächtnis. Bei den Syro-Malabaren ist es eine verbreitete Gewohnheit, dass die Gemeinde selbst diese Segensbitten sich zu eigen macht und sie in Form eines Schlussliedes ins Wort bringt. Sein Text nimmt fast wörtlich das entsprechende Priestergebet auf. Zunächst wird kurz, in Anknüpfung an eine Formulierung des Epheserbriefes (Eph 1,3), der Segen Gott, des Vaters, erwähnt, der uns in seinem Sohn Jesus Christus gesegnet hat. Nachdem der Sohn genannt worden ist, ist von dessen Segnungen die Rede. Christus ist es auch, an den sich die Bitte richtet, die Versammlung zu segnen, zu behüten und mit Herrlichkeit zu krönen. Indem sich alle mit seinem Zeichen bekreuzigen, wenden sie sich selbst den Segen zu. Der Gesang der Gemeinde lautet:

Gott, unser Vater, hat uns gesegnet
mit allen Segnungen des Himmels
durch unseren Herrn Jesus Christus.
Unser Herr hat uns in sein Reich geladen;
er hat uns zu seinem ersehnten Glück berufen
und wieder und wieder hat er uns seinen Leib und sein Blut gegeben
als Unterpfand des unvergänglichen Lebens.
Dies hat er uns verheißen in seinem lebenspendenden Evangelium,
als er zu der gesegneten Schar seiner Jünger sprach:
„Amen, Amen, ich sage euch: wer mein Fleisch isst und mein Blut trinkt,

der bleibt in mir und ich bleibe in ihm,
und ich werde ihn auferwecken am Letzten Tag (Joh 6,54–56).
Er wird nicht ins Gericht kommen,
sondern wird vom Tod ins Leben hinübergehen" (vgl. Joh 5,24).

Er segne unsere Gemeinde
und bewahre unsere Versammlung.
Er lasse unser Volk glanzvoll dastehen,
das gekommen ist und erfreut wurde
durch die Teilnahme an seinen glorreichen, heiligen,
lebenspendenden und göttlichen Mysterien.
Seid bezeichnet mit dem Siegel des Kreuzes des Herrn +
und bleibt bewahrt vor allen sichtbaren und unsichtbaren Gefahren
jetzt und immer und von Ewigkeit zu Ewigkeit.[21]

Das an erster Stelle vom Messbuch bereitgehaltene werktägliche Schlussgebet des Priesters hebt ebenfalls besonders die eschatologische Dimension des Empfangs der „lebenspendenden und göttlichen Mysterien" hervor. Christus ist auch hier der Adressat. Die Gemeinde bittet darum, dass ihr Herr seinen Dienern und Dienerinnen Anteil geben möge an der Herrlichkeit seines Reiches. Sie wünscht sich die Gemeinschaft mit den heiligen Engeln und einen Platz zur Rechten des Richters im himmlischen Jerusalem. Erst nach dieser endzeitlichen Bitte bittet das Gebet auch um die „Barmherzigkeit und den Segen" Christi in der gegenwärtigen Zeit, zuerst für „die Kirche und ihre Kinder", dann auch für die ganze Welt.
Der zur freien Wahl angebotene Alternativtext spricht dagegen nur einschlussweise von der Krönung der Segnungen Christi in der Ewigkeit. Hier geht der Blick ganz auf das Volk Gottes unterwegs. Die vom Priester im Namen aller ausgesprochene Schlussbitte richtet sich an den Guten Hirten, der „die Schafe seiner Herde" segnen, ihnen seine Gnade gewähren und seine schützende Hand über sie halten soll.
Im Schlussgebet beim Totengedenken dominiert dagegen der Opfer-

[21] Ebd., 26.

gedanke. Der Zelebrant bittet Gott um die Annahme des dargebrachten Opfers und der Gaben der Gläubigen. Um dieses Opfers willen soll er den Verstorbenen ihre Sünden vergeben. Die Bitte wird verstärkt durch den Hinweis auf frühere Opfer, von denen die Bibel berichtet, dass sie von Gott angenommen wurden: das Opfer Abels, Noachs, Abrahams, Jakobs, Elijas und der Witwe im Tempel (Mt 21,1–4).

Auf den ersten Blick rätselhaft wirkt in diesem Zusammenhang die Erwähnung des „Opfers der Apostel im Abendmahlssaal". Davon berichtet das Neue Testament nicht ausdrücklich. Im Hintergrund steht die Überlieferung, dass nach Pfingsten der Apostel Jakobus im Abendmahlssaal zusammen mit den übrigen Aposteln und der Jerusalemer Urgemeinde die erste Eucharistiefeier vollzogen hat. Diese erste „apostolische" Darbringung des Opfers Christi war ein Gott wohlgefälliges Opfer.[22]

In die lange Reihe dieser von Gott angenommenen Opfer stellt die Kirche das von ihr dargebrachte Opfer. Die versammelte Gemeinde macht sich dabei zum Sachwalter des Verstorbenen. In seinem Namen bringt sie das Opfer Christi dar, damit dem Verstorbenen seine Sünden vergeben werden und er eintreten darf in den Hochzeitssaal des himmlischen Bräutigams. Priester und Volk handeln gleichsam *„in persona defuncti* – in der Person des Verstorbenen"; sie tun für den Verstorbenen, was er selbst nicht mehr für sich tun kann. Die Kirche erscheint hier als Heils- und Hilfsgemeinschaft über den Tod hinaus. Sie kommt ihren verstorbenen Gliedern bei Christus fürbittend zur Hilfe, damit diese gewürdigt werden, „in den himmlischen Wohnungen zu weilen, zusammen mit den Gerechten".

Erst nach der eindringlichen Empfehlung des Verstorbenen in die Barmherzigkeit seines Erlösers wird die Gnade Christi auch allen Lebenden erbeten. Zuletzt erfleht der Priester den Segen für die versammelten Gläubigen, „jedem nach seinen Verdiensten".

---

[22] Vgl. Andreas Heinz, Die Eucharistiefeier in der Deutung syrischer Liturgieerklärer (Sophia 33), Trier 2000, 128. 237.

Der Abschied vom Altar

Die syrischen Liturgien lassen den Priester in einer sehr persönlichen Weise vom Altar Abschied nehmen. Das geschieht nicht nur wie etwa in der römischen Messe dadurch, dass der Zelebrant den Altar mit einem „Abschiedskuss" ehrt. Diese Verehrungsgebärde ist auch in der syro-malabarischen Messordnung vorgesehen. Zusätzlich sagt der Priester dem Altar wie einem guten Freund noch ein Abschiedswort: „Bleib in Frieden, Altar der Vergebung; bleib in Frieden, Grab unseres Herrn!" Dann erinnert sich der Priester selbst an die einzigartige Gabe, die er von diesem Altar empfangen durfte und bittet, dass sie ihm Nachlass seiner Sünden erwirke. Schließlich bemerkt er nachdenklich, er wisse nicht, ob es ihm vergönnt sein werde, abermals an diesen Altar zu treten und erneut auf ihm das Opfer darzubringen.

In Kerala ist es üblich, dass die Gemeinde, bevor sie die Kirche verlässt, noch gemeinsam ein Schlusslied singt. Darin heißt es:

Der Himmel wird vergehen, die Erde wird vergehen;
nur das Wort Gottes wird nicht vergehen …
Bemühen wir uns, den Samen des Wortes auszusäen.
Lasst uns gehen, um die Früchte der Liebe zu ernten …
Keine Frucht bringen die Worte, die auf den Weg fallen.
Die Worte, die auf fruchtbaren Boden fallen, bringen gute Frucht.
Wir wollen wie gute Früchte werden auf fruchtbarem Boden.
Lasst uns gehen, um gemeinsam das Fest der Ernte zu feiern![23]

Bei den nicht-unierten Assyrern kann der Priester zum Dank für die empfangenen Mysterien das folgende Schlussgebet sprechen. Es bringt sehr schön die bei den Syrern stark betonte eschatologische Ausrichtung der Feier ins Wort. Der Zelebrant wendet sich an Christus und spricht:

---

[23] Die heilige Liturgie (wie Anm. 2), 27.

Da wir sichtbar deinen Leib empfangen haben,
möge dein Geist auf verborgene Weise in uns weilen.
Mögen wir dir entgegengehen
und froh begegnen
und dir den dreifachen Lobpreis singen
zusammen mit den Gerechten, die deinen Willen erfüllt haben.
Christus, unsere Hoffnung,
Herr aller Dinge: Vater, Sohn und Heiliger Geist,
in Ewigkeit.[24]

---

[24] Vgl. in diesem Band S. 377.

II. Texte

1. Die Eucharistiefeier der Syro-Malabarischen Kirche

Allgemeine Richtlinien der Heiligen Kongregation für die Orientalischen Kirchen zur Eucharistiefeier *(Qurbana)* nach dem Ritus der Syro-Malabarischen Kirche (3. April 1989)[1]

1. Es gibt drei Formen der *Qurbana*-Feier: Die hochfeierliche Form *(Raza)*, die feierliche Form und die einfache Form. Die gestufte Feierlichkeit begründet die unterschiedlichen Feierformen. Elemente der Festlichkeit sind die Person des Zelebranten, die heiligen Riten, die Lesungen, die Gesänge, die Verwendung von Weihrauch usw.

2. In der feierlichen Form können einige Elemente aus der Hochform *(Raza)* gegebenenfalls hinzugefügt werden, desgleichen kann die einfache Form Elemente der feierlichen Form und der Hochform *(Raza)* aufnehmen.

3. Die hochfeierliche *(Raza)* und die feierliche Form werden gesungen; in ihnen ist die Verwendung von Weihrauch verpflichtend. Es ist erwünscht, dass auch die einfache Form der *Qurbana*-Feier nach Möglichkeit gesungen und mit Weihrauch gefeiert wird.

4. Es wird dringend gewünscht, dass an Sonn- und Feiertagen wenigstens die wichtigste *Qurbana*-Feier in feierlicher Form zelebriert wird.

5. Der Kirchenraum ist dreigeteilt: Schiff *(Haykla)*, Verkündigungsort *(Qestroma)* und Heiligtum *(Madbaha)*. Der Verkündigungsort erhebt sich eine Stufe über dem Kirchenschiff und das Heiligtum

---

[1] Englischer Text: Pathikulangara, Qurbana (wie 3, Anm. 1), III–VI; italienische Fassung: Pallath, Liturgia (wie 2, Anm. 3), 22–24; eigene Übersetzung.

(Altarraum) liegt drei Stufen höher als der Ort der Verkündigung *(Qestroma)*. Ein Vorhang trennt den Altarraum vom Ort der Verkündigung. Er wird sofort zu Beginn der *Qurbana*-Feier zugezogen und bleibt bis zum Anfang des Gesangs *„Laku Mara* – Herr aller Dinge …“ geschlossen, ferner während der Fürbitt-Litanei *(Karozutha)* nach dem Evangelium, auch während des besonderen Gesangs (*Qanona*) *„Dhil-At“* vor der Kommunion an den Herrenfesten. Es bleibt dem Urteil des Ortsbischofs überlassen, den Gebrauch des Vorhangs in der feierlichen und einfachen Form der *Qurbana*-Feier zu regeln.

6. In räumlicher Distanz zum Altar soll es ein *Bema* für die Liturgie des Wortes geben. Das *Bema* soll im Zentrum des Schiffes seinen Platz bekommen. Unter den derzeitigen Gegebenheiten mag es im Bereich des *Qestroma* aufgestellt werden. Auf dem *Bema* soll es eine Kredenz, Lesepulte und einen Sitz geben. Das Prozessionskreuz und die Leuchter werden auf der Kredenz abgestellt.

7. In den Rubriken dieser Feierordnung *(Taksa)* meinen die Angaben „rechts“ und „links“ die rechte oder linke Seite der dem Altar zugewandten Gemeinde. Wenn jedoch von der rechten oder linken Seite des Heiligtums oder des Altars die Rede ist, ist dies von der jeweils rechten und linken Seite der Gemeinde zu verstehen.

8. Der Altar befindet sich auf der Ostseite des Heiligtums. Es wird vorausgesetzt, dass die Kirche mit ihrer Fassade nach Westen schaut. Das Evangeliar liegt auf der rechten Seite des Altars, ein St. Thomas-Kreuz steht auf der linken. Das Messbuch *(Taksa)* kann passend auf der linken Seite seinen Platz bekommen. Nur die Gegenstände, die während der *Qurbana*-Feier gebraucht werden, werden auf den Altar gestellt. Reliquien, Blumen usw. gehören nicht auf den Altar.

9. Es soll zwei *Bethgaze* (Schatzhäuser) geben, auf je einer Seite des Heiligtums eines. Der Kelch wird in das auf der rechten Seite, die

Patene in das auf der linken Seite gestellt. In dem linken *Bethgaza* befindet sich auch Wasser für die Händewaschung und ein Handtuch zum Abtrocknen.

10. Die Zelebranten tragen Albe *(Kotina)*, Gürtel *(Zunara)*, Stola *(Urara)*, Epimanikien *(Zande)* und Messgewand *(Paina)*. Die Diakone und Subdiakone bekleiden sich mit Albe *(Kotina)*, Gürtel *(Zunara)* und Stola *(Urara)*. Diejenigen, die die Niederen Weihen empfangen haben, und die übrigen Altardiener legen Albe *(Kotina)* und Gürtel *(Zunara)* an.

11. Sind keine Diakone anwesend, können die Angehörigen der Niederen Weihegrade deren Aufgabe übernehmen, ausgenommen jene Riten und Dienste, die, aufgrund ihres Charakters, herkömmlicherweise den geweihten Diakonen reserviert sind, wie etwa der unten in Nr. 24 beschriebene Fall, oder beim Kommunionritus, wenn der Diakon die Eucharistie mit dem Klerus der höheren Weihen empfängt.

12. Während der diakonalen Rufe und der Fürbitt-Litanei *(Karozutha)* steht der Diakon dem Altar oder der Gemeinde zugewandt, je nachdem wie es der Ortsbischof anordnet.

13. Wenn der Zelebrant seine Hände [zum Gebet] ausbreitet, geschieht das in der Weise, dass seine Hände nicht über seinen Kopf hinausreichen, seine Ellbogen den Körper nicht berühren und die Handflächen nach oben geöffnet sind.

14. Wenn der Zelebrant sich selbst bekreuzigt, hebt er seine rechte Hand bis knapp über sein Haupt und zeichnet dann das Kreuzzeichen über sich selbst, indem er seine Hand zuerst nach unten bis zu seiner Brust führt, wobei er sagt: „Jetzt", dann zu seiner rechten Schulter, wobei er „immer" sagt und schließlich zur linken Schulter mit den Worten „in Ewigkeit".

15. Der Chor hilft der Gemeinde, aktiv an der Liturgie teilzunehmen. Wenn die im Altarraum Diensttuenden im Wechsel mit dem Chor singen, schließt sich die Gemeinde dem Chor an. Falls es keinen Chor gibt, können die Teile, die Gemeinde und Chor abwechselnd singen, von der in zwei Gruppen eingeteilten Gemeinde allein gesungen werden. Nur approbierte Hymnen und Kehrverse dürfen in der *Qurbana*-Feier verwendet werden. Die Gesänge, die während bestimmter Riten zu singen sind, müssen nicht notwendigerweise immer weitergesungen werden, wenn die mit ihnen verbundenen heiligen Handlungen ausgeführt sind (zum Beispiel: *Onita d'Qanke, Onita d'Evangelion* usw.).

16. Wenn die Vorschriften verlangen, das Evangeliar oder den Altar zu küssen, kann dies entweder in der Weise geschehen, dass man sie küsst oder indem man sie mit der Stirn berührt oder indem man die Hände zunächst auf sie legt und dann beide Hände zur Stirn führt.

17. Der *Marmitha*-Gesang, der für die Hochform der Feier *(Raza)* angeboten wird, kann auf einen Psalm verkürzt werden.

18. Nur Geistlichen, die wenigstens die Diakonenweihe empfangen haben, ist es erlaubt, das Brot und den Wein in den „Schatzhäusern" *(Bethgaze)* zu bereiten, wobei sie die vorgeschriebenen Gebete sprechen. Auch ist es ihnen vorbehalten, die Gaben zum Altar zu bringen.

19. Wenn die Gaben bereitgestellt sind, kann der Brauch, drei Mal mit der Patene an den Fuß des Kelches zu klopfen, unterbleiben.

20. Beim Austausch des Friedensgrußes umfängt der den Frieden empfangende mit beiden Händen die zusammengelegten Hände dessen, der den Gruß entbietet. Der Friedensgruß kann auch in der Weise erfolgen, dass man sich mit zusammengelegten Händen einander zuwendet und eine kleine Verbeugung macht.

21. Die Gebete, die als *G'hanta* gekennzeichnet sind, sind vom Zelebranten mit leiser, aber für die Gemeinde hörbarer Stimme zu sprechen. Der Zelebrant neigt dabei leicht das Haupt und hält die Hände gefaltet.

22. In der Regel ist in jeder *Qurbana*-Feier eine ausreichende Anzahl von Hostien zu konsekrieren, so dass alle Kommunikanten von den Gestalten empfangen, die in der gerade stattfindenden *Qurbana*-Feier, an der sie teilnehmen, geweiht wurden.

23. Die Kommunion muss unter beiden Gestalten ausgeteilt werden, außer wenn die Umstände es unmöglich oder äußerst schwierig machen.

24. Bei der Austeilung der Kommunion an die Gläubigen ist es nur solchen Altardienern, die wenigstens die Diakonenweihe empfangen haben, erlaubt, den Kelch und die Hostienschale zu tragen.

25. Die heilige Eucharistie wird im Tabernakel zum Zweck der Kommunion außerhalb der *Qurbana*-Feier und zur Anbetung aufbewahrt.

26. Wirken Konzelebranten oder Diakone mit, reinigt einer von ihnen den Kelch und die Hostienschale. Das geschieht in dem „Schatzhaus" *(Bethgaza)*, in dem der Kelch bereitet wurde. Die Reinigung der Gefäße kann auch nach der *Qurbana*-Feier geschehen.

Hinweise für die Qurbana-Feier in der feierlichen und einfachen Form[2]

1. Das „Mandatum“ kann durch eine passende Begrüßung oder eine kurze Einführung ersetzt werden.

2. Das „Ehre sei Gott in der Höhe“ braucht nur einmal rezitiert zu werden.

3. Die Gebete des Zelebranten nach dem Vaterunser, vor und nach der Kommunion und dem Schlusssegen *(Hutama)* können entsprechend den unterschiedlichen Feieranlässen ausgewählt werden.

4. Jeder beliebige passende Psalm kann als *Marmitha* -Gesang gewählt werden. Eine Kürzung bis auf wenige Verse ist möglich.

5. Der Wortgottesdienst (Liturgie des Wortes) wird am *Bema* gefeiert. Wo immer dies möglich ist, befindet es sich außerhalb des Heiligtums (Altarraums).

6. In der einfachen Form der *Qurbana*-Feier kann das Evangeliar in der Einzugsprozession zum Ort des Wortgottesdienstes gebracht werden. In diesem Fall entfallen die Prozession vor dem Evangelium und der *Zummara*-Gesang.

7. In der feierlichen Form der *Qurbana*-Feier mag es genügen, den Gesang *Laku Mara* und das Trishagion drei Mal zu singen. In diesem Fall wird vor dem zweiten Mal das „Ehre sei dem Vater …“ und „Von Ewigkeit …“ vorausgeschickt. In der einfachen Form ist es erlaubt, diese Gesänge nur ein Mal zu singen.

---

[2] Englischer Text: Pathikulangara, Qurbana (wie 3, Anm. 1), VI–X; italienische Fassung: Pallath, Liturgia (wie 2, Anm. 3), 25–27; eigene Übersetzung.

8. Die Lesungen können von vier auf drei oder zwei reduziert werden. Wenn es drei Lesungen gibt, muss die erste aus dem Alten Testament genommen werden. Wenn es nur zwei Lesungen gibt, soll die erste normalerweise den neutestamentlichen Schriften, mit Ausnahme der vier Evangelien, entnommen werden. (Die gelegentliche Verwendung einer alttestamentlichen Lesung ist jedoch nicht ausgeschlossen.) Die letzte Lesung ist immer eine Lesung aus dem Evangelium. Nicht-biblische Lesungen sind in der *Qurbana*-Feier nicht zugelassen.

9. Wenn nur zwei Lesungen vorgetragen werden, unterbleibt der *Šurraya*-Gesang. In der feierlichen Form der *Qurbana*-Feier findet während des *Zummara*-Gesangs die Prozession mit dem Evangeliar statt. In der einfachen Form, besonders wenn keine Diakone und konzelebrierenden Priester anwesend sind, um zu assistieren, können die Prozession und die Begleitgesänge entfallen.

10. Von den drei Gebeten vor dem Evangelium braucht nur eines gebetet zu werden.

11. Die Bitten der ersten Fürbitt-Litanei *(Karozutha)* nach dem Evangelium können vermehrt oder gekürzt werden. Doch müssen die Bitten 1–7 sowie die Schlussbitte „Rette uns alle, Christus … Erbarme dich unser, Herr" vorgetragen werden. Wenn auch die Fürbitt-Litanei (*Karozutha* II) freigestellt ist, muss ihre letzte Bitte „Lasst uns uns selbst befehlen …, Dir Herr unser Gott" gesungen werden. Das Abschlussgebet der *Karozutha*-Litanei kann man entsprechend den unterschiedlichen Feieranlässen auswählen.

12. Die Gaben von Brot und Wein werden üblicherweise während der Fürbitt-Litanei *(Karozutha)* nach dem Evangelium bereitet. Die Gabenbereitung kann auch schon vor Beginn der Feier erfolgen oder unmittelbar bevor die Gaben zum Altar gebracht werden.

a) Für den Fall, dass die Gabenbereitung vor der Liturgie stattfindet:
Sofern der Zelebrant allein ist oder nur ein Diakon ihm assistiert, bereitet der Zelebrant, nachdem er die liturgischen Gewänder angelegt hat, Brot und Wein in dem auf der linken Seite gelegenen „Schatzhaus" *(Bethgaza)*. Wirken mehrere Konzelebranten und mehr als ein Diakon mit, bereiten diese Kelch und Brotschale (Patene).

b) Für den Fall, dass die Gabenbereitung während der *Qurbana*-Feier erfolgt:
Sofern nur ein Diakon mitwirkt, bereitet dieser in dem auf der linken Seite gelegenen „Schatzhaus" *(Bethgaza)* Brot und Wein und, ist die rechte Zeit gekommen, bringt er beides zusammen zum Altar und stellt es dort nieder. Wirken zwei Diakone mit, bereiten sie Brot und Wein jeweils in dem rechten und linken „Schatzhaus" *(Bethgaza)* und bringen dann die Gaben gemeinsam zum Altar, wo sie sie niederstellen. Es ist jedoch Sache des Zelebranten, der am *Bema* steht, das Gebet „Möge Christus, der zu unserer Erlösung geopfert wurde ..." zu sprechen.

c) Für den Fall, dass es außer dem Hauptzelebranten einen Konzelebranten gibt:
Der Konzelebrant bereitet Brot und Wein in dem auf der linken Seite gelegenen „Schatzhaus" *(Bethgaza)* vor, bringt die Gaben zum Altar und stellt sie dort nieder, wobei er die vorgeschriebenen Gebete spricht.

d) Für den Fall, dass es neben dem Hauptzelebranten einen Diakon und einen Konzelebranten gibt:
Der Konzelebrant und der Diakon bereiten Brot und Wein in den „Schatzhäusern" *(Bethgaze)*, bringen sie zum Altar und stellen sie dort ordnungsgemäß nieder.
Nachdem sie die Stufen herabgestiegen sind, betritt der Hauptzelebrant förmlich das Heiligtum und nähert sich dem Altar.

e) Für den Fall, dass es nur einen Zelebranten gibt:
Wenn ein Priester das Opfer *(Qurbana)* ohne Mitwirkung eines Konzelebranten oder Diakons feiert, möge er zuerst seine Hände

waschen, wobei er die vorgeschriebenen Gebete spricht. Mit den Worten des Gebetes „Mit unseren von bösen Gedanken reingewaschenen Herzen …“ betritt er sodann das Heiligtum. Er geht zu dem „Schatzhaus“ *(Bethgaza)* auf der linken Seite, bereitet dort Brot und Wein, überträgt die Gaben zum Altar und stellt sie dort nieder. Dabei spricht er die vorgeschriebenen Gebete. Anschließend bleibt der Priester am Altar, um dort das Credo und das Gebet beim Hinzutreten zum Altar zu rezitieren.

13. Von den drei Begleitworten zur Bereitung des Kelches muss nur eines gesprochen werden. Den Vorzug verdient das zweite: „Ein Soldat …“.

14. Nur jeweils so viel vom Gesang *Onita d'Raze* muss ausgeführt werden, als erforderlich ist, um den Ritus der Bereitung, die Übertragung und das Niederstellen der Gaben auf den Altar zu begleiten.

15. Es empfiehlt sich, den gleichbleibenden Teil des Gesangs *Onita d'Raze* immer ganz zu rezitieren oder zu singen. Doch in der feierlichen und einfachen Form des *Qurbana* kann der Gesang *Onita d'Raze* bis zu zwei Strophen verkürzt werden, die erste aus dem variablen Teil, die zum Fest oder Wochentag passt, die zweite nach Wahl aus dem gleichbleibenden Teil. Doch in jedem Fall geht das „Ehre sei dem Vater …“ vorauf.

16. Das Glaubensbekenntnis kann in der einfachen Form der *Qurbana*-Feier an gewöhnlichen Werktagen entfallen, nie aber an Feiertagen.

17. In der feierlichen und einfachen Form der *Qurbana*-Feier kann die Gebetseinladung auf zwei (die erste und zweite oder die erste und dritte) beschränkt werden.

18. Die Segensgebärden während des Einsetzungsberichts können bis auf eine reduziert werden.

19. Der symbolische Kuss der Hostie und das dazugehörige Begleitwort können entfallen.

20. Die Anaphora soll laut vorgetragen werden, so dass das Volk sie deutlich hören kann.

21. Der Schlusssegen kann in der Weise erteilt werden, dass der Priester das Kreuzzeichen macht oder seine rechte Hand über das Volk ausstreckt.

22. Während der *Qurbana*-Feier können die Gläubigen nach folgenden Regeln stehen, sitzen oder knien:

Stehen:
- Vom Beginn der *Qurbana*-Feier bis zum Beginn der Schriftlesungen.
- Während der Verkündigung des Evangeliums.
- Nach der Fürbitt-Litanei *(Karozutha)* bis zum Beginn der Anaphora (nach Belieben).
- Während des Glaubensbekenntnisses.
- Während der Anaphora.
- Vom Vaterunser vor der Kommunion bis zum Ende der Feier.

Sitzen:
- Während der Lesung aus dem Alten Testament und der Epistel.
- Während der Homilie.
- Nach der Fürbitt-Litanei *(Karozutha)* bis zum Beginn der Anaphora

(nach Belieben), ausgenommen während des Glaubensbekenntnisses.

Knien:
- (Vor der Kommunion) beginnend bei den Worten „Erbarme dich meiner, o Gott …“ (S. 273) bis zu den Worten „mit allen Heiligen in deinem Königreich.“ (S. 283).

Besondere Hinweise für die Konzelebration[3]

1. Alle Formen der *Qurbana*-Feier können konzelebriert werden, wenn auch die Konzelebration eine besondere Eigentümlichkeit der vom Bischof geleiteten Liturgie ist und besonders zur feierlichen Form der *Qurbana*- und *Raza*-Feier passt.

2. In der konzelebrierten *Qurbana*-Feier werden sämtliche Gebete vom Beginn des ersten *G'hanta* bis zum Ende des vierten *G'hanta*, die vollständige Epiklese und die Schlussdoxologie vom Hauptzelebranten allein vorgetragen.

3. Wann immer der Hauptzelebrant die Gebete vorträgt, soll nur seine Stimme hörbar sein. Keine andere Stimme soll sich murmelnd einmischen oder den Vortrag des Gebetes umgeben. Es gibt keine chorartige Rezitation irgend eines Teils der Liturgie durch die Konzelebranten.

Gebete, die von den Konzelebranten zusammen mit dem Hauptzelebranten vollzogen werden, werden von den Konzelebranten leise *(submissa voce)* gesprochen.

4. Die einzigen Gebete, die alle Konzelebranten laut sprechen, sind jene, die sie zusammen oder im Wechsel mit der Gemeinde sprechen (singen), etwa das Vaterunser, das *Laku Mara*, das Trishagion, das Glaubensbekenntnis usw.

5. Die folgenden Gebete können beim Vortrag unter den Konzelebranten aufgeteilt werden:

- „Wenn der süße Wohlgeruch deiner Liebe, Herr, unser Gott …" (S. 224).

---

[3] Englischer Text: Pathikulangara, Qurbana (wie 3, Anm. 1), X–XII; italienische Fassung: Pallath, Liturgia (wie 2, Anm. 3), 28; eigene Übersetzung.

- „Für jede Hilfe und alle Gnade, die du uns gewährt hast …“ (S. 225).
- „Mein Herr, du bist in der Tat der Lebenspender für unseren Leib“ (S. 226).
- „Heiliger Gott, herrlich und mächtig, Unsterblicher …“ (S. 227).
- „Herr, unser Gott, erleuchte unseren Verstand, auf dass …“ (S. 230 f.).
- „Wir bitten dich, weiser Lenker, der wunderbar sorgt …“ (S. 231).
- „Herr, unser Gott, schau nicht auf die Menge unserer Sünden …“ (S. 256 f.).
- „Christus, Friede derer, die oben im Himmel sind …“ (S. 273).
- „Herr, es ist geziemend, recht und gerecht, Tag für Tag …“ (S. 294).
- „Wir sind gehalten, Herr, dir, der hochgelobten Dreifaltigkeit, darzubringen …“ (S. 295).

6. Falls das Bittgebet *(Kušapa)* in der Anaphora mit dem Antwortruf des Volkes vorgetragen wird, können die entsprechenden Bitten unter den Konzelebranten aufgeteilt werden.

7. Bei den Vor-Anaphora-Riten bereiten die Konzelebranten die Gaben und stellen sie auf dem Altar nieder.

8. Bei den Einsetzungsworten strecken die Konzelebranten die rechte Hand aus, wobei sie die Innenhand nach oben geöffnet halten. Bei der Epiklese strecken sie ebenfalls die rechte Hand aus, und zwar so, dass sie die Innenhand nach unten geöffnet halten.

RAZA
Die Hochform der Eucharistiefeier der Syro-Malabarischen Kirche[1]
(Taksa d'Raze)

Aufbau der Feier

- Eröffnung und Eingangsriten
- Wortgottesdienst
- Gabenbereitung und vorbereitende Riten (Vor-Anaphora)
- Hochgebet (Anaphora von Addai und Mari)
- Versöhnungs- und Kommunionriten
- Danksagung und Entlassung

ERÖFFNUNG UND EINGANGSRITEN

Nachdem der Zelebrant seine Hände gewaschen und die heiligen Gewänder angelegt hat, tritt er, begleitet vom Erzdiakon, den Diakonen und anderen Altardienern, in feierlichem Zug in das Heiligtum ein. Alle tragen die ihnen zukommenden liturgischen Gewänder. In der Prozession werden das Rauchfass, Kerzen und das Evangeliar mitgetragen. In der feierlichsten Feierform (Raza) wird auch das Kreuz mitgeführt.

---

[1] Englischer Text: Pathikulangara, Qurbana (wie 3, Anm. 1), 1–51 (Appendix I); italienische Fassung: Pallath, Liturgia (wie 2, Anm. 3), 33–106; deutsche Fassung: Johannes Madey/Georg Vavanikunnel, Raza. Die Ordnung der feierlichen Form der Göttlichen Liturgie der Thomas-Christen Indiens ostsyrischer Überlieferung, Paderborn – Kottayam 1993; hier eigene deutsche Übersetzung. Zur Feierform bei den katholischen Chaldäern vgl. Missel Chaldéen (wie Anm. 14). Zu den verschiedenen Ausgaben des chaldäischen Messbuchs vgl. Curiacos Moussess, in: POC 1 (1951) 209–220.

Der Erzdiakon steht zur Linken des Zelebranten und der erste Diakon hinter diesem. Der zweite Diakon steht hinter dem Erzdiakon.
Die (übrigen) Diakone stehen beiderseits des Zelebranten. Die anderen Altardiener stehen beiderseits der Diakone. Der zweite Diakon, der das Evangeliar trägt, legt es auf der rechten Seite des Altars nieder.
Nachdem alle sich vor dem Altar verneigt haben, gehen sie zum Bema und die Qurbana-Feier beginnt. Der erste Diakon, der das Kreuz trägt, stellt dieses auf dem Tisch in der Mitte des Bema auf, zusammen mit den zwei Kerzen, beiderseits des Kreuzes je eine Kerze.
Die Prozession kann auch sofort zum Bema ziehen. In diesem Fall wird das Evangeliar nicht mitgetragen. Es befindet sich an seinem gewöhnlichen Platz auf dem Altar.

Mandatum und Gloria

Z.: Wir beginnen diese Opferfeier *(Qurbana)* entsprechend dem Auftrag, der uns anvertraut worden ist.

A.: Wir tun es, wie Christus, der Herr es geboten hat.

Z.: Ehre sei Gott in der Höhe.

A.: Und Friede auf Erden und gute Hoffnung den Menschen
auf immer und ewig.
(drei Mal)

Vaterunser *(Abun)*

In der Hochform der Qurbana-Feier (Raza) wird die folgende volle Form des Vaterunsers immer verwendet. Der Zelebrant beginnt; alle stimmen ein.

Z.: Unser Vater im Himmel,
dein Name werde geheiligt;

dein Reich komme.
Heilig, heilig, heilig bist du.
Unser Vater im Himmel,
Himmel und Erde sind erfüllt von deiner großen Herrlichkeit.
Engel und Menschen rufen dir zu:
Heilig, heilig, heilig bist du.
Unser Vater im Himmel,
dein Name werde geheiligt;
dein Wille geschehe auf Erden,
wie er im Himmel geschieht.
Gib uns heute das Brot, das wir brauchen.
Vergib uns unsere Schuld und Sünden,
wie auch wir denjenigen vergeben haben,
die an uns schuldig geworden sind.
Führe uns nicht in Versuchung,
sondern erlöse uns von dem Bösen.
Denn dein ist das Reich
und die Macht und die Herrlichkeit
in alle Ewigkeit. Amen.

Z.: Ehre sei dem Vater,
auch dem Sohn und dem Heiligen Geist.

A.: Von Anbeginn
und von Ewigkeit zu Ewigkeit. Amen.

Unser Vater im Himmel,
dein Name werde geheiligt;
dein Reich komme.
Heilig, heilig, heilig bist du.
Unser Vater im Himmel,
Himmel und Erde sind erfüllt von deiner großen Herrlichkeit.
Menschen und Engel rufen dir zu:
Heilig, heilig, heilig bist du.

Gebet des Bischofs/Priesters

D.: Lasset uns beten. Friede sei mit uns.

An Sonntagen und gewöhnlichen Feiertagen:

Z.: O Herr, unser Gott,
in deiner Güte
stärke uns, die wir schwach sind,
auf dass wir die heiligen Mysterien feiern können,
die uns gegeben wurden zur Erneuerung und zur Rettung unserer Menschennatur
durch das Erbarmen deines geliebten Sohnes,
Herr aller Dinge, in Ewigkeit.

A.: Amen.

An Herrenfesten und anderen bedeutenden Festen:

Z.: O Herr, unser Gott,
stärke jene, die in rechter Weise an deinen Namen glauben
und aufrichtig den wahren Glauben bekennen,
dass sie die Versöhnung gewährenden Mysterien,
die ihre Seele und ihren Leib heiligen, feiern können,
dass sie dir mit Hingabe den priesterlichen Dienst erweisen
mit Herz und Verstand,
die frei und rein sind von allen bösen Gedanken,
dass sie dich ohne Unterlass preisen für die Erlösung,
die du uns im überreichen Erbarmen deiner Güte geschenkt hast.
Herr aller Dinge,
Vater, Sohn und Heiliger Geist,
in Ewigkeit.

A.: Amen.

An Werktagen:

Z.: Es werde angebetet, verherrlicht, geehrt,
erhoben, bekannt und gepriesen
im Himmel und auf Erden, zu allen Zeiten,
der anbetungswürdige und herrliche Name
deiner gepriesenen Dreieinigkeit.
Herr aller Dinge,
Vater, Sohn und Heiliger Geist,
in Ewigkeit.

A.: Amen.

Psalmodie

Der Zelebrant stimmt den Marmitha-Gesang an und singt ihn im Wechsel mit der Gemeinde.

Marmitha I

Psalm 145 (144)
O Gott, mein König, ich will dich preisen.
Ehre sei dir, Gott. Ehre sei dir, Gott.
Ehre sei dir, Gott.

O Gott, mein König, ich will dich preisen
und rühmen will ich deinen Namen immer und ewig.

Groß ist der Herr und allen Lobes würdig;
seine Größe ist unermesslich.

Ein Geschlecht erzahlt dem anderen von deinen Werken,
verkündet deine staunenerregenden Wunder.

Sie reden vom Glanz deiner Herrlichkeit
und erzählen von deinen machtvollen Taten,

Sie berichten von deiner erstaunlichen Macht
und reden von deiner Größe.

Sie verbreiten das Gedächtnis an deine übergroße Güte
sie spenden Beifall deiner Gerechtigkeit.
Langmütig und barmherzig ist der Herr,
langsam im Zürnen und reich an Gnade.

Gut ist der Herr zu allen,
seine Freundlichkeit gilt allen Geschöpfen.

Es sollen dich loben, Herr, alle deine Werke,
und alle deine Gläubigen sollen dich preisen.

Sie sollen reden von der Herrlichkeit deines Reiches
und sprechen sollen sie von deiner Macht,

Um den Menschen deine machtvollen Taten bekannt zu machen
und den glänzenden Ruhm deines Königtums.

Dein Reich ist ein Reich für alle Zeiten,
deine Herrschaft erstreckt sich über alle Generationen.

Der Herr stützt jene, die wanken,
er richtet jeden auf, der gefallen ist.

Aller Augen warten auf dich,
und du gibst ihnen Speise zur rechten Zeit.

Du öffnest deine Hand
und sättigst alles, was lebt.

Gerecht ist der Herr in allen seinen Wegen,
heilig in all seinen Werken.
Der Herr ist nahe allen, die zu ihm rufen,
allen, die ihn mit aufrichtigem Herzen suchen.

Er erfüllt das Verlangen derer, die ihn fürchten,
er hört ihr Rufen und rettet sie.

Der Herr beschützt jene, die ihn lieben,
doch er zerstreut die Frevler.

Es singe mein Mund das Lob des Herrn
und alles, was lebt, preise seinen heiligen Namen auf immer und ewig.

Psalm 146 (145)
Lobe den Herrn, meine Seele:
Ich werde den Herrn loben mein Leben lang,
solange ich lebe, werde ich Lieder singen für meinen Gott.

Setzt euer Vertrauen nicht auf die Mächtigen,
auf einen Menschen, der nicht retten kann.
Er gibt den Geist auf und kehrt zurück zur Erde,
an jenem Tag sind all seine Pläne dahin.

Selig, wer den Gott Jakobs zum Helfer hat,
wer hofft auf den Herrn, seinen Gott,
den Schöpfer des Himmels und der Erde,
des Meeres und alles, was in ihm ist.

Der Herr ist treu für immer,
er schafft Gerechtigkeit den Unterdrückten,
und den Hungernden gibt er Brot.

Der Herr befreit die Gefangenen,
er gibt den Blinden das Augenlicht wieder.

Der Herr richtet den auf, der gefallen ist.
Der Herr liebt die Gerechten,
der Herr beschützt den Fremden.

Er erhält die Waisen und Witwen,
doch die Wege der Frevler lässt er in die Irre gehen.

Der Herr herrscht auf ewig,
dein Gott, Zion, von Geschlecht zu Geschlecht.

Psalm 147 (146)
Schön ist es, unserem Gott zu singen,
süß ist es, ihn zu loben, wie es ihm gebührt.

Der Herr baut Jerusalem wieder auf,
er sammelt die Versprengten Israels.

Er heilt die gebrochenen Herzen
und verbindet ihre Wunden.

Er zählt die Zahl der Sterne
und ruft jeden einzelnen beim Namen.
Groß ist der Herr, der Allmächtige,
seine Weisheit ist unermesslich.

Der Herr stützt die Schwachen,
doch die Frevler erniedrigt er bis auf den Boden.
Singt dem Herrn ein Dankeslied,
stimmt auf der Zither Loblieder an für unseren Gott.

Er bedeckt den Himmel mit Wolken,
bereitet der Erde den Regen,
lässt das Grün auf den Bergen sprossen.

Er gibt Speise den wilden Tieren,
den kleinen Raben, die nach ihm schreien.

Er lässt sich nicht beeindrucken von der Stärke des Pferdes,
er findet keinen Gefallen am schnellen Lauf des Menschen.

Der Herr freut sich über den, der ihn fürchtet
und der hofft auf seine Gnade.

Ich will dich loben in der erhabenen Kirche
und dir singen inmitten einer Menge von Völkern.

Ehre sei dem Vater und dem Sohn und dem Heiligen Geist
von Anbeginn bis in alle Ewigkeit. Amen.
Halleluja, halleluja, halleluja.

Wenn mehr als ein Psalm gesungen oder rezitiert wird, wird der Marmitha-Gesang mit dem „Ehre sei dem Vater ..." *und den anschließenden Versen des zuerst gesungenen Psalms („Lass uns, Herr, mit reinen Gedanken ..." und „Wie lieblich ...") beendet.*

Psalm 15
Herr, wer darf Gast sein in deinem Zelt,
wer darf weilen auf deinem heiligen Berg?
Der makellos lebt und das Rechte tut;
der von Herzen die Wahrheit sagt.

Der mit seiner Zunge nicht verleumdet.

Der seinem Freund nichts Böses antut
und seinen Nächsten nicht schmäht.

Der den Verworfenen verachtet,
doch alle, die den Herrn fürchten, in Ehren hält.

Der sein Versprechen nicht ändert,
das er seinem Nächsten geschworen hat.

Der sein Geld nicht auf Wucher ausleiht
und nicht zum Nachteil des Schuldlosen Bestechung annimmt.

Wer sich danach richtet,
der wird niemals wanken.

Ehre sei dem Vater, dem Sohn und auch dem Heiligen Geist.
Von Anbeginn bis in alle Ewigkeit. Amen.

Lass mich, Herr, mit reinen Gedanken
vor deinem Altare stehen.

Psalm 150
Lobt Gott an seiner heiligen Stätte,
preist ihn in seiner gewaltigen Himmelsburg!

Lobt ihn für seine großen Taten, lobt ihn in seiner gewaltigen Größe!

Lobt ihn mit dem Schall der Hörner, lobt ihn mit Harfe und Zither!

Lobt ihn mit Pauken und Tanz, lobt ihn mit Flöten und Saitenspiel!

Lobt ihn mit hellen Zimbeln, lobt ihn mit klingenden Zimbeln!

Alles, was atmet, lobe den Herrn! Halleluja!

Ehre sei dem Vater und dem Sohn und dem Heiligen Geist.

Von Ewigkeit und für immer. Amen.

Lass mich, Herr, mit reinen Gedanken
vor deinem Altare stehen.

Psalm 117 (116)
Lobet den Herrn, alle Völker;
preist ihn alle Nationen!

Denn mächtig waltet über uns seine Huld,
die Treue des Herrn währt in Ewigkeit.

Ehre sei dem Vater und dem Sohn
und dem Heiligen Geist.

Von Anbeginn bis in alle Ewigkeit. Amen.

Z.: Lass mich, Herr, mit reinen Gedanken
vor deinem Altare stehen.

Gebet des Bischofs/Priesters

D.: Lasset uns beten. Friede sei mit uns.

An Sonn- und gewöhnlichen Feiertagen:

Z.: O mein Herr,
vor dem erhabenen Thron deiner Herrlichkeit,
und dem hohen und aufragenden Sitz deiner Hoheit,
und vor dem furchterregenden Richterstuhl der Macht deiner Liebe
und dem Sühnealtar, den dein Wille errichtet hat,
und dem Ort, wo deine Herrlichkeit wohnt,
knien wir nieder,
dein Volk und die Schafe deiner Weide,
zusammen mit Tausenden von Kerubim, die dir „Halleluja“ singen,
und mit zehn Mal tausend Serafim und Erzengeln, die dir „heilig“ zurufen,
beten wir dich an,
wir danken dir und rühmen dich zu jeder Zeit.
O Herr aller Dinge,
Vater, Sohn und Heiliger Geist,
in Ewigkeit.

A.: Amen.

An Herrenfesten und anderen bedeutenden Festen:

Z.: Vor dem furchterregenden Richterstuhl deiner Herrlichkeit,
und dem erhabenen Thron deiner Gottheit,
und dem wunderbaren Platz deiner Ehre,
und dem glorreichen Sitz deiner Herrschaft,
wo deine Diener, die Kerubim, dir ohne Ende „Halleluja“ singen
und die Serafim dich verherrlichen,
indem sie dir ohne Unterlass „heilig“ zurufen,

dort werfen wir uns in Ehrfurcht nieder,
wir beten mit Furcht und Zittern an,
sagen Dank und verherrlichen dich
immerfort zu jeder Zeit,
Herr aller Dinge,
Vater, Sohn und Heiliger Geist,
in Ewigkeit.

A.: Amen.

Bei Gedächtnissen und an Werktagen:

Z.: Es ist unsere Pflicht, zu jeder Zeit zu danken,
anzubeten und zu rühmen
den herrlichen, furchterregenden, heiligen, anbetungswürdigen, seligen
und unbegreiflichen Namen deiner glorreichen Dreieinigkeit,
auch deine dem Menschengeschlecht erwiesene Güte,
Herr aller Dinge,
Vater, Sohn und Heiliger Geist,
in Ewigkeit.

A.: Amen.

Verehrung des Heiligen Kreuzes

Der erste Diakon nimmt das Kreuz und reicht es dem Zelebranten. Dieser nimmt es entgegen, küsst es und reicht es dann dem Erzdiakon, den Diakonen, den Altardienern und den Gläubigen zum Kuss. Der Chor singt den besonderen Onita d'Qanke-Gesang oder den folgenden allgemeinen Hymnus „Sliba dahava lan …":

D.: Im Kreuze werden sich unsere Herzen erfreuen.

A.: Das Kreuz war die Ursache unseres Heiles,
unsere sterbliche Menschennatur wurde durch das Kreuz befreit.
Das Kreuz sei uns eine starke Burg, o Herr.
Durch dieses Kreuz werden wir den bösen Feind überwinden
und alle seine listigen Ränke.

D.: Denn auf seinen heiligen Namen haben wir unser Vertrauen gesetzt.

A.: Das Kreuz war die Ursache …

D.: Alle Ehre dem Vater und dem Sohn und dem Heiligen Geist.

A.: O Heiland, in deinem Erbarmen
heilige deine Kirche.
Lass deine Gnade in dieser Kirche wohnen,
die zu deiner Ehre geweiht ist.
Errichte in ihr deinen heiligen Altar, o Herr,
auf dem dein Leib und dein Blut geopfert werden sollen.

D.: Von Anbeginn bis in alle Ewigkeit. Amen.

A.: O Herr, du hast in deinem Erbarmen
deinen Dienern versprochen,
dass alle, die bitten, empfangen
und alle, die suchen, finden,
wir erbitten von dir Kraft und Hilfe,
auf dass wir in all unseren Werken
deinen heiligen Willen tun.

D.: Gib, dass alle Völker rufen: Amen, ja Amen!

A.: Das Kreuz war die Ursache …

Der Gesang wird so lange fortgesetzt, bis die Verehrung des Kreuzes beendet ist. Der erste Diakon trägt danach das Kreuz an seinen Platz zurück.

Inzens

Die Diakone bringen das Rauchfass und Weihrauch zum Zelebranten. Dieser legt drei Weihrauchkörner in das Rauchfass und segnet es. Dabei spricht er leise:

Z.: Dieser Weihrauch, den wir zu deiner Ehre darbringen,
sei gesegnet im Namen deiner allerheiligsten Dreifaltigkeit.
Möge er dir wohlgefällig sein
und die Vergebung der Schuld erwirken,
der Vergehen der Schafe deiner Herde,
Vater, Sohn und Heiliger Geist, in Ewigkeit.

A.: Amen.

D.: Friede sei mit uns.

An Sonn- und Feiertagen:

Z.: O unser Herr und Gott,
wenn der süße Duft deiner Liebe sanft über uns weht
und unsere Seelen durch die Erkenntnis deiner Wahrheit erleuchtet werden,
werden wir würdig erfunden werden,
deinen geliebten Sohn zu empfangen,
der vom Himmel her kommt,
und dir zu danken
und dich ohne Unterlass in deiner Kirche zu preisen.
Sie ist gekrönt wie eine Braut
und erfüllt mit jeder Gnade und allem Segen.
Denn du bist der Herr und Schöpfer aller Dinge,

Vater, Sohn und Heiliger Geist, in Ewigkeit.

A.: Amen.

Bei einem Gedächtnis (Dukrana) und an Werktagen:

Z.: Für jede Hilfe und alle Gnaden, die du uns gewährt hast,
die wir niemals werden vergelten können,
sagen wir dir Dank
und verherrlichen dich ohne Unterlass in deiner Kirche.
Sie ist gekrönt wie eine Braut
und erfüllt mit jeder Gnade und allem Segen.
Denn du bist der Herr und Schöpfer aller Dinge,
Vater, Sohn und Heiliger Geist, in Ewigkeit.

A.: Amen.

Christus-Hymnus *„Laku mara"*

An dieser Stelle wird der Gesang „Herr aller Dinge" (Laku mara) von denen, die sich im Qestroma aufhalten, zusammen mit der Gemeinde im Kirchenschiff gesungen. Der Vorhang des Heiligtums wird zugezogen. Darauf betritt der Diakon das Heiligtum und inzensiert, wobei er sich von der rechten zur linken Seite bewegt. Am Eingang des Heiligtums stehend inzensiert er auch das Volk. Der folgende Gesang kann zwei Mal bei der Hochform des Qurbana (Raza) und ein Mal bei der einfachen Feierform gesungen werden.

A.: Herr aller Dinge, dich preisen wir.
Jesus Christus, dich verherrlichen wir.
Du gibst Leben unserem Leib
und rettest unsere Seelen.

Die am Bema stehen fahren fort. An Sonn- und Feiertagen singen sie:

Ch.: Es ist recht, dir zu danken, Herr,
und deinem Namen Lob zu singen, Höchster!
Herr aller Dinge, dich preisen wir.
Jesus Christus, dich verherrlichen wir.
Du gibst Leben unserem Leib
und rettest unsere Seelen.

An gewöhnlichen Tagen singen sie:

Ch.: In Unschuld habe ich meine Hände gewaschen
und bin hinzugetreten zu deinem Altar, o Herr!
Herr aller Dinge, dich preisen wir.
Jesus Christus, dich verherrlichen wir.
Du gibst Leben unserem Leib
und rettest unsere Seelen.

A.: Ehre sei dem Vater und dem Sohn und dem Heiligen Geist.
Von Anbeginn bis in alle Ewigkeit. Amen, ja Amen.
Herr aller Dinge, dich preisen wir.
Jesus Christus, dich verherrlichen wir.
Du gibst Leben unserem Leib
und rettest unsere Seelen.

D.: Lasset uns beten. Friede sei mit uns.

Z.: O mein Herr,
du bist wahrhaftig der Erwecker unseres Leibes
und der gnädige Retter unserer Seelen;
du bist der treue Hüter unseres Lebens.
O mein Herr, es ist unsere Pflicht, dir immer zu danken,
dich zu preisen und dich zu verherrlichen,
Herr aller Dinge, in Ewigkeit.

A.: Amen.

Das Trishagion *(Qaddiša Alaha)*

Der folgende Gesang kann zwei Mal bei der Hochform der Qurbana-Feier (Raza) gesungen werden. In diesem Fall wird die Wiederholung eingeleitet vom „Ehre sei dem Vater … Von Ewigkeit …“. Er braucht bei der einfachen Feierform nur ein Mal gesungen zu werden.

D.: Erhebt eure Stimme, ihr alle im Volk,
und preist den lebendigen Gott.

A.: Heiliger Gott.
Heiliger Starker.
Heiliger Unsterblicher.
Erbarme dich unser.

Die am Bema stehen fahren fort:

Z.: Ehre sei dem Vater und dem Sohn und dem Heiligen Geist.
Heiliger Gott.
Heiliger …

A.: Von Anbeginn bis in alle Ewigkeit. Amen, ja Amen.
Heiliger Gott.
Heiliger …

D.: Lasset uns beten. Friede sei mit uns.

Z.: Heiliger, Herrlicher, Mächtiger und Unsterblicher,
der du unter den Heiligen wohnst,
auf denen dein Wohlgefallen ruht,
wir bitten dich:
Sieh auf uns, o mein Herr,
sei uns gnädig und erbarme dich unser,
wie du zu tun allezeit gewohnt bist.
Herr aller Dinge,

Vater, Sohn und Heiliger Geist,
in Ewigkeit.

A.: Amen.

Erste Lesung aus dem Alten Testament

Der erste Lektor, der das Lektionar mit den alttestamentlichen Lesungen trägt, begibt sich zur Rechten des Zelebranten und verneigt sich vor ihm. Dann wendet er sich dem Volk zu und spricht:

L.: Setzt euch und seid aufmerksam.

Alle setzen sich.

L.: Lesung aus dem Buch N.

Der Lektor wendet sich dem Zelebranten zu, neigt sein Haupt vor ihm und spricht:

L.: Segne, mein Herr.

Der Zelebrant segnet ihn, indem er spricht:

Z.: Gepriesen sei Gott, der Herr aller Dinge,
der uns durch seine heilige Unterweisung weise macht.
Möge sein Erbarmen zu jeder Zeit herabkommen
auf den Leser + und die Hörenden in alle Ewigkeit.

Oder:

Z.: Möge Gott + dich segnen.

Der Lektor wendet sich dem Volk zu und liest den Text.

Zweite Lesung aus dem Alten Testament (Propheten)

Wenn die Lesung beendet ist, geht der zweite Lektor auf denselben Platz und spricht:

L.: Hört und seid aufmerksam.
Lesung aus dem Propheten N.

Darauf wendet er sich dem Zelebranten zu und spricht:

L.: Segne, mein Herr.

Der Zelebrant segnet ihn, indem er spricht:

Z.: Gepriesen sei Gott, der Herr aller Dinge,
der uns durch seine heilige Unterweisung weise macht.
Möge sein Erbarmen zu jeder Zeit herabkommen
auf den Leser + und die Hörenden in alle Ewigkeit.

Oder:

Z.: Möge Gott + dich segnen.

Dann liest der Lektor den Text. Am Ende der Lesungen singt die Gemeinde:

A.: Ehre sei dem Herrn, unserem Gott.

Zwischengesänge

Nach der Lesung aus den Propheten gibt der Diakon die Anweisung:

D.: Lasst uns aufrecht stehen.

Alle stehen auf. Der Zelebrant stimmt den passenden Šuraya-Gesang an, der entsprechend den Sonn- und Feiertagen wechselt.

Z.: Die Himmel rühmen die Herrlichkeit Gottes.
Wir feiern das Fest des heiligen Mar N.
mit geisterfüllten Liedern.

Halleluja, halleluja, halleluja.

An Herrenfesten fügt man den jeweils passenden Ruf hinzu.

Z.: Wir feiern das Fest
- der Verkündigung
- der Geburt
- der Erscheinung
- die Zeit des großen Fastens
- der Auferstehung
- des Kreuzes
- die Weihe dieser Kirche

mit geisterfüllten Liedern.
Halleluja, halleluja, halleluja.

D.: Von den Werken seiner Hände kündet das Firmament.

A.: Wir feiern …

D.: Ein Tag gibt dem anderen die Botschaft weiter.

A.: Wir feiern …

Z.: Ehre sei dem Vater und dem Sohn und dem Heiligen Geist.

A.: Wir feiern …

D.: Von Anbeginn bis in alle Ewigkeit. Amen, ja Amen.

A.: Wir feiern …

D.: Lasset uns beten. Friede sei mit uns.

An Sonn- und Feiertagen:

Z.: O Herr, unser Gott, erleuchte unseren Verstand,
damit wir imstande sind, aufmerksam zu hören und zu verstehen
die einladende Stimme deiner lebenspendenden und göttlichen Gebote.
In deiner Güte und in deinem Erbarmen gewähre uns,

dass wir aus ihnen Früchte der Liebe, der Hoffnung
und des Heiles sammeln,
die heilsam sind für Seele und Leib;
und dass wir dich immerfort preisen können,
ohne Unterlass, zu jeder Zeit.
Herr aller Dinge,
Vater, Sohn und Heiliger Geist,
in Ewigkeit.

A.: Amen.

An anderen Tagen und an den Sonntagen der großen Fastenzeit:

Z.: Wir flehen zu dir, o weiser Lenker,
der du wunderbar für deine Familie sorgst,
der du hütest das große Schatzhaus,
aus dem uns zufließt jede Hilfe, aller Segen und alle Barmherzigkeit.
Sieh auf uns, mein Herr,
vergib uns, wie du zu tun allezeit gewohnt bist.
Herr aller Dinge,
Vater, Sohn und Heiliger Geist,
in Ewigkeit.

A.: Amen.

Die beiden Diakone singen, dem Volk zugewandt, abwechselnd mit der Gemeinde den gewöhnlichen Turgama-Gesang. Der Zelebrant und der Erzdiakon bleiben sitzen.

DD.: Ihr, die ihr durch Gottes große Macht zu dem Fest des Heils, dem königlichen Mahl des Königs über Himmel und Erde, berufen seid:

A.: Prüft euch sorgfältig im Licht des heiligen Evangeliums
und reinigt im göttlichen Feuer alle weltlichen Gedanken.

DD.: Einen Schatz der Glückseligkeit tut der Herr denen auf, die ihn suchen, und er hat gesagt: „Sünder, hier habt ihr den Schuldschein eurer Vergehen zurück!"

A.: Reinigt eure Herzen und werdet wie die Kinder,
auf dass ihr Erben und Bürger des Himmelreichs werden könnt.

DD.: Seht, das Wort wird euch mit geisterfüllten Stimmen verkündigt
und es öffnet euch den Weg zur ewigen Freude.

A.: Doch es ist nötig, wie Paulus, der Hebräer es getan hat,
vom Schatten der Satzungen sich abzuwenden zu dem wahren Gesetz.

DD.: Er, den der Herr einst unter den Israeliten voll Eifer sah,
wurde berufen, voll Eifer um die Christen besorgt zu sein.

A.: Seht, seine Augen waren einst blind durch die Vorschriften des Gesetzes,
doch dann wurden ihm die Augen geöffnet durch die Kraft der Lehre Jesu.

DD.: Er hat alle hinderlichen Gedanken aus seinem Geist entfernt;
so wurde er ein Apostel Gottes und verkündigte seine Macht unter den Griechen.

A.: Es ist recht, seine ruhmreichen und glaubwürdigen Worte zu beherzigen.
Heute predigt er in seinem Brief an die N.

Epistel aus den Briefen der Apostel

Gegen Ende des Turgama-Gesangs begibt sich der erste Diakon, der das Buch mit den Lesungen aus „dem Apostel" trägt, zur Linken des Zelebranten, verneigt sich vor ihm. Dann wendet er sich dem Volk zu und ruft:

D.: Brüder und Schwestern, Lesung aus dem Brief des heiligen Paulus.

Der Diakon wendet sich dem Zelebranten zu und spricht:

D.: Segne, mein Herr.

Der Zelebrant segnet ihn, indem er spricht:

Z.: Möge Christus dich durch seine heilige Unterweisung weise machen
und er mache dich zu einem guten Beispiel
für diejenigen, die von deinen Lippen die Worte seiner Lehre hören
durch die Güte + seiner Gnade. Amen.

Oder:

Z.: Christus + segne dich.

Der Diakon liest die Lesung. Dabei steht er dem Volk zugewandt. Ein zweiter Diakon steht mit einer brennenden Kerze neben ihm. Ist die Lesung beendet, singen alle:

A.: Ehre sei Christus, unserem Herrn.

Vor dem Evangelium

Der Zelebrant legt Weihrauch ins Rauchfass und segnet es, indem er spricht:

Z.: Herr, der süße Duft, der von dir herkam,
als Maria, die Sünderin, wohlriechendes Salböl über dein Haupt goss,
verbinde sich mit diesem Weihrauch,
den wir zu deiner Ehre darbringen,
damit wir Vergebung unserer Schuld und Sünden erlangen,

Herr aller Dinge, Vater, + Sohn und Heiliger Geist, in Ewigkeit.

A.: Amen.

Unterdessen wird der Zumara-Gesang, der sich je nach Fest und Sonntag ändert, wechselweise von zwei Chören gesungen.

A.: Halleluja, halleluja, halleluja.

I.: Mein Herz fließt über von guter Rede,
dem König erzähle ich meine Taten.
II:. Meine Zunge ist emsig wie eine Feder
in der Hand eines flinken Schreibers.
I.: Ehre sei dem Vater und dem Sohn und dem Heiligen Geist.

II.: Von Anbeginn und in alle Ewigkeit. Amen.

A.: Halleluja, halleluja, halleluja.

Der Zelebrant betet leise:

Z.: Christus, Abglanz der Herrlichkeit deines Vaters
und Abbild dessen, der dich gezeugt hat,
du hast dich selbst in einem Menschenleib, dem unseren gleich, geoffenbart
und die Dunkelheiten unseres Geistes erleuchtet
durch das Licht des Evangeliums.
Wir preisen, beten an und verherrlichen zu jeder Zeit,
Herr aller Dinge, in Ewigkeit. Amen.

Prozession mit dem Evangeliar

Der Erzdiakon oder der Zelebrant selbst, begleitet von einem Priester oder Diakon sowie den Kerzenträgern und dem Thuriferar, geht zum Altar und nimmt das auf ihm liegende Evangeliar. Dabei spricht er:

AD.: Christus, Licht der Welt
und Leben aller.

Ehre sei dem ewigen Erbarmen,
das dich zu uns gesandt hat, in Ewigkeit. Amen.

Ist der Halleluja-Gesang (Zumara) verklungen, stimmt ein Diakon die Evangeliums-Antiphon (Onita d'Evangalion) an. Sie wird im Wechsel mit dem Volk gesungen.

D.: Gleich am Anfang der Bücher steht über mich geschrieben.

A.: Vier herrliche Männer schrieben das große Buch
des Evangeliums unseres Erlösers Christi, des Königs,
in der Kraft des Geistes:
Matthäus für die Gläubigen in Judäa,
Markus für die in Rom,
Lukas für die Ägypter
und Johannes für die Epheser.
Nun aber, seht, überall sinnen Menschen nach über ihre Schriften
und sie preisen dabei deine große Macht, o Herr.

D.: O Gott, ich verlange danach, deinen Willen zu tun.

A.: Vier herrliche Männer ...

D.: Ehre sei dem Vater ...

A.: Vier herrliche Männer ...

D.: Von Ewigkeit zu Ewigkeit. Amen, ja Amen.

A.: Vier herrliche Männer ...

Unterdessen küsst der Zelebrant das Evangeliar und reicht es den anderen Altardienern zum Kuss.
Anstelle des oben stehenden Gesangs kann auch der folgende gesungen werden.

A.: Matthäus, Markus, Lukas und Johannes, eure Gebete seien eine feste Burg für unsere Seelen.

Nachdem das Evangeliar wieder an seinen Platz gelegt worden ist, begeben sich der Zelebrant und der Erzdiakon an ihre Sitze und setzen sich. In der Zwischenzeit singen die Diakone, dem Volk zugewandt, am Eingang des Allerheiligsten im Wechsel mit dem Chor den Turgama-Gesang zum Evangelium.

DD.: Ihr alle, die ihr an Gott, den Vater, Sohn und Heiligen Geist glaubt,
kommt und hört die Worte, die dem Leib Heiligung
und der Seele Leben bringen.

A.: Der Gottessohn wurde wahrhaft den Menschen gleich, ein Mensch unter Menschen,
und durch sein Gesetz hat er die Menschen von der Sünde befreit.

DD.: Diese Worte haben euch einen geistlichen Schatz aufgetan
und dieses Buch ist ganz erfüllt von Leben und Wonne.

A.: Die Teufel ergreifen die Flucht und die bösen Geister stehlen sich ängstlich davon,
sobald dieses lebendige und lebenspendende Wort an ihr Ohr dringt.

DD.: Dies ist das Tor, durch das der Mensch in die himmlische Wohnung eingeht;
dies ist der Weg, geebnet für euch, damit ihr nicht in Fallgruben fallt.

A.: Dies ist die Rede, wodurch die Lebenden, die sie missachten, zugrunde gehen.
Dies ist die Stimme, durch welche die Toten, die sie hören, leben werden.

DD.: Hier ist das Licht, die Wahrheit und das Leben;
und der darin verkündigt wird, ist es, der die Toten und die Lebenden richtet.

A.: Es ist gut zu wissen, dass alle Völker durch ihn gerettet werden. Glaubt fest, dass durch seine Verdienste alle Sünden vergeben werden.

DD.: Der Sämann ging aus, um das Wort anstelle von Samenkörnern zu säen.
Bereitet vor ihm eure Herzen anstelle der Felder.

A.: Sein Wort ist Leben und Seligkeit, Freundlichkeit und Erbarmen.
Seine Stimme ist Hoffnung für die Lebenden und Leben für die Toten.

DD.: Selig jeder, der an ihn glaubt und seinem Wort vertraut.
Wenn er tot ist, wird er leben; wenn er lebt, wird er nicht in der Sünde sterben.

A.: Der eingeborene Sohn Gottes kam in die Welt,
er wurde geboren von einer Jungfrau, auf übernatürliche Weise,
in einer Natur, die jene der Engel überragt.

DD.: Er heilte die Kranken, weckte die Toten auf, vertrieb die Dämonen
und besiegte den Tod.
Denn, obwohl er wirklich gestorben ist,
erstand er vom Tod und stieg zum Himmel empor.

A.: Er sandte den Heiligen Geist auf seine Apostel herab und machte sie weise;
dann schickte er sie bis zu den vier Enden der Erde, um das Evangelium zu verkünden.

DD.: Und jetzt berichtet Mar N. das, was er sah und hörte.
Und so soll ein jeder, der Ohren hat zu hören, jetzt hören.

Verkündigung des Evangeliums

Ist der Turgama-Gesang beendet, nimmt der Zelebrant das Evangeliar vom Altar und, indem er es in Stirnhöhe erhoben trägt, begibt er sich zum Bema. In der Prozession ziehen Kreuz- und Kerzenträger mit; voran geht der Thuriferar. Der Priester spricht unterwegs leise das folgende Gebet:

Z.: Mache uns weise durch dein Gesetz
und erleuchte unsere Gedanken durch deine Erkenntnis.
Heilige unsere Seelen durch deine Wahrheit,
auf dass wir deinen Worten gehorsam sind
und deine Gebote erfüllen zu jeder Zeit,
o Herr aller Dinge, in Ewigkeit. Amen.

Der Diakon ruft, sobald die Prozession auf dem Bema angekommen ist:

D.: Steht aufrecht und hört aufmerksam das heilige Evangelium.

Oder:

D.: Schweigt und seid aufmerksam.

Z.: Friede + sei mit euch.

A.: Und mit dir und deinem Geiste.

Z.: Das heilige Evangelium unseres Herrn Jesus Christus: die Verkündigung nach dem heiligen N. (Matthäus, Markus, Lukas, Johannes).

A.: Ehre sei Christus, unserem Herrn.

Während das Evangelium verkündigt wird, steht der Thuriferar dem Zelebranten gegenüber und inzensiert das Evangeliar.
Nach der Verkündigung des Evangeliums singt die Gemeinde:

A.: Ehre sei Christus, unserem Herrn.

Der Zelebrant schließt das Buch, küsst es und gibt es dem Diakon zu seiner Rechten. Dieser bringt es an seinen Platz auf dem Altar zurück. In der hochfeierlichen Form (Raza) wird es auf dem Tisch des Bema niedergelegt. Auch das Kreuz und die Kerzen bekommen dort ihren Platz. Der Vorhang des Heiligtums wird geschlossen. An Sonn- und Feiertagen schließt sich die Homilie an.

Rufe des Diakons – Fürbitten

Vom Bema aus singt der zweite Diakon die Fürbitten (Karozutha).

An Sonn- und Feiertagen:

D.: Lasst uns alle aufrecht stehen mit Freude und Jubel
und lasst uns beten, indem wir rufen: Herr, erbarme dich unser.

An Werktagen:

D.: Lasst uns alle aufrecht stehen, reumütig und gesammelt,
und lasst uns beten, indem wir rufen: Herr, erbarme dich unser.

A.: Herr, erbarme dich unser.

Karozutha I

D.: Vater des Erbarmens und Gott allen Trostes, wir flehen zu dir.

A.: Herr, erbarme dich unser.

D.: Unser Heiland, der uns Erlösung schafft und alle Dinge gewährt, wir flehen zu dir.

A.: Herr, erbarme dich unser.

D.: Um den Frieden, die Eintracht und den Bestand der ganzen Welt und aller Kirchen flehen wir zu dir.

A.: Herr, erbarme dich unser.

D.: Für unser Land und alle Länder und die Gläubigen, die in ihnen wohnen, flehen wir zu dir.

A.: Herr, erbarme dich unser.

D.: Um günstige Witterung, um eine gute Ernte mit reichem Ertrag an Früchten und um das Wohl der ganzen Welt flehen wir zu dir.

A.: Herr, erbarme dich unser.

D.: Um das Wohlergehen unseres Heiligen Vaters, Papst Mar N., des Hauptes der ganzen Kirche Christi, und unseres Groß-Erzbischofs Mar N., unseres
(Erz-)Bischofs Mar N. und für alle ihre Mitarbeiter flehen wir zu dir.

A.: Herr, erbarme dich unser.

D.: Gütiger Gott, der du alle Dinge mit mildem Erbarmen lenkst, wir flehen zu dir.

A.: Herr, erbarme dich unser.

D.: Du bist reich an Erbarmen und überströmend an Güte, wir flehen zu dir.

A.: Herr, erbarme dich unser.

D.: Du bist wesenhaft gut und gewährst allen Gutes, wir flehen zu dir.

A.: Herr, erbarme dich unser.

D.: Du wirst im Himmel verherrlicht und angebetet auf der Erde, wir flehen zu dir.

A.: Herr, erbarme dich unser.

D.: Du bist deiner Natur nach unsterblich und wohnst in strahlendem Licht, wir flehen zu dir.

A.: Herr, erbarme dich unser.

D.: Rette uns, Christus, unser Herr, durch deine Gnade,
und es mögen wachsen unter uns dein Friede und deine Ruhe,
und schenke uns dein Erbarmen.

A.: Herr, erbarme dich unser.

Karozutha II

D.: Im Gebet und mit Flehen den Engel des Friedens und des Erbarmens erbitten wir.

A.: Von dir, o Herr.

D.: Bleibenden Frieden für die Kirchen und ein Leben ohne Sünde, unser Leben lang, bei Tag und bei Nacht, erbitten wir.

A.: Von dir, o Herr.

D.: Eintracht in Liebe, die das Band der Vollkommenheit ist, in der Fülle des Heiligen Geistes, erbitten wir.

A.: Von dir, o Herr.

D.: Die Vergebung der Sünden und was unserem Leben dienlich und deiner Gottheit wohlgefällig ist, erbitten wir.

A.: Von dir, o Herr.

D.: Deine beständige Barmherzigkeit und liebevolle Freundlichkeit zu allen Zeiten, erbitten wir.

A.: Von dir, o Herr.

D.: Lasst uns uns selbst und einander dem Vater, dem Sohn und dem Heiligen Geist empfehlen.

A.: Dir, Herr, unser Gott.

Am Ende der Fürbitt-Litanei (Karozutha) wird der Vorhang des Heiligtums geöffnet und der Zelebrant, der am Bema steht, breitet die Arme aus und betet mit lauter Stimme:

Z.: Herr, allmächtiger Gott,
wir bitten dich und flehen zu dir,
mache in uns deine Gnade vollkommen
und durch unsere Hände teile aus deine Gaben.
Möge dein göttliches Erbarmen und deine liebevolle Freundlichkeit
Nachlass der Schuld deines Volkes bewirken
und Vergebung der Sünden den Schafen deiner Herde bringen,
die du dir selbst in deiner Gnade und deinem Erbarmen erwählt hast,
Herr aller Dinge,
Vater, Sohn und Heiliger Geist,
in Ewigkeit.

A.: Amen.

Der Erzdiakon nimmt das Kreuz und reicht es dem Zelebranten, der es seinerseits dem zweiten Diakon zu seiner Linken weitergibt. Darauf nimmt der Zelebrant das Evangeliar und überreicht es dem ersten Diakon zu seiner Rechten. Die Diakone gehen zum Altar hinauf und stellen sich mit dem Gesicht zueinander. Der Zelebrant und der Erzdiakon stehen auf dem Bema mit dem Gesicht zum Altar. Ein Tuch, mit dem Bild des Kreuzes geschmückt, wird vor ihnen ausgebreitet.
Die Gebete und Riten bis zur Prostration können in der feierlichen und einfachen Form der Qurbana-Feier entfallen.

Bereitung der Gaben

Während der Fürbitt-Litanei (Karozutha) geht der Erzdiakon oder der erste Diakon mit dem Thuriferar zu dem rechten Bethgaza. Indem er das folgende Gebet spricht, nimmt er den Kelch und zeichnet damit das Zeichen des Kreuzes, während der Thuriferar den Kelch inzensiert.

ED.:Mache diesen Kelch zu einem Wohlgeruch
wie den Kelch Aarons, des heiligen Priesters im Bundeszelt,
o Herr, unser Gott,
Herr der wohlriechenden Gewächse und duftenden Gewürze,
im Namen des Vaters + und des Sohnes und des Heiligen Geistes. Amen.

Dann gießt der Erzdiakon in Kreuzesform Wein in den Kelch. Dabei spricht er:

ED.:Das kostbare Blut wird in den Kelch Christi, unseres Herrn, + gegossen im Namen des Vaters und des Sohnes und des Heiligen Geistes. Amen.

Dann gießt der Erzdiakon etwas Wasser in Kreuzesform in den Kelch. Dabei spricht er:

AD.: Einer der Soldaten kam
und durchbohrte die Seite unseres Herrn mit der Lanze
und sogleich floss Blut und Wasser heraus.
Und der, der es gesehen hat, legt Zeugnis davon ab
und sein Zeugnis ist wahr.
Im Namen des Vaters + und des Sohnes und des Heiligen Geistes. Amen.

Der Erzdiakon gießt nochmals Wein in den Kelch und spricht dabei:

ED.:Wein wird mit Wasser gemischt
und Wasser mit Wein
im Namen des Vaters + und des Sohnes und des Heiligen Geistes. Amen.

Der Erzdiakon und der Thuriferar gehen zu dem linken Bethgaza und der Erzdiakon segnet die Hostienschale (Patene) in der oben beschriebenen Weise. Dabei spricht er:

ED.: Mache diese Patene zu einem Wohlgeruch,
Herr, unser Gott,
wie die Patene Aarons, des heiligen Priesters im Bundeszelt.
Im Namen des Vaters + und des Sohnes und des Heiligen Geistes. Amen.

Darauf nimmt der Erzdiakon das Brot (Bukra) und legt es auf die Patene. Dabei spricht er:

ED.: Diese Patene wird bezeichnet
mit dem heiligen Leib unseres Herrn Jesus Christus,
im Namen des Vaters + und des Sohnes und des Heiligen Geistes. Amen.

Handauflegung und Entlassung der Katechumenen

Der erste Diakon ruft:

D.: Segne, Herr. Neigt euer Haupt zur Handauflegung und empfangt den Segen.

Alle neigen ihr Haupt. Der Zelebrant betet leise mit geneigtem Haupt das Gebet der Handauflegung.

An Sonn- und Feiertagen:

Z.: Herr, allmächtiger Gott,
dein ist die heilige katholische Kirche,
dein sind die Schafe deiner Herde,
erlöst durch das große Leiden deines Christus.
Durch die Gnade des Heiligen Geistes,
der deiner glorreichen Gottheit wesensgleich ist,
werden die verschiedenen Grade des wahren Priestertums
unter Auflegung der Hände verliehen.
In deinem Erbarmen, o mein Herr,
hast du uns gewürdigt,

ungeachtet der Armseligkeit unserer schwachen Natur,
auserwählte Glieder
im großen Leib der heiligen katholischen Kirche zu werden
und den Gläubigen geistliche Gaben auszuteilen.
Vervollkommne in uns, o Herr, deine Gnade
und teile aus deine Gaben durch unsere Hände.
Möge dein Erbarmen und die Freundlichkeit deiner Gottheit
über uns und diesem Volk sein,
das du dir erwählt hast.

Der Zelebrant richtet sich auf und spricht mit lauter Stimme:

Z.: Gewähre, Herr, in deiner Güte,
dass wir alle einmütig
alle Tage unseres Lebens
deiner Gottheit durch gute und gerechte Werke gefallen,
die den anbetungswürdigen Willen deiner Hoheit
besänftigen und versöhnen.
Mögen wir dank deiner Gnade gewürdigt werden,
dir allezeit Ruhm und Ehre, Dank und Preis darzubringen,
Herr aller Dinge,
Vater, Sohn und Heiliger Geist,
in Ewigkeit.

A.: Amen.

An Werktagen und während der Großen Fastenzeit:

Z.: Herr, unser Gott,
strecke aus die Rechte deines Erbarmens
über die katholische und apostolische Kirche,
die ausgebreitet ist von einem bis zum anderen Ende der Erde.
Bewahre sie vor allen sichtbaren und unsichtbaren Gefahren.
In deiner Güte mache uns alle würdig,
vor dir in Reinheit und Heiligkeit,
mit Eifer und Andacht
den heiligen Dienst zu vollziehen.

Er fährt mit lauter Stimme fort:

Z.: Gewähre, Herr, in deiner Güte,
dass wir alle einmütig
alle Tage unseres Lebens
deiner Gottheit durch gute und gerechte Werke gefallen,
die den anbetungswürdigen Willen deiner Hoheit
besänftigen und versöhnen.
Mögen wir dank deiner Gnade gewürdigt werden,
dir allezeit Ruhm und Ehre, Dank und Preis darzubringen,
Herr aller Dinge,
Vater, Sohn und Heiliger Geist,
in Ewigkeit.

A.: Amen.

Die folgenden Rufe können verwendet werden, wenn es Katechumenen gibt. Die Diakone, die dem Volk zugewandt stehen, singen sie abwechselnd. Das kann auch durch einen in zwei Gruppen aufgeteilten Chor geschehen. Doch kann dieser Teil selbst in der Hochform der Qurbana-Feier (Raza) entfallen.

D.: Wer die Taufe nicht empfangen hat, gehe hinaus.

D.: Wer das Zeichen des Lebens nicht empfangen hat, gehe hinaus.

D.: Wer die Kommunion *(Qurbana)* nicht empfängt, gehe hinaus.
D.: Geht, die ihr dies hört, und bewacht die Türen.

Wenn keine Katechumenen anwesend sind, oder falls es nicht ratsam erscheint, eine Entlassungsformel zu verkünden, kann der folgende oder ein ähnlicher Ruf vom Diakon oder, in dessen Abwesenheit, vom Priester, verwendet werden.

D.: Es mögen diejenigen, die getauft sind und mit dem Siegel des Lebens besiegelt wurden, nun andächtig und aufmerksam verweilen, um an den heiligen Mysterien teilzunehmen.

GABENPROZESSION UND VORBEREITENDE RITEN (VOR-ANAPHORA)

Die beiden Diakone, die das Kreuz und das Evangeliar vom Bema zum Altar übertragen haben, stehen, einander zugewandt, vor dem Altar. Der zweite Diakon nimmt vom ersten Diakon das Evangeliar entgegen, nachdem er es geküsst hat. Der erste Diakon nimmt seinerseits vom zweiten Diakon das Kreuz in Empfang, nachdem er es zuvor geküsst hat. Sie stellen das Evangeliar und das Kreuz auf den Altar und stehen dann vor dem Altar mit dem Gesicht zum Volk.

Prostration

D.: Lasset uns beten. Friede sei mit uns.

Z.: Deine Priester sollen sich mit Heiligkeit bekleiden
und deine Heiligen mit Herrlichkeit.

A.: Der Priester nähert sich ehrfurchtsvoll dem heiligen Altar,
er erhebt seine Hände zum Himmel und ruft den Heiligen Geist.
Und der Geist kommt aus der Höhe herab
und heiligt den Leib.

Z.: Und + das Blut Christi.

Der Zelebrant kniet nieder und küsst drei Mal das Tuch auf dem Fußboden. Dann stellt er sich aufrecht und zeichnet das Kreuzzeichen darüber, indem er spricht: „und das Blut Christi". Er tut das Gleiche an den anderen drei Ecken des Tuches, von links nach rechts.

D.: Lasst uns eintreten in sein Zelt
und niederknien vor dem Schemel seiner Füße.

A.: Der Priester nähert sich ehrfurchtsvoll dem heiligen Altar,
er erhebt seine Hände zum Himmel und ruft den Heiligen Geist.
Und der Geist kommt aus der Höhe herab
und heiligt den Leib.

Der Zelebrant geht zur rechten Seite.

Z.: Alle Ehre dem Vater, dem Sohn und dem Heiligen Geist.

A.: Der Priester nähert sich ehrfurchtsvoll dem heiligen Altar,
er erhebt seine Hände zum Himmel und ruft den Heiligen Geist.
Und der Geist kommt aus der Höhe herab
und heiligt den Leib.

Ist die Prostration beendet, wenden sich die Diakone dem Altar zu, sie verneigen sich und singen den folgenden Gesang.

DD.: In alle Ewigkeit.
Unser Herr Jesus, lass deine Rechte, voll von Erbarmen,
die Schafe deiner Herde überschatten,
und sie bleibe allezeit über deinem Volk.
O Herr, deine Barmherzigkeit währt in Ewigkeit.
Überlass uns, das Werk deiner Hände,
nicht der Gewalt des Bösen.

Die Diakone wenden sich dem Zelebranten zu und singen:

DD.: Handle auch an uns, o Herr, nach deiner Güte,
erfülle die Verheißung, die du deinen Zwölf Aposteln gegeben hast.

Z.: Seht, ich bleibe bei euch alle Tage bis zum Ende der Welt.

DD.: Durch deine Gnade sei in unserer Mitte,
wie du inmitten der Apostel warst.

Die letzten beiden Verse „Seht, ich bleibe …“ und „Durch deine Gnade …“ werden wechselweise drei Mal gesungen. Die Diakone begeben sich, jeweils während sie singen, herab zum Zelebranten. Alle stehen schließlich um das auf der Erde ausgebreitete Tuch und singen die folgenden Verse gemeinsam.

DD.: Bewahre uns vor den Versuchungen, o Herr.
Gewähre uns Tage des Friedens,
auf dass wir alle deinen glorreichen Namen

preisen, anbeten und bekennen.

Alle werfen sich nieder und küssen das Tuch.
Der Zelebrant spricht:

Z.: Gott, der Herr des Alls, nehme euren Dienst an.
Er schmücke euch mit Segnungen jeder Art.

Alle erheben sich.

Z.: Möge Gott, der Herr aller Dinge, seine überreiche Barmherzigkeit über uns ausgießen
und auf ewig mit uns sein.

Der Erzdiakon und die Diakone küssen das Messgewand (Paina) des Zelebranten.

Händewaschung

Der Zelebrant wäscht am Bema seine Hände. Dabei spricht er:

Z.: Gott, der Herr aller Dinge, nehme hinweg
die Makel unserer Schuld und Sünden
durch die Aussprengung seiner Güte
und wasche ab die Flecken unserer Vergehen
in dem weiten Meer seiner Barmherzigkeit. Amen.

Während er seine Hände abtrocknet, spricht er:

Z.: Möge der Herr die Bosheit unserer Sünden abwischen
durch sein Erbarmen und seine Gnade. Amen.

Gesang der Mysterien

Der Chor und die Gemeinde singen abwechselnd den „Gesang der Mysterien" (Onita d'Raze). Der folgende Gesang ist ein allgemeiner Text. Anstelle der ersten beiden Strophen kann der besondere Tages-Hymnus gesungen werden.

Ch.: Ich habe fest auf den Herrn vertraut.

A.: Der Leib Christi
und sein kostbares Blut
sind auf dem Altar bereitet.
Mit Ehrfurcht und Liebe
lasst uns alle hinzutreten zu ihm
und zusammen mit den Engeln sein Lob singen:
Heilig, heilig, heilig der Herr, unser Gott.

Ch.: Die Armen werden essen und satt werden.

A.: Der Leib Christi …

Herbeibringen und Bereitstellen der Gaben

Beim Beginn des „Gesangs der Mysterien" (Onita d'Raze) geht der Erzdiakon zu dem linken Bethgaza, ergreift mit beiden Händen die Patene mit der Hostie (Bukra) darauf, erhebt sie in Stirnhöhe und trägt sie zur Mitte des Altars. Zur gleichen Zeit begibt sich der Diakon zum rechten Bethgaza, nimmt den Kelch und trägt ihn zum Erzdiakon, der oben am Altar steht. Der Erzdiakon hält den Kelch in seiner rechten und die Patene in seiner linken Hand, legt die Arme kreuzweise übereinander und erhebt sie.

D.: Lasset uns beten. Friede sei mit uns.

ED.: Lasst uns Ehre darbringen
deiner allerheiligsten Dreifaltigkeit
immer und in Ewigkeit.

D.: Amen.

ED.: Möge Christus, der zu unserem Heil geopfert wurde
und uns aufgetragen hat,
das Gedächtnis seines Leidens und Sterbens,
seines Begräbnisses und seiner Auferstehung zu begehen,
dieses Opfer aus unseren Händen annehmen
durch seine Gnade und Barmherzigkeit, in Ewigkeit. Amen.

Während er den Fuß des Kelches drei Mal mit der Patene anschlägt, spricht er:

ED.: Deinem Auftrag gemäß, o Herr, unser Gott,
werden diese glorreichen, heiligen, lebenspendenden
und göttlichen Mysterien niedergelegt und bereitgestellt
auf dem heiligen Altar,
bis zum herrlichen Zweiten Kommen Christi vom Himmel her.
Ihm sei Ruhm und Dank, Anbetung und Ehre,
jetzt und immer und in alle Ewigkeit.

D.: Amen.

Dieser Ritus kann auch in der Hochform der Qurbana-Feier (Raza) entfallen.
Der Erzdiakon stellt die Gaben auf den Altar, die Patene zu seiner Rechten, den Kelch zur Linken. Er bedeckt sie mit dem Velum.
Unterdessen wird der „Gesang der Mysterien" (Onita d'Raze) fortgesetzt.

Z.: Ehre sei dem Vater und dem Sohn und dem Heiligen Geist.
An diesem heiligen Altar werde das Gedächtnis der Jungfrau Maria,
der Mutter Gottes, begangen.

A.: Von Ewigkeit zu Ewigkeit. Amen.
Apostel des Sohnes und Freunde des Eingeborenen
betet, dass Frieden herrsche
in der ganzen Schöpfung.

Z.: Das ganze Volk möge sprechen: Amen, Amen.
An diesem Altar werde
das Gedächtnis von Mar Thomas begangen,
zusammen mit den Gerechten, die gesiegt haben,
und den Märtyrern, die gekrönt worden sind.

A.: Der Herr, der Mächtige, ist mit uns!
Unser König ist bei uns.
Mit uns ist unser Gott.
Der Gott Jakobs ist unser Hilfe.

Z.: Die Kleinen mit den Großen.
Alle, die in dir entschlafen sind,
die hoffen, dass du sie auferweckst in Herrlichkeit
durch deine glorreiche Auferstehung.

A.: Schüttet euer Herz vor ihm aus.
Durch unser Fasten und unser Gebet,
durch die Reue unseres Herzens
lasst uns Christus gnädig stimmen,
auch seinen Vater und seinen Geist.

Diejenigen, die sich im Heiligtum aufhalten, und diejenigen, die am Bema stehen, kommen zum Eingang des Heiligtums. Der Zelebrant verneigt sich tief. Unterdessen spricht er leise das folgende Gebet:

Z.: Mit einem Herzen, gereinigt von schlechten Gedanken,
mache uns würdig, in das Allerheiligste einzutreten
und vor deinem Altar zu stehen,
in Reinheit und Heiligkeit, mit Eifer und Andacht,
um dir geistige und vernünftige Opfer
im wahren Glauben darzubringen.

Glaubensbekenntnis

Der Zelebrant richtet sich auf, breitet die Arme aus und spricht mit lauter Stimme:

Z.: Wir glauben an den einen Gott,
den Vater, den Allmächtigen,
den Schöpfer aller Dinge,
der sichtbaren wie der unsichtbaren.

I.: Und an den einen Herrn Jesus Christus,
den eingeborenen Sohn Gottes,
den Erstgeborenen vor allen Geschöpfen.

II.: Von Ewigkeit her vor allen Kreaturen
aus dem Vater geboren
und nicht geschaffen,
wahrer Gott vom wahren Gott,
eines Wesens mit dem Vater.

I.: Durch ihn wurden die Welten geschaffen
und alle Dinge ins Dasein gerufen.
Für uns Menschen und zu unserem Heil
ist er vom Himmel herabgestiegen.

II.: Durch des Heiligen Geistes Kraft
hat er Fleisch angenommen
und ist Mensch geworden.
Er wurde geboren
von der Jungfrau Maria.

I.: Unter der Herrschaft von Pontius Pilatus
hat er gelitten und wurde gekreuzigt.
Er starb und wurde begraben.
Am dritten Tag ist er auferstanden,
gemäß der Schrift.

II.: Er ist aufgestiegen in den Himmel
und sitzet zur Rechten des Vaters.

Er wird wiederkommen zu richten
die Lebenden und die Toten.

I.: Wir glauben an den einen Heiligen Geist,
den Geist der Wahrheit,
der Leben gibt,
der hervorgeht aus dem Vater.

II.: Wir glauben an die eine, heilige,
katholische und apostolische Kirche.

I.: Wir bekennen die eine Taufe
zur Vergebung der Sünden,
die Auferstehung des Leibes
und das ewige Leben. Amen.

Rufe des Diakons

Der Zelebrant wendet sich dem Diakon zu und segnet ihn, indem er spricht:

Z.: Gott, der Herr aller Dinge, stärke dich +, damit du sein Lob verkündest.

Der Diakon singt die folgenden Rufe (Karozutha).

D.: Lasset uns beten. Friede sei mit uns.
Lasset uns im Gebet gedenken unserer Väter,
der Patriarchen und Bischöfe,
aller Priester und Diakone,
der Ehelosen und Jungfrauen,
unserer Eltern, Brüder und Schwestern,
aller unserer Söhne und Töchter,
der gläubigen, christusliebenden Herrscher
und aller, die im wahren Glauben
aus dieser Welt geschieden sind.

Der folgende Teil kann in der feierlichen und einfachen Form weggelassen werden.

Wir gedenken aller Propheten und Apostel,
der Märtyrer und Bekenner an diesem Ort und an allen Orten.
Möge Gott, der sie bei der Auferstehung der Toten krönen wird,
uns mit ihnen die feste Hoffnung geben,
dass auch wir mit ihnen Anteil erlangen am Leben
und am Erbe im Himmelreich.
Segne, Herr.
Möge dieses Opfer *(Qurbana)* gnädig angenommen
und durch das Wort Gottes
und den Heiligen Geist geheiligt werden.

Er fährt fort:

Möge dieses Opfer uns Hilfe und Heil erwirken
und ewiges Leben im Himmelreich
durch die Gnade Christi.

Hinzutreten zum Altar

Während des Gesangs des Diakons tritt der Zelebrant an den Altar. Er macht drei tiefe Verbeugungen. Bei jeder bewegt er sich etwas weiter nach vorne. Wenn er sich zum ersten Mal tief verbeugt, beginnt er leise zu beten:

Z.: Ich danke dir, Vater,
Herr des Himmels und der Erde,
Vater, Sohn und Heiliger Geist,
dass du mich Sünder durch deine Gnade würdig gemacht hast,
diese heiligen, glorreichen, lebenspendenden
und göttlichen Mysterien des Leibes und Blutes deines Christus
dir darzubringen.
Ich opfere dir diese göttlichen Mysterien auf
für dein Volk,

die Schafe deiner Herde,
zum Nachlass ihrer Schuld
und zur Vergebung ihrer Sünden,
für das Heil ihrer Seelen,
für die Versöhnung der ganzen Welt
und den Frieden und die Ruhe aller Kirchen.

Der Zelebrant tritt an den Altar, verbeugt sich und küsst ihn, erst in der Mitte, dann am rechten Ende, schließlich am linken. Dann kehrt er zur Mitte zurück.

Z.: Segne, Herr.

Gebetsbitte an das Volk

Der Zelebrant wendet sich dem Volk zu und spricht:

Z.: Meine Brüder und Schwestern,
betet für mich, dass dieses Opfer
durch meine Hände vollbracht werde.

Er wendet sich wieder dem Altar zu.

A.: Gott, der Herr aller Dinge, stärke dich,
damit du seinen Willen erfüllst;
er nehme dieses Opfer an.
Möge ihm das Opfer gefallen,
das du für uns,
für dich selbst
und für die ganze Welt darbringst,
durch die Güte seiner Barmherzigkeit, in Ewigkeit.

Währenddessen spricht der Zelebrant das folgende Gebet (Kušapa) mit leiser Stimme:

Z.: O Herr, unser Gott,
schau nicht auf die Menge meiner Sünden.

Deine Herrlichkeit verachte uns nicht
wegen der Last unserer bösen Taten.
Herr Jesus Christus,
durch deine unaussprechliche Gnade heilige dieses Opfer
und gewähre uns durch seine Feier Kraft und Stärke,
auf dass es unsere zahlreichen Sünden tilge.
Lass uns vor dir Gnade und Erbarmen finden
und mach uns würdig, dich mit den Engelscharen zu loben,
wenn du dich am Ende der Zeit in Herrlichkeit offenbarst
in unserer Menschennatur, die du angenommen hast.

ERSTES HOCHGEBET *(QUDDAŠA QADMAYA)*

Anaphora der gesegneten Apostel Mar Addai und Mar Mari,
der Lehrer des Ostens
(Taksa d'Quddaša de Šlihe)

Erstes G'hanta-Gebet

Der Zelebrant spricht leise das erste Gebet (G'hanta) in gebeugter Haltung:

Z.: Herr, unser Gott,
wir danken dir für die überreichen Gnaden,
die du uns hast zuteil werden lassen.
Denn, obwohl wir sündig und schwach sind,
hast du in deiner Barmherzigkeit uns würdig gemacht,
Diener des Leibes und Blutes deines Christus zu sein.
Wir flehen zu dir, uns zu stärken,
damit wir mit vollkommener Liebe
und wahrem Glauben die Gaben austeilen,
die du uns gegeben hast.

Der Zelebrant küsst den Altar, richtet sich auf, legt seine Hände kreuzweise vor die Brust, macht dann das Kreuzzeichen über sich selbst und betet laut:

Z.: Wir bringen dir Preis und Ehre,
Anbetung und Danksagung dar
jetzt + und immer und von Ewigkeit zu Ewigkeit.

A.: Amen.

Friedensgruß

Der Zelebrant wendet sich der Gemeinde zu und segnet sie:

Z.: Der Friede + sei mit euch.

A.: Und mit dir und deinem Geiste.

Der Zelebrant entbietet in der üblichen Weise dem Erzdiakon den Frieden, dieser gibt ihn an die Diakone weiter. Darauf wendet sich der zweite Diakon dem Volk zu und ruft:

D.: Meine Brüder und Schwestern, gebt einander den Frieden in der Liebe Christi.

Der Diakon gibt den Friedensgruß weiter an die übrigen Altardiener im Heiligtum und im Qestroma. Einer von den Diakonen bringt den Gläubigen den Frieden. Diese geben einander den Friedensgruß. Unterdessen singt der Diakon (oder ein Priester) die Diptychen.

Das Buch des Lebens (Diptychen)

D.: Für alle Patriarchen, Bischöfe, Priester, Diakone
und für alle anderen Gläubigen,
die aus der sichtbaren Gemeinschaft der Kirche geschieden sind,
besonders für N.;
um unser Wohl und um den Frieden der Welt,
auch um die Krönung des Jahres,
dass es gesegnet sei und reich an Gaben durch deine Güte;
für alle Kinder der Kirche,
die würdig erfunden werden,
diese Opfergabe vor deinem Angesicht zu empfangen;
für alle deine Diener und Dienerinnen, die jetzt vor dir stehen,
und für einen jeden, besonders für N.
und für uns alle
möge dieses Opfer angenommen werden auf ewig.
Amen.

Einladung des Diakons

Indem der Diakon sich dem Volk zuwendet, fährt er fort:

D.: Lasst uns alle dem Herrn danken
und mit reinem und zerknirschtem Herzen
zu ihm beten und flehen.
Lasst uns mit gebührender Ehrfurcht aufrecht stehen
und unsere Aufmerksamkeit richten
auf die ehrfurchtgebietenden Mysterien,
die nun auf dem Altar vollzogen werden.
Der Priester (der Groß-Erzbischof, Erzbischof, Bischof) betet,
auf dass durch seine Fürbitte Friede unter uns herrsche.
Schlagt eure Augen nieder
und erhebt eure Gedanken zum Himmel.
Betet aufmerksam und gesammelt
und fleht in diesem Augenblick zum Herrn.
Niemand unterstehe sich zu sprechen.
Und wer betet, bete in seinem Herzen.
Steht aufrecht mit Schweigen und Ehrfurcht und betet.
Friede sei mit uns.

Unterdessen betet der Zelebrant leise das folgende Gebet:

Z.: Herr, allmächtiger Gott,
in deiner Barmherzigkeit hilf mir, der ich schwach bin,
und durch deine Gnade mache mich würdig,
vor dir dieses lebendige und heilige Opfer darzubringen
zum Wohl der ganzen Gemeinde
und zum Lobpreis deiner anbetungswürdigen Dreifaltigkeit,
Vater, Sohn und Heiliger Geist, in Ewigkeit.

Abnahme des Velums

Der Zelebrant nimmt das Velum von den Gaben, faltet es und legt es um die Gaben. Dabei spricht er:

Z.: Herr, durch deine Gnade hast du mich würdig gemacht,
an deinem Leib und Blut teilzuhaben;
möge ich auch am Tag des Gerichtes
mit Zuversicht vor dich treten. Amen.

Inzens des Altares

Der Diakon bringt das Rauchfass. Der Zelebrant segnet den Weihrauch wie vorher beschrieben und, indem er an seinem Platz stehen bleibt, inzensiert er den Altar. Nachdem er das Rauchfass dem Diakon zurückgegeben hat, ruft der Zelebrant:

Einleitungsdialog

Z.: Die Gnade unseres Herrn Jesus Christus,
die Liebe Gottes, des Vaters,
und die Gemeinschaft des Heiligen Geistes
sei mit uns allen jetzt + und allezeit.

A.: Amen.

Er erhebt die Arme und ruft:
Z.: Erhebet zur Höhe eure Gedanken!

A.: Zu dir, Gott Abrahams,
Isaaks und Jakobs,
ruhmreicher König.

Z.: Das Opfer wird Gott, dem Herrn aller Dinge, dargebracht.

A.: Das ist würdig und recht.

D.: Friede sei mit uns.

Der Zelebrant betet das folgende Gebet (Kušapa) leise:

Z.: Herr, gib uns Zuversicht vor deinem Angesicht,
damit wir mit unserem von jeder Befleckung
und allem Bösen freien Gewissen,
ohne Neid, Falschheit und Bitterkeit
dieses lebendige und heilige Mysterium vertrauensvoll vollziehen.
Mein Herr, breite unter uns Liebe und Eintracht aus,
zueinander und mit allen,
durch deine Gnade und dein Erbarmen. Amen.

Zweites G'hanta-Gebet

In gebeugter Haltung betet der Zelebrant das folgende Gebet (G'hanta). Er hält dabei die Hände gefaltet.

Z.: Würdig, von jedem Mund verherrlicht,
von jeder Zunge gepriesen zu werden,
Anbetung und Lobpreis von jedem Geschöpf zu empfangen,
ist der anbetungswürdige und glorreiche Name
der gebenedeiten Dreifaltigkeit,
Vater, Sohn und Heiliger Geist.
In seiner Güte hat er die Welt erschaffen,
ihre Bewohner durch seine Barmherzigkeit ins Dasein gerufen
und große Gnade über die Sterblichen ausgegossen.
O mein Herr,
Tausende und Abertausende himmlische Wesen
verneigen sich tief
und beten deine Herrlichkeit an.
Myriaden über Myriaden heiliger Engel,
Scharen von himmlischen Geistern,

Diener aus Feuer und Geist,
rühmen deinen Namen
und mit den heiligen Kerubim und den körperlosen Serafim
bringen sie deiner Hoheit Anbetung dar.

Der Zelebrant küsst den Altar in der Mitte; dann erhebt er seine Arme und singt laut:

Z.: Sie erheben ihre Stimme und rühmen ohne Unterlass;
sie rufen einander zu und singen:

Sanctus

A.: Heilig, heilig, heilig, Herr,
der Herr Gott, der Allmächtige.
Himmel und Erde sind von seiner Herrlichkeit erfüllt.
Hosanna in der Höhe.
Hosanna dem Sohne Davids.
Gepriesen ist, der gekommen ist und kommen wird
im Namen Gottes, des Herrn.
Hosanna in der Höhe.

Post-Sanctus

Unterdessen küsst der Zelebrant den Altar und spricht leise das folgende Gebet:

Z.: Heilig bist du, Gott,
du allein bist der wahre Vater,
in dem alle Vaterschaft im Himmel und auf Erden ihren Ursprung hat.
Heilig bist du, ewiger Sohn,
durch den alles geworden ist.
Heilig bist du, Heiliger Geist,

durch den alles geheiligt wird.

Aufrecht stehend fährt er leise mit dem folgenden Gebet (Kušapa) fort.

Z.: Wehe mir, ich bin entsetzt.
Denn ich bin ein Mann mit unreinen Lippen
und lebe inmitten eines Volkes mit unreinen Lippen;
und doch haben meine Augen den König gesehen,
den Herrn der Heerscharen.
Wie ehrfurchtgebietend ist dieser Ort,
denn heute habe ich den Herrn von Angesicht zu Angesicht gesehen.
Hier ist nichts anderes als das Haus Gottes.
Nun denn, Herr, gieße deine Barmherzigkeit über uns aus,
reinige uns von unserer Unreinheit.
Heilige unsere Lippen
und vereinige unsere schwachen Stimmen
mit den Gesängen der Serafim und Erzengel.
Ehre sei den Taten deines Erbarmens.
Denn du hast die irdischen und die himmlischen Wesen verbunden.
Segne, Herr.

Bitte an das Volk

Der Zelebrant wendet sich dem Volk zu, breitet die Arme aus und spricht:

Z.: Meine Brüder und Schwestern, betet für mich,
dass dieses Opfer durch meine Hände dargebracht werde.

A.: Christus höre deine Gebete
und nehme dein Opfer an.
Er erhöhe deinen Priesterdienst im Himmelreich
und habe Wohlgefallen an diesem Opfer,

das du darbringst für dich selbst,
für uns und für die ganze Welt,
die seine Gnade und sein Erbarmen erhofft und erwartet,
in Ewigkeit. Amen.

Drittes G'hanta-Gebet (1. Teil)

Der Zelebrant verneigt sich und betet leise das folgende Gebet (G'hanta):

Z.: Zusammen mit diesen himmlischen Heerscharen
sagen wir dir Dank, o Herr,
und preisen Gott, das Wort,
den verborgenen Sohn deines Schoßes.
Obwohl er dir gleich war an Herrlichkeit
und das Abbild deines Wesens ist,
betrachtete er die Gott-Gleichheit doch nicht als unaufgebbares Gut,
sondern er entäußerte sich und nahm Knechtsgestalt an.
Er wurde ganz und gar Mensch,
mit einer vernunftbegabten, verstehenden und unsterblichen Seele
und mit einem sterblichen Menschenleib.
Er wurde geboren von einer Frau,
dem Gesetz untertan,
damit er die freikaufe, die unter dem Gesetz waren.
Und er hat uns das Gedächtnis unserer Erlösung hinterlassen,
dieses Mysterium, das wir vor dir darbringen.

Er richtet sich auf und erhebt die Stimme:

Einsetzungsbericht

Z.: O mein Herr, unser Gott,
wir gedenken des Leidens deines Sohnes,
wie er es uns aufgetragen hat.
In der Nacht, in der er ausgeliefert wurde,
nahm er *(er ergreift die Patene mit beiden Händen)* das Brot
in seine reinen und heiligen Hände,
erhob seine Augen zum Himmel *(er erhebt seine Augen zum Himmel)*,
zu dir, seinem glorreichen Vater,
und segnete + + + *(er zeichnet drei Mal das Kreuzzeichen über das Brot)*,
brach und gab es seinen Jüngern,
indem er sprach:
Das ist mein Leib,
der zerbrochen wird für euch
zur Vergebung der Sünden.
Nehmt und esst alle davon.

A.: Amen.

Z.: In gleicher Weise nahm er den Kelch *(er ergreift den Kelch mit beiden Händen)*,
sagte Dank,
segnete + + + *(er zeichnet drei Mal das Kreuzzeichen über den Kelch)*
und gab ihn ihnen,
indem er sprach:
Das ist mein Blut des Neuen Bundes,
das für viele vergossen wird zur Vergebung der Sünden.
Nehmt und trinkt alle davon.

A.: Amen.

Z.: Wenn ihr in meinem Namen versammelt seid,
tut dies zu meinem Gedächtnis.

Alle verneigen sich.

Drittes G'hanta-Gebet (2. Teil)

Der Zelebrant fährt mit dem Gebet (G'hanta) in gebeugter Haltung leise fort:

Z.: Wie du es uns geboten hast, unser Herr,
sind auch wir, deine schwachen, hinfälligen und armseligen Diener versammelt,
da du uns große Wohltaten erwiesen hast,
für die wir dir niemals genug danken können.
Du, o Herr, hast dich selbst mit unserer Menschennatur bekleidet,
um sie durch deine Gottheit zu beleben;
du hast unsere Schwachheit erhöht
und uns aus unserem Fall aufgerichtet;
du hast unsere Sterblichkeit belebt,
hast unsere Schuld vergeben;
du hast uns in unserer Sündigkeit gerecht gemacht
und unseren Verstand erleuchtet.
Unser Herr und unser Gott,
du hast unsere Feinde niedergerungen
und unserer schwachen und hinfälligen Natur den Sieg verliehen
durch das überströmende Erbarmen deiner Gnade.

Er küsst den Altar, steht aufrecht und ruft:

Z.: Für alle deine uns gewährten Wohltaten und Gnaden
bringen wir Ruhm und Ehre dar,
Danksagung und Anbetung,
jetzt + (*er zeichnet das Kreuz über die* Mysterien) und in alle Ewigkeit.

A.: Amen.

D.: Betet in eurem Herzen. Friede sei mit uns.

Der Diakon fährt fort:

D.: Hebt eure Augen zum Himmel empor,
schaut und begreift es in euren Herzen.
Betet und bedenkt die Dinge, die in diesem Augenblick geschehen.
Die Serafim stehen mit großer Furcht
vor dem glorreichen Thron Christi.
Das Volk fleht zu ihm.
Der Priester bittet, ersucht und erfleht
Erbarmen für die ganze Welt.
Zusammen mit dem Priester und dem Volk
rühmen die Serafim
und singen Lob ohne Ende
mit lauter Stimme
dem Leib, der bereitet
und dem Kelch, der gemischt ist.

Darauf betet der Zelebrant das folgende Gebet (Kušapa). Er breitet dabei die Arme aus:

Z.: Herr, allmächtiger Gott,
nimm dieses Opfer an
für den obersten Priester, Mar N., den Bischof von Rom,
das Haupt und den Lenker der ganzen Kirche,
für unseren Groß-Erzbischof, Mar N.,
für unseren (Erz-)Bischof, Mar N.,
die zur Zeit deinem Volk vorstehen;
für die ganze katholische Kirche,
für die Priester,
für die Lenker (der Staaten) und jede Obrigkeit;
zur Ehre aller Propheten, Apostel, Märtyrer und Bekenner;
für alle gerechten und heiligen Väter,

die Gnade gefunden haben vor deinem Angesicht;
für alle, die weinen und leiden,
für alle Armen und Unterdrückten,
für die Kranken und Betrübten,
für alle Verstorbenen, die in deinem Namen verschieden
und von uns gegangen sind;
für dieses dein Volk,
das deine Erbarmungen erhofft und erwartet,
auch für mich schwachen, armseligen und unwürdigen Priester.
O Herr, unser Gott,
handle an deinem Volk und an mir
nach deinem Erbarmen
und dem Übermaß deiner Güte,
nicht nach meinen Sünden und Übertretungen.
Mögen wir gewürdigt werden,
Nachlass der Schuld und Vergebung der Sünden zu erhalten
durch den heiligen Leib,
den wir in wahrem Glauben empfangen,
und durch die Gnade, die von dir kommt. Amen.

Z.: Segne, Herr.

Bitte an das Volk

Der Zelebrant wendet sich dem Volk zu und spricht:

Z.: Meine Brüder und Schwestern, betet für mich.

Er wendet sich wieder dem Altar zu.

A.: Christus erhöre deine Gebete
und nehme dein Opfer an.
(Er erhöhe deinen Priesterdienst im Himmelreich
und habe Wohlgefallen an diesem Opfer,
das du für dich selbst,
für uns und für die ganze Welt darbringst,

die Christi Gnade und Erbarmen erhofft und erwartet,
in alle Ewigkeit. Amen.)

Viertes G'hanta-Gebet

Der Zelebrant betet in gebeugter Haltung leise das folgende Gebet (G'hanta):

Z: O mein Herr,
in deiner überströmenden und unaussprechlichen Barmherzigkeit
lass uns ein gutes und heilsames Andenken
an die Jungfrau Maria, die Mutter Gottes, begehen,
auch an alle gerechten und heiligen Väter,
die Wohlgefallen vor dir gefunden haben,
bei diesem Gedächtnisopfer des Leibes und Blutes deines Christus,
das wir dir auf diesem reinen und heiligen Altar darbringen,
wie du es uns aufgetragen hast.
Gewähre uns deine Ruhe und deinen Frieden
alle Tage unseres Lebens.
Alle Bewohner der Erde mögen erkennen,
dass du der eine wahre Gott bist, der Vater,
und dass du unseren Herrn Jesus Christus,
deinen geliebten Sohn, gesandt hast.
Er, unser Herr und unser Gott, kam
und hat uns in seinem lebenspendenden Evangelium
den Weg der Reinheit und Heiligkeit gelehrt,
den Weg der Propheten und der Apostel,
der Märtyrer und der Bekenner,
der Lehrer und Bischöfe, Priester und Diakone
und aller Kinder der heiligen katholischen Kirche,
die bezeichnet wurden + *(hier bezeichnet er den Altar in Kreuzform)*

mit dem lebendigen und lebenspendenden Siegel der heiligen Taufe.
Auch wir, Herr, deine schwachen, hinfälligen und sündigen Diener
haben uns in deinem Namen versammelt,
entsprechend deinem Beispiel,
wie es uns durch die Überlieferung vermittelt wurde.
Wir stehen in dieser Stunde vor dir,
rühmend, verherrlichend, gedenkend und feiernd
dieses große, ehrfurchtgebietende, heilige,
lebenspendende und göttliche Mysterium
des Leidens und Sterbens, des Begräbnisses und der Auferstehung
unseres Herrn und Erlösers Jesus Christus.

Epiklese

Der Zelebrant legt seine rechte Hand kreuzweise über die linke und hält die gekreuzten Hände über den Gaben. Er bittet um das Kommen des Heiligen Geistes.

Z.: Es komme, o mein Herr, dein Heiliger Geist herab.

D.: Steht aufrecht mit Schweigen und Ehrfurcht und betet.
Der Friede sei mit uns.

In der feierlichen und einfachen Form der Qurbana-Feier kann der Ruf des Diakons der Bitte des Zelebranten um das Kommen des Heiligen Geistes voraufgehen.

Z.: Und er verweile über diesem Opfer *(Qurbana)* deiner Diener;
er segne es und heilige es,
auf dass es uns, o Herr,
zum Nachlass der Schuld und zur Vergebung der Sünden gereiche,
auch zur großen Hoffnung der Auferstehung von den Toten

und des neuen Lebens im Himmelreich,
zusammen mit allen, die dir wohlgefällig waren.

Für dieses große und wunderbare Heilswerk für uns
danken wir dir und rühmen dich ohne Unterlass,
in deiner Kirche,
die erlöst ist durch das kostbare Blut deines Christus.

Doxologie

Er küsst den Altar.

Z.: Voll Zuversicht und in Freude
bringen wir Preis und Ehre,
Danksagung und Anbetung dar
deinem lebendigen, heiligen und lebenspendenden Namen,
jetzt + *(er zeichnet ein Kreuz über die Mysterien)* und in alle Ewigkeit.

A.: Amen.

Gebet um Frieden und Vergebung der Sünden

Das folgende Christusgebet kann in der feierlichen und einfachen Form der Qurbana-Feier entfallen. Der Zelebrant betet es leise und in gebeugter Haltung.

Z.: Christus, Friede derer, die im Himmel sind,
und große Hoffnung für die Bewohner der Erde,
richte auf deinen Frieden und deine Ruhe
in allen Teilen der Welt,
besonders in der heiligen katholischen Kirche.
Lass Eintracht herrschen zwischen Kirche und Staat.
Verbanne den Krieg vom Angesicht der Erde.
Entferne die Streitsüchtigen, die Krieg wollen,
aus unserer Mitte,
auf dass wir ein stilles und ruhiges Leben führen können,
in aller Rechtschaffenheit und Gottesfurcht.
Nicht uns, o Herr, nicht uns,
sondern deinem Namen geben wir die Ehre.

Aufrecht stehend fährt er mit lauter Stimme fort:

Z.: Erbarme dich meiner, o Gott, nach deiner Barmherzigkeit.

A.: In deiner großen Güte lösche aus meine Sünden.

Z.: Wasch meine Schuld von mir ab und mach mich rein von meiner Sünde!

A.: Denn ich erkenne meine bösen Taten, meine Sünde steht mir immer vor Augen.

Z.: Gegen dich allein habe ich gesündigt, ich habe getan, was dir missfällt.

A.: So behältst du recht mit deinem Urteil, rein stehst du da als Richter.

Z.: Denn ich bin in Schuld geboren; in Sünde hat mich meine Mutter empfangen.

A.: Lauterer Sinn im Verborgenen gefällt dir, im Geheimen lehrst du mich Weisheit.

Z.: Entsündige mich mit Ysop, dann werde ich rein; wasche mich, dann werde ich weißer als Schnee. (Ps 51, 3–9).

Oder:

Z.: Ich hebe meine Augen empor zu dir,
der du hoch im Himmel thronst.

I. Wie die Augen der Knechte auf die Hand ihres Herrn,
wie die Augen der Magd auf die Hand ihrer Herrin,

Z.: so schauen unsre Augen auf den Herrn,
unsern Gott, bis er uns gnädig ist.

A.: Sei uns gnädig, Herr, sei uns gnädig!
Denn übersatt sind wir vom Hohn der Spötter.

Z.: Übersatt ist unsre Seele von ihrem Spott,
von der Verachtung der Stolzen. (Ps 123).

A.: Erbarme dich unser, o Herr,
erbarme dich unser.

Weihrauchritus

Der Diakon bringt das Rauchfass und der Zelebrant segnet es, indem er das folgende Gebet spricht:

Z.: O Herr, unser Gott,
unser Gebet
und der Weihrauch, den wir darbringen,
sei ein Wohlgeruch vor dir
wie der Weihrauch des heiligen Priesters Aaron

im Bundeszelt.
Herr der wohlriechenden Gewächse und duftenden Gewürze,
Vater +, Sohn und Heiliger Geist, in Ewigkeit.

Darauf streckt der Zelebrant beide Arme aus und lässt sie vom Weihrauch einhüllen. Dabei spricht er:

Z.: O Herr, unser Gott,
reinige mich von jedem Sündenmakel
und erfülle mich mit dem Wohlgeruch deiner göttlichen Liebe.
O guter Hirt,
du hast uns gesucht, als wir uns verirrt hatten,
und du hast uns gefunden.
Vergib meine Vergehen und Sünden,
diejenigen, die mir bekannt und auch die, die mir nicht bewusst sind.

Während der Zelebrant spricht „Vergib meine Vergehen …" *legt er die Hände kreuzweise auf seine Brust. Dann hält er sie über den Diakon und spricht:*

Z.: O Herr, unser Gott,
erfülle mit göttlichem Wohlgeruch diesen Diakon,
der vor deinem herrlichen und heiligen Altar steht.

Dann hält er seine rechte Hand über das Volk und spricht:

Z.: O Herr, unser Gott,
erfülle mit göttlichem Wohlgeruch dieses Volk,
das deine Barmherzigkeit ersehnt und erwartet.

Dann streckt er seine rechte Hand über dem Altar aus und spricht:

Z.: O Herr, unser Gott,
mache diesen Altar zu einem Wohlgeruch.
Er ist der Thron unseres Herrn
und das Abbild seines Grabes
und der Ort,

wo das Sühneopfer seines Leibes und Blutes gegenwärtig ist.

In der feierlichen und einfachen Form der Qurbana-Feier kann anstelle der oben stehenden vier Weihrauch-Gebete das folgende gesprochen werden:

Z.: O Herr, unser Gott,
erfülle mit dem Duft der Heiligkeit,
uns, die wir dein Erbarmen suchen und erwarten.

Dann erhebt der Zelebrant die Hände und betet:

Z.: Segne uns, o Herr.
Deine barmherzige Gnade erlaube uns,
dass wir uns diesen glorreichen, heiligen,
lebenspendenden und göttlichen Mysterien nähern,
obwohl wir unwürdig sind, wahrhaftig unwürdig.

Brotbrechung und Konsignation

Der Zelebrant legt die Hände kreuzweise auf seine Brust, küsst den Altar, verneigt sich, ergreift mit beiden Händen die Hostie auf der Patene, erhebt sie und während er auf sie schaut, spricht er:

Z.: Ehre sei deinem heiligen Namen, o Herr Jesus Christus,
und Anbetung deiner Herrlichkeit immer und ewig,
da dieses lebendige und lebenspendende Brot,
das vom Himmel gekommen ist,
der ganzen Welt Leben gibt.
Jene, die davon essen, werden nicht sterben,
die es empfangen, werden gerettet
und erhalten Vergebung und ewiges Leben.

D.: Ich bin das lebendige Brot, das vom Himmel gekommen ist.

A.: Ich bin das wahre Brot,
das aus der Höhe herabgekommen ist.

Alle, die sich in Liebe mir nähern
und mich empfangen,
leben in mir in Ewigkeit
und erben das Gottesreich.
Dieses Geheimnis
hat der Erlöser seine Jünger gelehrt.

D.: Seine Diener, die seinen Willen vollziehen.

A.: Die Kerubim, die Serafim und die Erzengel
stehen voll Furcht und mit Ehrerbietung vor dem Altar
und schauen auf den Priester,
der den Leib Christi bricht und teilt
zur Vergebung der Sünden.

D.: Öffne mir, barmherziger Herr, die Tore zur Gerechtigkeit.

A.: Du öffnest ja immer die Tür den Büßern
und rufst die Sünder, zu dir zu kommen.
Tu uns auf, o Herr,
das Tor deiner Barmherzigkeit,
damit wir dort eintreten
und Tag und Nacht dein Lob singen.

Unterdessen küsst der Zelebrant die Hostie in Kreuzesform, ohne sie jedoch mit seinen Lippen zu berühren. Diese Gebärde kann auch in der Hochform der Qurbana-Feier (Raza) unterbleiben. Der Zelebrant spricht dabei:

Z.: Ehre sei dir, o Herr,
wegen deiner unaussprechlichen Gabe für uns, in Ewigkeit.

Indem er die Hostie in der Hand hält, fährt er fort:

Z.: O Herr, mit wahrem Glauben an deinen Namen
nähern wir uns diesen heiligen Mysterien.
Und durch deine Güte brechen wir *(er bricht die Hostie in zwei Hälften),*

durch dein großes Erbarmen bezeichnen wir
den Leib und das Blut deines viel geliebten Sohnes,
unseres Herrn Jesus Christus,
im Namen des Vaters und des Sohnes und des Heiligen Geistes,
in Ewigkeit.

Danach legt der Zelebrant die Hostienhälfte in seiner linken Hand auf die Patene, mit der Bruchstelle dem Kelch zugewandt.
Dann bezeichnet er kreuzförmig das heilige Blut im Kelch mit der Hostienhälfte in seiner rechten Hand von Ost nach West und von Nord nach Süd. Dabei spricht er:

Z.: Das kostbare Blut unseres Herrn Jesus Christus
wird bezeichnet mit seinem lebenspendenden Leib
im Namen des Vaters und des Sohnes + und des Heiligen Geistes. Amen.

Dann taucht er die Hostienhälfte in seiner Rechten zu etwa einem Drittel in den Kelch und bezeichnet anschließend kreuzförmig damit die andere Hälfte, die auf der Patene liegt, in der oben beschriebenen Weise. Dabei spricht er:

Z.: Der heilige Leib unseres Herrn Jesus Christus
wird bezeichnet mit seinem Sühneblut
im Namen des Vaters und des Sohnes + und des Heiligen Geistes. Amen.

Falls die Kommunion nicht unter beiden Gestalten ausgeteilt wird, bezeichnet er in der gleichen Weise auch die anderen konsekrierten Hostien.
Dann nimmt er die auf der Patene liegende Hostienhälfte mit seiner Linken und fügt beide Hälften über dem Kelch zusammen. Dabei spricht er:

Z.: Diese glorreichen,
heiligen, lebenspendenden und göttlichen Mysterien
werden geteilt, geheiligt, vollendet,
vermischt und miteinander vereint

im anbetungswürdigen und gepriesenen Namen
der glorwürdigsten Dreifaltigkeit
des Vaters, Sohnes und Heiligen Geistes.
O Herr,
mögen diese Mysterien uns und der Kirche Christi, unseres Herrn,
an diesem und an allen Orten
Nachlass der Schuld
und Vergebung der Sünden,
die große Hoffnung auf die Auferstehung von den Toten
und das neue Leben im Himmelreich schenken,
jetzt und immer und in alle Ewigkeit. Amen.

Bezeichnung mit dem Kreuz auf der Stirn

Darauf legt der Zelebrant die beiden Hostienhälften auf die Patene, eine kreuzweise über die andere, so dass die unten liegende Hälfte mit der gebrochenen Seite dem Kelch zugewandt ist und die darüber liegende dem Zelebranten zugewandt. Dann verbeugt er sich und zeichnet sich mit dem Daumen das Kreuz auf die Stirn. Darauf bezeichnet er den Diakon mit dem Kreuz auf der Stirn und spricht dabei:

Z.: Christus nehme deinen Dienst an und erleuchte dein Angesicht.
Er behüte dein Leben und nähre deine Jugend.

D.: Christus nehme dein Opfer an.

Anschließend entfaltet der Zelebrant das Velum, das um die Mysterien herum lag, und spricht dabei:

Z.: Ehre sei dir, o Herr Jesus Christus!
Obwohl ich unwürdig bin,
hast du mich zu einem Diener
und Vermittler
deiner heiligen, glorreichen,
lebenspendenden und göttlichen Mysterien bestellt.

In deiner liebevollen Freundlichkeit mache mich würdig,
Nachlass der Schuld und Vergebung der Sünden zu erlangen.
Amen.

Das vorstehende Gebet kann in der feierlichen und einfachen Form der Qurbana-Feier entfallen.

Frieden und Eintracht unter den Gläubigen

Nach einer Verneigung richtet sich der Zelebrant auf und spricht, indem er sich selbst bekreuzigt, mit lauter Stimme:

Z.: Die Gnade unseres Herrn Jesus Christus,
die Liebe Gottes, des Vaters,
und die Gemeinschaft des Heiligen Geistes
sei mit uns allen,
jetzt + und immer und in alle Ewigkeit.

A.: Amen.

Der erste Diakon ruft:

D.: Mit Ehrerbietung und Ehrfurcht
lasst uns alle hinzutreten
zu den Mysterien des Leibes
und kostbaren Blutes unseres Erlösers.

(Mit reinem Herzen und in aufrichtigem Glauben
lasst uns seines Leidens und seiner Auferstehung gedenken.
Denn um unseretwillen hat der eingeborene Sohn Gottes
von uns Menschen einen sterblichen Leib
mit einer vernunftbegabten Geistseele angenommen
und ihn mit Unsterblichkeit bekleidet.
Durch seine lebenspendenden Weisungen
und seine heiligen Anordnungen
hat er uns vom Irrtum zur Erkenntnis der Wahrheit geführt.
Nachdem er sein Heilswerk für uns vollbracht hatte,

nahm er, die Erstlingsgabe unserer Natur, den Tod am Kreuz auf sich;
er erstand von den Toten und stieg zum Himmel empor.
Er vertraute uns seine heiligen Mysterien an,
auf dass wir bei ihrer Feier seines Erbarmens für uns gedächten.)

Mit überströmender Liebe und demütigem Herzen
lasst uns die Gabe des ewigen Lebens empfangen.
Mit aufrichtigem Gebet und in tiefer Zerknirschung
lasst uns teilnehmen an den heiligen Mysterien der Kirche.
Mit Hoffnung, die aus der Reue erwächst,
wollen wir unsere bösen Taten hinter uns lassen,
Schmerz empfinden über unsere Sünden,
unseren Brüdern und Schwestern ihre Verfehlungen verzeihen,
und Barmherzigkeit und Vergebung suchen bei Gott,
dem Herrn aller Dinge.

Der Diakon wendet sich dem Volk zu. Die Gemeinde singt:

A.: Herr, vergib die Sünden und Vergehen
deiner Diener und Dienerinnen.

D.: Von Zwietracht und Zerstrittenheit
lasst uns unser Gewissen reinigen.

A.: Herr, vergib …

D.: Von allem Zorn und aller Feindschaft
lasst uns unsere Seelen befreien.
A.: Herr, vergib …

D.: Lasst uns die heilige Eucharistie empfangen
und geheiligt werden vom Heiligen Geist.

A.: Herr, vergib …

D.: In Eintracht und im Frieden miteinander
lasst uns die heiligen Mysterien empfangen.

A.: Herr, vergib …

D.: Diese heiligen Mysterien, o Herr,
mögen die Auferstehung unseres Leibes
und das Heil unserer Seele bewirken.

A.: Zum ewigen Leben, in Ewigkeit. Amen.

Unterdessen betet der Priester leise das folgende Gebet, während er die Arme ausgebreitet hält. In der feierlichen und einfachen Form der Qurbana-Feier kann es entfallen.

Z.: Gepriesen bist du, Herr, Gott unserer Väter,
und ruhmreich ist dein Name in Ewigkeit.
Denn du hast nicht nach unseren Sünden an uns gehandelt,
sondern nach der Fülle deines Erbarmens.
Du hast uns der Macht der Finsternis entrissen
und in das Reich deines geliebten Sohnes,
unseres Herrn Jesus Christus, geladen.
Durch ihn hast du die Macht des Todes besiegt und zerstört
und uns ewiges und unzerstörbares Leben geschenkt.

O Herr, du hast uns würdig gemacht,
vor deinem reinen und heiligen Altar zu stehen
und dir dieses lebenspendende und heilige Opfer darzubringen.
Würdige uns auch in deiner Güte,
diese Gabe in aller Reinheit und Heiligkeit zu empfangen.
Lass sie uns nicht zum Gericht und zur Verdammnis werden,
sondern dank deiner Güte möge sie uns
Erbarmen und Vergebung der Sünden bringen,
Auferstehung vom Tod und ewiges Leben,
auf dass wir vollkommene Zeugen deiner Herrlichkeit werden,
reine Tempel deiner Ehre
und heilige Wohnungen deiner Gegenwart.
So mögen wir,
mit dem Leib und Blut deines Christus vereint,
zusammen mit allen Heiligen glänzen und strahlen
bei seiner großen und herrlichen Offenbarung.
Denn dir und ihm und dem Heiligen Geist

gebühren Herrlichkeit und Ehre,
Danksagung und Anbetung,
jetzt und immer und von Ewigkeit zu Ewigkeit.

Während der vom Diakon vorgetragenen Rufe (Karozutha) bricht der Priester, falls es notwendig ist, das eucharistische Brot für die Kommunikanten.
Am Ende der diakonalen Rufe (Karozutha) singt der Diakon:

D.: Lasset uns beten. Friede sei mit uns!

Der Zelebrant spricht leise und in gebeugter Haltung das folgende Gebet:

Z.: In deiner Güte, o Herr,
vergib die Sünden und Übertretungen deiner Diener;
heilige unsere Lippen durch deine Gnade,
damit wir deiner erhabenen Gottheit Lob singen,
zusammen mit allen Heiligen in deinem Reich.

Das Gebet des Herrn

Der Zelebrant richtet sich auf, erhebt die Arme und spricht laut:

An Festtagen:

Z.: Festige unter uns deinen Frieden, o Herr,
und deine Ruhe in unseren Herzen.
Unsere Zunge soll deine Wahrheit künden
und dein Kreuz unsere Seelen behüten.
Mache aus unseren Mündern neue Harfen
und lass von glühenden Lippen Loblieder aufsteigen.
Würdige uns, o Herr,
vor deinem Angesicht
mit der Zuversicht, die wir von dir empfangen haben,
jenes reine und heilige Gebet zu sprechen,

das deine eigenen lebenspendenden Lippen
deine Jünger,
die wahren Vertrauten deiner Mysterien,
gelehrt haben, als du sagtest:
Wann immer ihr betet, betet so,
sagt Dank und sprecht:

An Wochentagen:

Z.: Mach uns würdig, o Herr, unser Gott,
allezeit ohne Beschämung vor dir zu stehen,
mit reinem Herzen und vertrauensvollem Angesicht,
mit jenem Freimut,
den du uns in deiner Güte geschenkt hast.
So rufen wir alle zusammen dich an und sprechen:

A.: Vater unser im Himmel.
Geheiligt werde dein Name.
Dein Reich komme.
Dein Wille geschehe,
wie im Himmel, so auf Erden.
Gib uns heute das Brot, das wir brauchen.
Und vergib uns unsere Schuld,
wie auch wir sie unseren Schuldigern vergeben haben.
Und führe uns nicht in Versuchung,
sondern erlöse uns von dem Bösen.
Denn dein ist das Reich
und die Kraft und die Herrlichkeit,
in alle Ewigkeit. Amen.

Z.: Herr, allmächtiger Gott,
unser gnädiger und barmherziger Vater,
wir bitten und flehen inständig zu dir,
der du gütig und gnädig bist.
Herr, lass uns nicht in Versuchung geraten,
sondern erlöse uns von dem Bösen und seinen Scharen.

Denn dein ist das Reich
und die Kraft, die Herrlichkeit,
die Macht und die Herrschaft im Himmel und auf Erden,
jetzt + *(er bekreuzigt sich selbst)* und immer
und von Ewigkeit zu Ewigkeit.

A.: Amen.

Einladung zur Kommunion

Der Zelebrant wendet sich dem Volk zu und segnet es. Dabei spricht er:

Z.: Friede + sei mit euch.

A.: Und mit dir und deinem Geiste.

Der Zelebrant verneigt sich, wendet sich dem Altar zu und, indem er seine rechte Hand zum Altar hin ausstreckt, spricht er:

Z.: Das Heilige den Heiligen, o Herr.

A.: Heilig der eine Vater.
Heilig der eine Sohn.
Heilig der eine Geist.
Ehre sei dem Vater, dem Sohn und dem Heiligen Geist,
in alle Ewigkeit. Amen.

Kommuniongesang

An einigen hohen Herrenfesten wird der Vorhang vor dem Heiligtum nun geschlossen. Die Sänger im Heiligtum singen im Wechsel mit der vor dem Heiligtum sich befindenden Sängergruppe den Hymnus, der mit den Worten beginnt „Furchterregend bist du …" (Dhil-At):

Furchterregend bist du an deiner heiligen Stätte,
Gott in alle Ewigkeit.

Gepriesen sei von ihrer Wohnung her
die erhabene Herrlichkeit des Herrn.

Ist der Gesang beendet, wird der Vorhang zurückgezogen. Der erste Diakon, der auf der linken Seite des Heiligtums steht, ruft:

D.: Verherrlicht den lebendigen Gott.

A.: Ehre sei ihm in seiner heiligen Kirche.
Und seine Erbarmungen und seine Barmherzigkeit seien über uns
zu allen Fristen und Zeiten.

Der für die jeweilige Feier vorgesehene Gesang (Unaya d'Bema) wird gesungen.
Der Zelebrant verneigt sich.

Eucharistieempfang der Priester und Diakone

Der Zelebrant nimmt die heilige Hostie in seine Hände und spricht leise die folgenden Gebete. In der einfachen und feierlichen Form der Qurbana-Feier genügt es, wenn eines davon gebetet wird.

Z.: O Herr, dein Leib gereiche mir nicht zur Verdammnis,
sondern gewähre mir Nachlass der Schuld und Vergebung der Sünden.

Z.: Christus, Hoffnung der ganzen Menschheit,
heilige unseren Leib durch deinen heiligen Leib,
vergib unsere Sünden durch dein kostbares Blut
und reinige unser Gewissen durch den Tau deines Erbarmens.
Herr aller Dinge, in Ewigkeit.

Z.: Herr Jesus Christus,
zwar bin ich dessen nicht würdig,
doch trage ich in mir die Reichtümer deiner Barmherzigkeit.
Lass mächtig werden in mir

die große Kraft deiner ehrfurchtgebietenden Mysterien,
die ich dank deiner Gnade,
ohne das geringste Verdienst meinerseits empfange.

Der Zelebrant empfängt den heiligen Leib Christi.
Dann nimmt er, nachdem er sich verneigt hat, den Kelch in seine Hände und spricht:

Z.: Himmlischer Bräutigam,
für die Gäste bei deinem Hochzeitsmahl
hast du den Kelch deines kostbaren Blutes bereitet.

Er trinkt das kostbare Blut Christi. Dann fährt er fort:

Z.: Du hast, obwohl ich ein Sünder bin,
mich gewürdigt, aus diesem Kelch zu trinken.
Ehre dir für deine unaussprechliche Liebe, in Ewigkeit. Amen.

Der Zelebrant reicht die Kommunion den diensttuenden Diakonen. Wenn er den Leib des Herrn reicht, spricht er:

Z.: Möge der Leib unseres Herrn Jesus Christus
dem Diakon Gottes zur Vergebung der Sünden gereichen.

Wenn er den Kelch reicht, spricht er:

Z.: Möge das kostbare Blut unseres Herrn Jesus Christus
dem Diakon Gottes zur Vergebung der Sünden gereichen.

Kommunion der Gemeinde

Danach nähert sich der erste Diakon dem Zelebranten und spricht:

D.: Lasset uns beten. Friede sei mit uns.

Der Zelebrant legt das Velum in die Hände des ersten Diakons und übergibt ihm die Patene, indem er spricht:

Z.: Die Gnade Gottes sei mit dir und mit uns
und mit allen, die ihn im Himmelreich empfangen.

Der zweite Diakon nähert sich dem Zelebranten und spricht:

D.: Lasset uns beten. Friede sei mit uns.

Der Zelebrant gibt den Kelch in die Hände des zweiten Diakons, indem er spricht:

Z.: Die Gnade des Heiligen Geistes sei mit dir und mit uns allen.

Wenn der Gesang (Unaya d'Bema) beendet ist, ruft der Diakon:

D.: Segne, mein Herr.

Der Zelebrant segnet das Volk, indem er spricht:

Z.: Die Gnadengabe des Lebenspenders,
unseres Herrn Jesus Christus,
erfülle sich an uns allen +
durch seine Barmherzigkeit.

A.: Von Ewigkeit zu Ewigkeit. Amen.

Der Kommuniongesang des jeweiligen Tages (Onita d'Bate) oder die folgende allgemeine Einladung zur Kommunion wird gesungen.

D.: Meine Brüder und Schwestern,
die Kirche lädt euch ein.
Empfangt den Leib des Sohnes
und trinkt aus seinem Kelch
mit Glauben an das Himmelreich.

Der Zelebrant geht zusammen mit den Diakonen zum Eingang des Heiligtums. Entweder hält der Zelebrant selbst die Patene oder der Diakon hält sie ihm. Wenn der Zelebrant den heiligen Leib reicht, spricht er:

Z.: Der Leib unseres Herrn Jesus Christus
für den/die andächtige(n) Gläubige(n) zur Vergebung der Sünden.

Wenn er den Kelch reicht, spricht der Diakon:

D.: Das kostbare Blut unseres Herrn Jesus Christus
für den/die andächtige(n) Gläubige(n) zur Vergebung der Sünden.

Ist es ein Priester oder ein Diakon, der das heilige Sakrament empfängt, sagt der Zelebrant:

Z.: Der Leib (das kostbare Blut) unseres Herrn Jesus Christus
für den andächtigen Priester (Diakon) Gottes zur Vergebung der Sünden.

Wird die heilige Kommunion unter beiden Gestalten zusammen ausgeteilt, geht der Zelebrant zusammen mit dem Diakon, der den Kelch trägt, an den Eingang des Heiligtums. Beim Reichen der Kommunion spricht der Zelebrant:

Z.: Der Leib und das kostbare Blut unseres Herrn Jesus Christus
zur Vergebung der Sünden und zum ewigen Leben.

Oder:

Z.: Das geistliche Mahl zum ewigen Leben.

Haben die Gläubigen kommuniziert, stellt der Zelebrant Patene und Kelch an ihren Platz zurück. In der feierlichen und einfachen Form der Qurbana-Feier genügt es, wenn er danach nur eines der folgenden Gebete spricht:

Z.: O mein Herr,
dein lebendiger Leib, den wir gegessen,
und das kostbare Blut, das wir getrunken haben,
mögen uns nicht zum Gericht und zur Verdammnis gereichen,
noch uns Schwachheit und Krankheit bringen,

sondern Nachlass der Schuld, Vergebung der Sünden
und Zuversicht in deiner Gegenwart gewähren,
Christus, Hoffnung der Menschheit,
Herr aller Dinge, in Ewigkeit. Amen.

Der Verzehr der übriggebliebenen Partikel und die Reinigung der heiligen Gefäße kann sofort oder erst nach dem Schlusssegen (Hutama) hinter dem geschlossenen Vorhang des Heiligtums erfolgen. Falls der Zelebrant sofort purifiziert, begibt er sich zum Bethgaza auf der rechten Seite. Während der Diakon dort Wein und Wasser in den Kelch gießt, spricht der Zelebrant:

Z.: Christus, Hoffnung der Menschheit, Herr aller Dinge,
deine Kraft wohne in uns,
die wir deinen Leib empfangen haben.
Mögen wir dich mit Freude begrüßen
und mit dem Dreimal-Heilig-Ruf preisen
in der Gemeinschaft der Gerechten,
die deinen Willen tun,
in Ewigkeit. Amen.

Der Zelebrant trinkt den Kelch aus. Während er Patene und Kelch abwischt, spricht er:

Z.: Christus, Hoffnung der Menschheit, Herr aller Dinge,
mache uns, die wir deinen Leib von der Patene empfangen
und dein Blut aus dem Kelch getrunken haben,
würdig, dein Lob mit dem Schächer im Paradies zu singen,
in Gemeinschaft mit den Gerechten,
die deinen Willen tun,
in Ewigkeit. Amen.

Gesang nach der Kommunion

Während der Reinigung der Gefäße singt das Volk einen der folgenden Gesänge.

An den Herrenfesten und anderen hohen Feiertagen:

A.: Nun stärke, Herr, die Hände,
die wir ausgestreckt haben,
um die hochheiligen Gaben zu empfangen,
zur Vergebung der Sünden.
Mache sie würdig, Tag für Tag Frucht zu bringen
zum Lob deiner göttlichen Herrlichkeit.
Mache die Lippen,
die dich im Heiligtum gelobt haben,
würdig, deinen Ruhm zu verkünden.
Gib, dass die Ohren,
die den Wohlklang deiner Hymnen gehört haben,
nicht den Urteilsspruch der Verdammnis hören.
Lass die Augen, die dein großes Erbarmen gesehen haben,
auch die gesegnete Verheißung schauen.
Lass die Zungen, die dir „heilig" gesungen haben,
immer die Wahrheit sagen.
Lass die Füße, die die Kirche besucht haben,
auch im Land des Lichtes wandeln.

Erneuere unseren Leib, o Herr,
der deinen lebendigen Leib empfangen hat,
im neuen, ewigen Leben.
Mache reich unsere Gemeinde,
die deine Gottheit angebetet hat,
mit allem Gnadensegen.

Möge deine große Liebe
immer mit uns sein.
Mögen wir in ihr wachsen,
auf dass wir dir unser Lob darbringen.
Öffne deine Tür den Bitten von uns allen
und unser Dienst möge Annahme finden
vor deinem Angesicht, o Herr.

An Sonntagen und Gedenktagen:

A.: O Jesus, unser Herr, anbetungswürdiger König,
durch dein Leiden hast du die Herrschaft des Todes besiegt.

Gottessohn, du hast uns ein neues Leben im Himmelreich versprochen,
entferne aus unseren Seelen, o Herr, alles, was schädlich ist.

Mehre Frieden und Barmherzigkeit in unserem Land,
damit wir am Tag deiner Wiederkunft
vor dir leben und dir, wie du es willst, entgegeneilen.

Dann werden wir „Hosanna“ singen
und deinem Namen danken für die Gnade, die du uns gabst.
Wahrhaftig, groß ist dein Erbarmen für die Menschheit!

Deine Liebe, die wie der Sonnenaufgang in unsere dem Tod geweihte Welt gekommen ist,
hat unsere Sünden gesühnt und getilgt.

Ehre deinem Namen für all die Gnaden, die du uns geschenkt hast.
Gepriesen in der Höhe des Himmels deine erhabene Größe,
der du nach deiner reichen Barmherzigkeit unsere Vergehen vergibst.

In deiner Güte würdige uns, deiner Gottheit zu danken
und niederzufallen vor dir.
Anbetung, Lob und Ehre sei dir in Ewigkeit. Amen.

An Werktagen:

A.: Deine gesegneten Mysterien, o Herr,
die wir mit Glauben empfangen haben,
mögen uns zur Vergebung unserer Sünden gereichen.
Christus, König aller Zeiten,
du bist sowohl des Ebenbild eines Knechtes
als auch das Abbild des Schöpfers.
Durch deinen Leib und dein Blut
hast du uns von den Makeln unserer Schuld gereinigt,
du hast allen deinen Gläubigen ihre Vergehen vergeben.
Mach uns würdig, dir vertrauensvoll entgegenzugehen,
wenn du kommen wirst,
und an jenem Tag dir mit den Scharen der Engel Lob zu singen.

Danksagung

D.: So lasst uns alle,
die wir dank der Gnade des Heiligen Geistes
dem heiligen Altar uns genähert haben,
und für würdig gehalten wurden,
an diesen glorreichen, heiligen, lebenspendenden
und göttlichen Mysterien teilzunehmen,
gemeinsam Dank sagen
und Gott verherrlichen, der sie uns gab.

A.: Ehre sei ihm für seine unaussprechliche Gabe.

D.: Lasset uns beten. Friede sei mit uns.

Der Zelebrant, der in der Mitte des Altares steht, betet mit lauter Stimme

An Sonn- und Feiertagen:

Z.: O Herr, es ist geziemend, würdig und recht,
jeden Tag, zu allen Zeiten und zu jeder Stunde,
dir Dank zu sagen,
anzubeten und zu verherrlichen
den ehrwürdigen Namen deiner Majestät.
Denn durch deine Gnade und dein Erbarmen, o Herr,
hast du unsere schwache Natur gewürdigt,
zusammen mit den Engeln deinen Namen zu preisen,
teilzuhaben an den Mysterien deiner Gnadengabe
und erfreut zu werden durch die Süßigkeit
deiner lebenspendenden und göttlichen Worte,
für immer deiner erhabenen Gottheit
Hymnen des Lobes und Dankes zu singen,
Herr aller Dinge,
Vater, Sohn und Heiliger Geist,
in Ewigkeit.

A.: Amen. Segne, Herr.

Segensbitte

Z.: Christus, unser Gott und unser Herr,
unser König und Erlöser,
der Spender des Lebens,
der durch seine Gnade uns würdig gemacht hat,
seinen heiligen Leib und sein kostbares Blut zu empfangen,
er mache, dass wir ihm in Worten und Werken gefallen,
im Denken und Handeln.
Möge dieses Unterpfand, das wir, o Herr, empfangen haben,
und das wir deiner Gnade und Barmherzigkeit verdanken,
uns zum Nachlass der Schuld
und zur Vergebung der Sünden gereichen;
(möge es ein Angelt sein)

für die große Hoffnung der Auferstehung von den Toten,
und das neue Leben im Himmelreich,
in Gemeinschaft mit allen, die dein Wohlgefallen gefunden haben,
in Ewigkeit.

A.: Amen.

An Werktagen:

Z.: Es ist unsere Pflicht, o Herr,
deiner allerheiligsten Dreifaltigkeit
Ruhm, Ehre, Lob, Anbetung
und immer währenden Dank darzubringen,
weil du uns diese heiligen, lebenspendenden und göttlichen Mysterien
in deiner Gnade und Barmherzigkeit geschenkt hast
zum Nachlass unserer Schuld,
Herr aller Dinge,
Vater, Sohn und Heiliger Geist,
in Ewigkeit.

A.: Amen. Segne, Herr.

Z.: Christus, Hoffnung für alle Menschen,
der du unsere Schuld und Sünden
und unsere Vergehen tilgst
in der Kraft deiner glorreichen, heiligen,
lebenspendenden und göttlichen Mysterien,
gepriesen sei deine anbetungswürdige Gabe
in der Höhe, in Ewigkeit.

A.: Amen.

In der feierlichen und einfachen Form der Qurbana-Feier kann das Vaterunser entfallen.

Z.: Unser Vater im Himmel.

Alle anderen stimmen in das Gebet ein.

A.: Unser Vater im Himmel,
dein Name werde geheiligt;
dein Reich komme.
Heilig, heilig, heilig bist du.
Unser Vater im Himmel,
Himmel und Erde sind erfüllt von deiner großen Herrlichkeit.
Engel und Menschen rufen dir zu:
Heilig, heilig, heilig bist du.
Unser Vater im Himmel,
dein Name werde geheiligt;
dein Wille geschehe auf Erden,
wie er im Himmel geschieht.
Gib uns heute das Brot, das wir brauchen.
Vergib uns unsere Schuld und Sünden,
wie auch wir denjenigen vergeben haben,
die an uns schuldig geworden sind.
Führe uns nicht in Versuchung,
sondern erlöse uns von dem Bösen.
Denn dein ist das Reich
und die Macht und die Herrlichkeit
in alle Ewigkeit. Amen.

Die folgende kürzere Fassung kann man bei der feierlichen und einfachen Form der Qurbana-Feier verwenden:

Z.: Vater unser im Himmel.

A.: Geheiligt werde dein Name.
Dein Reich komme.
Dein Wille geschehe,
wie im Himmel, so auf Erden.
Gib uns heute das Brot, das wir brauchen.
Und vergib uns unsere Schuld,

wie auch wir sie unseren Schuldigern vergeben haben.
Und führe uns nicht in Versuchung,
sondern erlöse uns von dem Bösen.
Denn dein ist das Reich
und die Kraft und die Herrlichkeit,
in alle Ewigkeit. Amen.

Vater unser im Himmel.
Himmel und Erde sind erfüllt von deiner Herrlichkeit.
Engel und Menschen rufen dir zu:
Heilig, heilig, heilig bist du.

Der Zelebrant steht etwas zur rechten Seite hin am Eingang des Heiligtums. Er segnet das Volk, indem er die folgende Segensbitte (Hutama) spricht.

An Sonn- und Festtagen:

Z.: Gott Vater, du hast uns in Jesus Christus, unserem Herrn,
vom Himmel her mit allen geistlichen Gaben gesegnet.
Er hat uns in sein Reich geladen
und uns berufen, an seiner Herrlichkeit teilzuhaben,
an der Seligkeit voll Wonne,
die niemals enden und niemals vergehen wird.
Das hat er in seiner lebenspendenden Lehre
der gesegneten Schar seiner Jünger verheißen:
„Wahrlich, wahrlich ich sage euch:
Wer mein Fleisch isst und mein Blut trinkt,
bleibt in mir und ich in ihm
und ich werde ihn auferwecken am Letzten Tag.
Er wird nicht ins Gericht kommen,
sondern vom Tod zum Leben hinübergehen.“
Er selbst segne unsere Versammlung,
er bewahre unsere Gemeinschaft
und verherrliche diejenigen, die voll Freude teilgenommen haben

an den glorreichen, heiligen, lebenspendenden und göttlichen Mysterien.
Seid bezeichnet mit dem Zeichen des Kreuzes des Herrn
und bleibt behütet vor jeder sichtbaren und unsichtbaren Gefahr,
jetzt + und immer und von Ewigkeit zu Ewigkeit.

A.: Amen.

An Werktagen:

Z.: Unser Herr Jesus Christus,
dem wir gedient haben,
den wir verherrlicht und geehrt haben,
mache uns durch diese glorreichen, heiligen,
lebenspendenden und göttlichen Mysterien würdig,
Anteil zu erhalten an der wunderbaren Herrlichkeit
seines Reiches ewiger Freude,
zusammen mit seinen heiligen Engeln.
Er gebe uns Zuversicht in seiner Gegenwart
und gewähre uns einen Platz zu seiner Rechten
im himmlischen Jerusalem.
Er lasse seine Barmherzigkeit und seinen Segen
über uns kommen,
über die Kirche und ihre Kinder
und über die ganze Welt
jetzt + und immer und von Ewigkeit zu Ewigkeit.

A.: Amen.

Oder:

Z.: Dem, der durch seinen Leib unsere Schuld vergeben
und durch sein Blut unsere Sünden getilgt hat,
werde Lob gesungen in der Kirche.
Er lasse seine Segnungen herabsteigen über uns,
auf sein Volk, die Schafe seiner Herde.

Sein Erbarmen und seine Gnade
mögen uns in überreichem Maß zuteil werden
und die Rechte seiner Vorsehung sei über uns
jetzt + und immer und von Ewigkeit zu Ewigkeit.

A.: Amen.

Beim Gedächtnis der Verstorbenen:

Z.: O Herr, erhöre unser Gebet,
unsere Bitten seien dir willkommen.
Nimm an unser Opfer und unsere Gaben
und vergib die Schuld und die Sünden unserer Verstorbenen.
Nimm entgegen dieses Opfer, o Herr,
wie du das Erstlingsopfer Abels angenommen hast,
auch das Opfer des schuldlosen und gerechten Noach
sowie das Opfer Abrahams, der auf dich vertraute,
das Opfer Jakobs, der geduldig seine Prüfungen ertrug,
und das von Elija, deinem wahrhaftigen Propheten.
Nimm entgegen dieses Opfer
wie das Opfer der Apostel im Abendmahlssaal,
wie die Opfergabe der Witwe.
Nimm entgegen dieses Opfer, o Herr,
das wir im Namen deines Dieners (deiner Dienerin) N. darbringen,
und mache ihn (sie) würdig,
einzutreten in den Hochzeitssaal deines Reiches,
zusammen mit allen Gerechten, die dir wohlgefällig waren.
Nimm an dieses Opfer für ihn (sie),
vergib und verzeih seine (ihre) Schuld,
lösche aus seine (ihre) Frevel,
auch die seiner (ihrer) Freunde.
Barmherziger Herr,
dieser dein Diener (deine Dienerin) werde gewürdigt,
in den himmlischen Wohnungen zu weilen,
zusammen mit den Gerechten zu deiner Rechten.

Man gedenke seiner (ihrer) an dem glücklichen und seligen Wohnort;
er (sie) werde aufgerichtet und beglückt in Ewigkeit.
Gewähre, dass er (sie) dem einen und dreifaltigen Gott
Ehre, Ruhm, Preis und Anbetung darbringe
ohne Ende, für immer.
Erweise allen Menschen, großen und kleinen,
und denen, die an diesem heiligen Opfer Anteil hatten,
die Gnade, die Vergebung der Sünden zu erlangen
um Gottes Barmherzigkeit willen.
Segne uns alle, o Herr,
segne diese Versammlung, dieses Haus und dieses Volk,
jeden und jede nach seinen Verdiensten
jetzt + und immer und in alle Ewigkeit.

A.: Amen.

Abschied vom Altar

Der Vorhang des Heiligtums wird geschlossen. Wenn die heiligen Gefäße noch zu reinigen sind, geschieht das nun durch den Zelebranten und die Diakone. Dann kehrt der Zelebrant zur Mitte des Altares zurück, verneigt sich (oder küsst den Altar) und spricht:

Z.: Bleib in Frieden, Altar der Vergebung.
Bleib in Frieden, Grab unseres Herrn.
Die Opfergabe, die ich von dir empfangen habe,
gereiche mir zum Nachlass der Schuld
und zur Vergebung der Sünden.
Ich weiß nicht, ob ich noch einmal zurückkehren werde,
um abermals das Opfer auf dir zu feiern.

Der Zelebrant und alle anderen, die in der Feier einen Dienst zu verrichten hatten, kehren in die Sakristei zurück.

2. Die Ordnung der Eucharistiefeier der Heiligen Apostolischen und Katholischen Assyrischen Kirche des Ostens mit der Anaphora von Mar Addai und Mar Mari

Vorbemerkung

Die Grundordnung der Eucharistiefeier *(Taksa d'Raze)* ist gemeinsames Erbe des ostsyrischen Ritus. Das gilt gleichermaßen für den Zweig des ostsyrischen Christentums, der Kirchengemeinschaft mit dem Apostolischen Stuhl hat, wie für die nicht-unierte Assyrische Kirche des Ostens. Auch die Thomas-Christen im südindischen Bundesstaat Kerala kehren nach dem Zweiten Vatikanischen Konzil zu der authentischen ostsyrischen Form der Eucharistiefeier zurück.

Drei Eucharistische Hochgebete

Die Ostsyrer haben drei Eucharistische Hochgebete. Am häufigsten wird die Eucharistie mit der Anaphora von Addai und Mari gefeiert. Sie ist für die Zeit von Palmsonntag bis zum Ende des Kirchenjahres das vorgeschriebene Hochgebet. Deshalb bietet die folgende deutsche Übersetzung der Eucharistiefeier, wie sie heute bei den nichtunierten Assyrern üblich ist, diese Ordnung mit der Anaphora von Addai und Mari. Unsere Übersetzung stützt sich auf die englische Fassung der „Taksa d'Raze", die von M. J. Birnie aus dem Aramäischen übersetzt und von der „Commission on Inter-Church Relations and Education Developement" (CIRED) der Kirche des Ostens in den USA veröffentlicht wurde. Vergleichend wurde die französische Ausgabe des Chaldäischen Messbuchs herangezogen.[1]
Dieses enthält außer dem Normalformular mit der Anaphora von

[1] Vgl. Anm. 14. Die assyrische Fassung ist im Internet allgemein zugänglich:

Addai und Mari in ihrer bei den katholischen Chaldäern gebräuchlichen Fassung (mit Einsetzungsbericht) auch eine französische Übersetzung der beiden anderen ostsyrischen Hochgebete, der Anaphora von Theodor von Mopsuestia und der Anaphora von Nestorius. Diese werden allerdings nicht nach Art der jetzigen römischen Liturgie zur Auswahl angeboten. Ihre Verwendung ist vielmehr genau geregelt und verbindlich vorgeschrieben. Die Nestorius-Anaphora wird nur an fünf Tagen im Jahr gebraucht. Vom Anfang des Kirchenjahres bis Palmsonntag ist die Anaphora von Theodor von Mopsuestia das obligatorische Eucharistische Hochgebet. Diese beiden Anaphoren enthalten einen Einsetzungsbericht.
Die Unterschiede zwischen der bei den katholischen Chaldäern und den Syro-Malabaren einerseits und den nicht-unierten Assyrern andererseits gebräuchlichen Ordnung der Eucharistiefeier sind minimal. Weil die Übereinstimmung so groß ist, wird zur Vermeidung eines Doppelabdrucks in der folgenden Übersetzung auf die jeweils gleichen Texte der syro-malabarischen Ordnung zurückverwiesen.
Erwähnenswert sind eigentlich nur drei auffällige Abweichungen. Die erste begegnet uns im Bereich der Gabenbereitung. Während die Assyrer zu Beginn der Eucharistiefeier im engeren Sinn nur eine rituelle Übertragung der schon vorher bereiteten Opfergaben zum Altar praktizieren, haben die Chaldäer unter maronitischem und lateinischem Einfluss einen Gabenbereitungsritus entwickelt. Auch die Syro-Malabaren haben ihn übernommen. Die Assyrer sind dagegen in diesem Punkt der älteren Tradition treu geblieben. Der zweite Unterschied betrifft den Einsetzungsbericht, der in der assyrischen Fassung der Anaphora von Addai und Mari fehlt. Der dritte findet sich im Kommunionteil der Feier. Bei den nicht-unierten Ostsyrern hat sich nämlich die Gewohnheit eingebürgert, die Kommunion des Klerus hinauszuschieben bis nach der Entlassung des Volkes. Diese Verlegung ist das Ergebnis einer späten und missbräuchlichen Entwicklung. Es ist zu hoffen, dass die Kirche des Ostens in diesem Punkt zu der älteren und richtigen Praxis zurückkehrt. Die Kommunion des Klerus ist integrierender Teil der Feier und hat in allen

Liturgien sachgerecht ihren Platz vor der Kommunion der Gläubigen.

Der fehlende Einsetzungsbericht

Eine eingehendere Betrachtung verlangt der an zweiter Stelle genannte Unterschied. Er besteht darin, dass die in der Assyrischen Kirche des Ostens verwendete Fassung der Anaphora von Addai und Mari keinen Einsetzungsbericht enthält. Einen solchen gibt es aber in der „katholischen" Fassung der Chaldäer und Syro-Malabaren. In der chaldäischen Fassung steht das Abendmahlsgedächtnis mit dem Einsetzungsbericht am Anfang des dritten G'hanta Gebets. Nachdem der Priester bekannt hat, dass die versammelten Gläubigen sich dem Lobpreis der himmlischen Heerscharen anschließen, fährt er fort:

„Wir preisen Gott, das Wort, den verborgenen Sohn deines Schoßes. Er ist dein Abbild, der Abglanz deiner Herrlichkeit, das Bild deines Wesens. Er hat nicht daran festgehalten, dir gleich zu sein. Vielmehr hat er sich entäußert und Knechtsgestalt angenommen. Er wurde ganz und gar ein Mensch mit einem menschlichen und sterblichen Leib und einer Geistseele, mit Vernunft begabt und unsterblich.

Er wurde geboren von einer Frau und war dem Gesetz untertan, um diejenigen frei zu kaufen, die unter dem Gesetz waren.

Er hat uns das Gedächtnis unseres Heils hinterlassen, dieses Mysterium, das wir dir darbringen."

Die folgenden Worte sind im Chaldäischen Messbuch durch Großdruck hervorgehoben.

„Als nun die Zeit gekommen war, da er sich dem Leiden und dem Tod hingeben sollte, in der Nacht, als er ausgeliefert wurde, nahm er Brot in seine heiligen Hände. Und indem er die Augen zu dir, seinem allmächtigen Vater, erhob, sagte er dir Dank, segnete es +, brach es und gab es seinen Jüngern, indem er sprach: Nehmet und esset alle

davon. Das ist mein Leib (Hanu Paghr), der für euch zerbrochen wird zur Vergebung der Sünden."

Darauf antwortet der Diakon mit „Amen".

„In gleicher Weise nahm er nach dem Mahl in seine heiligen Hände den reinen Kelch, sagte dir Dank und segnete ihn + und gab ihn seinen Jüngern, indem er sprach: Nehmet und trinket alle daraus. Das ist mein Blut (Hanu Dem), das Blut des neuen und ewigen Bundes, Mysterium des Glaubens, das für euch und für die Vielen vergossen wird zur Vergebung der Sünden."

Wieder antwortet der Diakon mit „Amen".

Der Priester fährt fort:

„So oft ihr dies tut, werdet ihr es zu meinem Gedächtnis tun."

Darauf beugt der Priester das Knie. Er richtet sich wieder auf und betet leise in gebeugter Haltung das folgende Gebet *(G'hanta)*:

„Entsprechend deinem Gebot haben wir uns versammelt, wir, deine armseligen, schwachen und elenden Diener, Herr, unser Gott, denn du hast uns das kostbarste Geschenk gemacht: Indem du unsere Menschheit angenommen hast, hast du sie mit deiner Gottheit vereinigt ...".

Der weitere Wortlaut des Gebetes entspricht dem des dritten *G'hanta*-Gebets in der assyrischen Fassung.

Der fehlende Einsetzungsbericht in der Anaphora von Addai und Mari, wie sie die Assyrische Kirche des Ostens verwendet, ist für Rom nicht länger ein Grund, an der Gültigkeit dieses Eucharistiegebets zu zweifeln. Die diesbezügliche Erklärung („Richtlinien") des Sekretariats für die Einheit der Christen vom Oktober 2001 war ein mutiger Schritt auf dem Weg zur erhofften vollen Kirchengemeinschaft zwischen der Römisch-Katholischen Kirche und der Assyrischen Kirche des Ostens.

Die Veröffentlichung des Dokuments in der Ausgabe des „Osservatore Romano" vom 26. Oktober 2001 war begleitet von einem Kommentar. Er trägt keine Unterschrift, muss aber als offizielle Auslegung der „Richtlinien" betrachtet werden. Zunächst wird darin an die gegenwärtige pastorale Lage der Chaldäischen und Assyrischen Kirche erinnert. Es wird sodann die fortschreitende Annäherung zwischen den nicht-unierten Ostsyrern und der römischen Kirche gewürdigt. Vor allem wird in diesem Zusammenhang die Bedeutung der gemeinsamen christologischen Erklärung hervorgehoben, die Papst Johannes Paul II. und Patriarch Mar Dinkha IV. am 11. November 1994 im Vatikan unterzeichnet haben. Ausführlich geht der Kommentar dann auf die allgemein als die mit Abstand bedeutendste Aussage des römischen Dokumentes ein: die Anerkennung der Gültigkeit der in der Assyrischen Kirche des Ostens gebräuchlichen Form der Anaphora von Addai und Mari. Diese enthält – wie bereits mehrfach erwähnt – keinen Einsetzungsbericht. Trotzdem wird den katholischen Chaldäern der Empfang der hl. Kommunion in einer mit diesem Hochgebet vollzogenen Eucharistiefeier gestattet, weil deren Gültigkeit von der katholischen Kirche nicht bezweifelt wird.
Diesbezüglich erinnert der Kommentar zunächst an die lange und ununterbrochene Tradition dieser Anaphora, die das wichtigste und am häufigsten gebrauchte Hochgebet in den Kirchen des ostsyrischen Ritus ist. Die Liturgiewissenschaft vermutet seinen Ursprung in Mesopotamien, und zwar in der Gegend von Edessa (Urfa). Wann die Anaphora von Addai und Mari ihre verbindliche Textgestalt erhalten hat, ist in der Forschung umstritten. Während manche ihre Abfassung schon um 200 annehmen, rechnen andere mit ihrer Redaktion erst im Laufe des 4. Jahrhunderts. Unabhängig von den Ergebnissen der modernen historischen Forschung hat die Assyrische Kirche des Ostens dieses Hochgebet immer als einen Teil ihrer apostolischen Tradition hoch geschätzt. Nach ihrer Überlieferung geht es zurück auf die Gründer ihrer Kirche, Addai und Mari, die sie als zwei Glaubensboten aus dem Kreis der 72 „anderen Jünger" (vgl. Lk 10,1–16) verehrt.

Der Kommentar konstatiert dann weiter, dass dieses Hochgebet sowohl in seinen ältesten Textzeugen als auch in seiner von jeher in der Assyrischen Kirche des Ostens gebrauchten liturgischen Gestalt keinen Einsetzungsbericht enthält. Er führt dazu sinngemäß aus: Unter den Fachleuten ist umstritten, ob das immer so war. Wenn auch gewichtige Gründe für diese Annahme sprechen, ist die Frage wegen der unzureichenden Quellenlage historisch nicht zweifelsfrei zu beantworten.

Betrachtet man das Problem aus theologischer Perspektive, ist zunächst festzustellen, dass die katholische Kirche die Einsetzungsworte als einen wesentlichen Teil des Eucharistischen Hochgebets betrachtet. Dazu hat das Konzil von Florenz erklärt: „Die Form dieses Sakraments sind die Worte des Erlösers, durch die er dieses Sakrament vollzogen hat. Ein Priester, der in der Person Christi spricht, bewirkt dieses Sakrament. Denn durch die Kraft dieser Worte wird die Substanz des Brotes in den Leib Christi verwandelt und die Substanz des Weines in sein Blut." (DH 1321). Die römische Kirche hat diese Worte stets verwendet, um den Leib und das Blut des Herrn zu konsekrieren (vgl. DH 1352). Andererseits war die Kirche sich immer bewusst, dass sie das Recht hat, die konkrete Gestalt des wesentlichen Zeichens und die entscheidenden Worte eines Sakraments festzulegen (vgl. CCEO can. 669).

Hinsichtlich der Frage, ob die Anaphora von Addai und Mari in der kürzeren Form, d.h. ohne Einsetzungsbericht, als gültig betrachtet werden kann, snd vor allem drei Gesichtspunkte von besonderer Bedeutung:

1. Dieses Hochgebet reicht zurück bis in die früheste Zeit der Kirche. Es wurde verfasst und liturgisch verwendet mit der eindeutigen Absicht, die Eucharistie in Kontinuität mit dem Letzten Abendmahl, entsprechend dem Auftrag Christi und der Intention der Kirche zu feiern. Im Vergleich zur byzantinischen und römischen Tradition, die sich im 4. und 5. Jahrhundert definitiv herausgebildet hat, ist das Fehlen des Einsetzungsberichts eine auffällige Ausnahme. Sie könnte ihre Erklärung finden in der sehr frühen Entstehung dieser syrischen Anaphora und in der folgenden Isolation der Assyrischen Kir-

che des Ostens. Festzuhalten bleibt auf jeden Fall, dass die Gültigkeit der Anaphora von Addai und Mari offiziell nie bestritten wurde.
2. Die Assyrische Kirche des Ostens hat zwei weitere, später entstandene Anaphoren im liturgischen Gebrauch. Es sind dies die an fünf Tagen gebrauchte Nestorius-Anaphora und die vom Anfang des liturgischen Jahres bis Palmsonntag verwendete Anaphora von Theodor von Mopsuestia. Im Vergleich zu ihnen wird die Anaphora von Addai und Mari die bei weitem längste Zeit des Jahres gebraucht. Nun ist sich die Kirche aber zweifellos bewusst, zu jeder Zeit des Jahres mit den drei unterschiedlichen Hochgebeten vollgültig zu feiern, was Christus ihr zu tun aufgetragen hat. Sie erfüllt den Auftrag ihres Herrn mit der Anaphora von Addai und Mari, die keinen Einsetzungsbericht enthält, genau so wie mit den beiden anderen Anaphoren, die die Abendmahlsworte enthalten. Zu beachten ist ferner, dass aus der Zeit der ersten Union der Kirche des Ostens mit der römisch-katholischen Kirche (1551–1662) kein Dokument bekannt ist, in dem die Kirchze von Rom die Einfügung der Einsetzungsworte in die Anaphora von Addai und Mari verlangt hätte.
3. Die Assyrische Kirche des Ostens pflegt des weiteren das so genannte „Mysterium des Heiligen Sauerteigs". Seit unvordenklichen Zeiten wird berichtet, dass Jesus von dem Brot, das er beim Letzten Abendmahl segnete, brach und an seine Jünger austeilte, dem Apostel Johannes zwei Stücke gab. Als Jesus dann am Kreuz von der Lanze durchbohrt wurde, tauchte Johannes das aufbewahrte Stück Abendmahlsbrot in das Blut Christi. Seitdem bekam es den Namen „Heiliger Sauerteig". Es wurde in der Assyrischen Kirche des Ostens ehrfürchtig aufbewahrt und wird bis heute alljährlich erneuert. Das geschieht in der Weise, dass der jeweilige Ortsbischof am Gründonnerstag einen Rest des alten „Sauerteigs" mit dem neuen vermischt. Dieser wird dann an alle Pfarreien der Diözese verteilt. Dort wird dann bei der speziellen rituellen Bereitung des Brotes für die Eucharistiefeier jedes Mal etwas von diesem „Sauerteig" beigemischt. Kein Priester darf die Eucharistie mit Brot feiern, das diesen „Sauerteig" nicht enthält. Dieser Brauch des „Heiligen Sauerteigs" muss zweifellois verstanden werden als sichtbares Zeichen der Kontinuität zwi-

schen der aktuellen heutigen Eucharistiefeier und der Einsetzung des eucharistischen Sakraments durch Jesus am Abend vor seinem Leiden.

Die römisch-katholische Kirche betrachtet die Assyrische Kirche des Ostens als eine wirkliche Schwesterkirche, rechtgläubig und mit apostolischer Sukzession. Diese Kirche teilt mit ihr den Glauben an die wirkliche Gegenwart Christi in der Eucharistie unter den Gestalten von Brot und Wein und die Überzeugung vom Opfercharakter der Eucharistiefeier. Obwohl noch keine volle Kirchengemeinschaft besteht, gibt es doch auf dieser Grundlage eine tiefe Verbundenheit zwischen beiden Kirchen (vgl. UR 15).
Es ist auch zu beachten, dass die Eucharistischen Hochgebete der orientalischen und der abendländischen Tradition sich unterschiedlicher Ausdrucksweisen bedienen, um dasselbe Mysterium ins Wort zu bringen. Die Einsetzungsworte sind zwar in der Anaphora von Addai und Mari nicht wörtlich als zusammenhängender Text vorhanden, wohl aber in euchologischer Sprache an verschiedenen Stellen der Sache nach. Zusammen genommen bilden diese in Danksagungs-, Preis- und Bittgebeten verstreut vorkommenden Elemente dann doch so etwas wie eine Erzählung der Einsetzung der Eucharistie. Zudem ist im zentralen Teil der Anaphora, im Zusammenhang mit der Epiklese, ausdrücklich die Rede vom „Gedächtnis des Leibes und Blutes deines Christus, das wir dir (Vater) darbringen auf dem reinen und heiligen Altar, wie du es uns aufgetragen hast.“ Es wird auch gesagt, dass das Opfer dargebracht wird zur Vergebung der Sünden und in der Hoffnung auf die endzeitliche Vollendung der Erlösten im Königreich des Himmels. Im Blick auf den ganzen Anaphora-Text ist klar, dass in ihm unverkürzt die Überzeugung zum Ausdruck kommt, dass in dieser Feier das Pascha-Mysterium Christi vergegenwärtigt wird, dass also genau das geschieht, was Christus durch seine Worte und sein Tun beim Letzten Abendmahl gestiftet hat.
Nach langen und sorgfältigen Studien der Anaphora von Addai und Mari kam die Glaubenskongregation zu dem Schluss, dass dieses

Hochgebet als gültig betrachtet werden kann. Ihren diesbezüglichen Entscheid vom 17. Januar 2001 billigte anschließend Papst Johannes Paul II.

Daraus ergeben sich pastorale Konsequenzen: Katholische Chaldäer können in einer Eucharistiefeier, die von einem Priester der Assyrischen Kirche des Ostens gefeiert wird, kommunizieren. Priester der Kirche des Ostens dürfen sicher sein, dass die katholische Kirche ihre Eucharistiefeier als gültig betrachtet, auch wenn die von ihnen benutzte Anaphora von Addai und Mari den Einsetzungsbericht nicht enthält. Von chaldäischen Priestern wird allerdings erwartet, dass sie bei der in ihrer Kirche gebrauchten Fassung dieser Anaphora bleiben. Erst recht darf die Anaphora von Addai und Mari in ihrer archaischen Form nicht in andere Liturgien übernommen werden.

Wenn Chaldäer an einer assyrischen Eucharistiefeier teilnehmen, wird von römischer Seite aus angeregt, der zelebrierende Bischof oder Priester möge in diesem Fall die Einsetzungsworte in die Anaphora von Addai und Mari einfügen. Diese Möglichkeit besteht in der Assyrischen Kirche des Ostens. Diese hatte selbst schon vor Beginn des theologischen Dialogs mit der katholischen Kirche einen entsprechenden Beschluss gefasst. In Bagdad hatte die Heilige Synode 1978 entschieden, dass es den Priestern freigestellt sei, die Einsetzungsworte in die Anaphora von Addai und Mari einzufügen oder dieses Hochgebet weiterhin in seiner hergebrachten Form zu beten. Es war dies eine mutige Entscheidung in ökumenischem Geist. Die Kirche des Ostens wollte damit ihre eigene liturgische Praxis in einem zentralen Punkt der allgemeinen Gewohnheit der anderen Kirchen in Ost und West angleichen. Daran konnte die römische Erklärung von 2001 anknüpfen.

Der Kommentar stellt abschließend klar, dass trotz dieser Erklärung noch keine volle Kirchengemeinschaft zwischen der katholischen Kirche und der Assyrischen Kirche des Ostens besteht. Man sei aber auf einem guten Weg und ersehne den „gesegneten Tag", an dem es möglich sein werde, die hl. Eucharistie in voller Eintracht miteinander zu feiern.

Text mit der Anaphora von Addai und Mari

ERÖFFNUNG

Der Priester beginnt, indem er drei Mal wiederholt:

P.: Im Namen des Vaters und des Sohnes und des Heiligen Geistes in Ewigkeit.
Ehre sei Gott in der Höhe.
Und Friede auf Erden und gute Hoffnung allen Menschen auf immer und ewig. Amen.

P.: Unser Vater im Himmel …
(Erweiterte Fassung wie S. 212f.)

Gebet vor dem Marmitha-Gesang

D.: Lasset uns beten. Friede sei mit uns.

An Sonn- und Feiertagen:

P.: O Herr, unser Gott, in deiner Güte stärke uns …
(Vgl. den vollen Text S. 214)

An Herrenfesten:

P.: O Herr, unser Gott, stärke jene …
(Vgl. den vollen Text S. 214)

Man singt den passenden Marmitha-Gesang. Danach ruft der Diakon:

D.: Friede sei mit uns.

P.: Der verehrungswürdige und ruhmreiche Name
der glorreichen Dreifaltigkeit
werde gelobt, verehrt, erhöht, bekannt und gepriesen
im Himmel und auf Erden,

Vater, Sohn und Heiliger Geist,
in Ewigkeit.

Gebet vor dem Qanke-Gesang

An Sonntagen:

P.: Vor dem glorreichen Thron deiner Herrlichkeit, o mein Herr,
und dem hohen und aufragenden Sitz deiner Ehre
und dem furchterregenden Richterstuhl der Strenge deiner Liebe
und vor dem Vergebung spendenden Altar,
der auf dein Geheiß hin errichtet wurde
und vor der Wohnstätte deiner Herrlichkeit
verneigen wir uns tief,
wir, dein Volk und die Schafe deiner Weide,
zusammen mit Tausenden von Kerubim, die dich verherrlichen,
und Zehntausenden von Serafim und Erzengeln, die dir dienen;
wir beten an, loben und verherrlichen dich
zu jeder Stunde,
o Herr aller Dinge,
Vater, Sohn und Heiliger Geist,
in Ewigkeit.

An Herrenfesten ein Gebet von Mar Elija III., dem Katholikos:

P.: Vor dem furchterregenden Richterstuhl deiner Herrlichkeit …
(Vgl. den vollen Text S. 221 f.)

Bei Gedächtnissen:

P.: Den großen, furchterregenden, heiligen, gepriesenen,
gnädigen und unbegreiflichen Namen
der glorreichen Dreifaltigkeit
und ihr gütiges Handeln an unserem Geschlecht

müssen wir loben, anbeten und verherrlichen
zu jeder Stunde,
o Herr aller Dinge,
Vater, Sohn und Heiliger Geist,
in Ewigkeit.

Man singt den passenden Qanke-Gesang. Wenn der Priester den Altarraum verlässt, das Kreuz erhoben in den Händen, und hinaufsteigt zum Bema, ruft einer von den Diakonen:

D.: Friede sei mit uns.

An Sonn- und Feiertagen wird das folgende Laku-Mara-Gebet gesprochen.

P.: O unser Herr und unser Gott, wenn der süße Duft …
(Vgl. den vollen Text S. 224f.)

Bei Gedächtnissen:

P.: Für jede Hilfe und alle Gnaden …
(Vgl. den vollen Text S. 225)

Bei der Darbringung von Weihrauch:

P.: Im anbetungswürdigen und herrlichen Namen
deiner glorreichen Dreifaltigkeit
sei dieser Weihrauch, den wir darbringen, gesegnet zu deiner Ehre
und möge er uns Vergebung erwirken,
o du Schöpfer der duftenden Gewächse,
Herr aller Dinge,
Vater, Sohn und Heiliger Geist,
in Ewigkeit.

Bevor der Diakon anschließend mit dem Rauchfass den Rundgang durch die Kirche hält, spricht der Priester:

P.: Christus gebe dir Freude in seinem Reich
und möge er deinen Dienst annehmen
in der Güte seiner Barmherzigkeit.
Amen.

Christus-Hymnus „Laku-Mara"

P.: Herr aller Dinge, dich preisen wir.
Jesus Christus, dich verherrlichen wir.
Du gibst Leben unserem Leib
und rettest unsere Seelen.

Ich habe meine Hände reingewaschen
und deinen Altar, o Herr, umschritten.

Herr aller Dinge, dich preisen wir …

Ehre sei dem Vater und dem Sohn und dem Heiligen Geist.
Von Ewigkeit zu Ewigkeit. Amen, ja Amen.

Herr aller Dinge, dich preisen wir …

D.: Lasset uns beten. Friede sei mit uns.

P.: Wahrhaftig, o mein Herr, du gibst Leben unsrem Leib
und du bist der gute Retter unserer Seelen
und beständig behütest du unser Leben.
Es ist unsere Pflicht,
dich, mein Herr, zu loben, anzubeten und zu verherrlichen
zu jeder Stunde,
Herr aller Dinge,
Vater, Sohn und Heiliger Geist,
in Ewigkeit.

Das Trishagion (Qaddiša Alaha)

D.: Erhebt eure Stimme, jeder und jede,
und verherrlicht den lebendigen Gott.

A.: Heiliger Gott.
Heiliger Starker.
Heiliger Unsterblicher.
Erbarme dich unser.
Ehre sei dem Vater und dem Sohn und dem Heiligen Geist.
Heiliger Gott.
Heiliger Starker.
Heiliger Unsterblicher.
Erbarme dich unser.
Von Ewigkeit zu Ewigkeit. Amen, ja Amen.
Heiliger Gott.
Heiliger Starker.
Heiliger Unsterblicher.
Erbarme dich unser.

P.: Heiliger Gott, herrlich und mächtig …
(Vgl. den vollen Text S. 227f.)

Lesungen und Evangelium

Wenn der Lektor zum Priester kommt, segnet dieser ihn, indem er spricht:

P.: Gott, der Herr aller Dinge, mache dich weise in seiner heiligen Lehre.
Mögen seine Erbarmungen und seine Barmherzigkeit ruhen
auf denen, die lesen, und denen, die hören.
Mögest du ein glänzender Spiegel für all jene sein, die zuhören,

und mögen sie dem Wort der Lehre,
das dein Mund verkündet,
gehorsam sein
durch die Freundlichkeit seines Erbarmens. Amen.

L.: Segne, mein Herr.

P.: Gott, der Herr aller Dinge, stärke dich
und mache dich weise in seiner heiligen Lehre
durch die Freundlichkeit seines Erbarmens. Amen.

Nun werden die Lesungen aus dem Alten Testament vorgetragen samt dem dazugehörigen Šurraya-Gesang.

Vor der Lesung aus dem Apostel betet der Priester:

An Sonn- und Feiertagen:

P.: O Herr, unser Gott, erleuchte …
(Vgl. den vollen Text S. 230f.)

Bei Gedächtnissen und an den Werktagen der Fastenzeit betet man:

P.: Wir flehen zu dir, o weiser Lenker, …
(Vgl. den vollen Text S. 231)

Bevor die Lesung aus dem Apostel verkündigt wird:

D.: Segne, mein Herr.

P.: Möge Christus dich weise machen in seiner heiligen Lehre
und zu einem glänzenden Spiegel für alle, die dir zuhören.

Wenn dann der Priester vom Bema herabsteigt und sich zum Eingang des Altarraumes begibt, machen er und der Diakon, der ihn begleitet, eine Verbeugung.

Der Diakon ruft:

D.: Lasset uns beten. Friede sei mit uns.

Darauf betet der Priester leise:

P.: Du, Abglanz der Herrlichkeit deines Vaters
und Abbild dessen, der dich gezeugt hat,
du, der offenbart wurde
und im Leib unserer Menschlichkeit aufgestrahlt ist
und vernunftbegabte Wesen
durch die Erkenntnis seiner Größe erleuchtet hat,
erleuchte, o mein Herr, unsere Seelen
mit dem Licht deines Evangeliums
und gewähre uns, über deine Schriften nachzusinnen.
Mögen wir geleitet werden
durch deine lebenspendenden und göttlichen Weisungen,
o Herr aller Dinge,
Vater, Sohn und Heiliger Geist,
in Ewigkeit.

Wenn der Priester sich anschickt, das Evangeliar zu nehmen, betet er:

P.: Ehre den ewigen Erbarmungen, die du, Christus, uns erwiesen hast,
du, das Licht der Welt und das ewige Leben aller. Amen.

Wenn er das Evangelienbuch ergreift und damit zum Ort der Verkündigung geht, betet er:

P.: Mache uns weise durch dein Gesetz
und erleuchte unsere Gedanken durch deine Erkenntnis.
Heilige unsere Seelen durch deine Wahrheit,
auf dass wir deinen Worten gehorsam sind
und deine Gebote erfüllen zu jeder Zeit,
o Herr aller Dinge,
Vater, Sohn und Heiliger Geist,
in Ewigkeit.

Oder:

P.: Du, der du den mit Vernunft Begabten
durch die Erkenntnis deiner Größe erleuchtest,
erleuchte, mein Herr, meine Gedanken,
auf dass ich nachsinne über deine heiligen und göttlichen Schriften
zu jeder Zeit,
o Herr aller Dinge,
Vater, Sohn und Heiliger Geist,
in Ewigkeit.

D.: Lasst uns aufrecht stehn und das heilige Evangelium hören. Seid still und verharrt in Schweigen.

P.: Friede sei mit euch.

A.: Und mit dir und deinem Geiste.

Darauf verkündigt der Priester das Evangelium. Am Ende sagt er:

P.: Ehre sei Christus, unserem Herrn.

Fürbitten

Der Diakon singt die Fürbitten (Karozutha) und die folgenden Stücke.

D.: Vater der Erbarmungen und Gott allen Trostes, wir bitten dich.

A.: Unser Herr, erbarme dich unser. Unser Erlöser, unser Behüter und Beschützer aller, wir bitten dich.

D.: Um die Ruhe, die Eintracht und den Bestand der ganzen Welt und aller Kirchen bitten wir dich.

A.: Unser Herr, erbarme dich unser. Unser Erlöser …

D.: Für unser Land und alle Länder und die Gläubigen, die in ihnen wohnen, bitten wir dich.

A.: Unser Herr, erbarme dich unser. Unser Erlöser …

D.: Um günstige Witterung, die Fruchtbarkeit des Jahres, eine reiche Ernte und um die Bewahrung der Erde bitten wir dich.

A.: Unser Herr, erbarme dich unser. Unser Erlöser …

D.: Um das Wohlergehen unserer heiligen Väter, Mar N., unseres Katholikos-Patriarchen sowie Mar N., unseres Metropoliten, Mar N., unseres Bischofs und aller ihrer Mitarbeiter bitten wir dich.

A.: Unser Herr, erbarme dich unser. Unser Erlöser …

D.: Für die Herrschenden, die Macht haben in dieser Welt, bitten wir dich.

A.: Unser Herr, erbarme dich unser. Unser Erlöser …

D.: Barmherziger Gott, der du in Güte alles lenkst, wir bitten dich.

A.: Unser Herr, erbarme dich unser. Unser Erlöser …

D.: Für die rechtgläubigen Priester und Diakone und unsere ganze geschwisterliche Gemeinschaft in Christus, bitten wir dich.

A.: Unser Herr, erbarme dich unser. Unser Erlöser …

D.: Da du reich bist in deinen Erbarmungen und überströmend in deiner Barmherzigkeit, bitten wir dich.

A.: Unser Herr, erbarme dich unser. Unser Erlöser …

D.: Da du von alters her bist und deine Macht fortdauert von Geschlecht zu Geschlecht, bitten wir dich.

A.: Unser Herr, erbarme dich unser. Unser Erlöser …

D.: Da du wesenhaft gut bist und der Geber alles Guten, bitten wir dich.

A.: Unser Herr, erbarme dich unser. Unser Erlöser …

D.: Da du keine Freude hast am Tod des Sünders, sondern dass er sich von seiner Bosheit bekehrt und lebt, bitten wir dich.

A.: Unser Herr, erbarme dich unser. Unser Erlöser …

D.: Da du im Himmel verherrlicht und auf Erden angebetet wirst, bitten wir dich.

A.: Unser Herr, erbarme dich unser. Unser Erlöser …

D.: Da du durch deine Geburt (Erscheinung, Fasten, Einzug in Jerusalem, Auferstehung, Himmelfahrt, Hinabsteigen in das Reich des Todes, Heiliges Kreuz) die Erde mit Freude und die Himmel mit Jubel erfüllt hast, bitten wir dich.

A.: Unser Herr, erbarme dich unser. Unser Erlöser …

D.: Da du deiner Natur nach unsterblich bist und in strahlendem Licht wohnst, bitten wir dich.

A.: Unser Herr, erbarme dich unser. Unser Erlöser …

D.: O Erlöser aller Menschen, besonders jener, die an dich glauben, wir bitten dich.

A.: Unser Herr, erbarme dich unser. Unser Erlöser …

D.: Rette uns alle, Christus, unser Herr, in deiner liebevollen Freundlichkeit
und es mögen wachsen unter uns deine Ruhe und dein Friede
und erbarme dich über uns.

Lasset uns beten. Friede sei mit uns.
Kniet nieder *(nicht an Sonn- und Feiertagen)*.

Der Diakon fährt fort:

D.: Lasset uns beten und flehen zu Gott, dem Herrn aller Dinge.

A.: Amen.

D.: Dass er den Laut unseres Gebetes höre, unsere Bitten annehme und sich unser erbarme.
Für die heilige katholische Kirche hier und überall, lasset uns beten.

A.: Amen.

D.: Dass seine Ruhe und sein Friede in ihr wohne bis an die Grenzen der Erde.

A.: Amen.

D.: Für unsere Väter, die Bischöfe, lasset uns beten.

A.: Amen.

D.: Dass sie an der Spitze ihrer Herden stehen ohne Schimpf und Schande alle Tage ihres Lebens.

A.: Amen.

D.: Besonders um das Wohlergehen unserer heiligen Väter, Mar N., unseres Katholikos-Patriarchen, Mar N., unseres Metropoliten und Mar N., unseres Bischofs, lasset uns beten.

A.: Amen.

D.: Dass er sie behüte und bestärke an der Spitze aller ihrer Herden, auf dass sie für den Herrn ein Volk nähren, umsorgen und bereiten, das eifrig ist in guten und tugendhaften Werken.

A.: Amen.

D.: Für die Priester und Diakone, die in seinem Dienst der Wahrheit stehen, lasset uns beten.

A.: Amen.

D.: Dass sie mit lauterem Herzen und reiner Gesinnung Dienst vor ihm tun.

A.: Amen.

D.: Für alle in Enthaltsamkeit und Heiligkeit lebenden Männer und Frauen und die Kinder der heiligen katholischen Kirche, lasset uns beten.

A.: Amen.

D.: Dass sie ihren guten Lauf der Heiligkeit vollenden und vom Herrn eine gute Hoffnung und Verheißung im Land der Lebenden empfangen.

A.: Amen.

D.: Der gepriesenen heiligen Jungfrau Maria, der Mutter Christi, unseres Retters und Lebenspenders gedenkend, lasset uns beten.

A.: Amen.

D.: Dass der Heilige Geist, der in ihr Wohnung nahm, uns in seiner liebevollen Freundlichkeit heilige, seinen Willen in uns erfülle und uns in seiner Wahrheit besiegele alle Tage unseres Lebens.

A.: Amen.

D.: Der Propheten, Apostel, Märtyrer und Bekenner gedenkend, lasset uns beten.

A.: Amen.

D.: Dass er uns durch ihre Gebete und Leiden zusammen mit ihnen eine gute Hoffnung und Erlösung gewähre und uns würdig mache ihres gesegneten Andenkens und ihrer lebendigen und verlässlichen Verheißung des Himmelreiches.

A.: Amen.

D.: Unserer heiligen Väter gedenkend, Mar Diodor, Mar Theodor, Mar Nestorius, der Bischöfe und Lehrer der Wahrheit, Mar Ephräm, Mar Narsai und Mar Abraham und aller heiligen und glaubwürdigen Lehrer, lasset uns beten.

A.: Amen.

D.: Dass durch ihre Gebete und Bitten die reine Wahrheit ihrer Lehre, ihres Bekenntnisses und ihres Glaubens in der ganzen heiligen katholischen Kirche bewahrt bleibe bis zum Ende der Welt.

A.: Amen.

D.: Unserer Väter und Brüder (und Schwestern) gedenkend, der wahren Gläubigen, die verstorben und aus dieser Welt geschieden sind in ihrem wahren Glauben und in rechtgläubigem Bekenntnis, lasset uns beten.

A.: Amen.

D.: Dass er erlöse und ihnen ihre Schuld und ihre Übertretungen vergebe und sie würdige, sich mit den Gerechten und Rechtschaffenen zu erfreuen, die Aufnahme bei ihm gefunden haben.

A.: Amen.

D.: Für dieses Land und seine Einwohner, für diese Stadt (dieses Dorf) und ihre (seine) Bewohner, auch für dieses Gotteshaus und jene, die für es sorgen, besonders auch für diese unsere Gemeinde, lasset uns beten.

A.: Amen.

D.: Dass er in seiner liebevollen Freundlichkeit an uns vorübergehen lasse Gewalt, Gefangenschaft, räuberische Überfälle, Erdbeben, Hagel, Hunger, Krankheit und alle Übel, die dem Leib schaden.

A.: Amen.

D.: Für jene, die von dem wahren Glauben abgewichen und in den Fesseln Satans gefangen sind, lasset uns beten.

A.: Amen.

D.: Dass er die Härte ihres Herzens erweiche, auf dass sie erkennen:

Einer ist Gott, der Vater der Wahrheit und sein Sohn, Jesus Christus, unser Herr.

A.: Amen.

D.: Für jene, die krank sind und schweren Kummer haben und für jene, die von bösen Geistern versucht werden, lasset uns beten.

A.: Amen.

D.: Dass er ihnen den Engel der Erbarmungen und Heilung sende, dass er gesund mache, heile und wiederherstelle und dass er sie aufrichte in der Fülle seiner liebevollen Freundlichkeit und Barmherzigkeit.

A.: Amen.

D.: Für die Armen, die Notleidenden, die Waisen, die Witwen, die Bedrückten, die Betrübten und die im Geist Bekümmerten, wo immer es sie in dieser Welt gibt, lasset uns beten.

A.: Amen.

D.: Dass er in seiner liebevollen Freundlichkeit sich ihrer annehme, ihnen Unterhalt gewähre in seinem Erbarmen, sie aufrichte in seiner Barmherzigkeit und sie erlöse von demjenigen, der über sie herrscht mit ungerechter Gewalt.

A.: Amen.

D.: Betet und bittet um Erbarmen Gott, den Herrn aller Dinge,
auf dass ihr für ihn eine königliche Priesterschaft
und ein heiliges Volk sein könnt.
Ruft zum Herrn, dem mächtigen Gott,
aus ganzem Herzen und tiefster Seele,
denn er ist Gott, der barmherzige Vater,
der sich erbarmt und gnädig ist,
und er hat keine Freude am Untergang eines Menschen,
den er gebildet hat,
sondern daran, dass er sich zu ihm bekehrt

und vor ihm lebt.
Vor allem aber ist es unsere Pflicht,
anzurufen, zu loben, anzubeten, zu verherrlichen,
zu ehren und zu erheben den einen Gott,
den anbetungswürdigen Vater,
den Herrn aller Dinge,
der in seinem Christus
unseren Seelen eine gute Hoffnung und Erlösung geschenkt hat,
dass er an uns seine liebevolle Freundlichkeit,
seine Erbarmungen und seine Barmherzigkeit
bis zum Ende vollende.

A.: Amen.

D.: Erhebt euch in der Kraft Gottes.

A.: Ehre sei seinem heiligen Namen.

Alle erheben sich.

D.: Mit Bitten und Gebeten erflehen wir den Engel des Friedens und der Erbarmungen.

A.: Von dir, o Herr.

D.: Tag und Nacht und alle Tage unseres Lebens bitten wir um beständige Ruhe für deine Kirche und um ein Leben ohne Sünden.

A.: Von dir, o Herr.

D.: Wir bitten um einträchtige Liebe, die das Band der Vollkommenheit ist, und um die Gemeinschaft des Heiligen Geistes.

A.: Von dir, o Herr.

D.: Wir bitten um die Vergebung der Sünden und um jene Gaben, die unserem Leben dienlich und deiner Gottheit wohlgefällig sind.

A.: Von dir, o Herr.

D.: Wir bitten um die Erbarmungen des Herrn und seine Barmherzigkeit, beständig und zu jeder Frist.

A.: Von dir, o Herr.

D.: Lasset uns unsere Seelen und einer den anderen dem Vater, Sohn und Heiligen Geist befehlen.

A.: Dir, Herr, unser Gott.

Niederstellen der Gaben auf dem Altar

Während die Fürbitten gesungen werden, bringt der Priester die Gaben zum Altar. Bei der Übertragung der Gaben von Brot und Wein trägt der Priester die Patene, der Diakon den Kelch. Unterwegs sprechen sie:

P./D.: Ich wartete voll Vertrauen auf den Herrn.
Die Armen sollen essen und satt werden.
Der Leib Christi und sein kostbares Blut
sind auf dem heiligen Altar.
In Ehrfurcht und Liebe wollen wir uns ihm nähern
und mit den Engeln lasst uns laut rufen: Heilig, heilig, heilig Herr Gott
(zwei Mal).

Darauf nimmt der Priester den Kelch in seine rechte und die Patene in seine linke Hand; er legt dabei die Arme kreuzweise übereinander.

D.: Lasset uns beten. Friede sei mit uns.

P.: Lasst uns Lobpreis deiner glorreichen Dreifaltigkeit emporsenden,
allezeit und in Ewigkeit.
Möge Christus, der zu unserer Erlösung geopfert wurde
und der uns aufgetragen hat, ein Gedächtnis seines Todes,
seines Begräbnisses und seiner Auferstehung zu feiern,
dieses Opfer aus unseren Händen annehmen

in seiner Gnade und seiner Barmherzigkeit in Ewigkeit. Amen.

Oder an Festtagen:

P.: Mögen die heiligen Mysterien,
die zu unserer Erlösung vollbracht wurden,
denen, die sie dank der Gnade
und ewig währenden Barmherzigkeit Christi empfangen,
Vergebung der Sünden erwirken.

Der Priester berührt mit der Patene drei Mal den Kelch und spricht dabei jedes Mal:

P.: Deinem Auftrag entsprechend, unser Herr und unser Gott *(er wiederholt diese Worte)*,
werden diese glorreichen, heiligen, lebenspendenden und göttlichen Mysterien
auf dem Vergebung bringenden Altar niedergelegt und dargestellt,
bis unser Herr zum zweiten Mal vom Himmel her kommt.
Ihm sei Ehre allezeit und in Ewigkeit. Amen.

Darauf stellt der Priester die Mysterien ordnungsgemäß auf dem Altar nieder und bedeckt sie vorsichtig mit dem Velum. Dabei spricht er:

P.: Ehre sei dem Vater und dem Sohn und dem Heiligen Geist.
Über dem heiligen Altar werde der Jungfrau Maria gedacht,
der Mutter Christi.
Von Ewigkeit zu Ewigkeit.
O ihr Apostel des Gottessohnes
und Freunde des Eingeborenen,
betet, dass Friede herrsche in der Schöpfung.
Und alles Volk soll sprechen: Amen, ja Amen.
Dein Gedächtnis, unser Vater, sei gegenwärtig über dem heiligen Altar
mit dem Andenken an die Gerechten, die geehrt,
und an die Märtyrer, die gekrönt worden sind.
Bewahre alle Verstorbenen, die in der Hoffnung auf dich

zur Ruhe dahingegangen sind,
auf dass du sie auferstehen lässt in Herrlichkeit
am herrlichen Tag der Auferstehung.

Dann begeben sich Priester und Diakone zum Kirchenschiff, nachdem der Priester den Diakonen das Kreuz und das Evangeliar übergeben hat. Dazu spricht er jeweils:

P.: Christus, unser Herr, mache dich würdig, ihm mit Zuversicht entgegenzugehen. Amen.

Segensgebet und Entlassung der Katechumenen

Wenn die Fürbittlitanei (Karozutha) beendet ist, betet der Priester:

P.: O Herr Gott der Scharen, wir flehen zu dir und bitten dich,
vollende in uns deine Gnade
und teile durch uns deine Gabe aus.
Und die Erbarmungen und die Barmherzigkeit deiner Gottheit
mögen deinem Volk zum Nachlass der Schuld
und allen Schafen deiner Weide zur Vergebung der Sünden gereichen.
Du selbst hast sie ja in deiner Gnade und deinem Erbarmen erwählt,
du Guter und Freund der Menschen,
Herr aller Dinge,
Vater, Sohn und Heiliger Geist,
in Ewigkeit.

Darauf rufen die Diakone mit lauter Stimme:

D.: Neigt euer Haupt zur Handauflegung und empfangt den Segen.

Diakone und Volk neigen ihr Haupt.
Der Priester betet leise in seinem Herzen und in gebeugter Haltung das Gebet der Handauflegung.

P.: O Herr Gott der Heerscharen *(er wiederholt diese Worte)*,
dein ist die heilige katholische Kirche.
Denn durch das große Leiden deines Christus
wurde die Herde deiner Weide erkauft
und durch die Gnade des Heiligen Geistes,
der deiner glorreichen Gottheit wesensgleich ist,
werden die Weihegrade des wahren Priestertums verliehen.
In deinem Erbarmen, o mein Herr,
hast du die Armseligkeit unserer schwachen Natur
für würdig erachtet,
zu besonderen Gliedern bestellt zu werden
im großen Leib deiner heiligen katholischen Kirche,
um den Seelen der Gläubigen geistlichen Beistand zu leisten.
Darum, o mein Herr, wirke mit uns deine Gnade
und teile durch uns deine Gaben aus.
Und mögen die Erbarmungen und die Freundlichkeit deiner Gottheit
über uns und diesem Volk sein,
das du selbst erwählt hast.

Der Priester richtet sich auf, erhebt seine Stimme und singt:

P.: O mein Herr, gewähre uns in deiner Güte,
dass wir alle zusammen einmütig
alle Tage unseres Lebens deiner Gottheit gefallen
in guten Werken der Rechtschaffenheit,
die den glorreichen Willen deiner Hoheit erfüllen und zufriedenstellen.
Mögen wir dank deiner Gnade würdig sein,
dir Preis, Ehre, Lob und Anbetung emporzusenden,
zu jeder Stunde,
o Herr aller Dinge,
Vater, Sohn und Heiliger Geist,
in Ewigkeit.

Die Diakone begeben sich in den Altarraum und rufen dabei:

D.: Wer die Taufe nicht empfangen hat, entferne sich.
Wer das Zeichen des Lebens nicht erhalten hat, entferne sich.
Und wer die Opferspeise nicht empfängt, soll gehen.
Geht, bewacht die Türen.

VOR-ANAPHORA

Der Priester beginnt die passende „Antiphon der Mysterien (Onita d'Raze)" zu singen und diejenigen, die sich im Altarraum aufhalten, wiederholen sie.
Der Priester verneigt sich tief zu den vier Seiten des Bema. Zunächst verneigt er sich zwei Mal nach Osten, dann zur rechten Seite, dann ein Mal nach Osten. Er erhebt sich und verbeugt sich wieder zwei Mal nach Osten, dann ein Mal zur linken Seite und ein Mal nach Osten und ein Mal hinter sich.
Dann öffnen die Diakone den Vorhang vor dem Altar und sie gehen dem Priester entgegen. In diesem Augenblick singt der Priester die Doxologie in der „Antiphon der Mysterien", steigt vom Bema herab und entfernt sich vom versammelten Volk. Wenn er auf die Diakone trifft, verneigen sich diese vor ihm und sprechen:

D.: Segne, mein Herr. Lasset uns beten. Friede sei mit uns.

P.: Möge Gott, der Herr aller Dinge, mit eurem Dienst zufrieden sein
und möge er euch mit allen Gnadengaben schmücken.
Möge er euch reich machen mit allem Schmuck seiner Geschenke in Ewigkeit.
Amen.

Wenn der Priester am Eingang des Altarraumes angelangt ist, verneigt er sich und die Diakone rufen zusammen:

D.: Lasset uns beten. Friede sei mit uns.

Der Priester richtet sich auf, breitet seine Arme aus und betet:

P.: Da unsere Herzen besprengt
und gereinigt sind von einem schlechten Gewissen,
mögen wir für würdig gehalten werden,
das Allerheiligste zu betreten,
den hohen und erhabenen Ort.
Mögen wir rein, würdig und in Heiligkeit
vor deinem heiligen Altar stehen
und dir in wahrem Glauben
geistige und vernünftige Opfer darbringen.
Du bist gerecht, o Guter,
und dein Zorn währt nicht ewig,
noch hältst du für immer fest an deinem Grimm.
Wende ab dein Angesicht von meinen Sünden
und tilge alle meine Vergehen
in der großen Fülle deiner Barmherzigkeit,
o Herr aller Dinge,
Vater, Sohn und Heiliger Geist,
in Ewigkeit.

Er kann, wenn er es für angebracht hält, hinzufügen:

P.: Möge unser Herr Jesus Christus in seiner Gnade und seinen Erbarmungen mit uns sein in Ewigkeit. Amen.

Glaubensbekenntnis

Der Priester geht bis zum Eingang des Altarraumes, verbeugt sich, richtet sich auf, breitet seine Arme aus und spricht mit lauter Stimme:

P.: Wir glauben an den einen Gott,
den Vater, den Allmächtigen,
den Schöpfer aller sichtbaren und unsichtbaren Dinge.

Und an den einen Herrn Jesus Christus,
Gottes eingeborenen Sohn,
den Erstgeborenen vor allen Kreaturen;
er wurde von seinem Vater gezeugt, nicht erschaffen, vor allen Welten,
wahrer Gott vom wahren Gott, eines Wesens mit dem Vater.
Durch ihn wurden die Welten gebildet und alles geschaffen.
Für uns Menschen und zu unserem Heil ist er vom Himmel herabgekommen.
Er hat Fleisch angenommen durch den Heiligen Geist
und ist Mensch geworden.
Er wurde empfangen und geboren von der Jungfrau Maria.
Er hat gelitten und wurde gekreuzigt in den Tagen von Pontius Pilatus und wurde begraben.
Am dritten Tag ist er auferstanden gemäß der Schrift
und aufgefahren in den Himmel.
Er hat sich zur Rechten seines Vaters gesetzt.
Er wird wiederkommen zu richten die Toten und die Lebenden.
Wir glauben an den einen Heiligen Geist, den Geist der Wahrheit, der vom Vater ausgeht, den lebenspendenden Geist
und an die eine, heilige, apostolische und katholische Kirche.
Wir bekennen die eine Taufe zur Vergebung der Sünden
und die Auferstehung des Leibes und das ewige Leben. Amen.

Der Priester verneigt sich drei Mal und legt beim Betreten des Altarraumes seine Hände auf das Haupt aller Diakone auf der rechten, dann auf der linken Seite.
Er verbeugt sich vor dem Altar und spricht:

P.: Möge Gott, der Herr aller Dinge, mit uns sein in allem,
mit seiner Gnade und seinen Erbarmungen in Ewigkeit. Amen.

Der Priester wäscht seine Hände und vollzieht die Bezeichnung des Altares mit dem Kreuzzeichen. Wenn der Diakon mit der Verkündigung (Karozutha) beginnt, steht der Priester in der Mitte vor dem

Altar. Er wendet seinen Kopf ein wenig zu den Diakonen auf der rechten, dann auf der linken Seite und singt:

P.: Segne, meine Herr. Betet für mich, meine Brüder.

D.: Möge Christus deine Gebete hören, deine Bitten vernehmen und dein Opfer annehmen in der Güte seines Erbarmens in Ewigkeit. Amen.

Rufe des Diakons – *Karozutha*

D.: Lasset uns beten. Friede sei mit uns.
Denkt im Gebet an unsere Väter, die Katholikoi,
auch an die Bischöfe und alle Priester und Diakone,
an die ehelosen Männer und die Jungfrauen
und alle, die verstorben
und aus dieser Welt im wahren Glauben geschieden sind,
alle unsere Väter und Brüder,
alle unsere Söhne und Töchter,
alle Gläubigen,
die Christus liebenden Könige,
alle Propheten und Apostel,
alle Märtyrer und Bekenner hier und überall,
dass Gott sie bei der Auferstehung der Toten kröne
und uns eine gute Hoffnung
und Gemeinschaft mit ihnen
und Erbe und Leben im Himmelreich gebe.
Und möge dieses Opfer wohlgefällig angenommen werden.
Möge es geheiligt werden durch das Wort Gottes
und den Heiligen Geist,
auf dass es uns zum Nutzen gereiche und Heil
und ewiges Leben bringe im Himmelreich
durch die Gnade Christi.

Der Priester spricht zu dem Diakon, der ihm assistiert:

P.: Gott, der Herr, stärke dich, auf dass du sein Lob verkündest.

Dann wendet der Priester sein Gesicht zum Altar und vollzieht drei tiefe Verbeugungen. Bei jeder bewegt er sich näher zum Altar hin. Vor jeder Verbeugung betet er leise, doch so, dass er seine Lippen bewegt, das Gebet von Mar Bar Sauma.

P.: Ehre dir, der du das Verlorene findest.
Ehre dir, der du sammelst, was versprengt ist.
Ehre dir, der du nahe bringst, was fern ist.
Ehre dir, der du den Irrenden zur Erkenntnis der Wahrheit zurückführst.
Ehre dir, mein Herr, weil du mich,
obwohl ich doch schwach bin,
in deiner Gnade gerufen hast,
und mich dir nahe gebracht hast in deinem Erbarmen
und mich zu einem besonderen Glied gemacht hast
im großen Leib deiner heiligen katholischen Kirche,
damit ich vor dir
dieses lebendige, heilige und wohlgefällige Opfer darbringe,
welches die Gedächtnisfeier des Leidens, Sterbens,
Begräbnisses und der Auferstehung unseres Herrn
und Erlösers Jesus Christus ist,
wodurch du besänftigt und versöhnt wurdest,
so dass du die Sünden aller Menschen vergibst.

Ist der Priester am Altar angelangt, verneigt er sich tief, richtet sich auf und küsst den Altar in der Mitte. Dann verneigt er sich abermals, richtet sich auf und küsst die rechte Ecke des Altartisches. Er verneigt sich wieder, richtet sich auf und küsst die linke Ecke. Und wieder verneigt er sich, richtet sich auf und küsst die Mitte des Altars, dann nach einer abermaligen Verneigung erst die rechte, dann die linke Seite. Dann wendet er sich zu denen, die auf der rechten Seite stehen.

P.: Segne, mein Herr.
Meine Brüder, betet für mich, dass dieses Opfer aus meinen Händen angenommen werde.

D.: Gott, der Herr, stärke dich, damit du seinen Willen erfüllst.
Er nehme dein Opfer an
und habe Gefallen an deinem Opfer, das du für uns darbringst,
für dich selbst und für die vier Enden der Erde
dank der Güte seines Erbarmens, in Ewigkeit. Amen.

P.: Ehre dir, der du das Verlorene findest …

Nachdem er abermals die oben beschriebenen Verneigungen und Ehrungen des Altars vollzogen hat, sagt er zu denen, die auf der linken Seite stehen:

P.: Segne, mein Herr.
Betet für mich, meine Brüder und Geliebten,
dass ich für würdig erfunden werde,
vor unserem Herrn Jesus Christus
dieses lebendige und heilige Opfer darzubringen
für mich selbst und die ganze Gemeinschaft der heiligen Kirche
dank der Güte seines Erbarmens, in Ewigkeit. Amen.

Abermals betet er und vollzieht dann in gleicher Weise die Verehrung des Altars.

P.: Ehre dir, der du das Verlorene findest …

Wenn der Diakon am Ende der Verkündigung (Karozutha) singt: „Und möge dieses Opfer wohlgefällig angenommen werden …“, verneigt sich der Priester vor ihm und spricht:

P.: Dieses Opfer wird dargebracht für alle Lebenden und Verstorbenen.
Möge es von mir, dem Sünder, angenommen werden
vor dem furchterregenden Richterstuhl deiner Hoheit, o unser Herr, mit großem Wohlwollen.

Darauf steigt der Priester in Eile von dem erhöhten Platz herab. Er wendet sein Gesicht dem assistierenden Diakon zu und sagt zu ihm:

P.: Christus bekräftige deine Worte
und er nehme die Frucht deiner Lippen an
und er vergebe die Schuld und die Sünden aller, die dich hören.

Dann wendet er sein Gesicht dem Altar zu und macht eine tiefe Verneigung. Er verharrt so bis zum Ende der diakonalen Verkündigung (Karozutha). Tief gebeugt betet er in seinem Herzen still und flehentlich dieses Gebet:

P.: Ja, unser Herr und unser Gott *(er wiederholt diese Worte),*
schau nicht auf die Menge unserer Sünden
und lass dich, Herr, nicht abschrecken
von der Last unserer Bosheiten.
Nimm vielmehr das Opfer aus unseren Händen an
und durch seine Feier gewähre Kraft und Stärke,
dass es vermöge, unsere zahlreichen Sünden zu tilgen,
auf dass wir,
wenn du am Ende der Zeiten
in der menschlichen Natur, die du von uns angenommen hast,
erscheinen wirst,
vor dir Gnade finden und Erbarmen.
Und mögen wir gewürdigt werden,
mit den Geistwesen Lob zu singen.

Das Gebet der Heiligung (QUDDAŠA) der gesegneten Apostel Mar Addai und Mar Mari, der Lehrer des Ostens

Wenn die Verkündigung des Diakons (Karozutha) beendet ist, steht der Priester aufrecht, küsst den Altar und betet ein Stillgebet (G'hanta), doch breitet er dabei seine Hände vor dem Altar nicht aus. Beim Gebet der übrigen Stillgebete (G'hanta) soll er jedoch seine Hände ausbreiten. Bei jedem Stillgebet (G'hanta) macht er sowohl zu Beginn als auch am Ende eine tiefe Verbeugung vor dem Altar. Er soll ferner ein wenig Abstand halten, wenn er vor dem Altar steht; seine Hände sollen in einem gebührenden Abstand voneinander auf dem Altar liegen. Bei der tiefen Verbeugung neige er sein Haupt bis zur Höhe seiner Knie. Und am Ende jedes Stillgebetes küsse er den Altar in der Mitte.

P.: Segne, mein Herr; segne, mein Herr; segne, mein Herr.
Meine Brüder (und Schwestern), betet für mich.

A.: Christus höre deine Gebete.
Christus nehme dein Opfer an.
Christus erhöhe dein Priestertum im Himmelreich.
Möge er Gefallen finden an diesem Opfer, das du darbringst für dich selbst,
für uns und für die ganze Welt,
die ausschaut und wartet auf seine Gnade
und seine Erbarmungen in Ewigkeit.

G'hanta (I)

Der Priester betet das erste Stillgebet (G'hanta) leise, aber so, dass seine Stimme von denen im Altarraum gehört wird.

P.: Wir sagen Dank, mein Herr,
für die überströmenden Reichtümer deiner liebevollen Güte zu uns *(er wiederholt diese Worte)*.
Obwohl wir Sünder und unwürdig sind,
hast du uns für würdig gehalten,
diese heiligen Mysterien des Leibes und Blutes deines Christus zu vollziehen.
Wir erbitten Hilfe von dir
zur Stärkung unserer Seelen,
damit wir mit vollkommener Liebe und wahrem Glauben
dein uns gewährtes Geschenk feiern.

Die Anfangs- und Schlussworte eines jeden Stillgebetes werden wiederholt.
Der Priester betet laut (Qanona):

P.: Und wir wollen dir emporsenden Preis, Ehre,
Danksagung und Anbetung,
jetzt und immer und in alle Ewigkeit.

Während der Priester sich selbst bekreuzigt, antwortet das Volk:

A.: Amen.

Falls ein Patriarch, Metropolit oder Bischof anwesend ist, singt der Priester diesen Ruf (Qanona) wegen der Würde des Oberhirten, der anwesend ist, nicht. So hält man es auch in der Bischofskirche. Der Priester spricht in diesem Fall vielmehr diese Worte zusammen mit dem Stillgebet (G'hanta) und erhebt seine Stimme erst bei „in alle Ewigkeit".
Bevor er „jetzt" sagt, erhebt er seine Hand in ihrer ganzen Länge gerade empor, über seine Stirn hinaus, so dass seine Finger über seinem Kopf zu sehen sind, während das Innere der Hand nach Westen gerichtet ist. Bei dem Wort „jetzt" führt er die Hand herab bis etwas unterhalb seiner Brust, bei dem Wort „immer" führt er sie zu seiner rechten Schulter, dann zur linken, und zwar so, dass seine Hand ein wenig hinter der Schulter hervorschaut. Auf diese Weise gibt er zu

erkennen, dass er das Volk in den Segen einschließt. Und so geschieht es jedes Mal, wenn das Kreuzzeichen zum ersten Mal gemacht wird und bei der letzten Doxologie. Dann fährt der Priester fort.

Friedensgruß

P.: Friede sei mit euch.

A.: Und mit dir und deinem Geiste.

D.: Gebt einander den Frieden in der Liebe Christi.

Alle tauschen mit ihren Nachbarn den Friedensgruß und singen:

A.: [Herr, nimm dieses Opfer an]
für alle Katholikoi, Bischöfe, Priester und Diakone
und alle Gläubigen, die aus der Versammlung der Kirche hinübergegangen sind,
auch für das Leben und den Frieden der Welt,
für die Krönung des Jahres, dass es gesegnet sei
und überreich an Gaben durch deine Güte;
auch für jedes Glied der Kirche,
dass es würdig werde, zu empfangen von diesem Opfer,
das vor dir dargebracht wird;
für alle deine Diener und Dienerinnen,
die in dieser Stunde vor dir stehen.
Für sie alle
und für uns alle
möge dieses Opfer auf ewig angenommen werden.
Amen.

Der Diakon singt den Aufruf (Karozutha):

D.: Lasst uns alle in Reinheit Dank sagen
und mit Seufzen den Herrn bitten und zu ihm flehen.
Steht aufrecht
und achtet auf jene Dinge, die nun geschehen

an den ehrfurchtgebietenden Mysterien, die jetzt geweiht werden.
Der Priester beugt sich nieder, um zu beten,
auf dass durch seinen Mittlerdienst
überreicher Friede euch zuteil werde.
Schlagt die Augen nieder
und erhebt eure Gedanken zum Himmel.

Unterdessen verneigt sich der Priester tief vor dem Altar, womit er nicht wartet, wie manche es an verschiedenen Orten halten, bis der Diakon ruft „der Priester beugt sich nieder". In diesem Augenblick nähert sich also der Priester dem Altar. Er wiederholt nicht von Neuem den Ritus der tiefen Verbeugungen, da er ja schon das Gebet vor dem Altar vollzogen hat. Er beugt sich tief vor dem Altar nieder; in gebeugter Haltung verharrt er. Dabei betet er das folgende Gebet (Kušapa) von Mar Narsai leise:

P.: Herr Gott der Scharen *(er wiederholt diese Worte),*
steh meiner Schwachheit in deinem reichen Erbarmen bei
und durch den Beistand deiner Gnade mach mich würdig,
vor dir dieses lebendige und heilige Opfer darzubringen,
auf dass es der ganzen Gemeinde zum Heil gereiche
und dir, der glorreichen Dreifaltigkeit,
zum Lobpreis,
Vater, Sohn und Heiliger Geist, in Ewigkeit.

Der Diakon ruft:

D.: Wach und ernst bittet und fleht in dieser Stunde.
Lasst nicht zu, dass jemand zu sprechen wagt.
Wer betet, der möge in seinem Herzen beten.
Mit Schweigen und Ehrfurcht steht und betet.
Der Friede sei mit uns.

Der Priester richtet sich jetzt auf und entfernt behutsam das Velum von den Mysterien und legt es um den Kelch und die Patene. Dabei spricht er:

P.: Da du mich deines Leibes und Blutes für würdig erachtet hast,
würdige mich durch deine Gnade auch,
mit Zuversicht vor dir zu stehen am Tag des Gerichtes. Amen.

Während der Priester Weihrauch einlegt, spricht er:

P.: Mit den Myrrhe- und Aloësalben von Nikodemus
wurde dein heiliger Leib am Tag deines Begräbnisses gesalbt,
und wir, die wir dich anbeten,
umhüllen ebenfalls durch diesen Weihrauch mit Wohlgeruch
deinen ins Grab gelegten Leib
wie mit wohlriechenden Salben.
Lass den Weihrauch durch deine Gnade gesegnet sein,
lass ihn geweiht sein.
Er werde zum Sakrament
und bringe Vergebung unserer Schuld und unseren Sünden.
Möge dieser Weihrauch ein lieblicher Wohlgeruch für dich sein,
auch für deinen Vater
und für den Heiligen Geist,
jetzt, und immer und in alle Ewigkeit.

Oder:

P.: Im anbetungswürdigen und ruhmreichen Namen
deiner glorreichen Dreifaltigkeit
sei dieser Weihrauch, den wir darbringen, gesegnet
zu deiner Ehre
und zur Vergebung unserer Schuld,
in Ewigkeit. Amen.

Der Priester inzensiert die Mensa und spricht dabei:

P.: Möge der wohlriechende Weihrauch,
den wir dir vor deinem heiligen Altar
in deinem herrlichen Tempel darbringen,
dich, unsern Herrn und unseren Gott, erfreuen.
Möge er deinem heiligen Namen zur Freude gereichen
und deinen Dienern und deiner Herde zur Vergebung,

Vater, Sohn und Heiliger Geist, in Ewigkeit.

Der Priester spricht zum Diakon:

P.: Möge Christus dich stärken, damit du immer seinen Willen erfüllst.

Einleitung *(Qanona)*

Der Priester singt mit lauter Stimme:

P.: Die Gnade unseres Herrn Jesus Christus,
die Liebe Gottes des Vaters
und die Gemeinschaft des Heiligen Geistes
sei mit uns allen
jetzt, und immer und in alle Ewigkeit.

Der Priester zeichnet ein Kreuz über die Mysterien, während alle antworten:

A.: Amen.

P.: Empor eure Gedanken.

A.: Zu dir, dem Gott Abrahams, Isaaks und Israels, o ruhmreicher König.

P.: Das Opfer wird Gott, dem Herrn aller Dinge, dargebracht.

A.: Das ist würdig und recht.

Der Priester erhebt seine Hände bei jedem laut vorgetragenen Gebet (Qanona), das kein „jetzt" enthält. Der Diakon, der sich auf dem Bema aufhält, ruft:

D.: Friede sei mit uns.

Der Priester verneigt sich tief und betet in seinem Herzen. Er spricht das folgende Gebet (Kušapa) leise.

P.: Herr, Herr, gewähre uns Zuversicht in deiner Gegenwart,
dass wir mit der Freimütigkeit, die du uns erlaubst,
diese lebendigen und heiligen Mysterien vollziehen können,
nachdem unser Gewissen von jeder Bosheit und Bitterkeit gereinigt ist.
Säe in unser Inneres Liebe, Ruhe und Eintracht
unter uns und mit allen Menschen.

Der Priester erhebt sich und küsst den Altar. Es ist zu beachten, dass der Priester zu Beginn und am Ende jedes Stillgebetes (G'hanta) eine tiefe Verbeugung macht und den Altar küsst. Der Priester fährt fort, wobei er von jetzt an ständig die Hände ausgebreitet hält.

G'hanta (II)

P.: Würdig, von jedem Mund gepriesen *(er wiederholt diese Worte)*
und von jeder Zunge bekannt zu werden,
würdig, von jedem Geschöpf angebetet und erhoben zu werden,
ist der anbetungswürdige und ruhmreiche Name
deiner glorreichen Dreifaltigkeit,
Vater, Sohn und Heiliger Geist.
Denn du hast in deiner Güte die Welt erschaffen
und ihre Bewohner in deinem reichen Erbarmen.
Du hast Menschen in deiner Barmherzigkeit gerettet
und große Gnade allen Sterblichen erwiesen.
Tausende und Abertausende jener Wesen in der Höhe
verneigen sich tief und beten deine Herrlichkeit an.
O mein Herr,
zehntausend Mal zehntausend heiliger Engel
und Scharen von Geistwesen,
Diener aus Feuer und Geist,
verherrlichen deinen Namen
und mit den heiligen Kerubim
und den körperlosen Serafim

bringen sie dir, o Herr, Anbetung dar *(er wiederholt die letzten Worte).*

Der Priester singt laut (Qanona):

P.: Sie erheben die Stimme und lobpreisen ohne Unterlass, indem sie einander zurufen und singen:

Sanctus *(Qaddiš)*

Der Priester macht bei jedem Heilig-Ruf eine tiefe Verbeugung vor dem Altar.

A.: Heilig, heilig, heilig ist der Herr Gott der Heerscharen.
Himmel und Erde sind erfüllt von seinem Lobpreis
und seiner Gegenwart
und von der Hoheit seines herrlichen Glanzes.
Hosanna in der Höhe.
Hosanna dem Sohne Davids.
Gepriesen, der gekommen ist und kommen wird
im Namen des Herrn.
Hosanna in der Höhe.

Tief gebeugt betet der Priester das folgende Gebet (Kušapa) leise:

Post-Sanctus *(Kušapa)*

P.: (Heilig, heilig, heilig ist der Herr Gott der Heerscharen.
Himmel und Erde sind voll von seinem Lobpreis
und seiner Gegenwart
und erfüllt von der Hoheit seines herrlichen Glanzes.
„Himmel und Erde sind gleichermaßen von mir erfüllt", spricht der Herr.)
Heilig bist du, o Gott, Vater der Wahrheit,

von dem jede Vaterschaft im Himmel und auf Erden ihren Namen hat.
Heilig bist du, o ewiger Sohn, durch dessen Hand alles ins Dasein getreten ist.
Heilig bist du, o Heiliger Geist, durch den alles geheiligt wird.
Wehe mir! Wehe mir!
Ich bin entsetzt.
Bin ich doch ein Mensch mit unreinen Lippen
und ich lebe unter einem Volk mit unreinen Lippen
und meine Augen haben den König,
den Herrn der Heere, gesehen.
Wie ehrfurchtgebietend ist dieser Ort,
denn heute habe ich den Herrn von Angesicht zu Angesicht gesehen.
Hier ist nichts anderes als das Haus Gottes und die Pforte des Himmels.

Und nun, o Herr,
lass deine Gnade über uns sein *(er wiederholt diese Worte)*
und reinige unsere Unreinheit.
Heilige unsere Lippen, o mein Herr.
Vereine die Stimmen von uns schwachen Menschen
mit der Heiligung der Serafim und dem Preisgesang der Engel.
Ehre sei deinen Erbarmungen,
denn du hast Kreaturen aus Staub
mit den Geistwesen zur Gemeinschaft verbunden.

Der Priester erhebt seine Stimme und singt:

P.: Segne, o mein Herr; segne, o mein Herr; segne, o mein Herr.
Meine Brüder (und Schwestern), betet für mich.

G'hanta (III)

Der Priester betet leise:

P.: Zusammen mit diesen himmlischen Heerscharen
sagen wir dir Dank, o mein Herr *(er wiederholt die Worte)*,
obwohl wir schwache, unwürdige und elende Knechte sind.
Du hast uns mit so großer Gnade beschenkt,
dass wir es dir nicht vergelten können.
Du hast dich nämlich selbst mit unserer Menschheit bekleidet,
um uns durch deine Gottheit zu beleben.
Du hast unsere Niedrigkeit erhöht,
uns vom Fall erhoben,
neues Leben unserer Sterblichkeit gegeben,
unsere Schuld vergeben,
unsere Sündigkeit gerechtfertigt,
unseren Verstand erleuchtet
und, unser Herr und unser Gott, du hast unsere Feinde überwunden
und der Schwachheit unserer unwürdigen Natur den Sieg verliehen
durch die überreichen Erbarmungen deiner Gnade *(er wiederholt die letzten Worte)*.

Der Priester singt laut (Qanona):

P.: Und wegen aller uns erwiesenen Wohltaten und Gnaden
wollen wir dir Preis, Ehre, Lob und Anbetung emporsenden,
jetzt und immer und in alle Ewigkeit.

Der Priester zeichnet das Kreuz über die Mysterien. Das Volk antwortet:

A.: Amen.

Der Diakon auf dem Bema ruft:

D.: Betet in euren Herzen. Friede sei mit uns.

Stilles Fürbittgebet *(Kušapa)*

Der Priester betet das folgende Gebet (Kušapa) leise. Er verharrt dabei tief gebeugt:

P.: O Herr Gott der himmlischen Scharen,
nimm dieses Opfer aus meinen unwürdigen Händen an
für die ganze katholische Kirche,
für alle gerechten und rechtschaffenen Väter,
die dein Wohlgefallen gefunden haben,
für alle Propheten und Apostel,
für alle Märtyrer und Bekenner,
für alle Trauernden und Betrübten,
für alle Bedürftigen und Bedrückten,
(für alle Priester, Könige und Lenker der Staaten),
für alle Kranken und Niedergeschlagenen,
für alle Heimgegangenen, die gestorben und von uns gegangen sind,
für dieses Volk, das ausschaut nach deinen Erbarmungen
und sie herbeisehnt,
auch für meine Unwürdigkeit, Armseligkeit und Armut *(er wiederholt diese Worte)*.
Ja, unser Herr und unser Gott,
vergilt deinem Volk und meiner Armseligkeit nicht nach meinen Sünden und Übertretungen,
sondern lass uns – mich und sie -
würdig erfunden werden,
den Nachlass der Schuld und die Vergebung der Sünden
durch diesen heiligen Leib zu erlangen,
den wir in wahrem Glauben empfangen
dank der Gnade, die von dir kommt.
Amen.

Der Priester erhebt sich und spricht drei Mal:

P.: Segne, o mein Herr.

Falls das Opfer für Verstorbene dargebracht wird, rezitiert der Priester das folgende Gebet:

P.: Ich bete deine Gnade an, o mein Herr,
und lobpreise deine überreiche Barmherzigkeit.
Denn, obwohl ich wegen meiner Sünden unwürdig bin,
hast du mich in deinem Erbarmen dir nahe gebracht
und mich eingesetzt zu einem Diener
und Mittler dieser glorreichen und heiligen Mysterien.
So bitte ich dich denn und flehe zu dir, dem Herrn,
dass sie heilbringend seien
für die Ruhe und den Frieden der Welt,
für den Bestand deiner heiligen Kirche,
für das Wachstum des wahren Glaubens,
für die Erhöhung der Rechtschaffenen,
für die Vergebung der Sünden,
für die Annahme der Büßer,
(für das Wiederfinden dessen, was verloren ging,
für die Beständigkeit der Mitglieder des Hauses),
für die Heimkehr derer in der Ferne,
für die Stärkung der Schwachen,
für die Befreiung der Bedrückten,
für die Aufrichtung der Trauernden,
für die Genesung der Kranken,
für die Unterstützung der Armen
und für ein gutes Gedenken der Verstorbenen.
Gewähre uns allen, o mein Herr, jene Dinge, die uns hilfreich und dir, Herr, wohlgefällig sind.

Ja, Herr Gott der himmlischen Herrscharen *(er wiederholt diese Worte)*,
möge dieses Opfer oben in der Höhe angenommen werden
aus den Händen deines sündigen und ungehorsamen Dieners
wie das Opfer Abels in der Ebene,
Noahs in der Arche,
Abrahams, als er bereit war, seinen Sohn zu opfern,

Elijas auf dem Berg Horeb,
der Witwe am Opferkasten
und der Apostel im Obergemach
und mit dem Opfer der gerechten und rechtschaffenen Väter,
die danach von Generation zu Generation
ihre Opfer dargebracht haben.
Ja, unser Herr und unser Gott,
möge dieses Opfer angenommen werden
für die ganze katholische Kirche,
auf dass sie fest stehe und unerschütterlich fortdauere,
für die Priester, Könige und Lenker der Staaten,
auf dass sie an Kraft gewinnen,
in für die Kirchen ruhigen Zeiten;
und in Friedenszeiten für ihre Länder,
für die Armen, Bedürftigen, Bedrückten,
für die Bekümmerten, Trauernden und Leidenden,
für alle Verstorbenen, die von uns und aus unserer Mitte gegangen sind,
und für all jene, die vor deinem heiligen Altar stehen
und um ein von mir, dem Sünder, verrichtetes Gebet bitten.
Erhöre ihre Bitten, vergib ihre Schuld und tilge ihre Sünden.
Umgib, o mein Herr, dieses Land und seine Bewohner,
auch dieses Dorf (diese Stadt) und jene, die darin wohnen,
mit einem mächtigen Schutzwall,
und bewirke, dass dank deiner Gnade
von diesem Ort fernbleiben Hagel, Hunger, Pest,
Heuschrecken, schädliches Getier und Gewürm.
Möge der Verderber keine Macht bei uns haben
noch der Feind über uns triumphieren.

Der Priester nennt hier eine spezielle Bitte oder ein aktuelles Anliegen. Und während er vor dem Altar tief gebeugt steht, bringt er an dieser Stelle jedes Anliegen, sei es sein persönliches oder das von anderen, vor Gott.

P.: Ja, unser Herr und unser Gott,
nach deinen Erbarmungen
und dem Reichtum deiner Freundlichkeit
handle an deinem Volk und an meiner Armseligkeit,
nicht aber nach meinen Sünden.
Vielmehr mögen wir – ich und sie – für würdig erfunden werden,
Nachlass der Schuld
und Vergebung der Sünden zu erlangen
durch diesen heiligen Leib, den wir im wahren Glauben empfangen
dank der Gnade, die von dir kommt. Amen.

Der Priester richtet sich auf und spricht:

P.: Segne, o mein Herr; segne, o mein Herr; segne, o mein Herr.
Meine Brüder (und Schwestern), betet für mich.

G'hanta (IV)

Der Priester fährt fort, indem er das folgende Gebet leise betet:

P.: O mein Herr,
durch die vielen Erweise deines unsagbaren Erbarmens *(er wiederholt die Worte)*
gewähre ein gutes und heilsames Gedenken
aller gerechten und rechtschaffenen Väter,
die wohlgefällig vor dir gelebt haben,
bei dem Gedächtnisopfer des Leibes und Blutes deines Christus,
das wir auf deinem reinen und heiligen Altar
dir darbringen,
wie du es uns aufgetragen hast
Unser Herr und unser Gott,
lass deine Ruhe und deinen Frieden unter uns wohnen
alle Tage, solange die Welt besteht *(er wiederholt diesen Satz)*,

auf dass alle Bewohner der Erde dich erkennen,
dass du allein Gott bist,
der Vater der Wahrheit,
und dass du unseren Herrn Jesus Christus,
deinen geliebten Sohn,
gesandt hast.
Und er, unser Herr und unser Gott, kam
und lehrte uns in seinem lebenspendenden Evangelium
alle Reinheit und Heiligkeit,
der Propheten, Apostel, Märtyrer und Bekenner,
Bischöfe und Lehrer, Priester und Diakone
und aller Kinder der heiligen katholischen Kirche,
die mit dem lebendigen Siegel der heiligen Taufe
bezeichnet worden sind.

Wenn der Priester sagt „die bezeichnet worden sind", soll er, während er tief gebeugt verharrt, „den Thron" von oben nach unten und von rechts nach links bezeichnen. Er erhebt sein Gesicht und fährt fort:

P.: Auch wir, mein Herr,
deine schwachen, unwürdigen und armseligen Knechte,
die in deinem Namen versammelt sind,
die in dieser Stunde vor dir stehen
und durch die Überlieferung das Beispiel empfangen haben,
das von dir kommt,
vollziehen mit Freude, rühmend und mit Lobpreis
und in feierndem Gedächtnis
dieses große, schaudererregende, heilige,
lebenspendende und göttliche Mysterium
des Leidens, Todes, Begräbnisses und der Auferstehung
unseres Herrn und Erlösers Jesus Christus.

Herabrufen des Heiligen Geistes *(Epiklese)*

D.: Mit Schweigen und in Ehrfurcht steht aufrecht und betet.
Friede sei mit uns.

Ehe der Priester sagt „Und es komme herab, o mein Herr“, richtet er sich auf und erhebt seine Hände. Dann betet er:

P.: Und es komme, o mein Herr, dein Heiliger Geist herab
und er verweile über diesem Opfer deiner Diener;
er segne es und heilige es,
auf dass es uns, o mein Herr, zum Nachlass der Schuld
und zur Vergebung der Sünden gereiche,
auch zur großen Hoffnung auf die Auferstehung von den Toten
und auf das neue Leben im Himmelreich,
zusammen mit allen, die dir wohlgefällig waren.

Und für dieses ganze große und wunderbare Heilswerk für uns
wollen wir dir Dank sagen
und dich ohne Unterlass in deiner Kirche preisen,
die durch das kostbare Blut deines Christus erlöst wurde,
mit lauter Stimme
und zuversichtlichem Angesicht *(er wiederholt diese Worte)*.

Der Priester singt laut (Qanona):

P.: Und deinem lebendigen, heiligen und lebenspendenden Namen
senden wir Preis, Ehre, Lob und Anbetung empor,
jetzt und immer und von Ewigkeit zu Ewigkeit.

Er zeichnet über die Mysterien das Kreuzzeichen. Das Volk singt:

A.: Amen.

Bitte um Frieden und Vergebung

Der Priester macht eine tiefe Verbeugung vor dem Altar, wobei er jedoch bei den Worten „Erbarme dich meiner" sein Haupt nicht bis zur Erde niederbeugt. Er hält das Rauchfass in seiner Rechten und legt als Priester Fürbitte ein.

P.: Christus, Friede derer, die oben wohnen,
und Ruhe derer, die unten sind,
lass deine Ruhe und deinen Frieden wohnen, o mein Herr,
in allen vier Teilen der Erde,
besonders in deiner heiligen katholischen Kirche.
Lass Eintracht herrschen zwischen Kirche und Staat.
Mach ein Ende den Kriegen bis zu den Enden der Erde.
Zerstreue die streitsüchtigen Nationen, die auf Krieg sinnen,
auf dass wir an einem ruhigen und friedlichen Ort leben können,
in aller Reinheit und Gottesfurcht.

Ich danke dir, mein Vater,
Herr des Himmels und der Erde,
Vater, Sohn und Heiliger Geist,
dafür, dass du mich gnädig,
obwohl ich ein Sünder und schwach bin,
deines überreichen Erbarmens gewürdigt hast,
vor dir darzubringen diese schaudererregenden, heiligen, lebenspendenden und göttlichen Mysterien des Leibes und Blutes deines Christus,
so dass ich deinem Volk,
den Schafen deiner Weide,
den Nachlass ihrer Schuld erwirken darf,
die Vergebung ihrer Sünden,
die Rettung ihrer Seelen,
die Versöhnung der ganzen Welt
und die Ruhe und den Frieden aller Kirchen.

Er fährt fort mit Psalm 51:

Erbarme dich meiner, o Gott, nach deiner großen Barmherzigkeit.
O Christus, König, erbarme dich meiner.
Und nach der Fülle deines Erbarmens tilge meine Sünden.
O Christus, König, Ehre deinem Namen.
Wasche mich ganz und gar rein von meinen Vergehen.
O Christus, König, erbarme dich meiner.
Und reinige mich von meinen Sünden.
O Christus, König, Ehre deinem Namen.
Denn ich erkenne meine Schuld.
O Christus, König, erbarme dich meiner.
Und meine Sünden stehen mir immer vor Augen.
O Christus, König, Ehre deinem Namen.
Vor dir allein habe ich gesündigt.
O Christus, König, erbarme dich meiner.
Und in deiner Gegenwart habe ich meine bösen Taten vollbracht.
O Christus, König, Ehre deinem Namen.
So wirst du gerecht erfunden in deinem Wort und untadelig in deinem Urteil.
O Christus, König, erbarme dich meiner.
Denn in Bosheit wurde ich geboren, in Sünden hat mich meine Mutter empfangen.
O Christus, König, Ehre deinem Namen.
Du hast dich an der Wahrheit erfreut.
O Christus, König, erbarme ich meiner.
Du hast die verborgenen Dinge deiner Weisheit bekannt gemacht.
O Christus, König, Ehre deinem Namen.
Besprenge mich mit Hyssop und ich bin rein.
O Christus, König, erbarme dich meiner.
Wasche mich und ich bin weißer als Schnee.
O Christus, König, Ehre deinem Namen.
Erfülle mich mit deinem Glück und deiner Freude.

O Christus, König, erbarme dich meiner.
Und es werden jubeln die zerschlagenen Gebeine.
O Christus, König, Ehre deinem Namen.
Wende dein Gesicht ab von meinen Sünden.
O Christus, König, erbarme dich unser.
Und tilge alle meine Vergehen.
O Christus, König, Ehre deinem Namen.
Erschaffe in mir ein reines Herz, o Gott.
O Christus, König, erbarme dich meiner.
Und erneuere deinen beständigen Geist in meinem Inneren.
O Christus, König, Ehre deinem Namen.
Verwirf mich nicht vor deinem Angesicht.
O Christus, König, erbarme dich meiner.
Und nimm deinen Heiligen Geist nicht von mir.
O Christus, König, Ehre deinem Namen.
Mach mich wieder froh mit deinem Heil.
O Christus, König, erbarme dich meiner.
Und lass deinen glorreichen Geist mich stützen.
O Christus, König, ehre deinem Namen.
Auf dass ich die Frevler deinen Weg lehre.
O Christus, König, erbarme dich meiner.
Und Sünder mögen zurückkehren zu dir.
O Christus, König, Ehre deinem Namen.

Er fügt weitere Psalmverse an (Ps 123,1–3a):

P.: Ich habe meine Augen erhoben zu dir,
der du in den Himmeln wohnst.
Wie die Augen der Knechte auf ihren Herrn,
und die Augen einer Magd auf die Herrin,
so sind unsere Augen auf dich gerichtet, Herr, unser Gott,
bis du dich unser erbarmst.
Erbarme dich unser, o Herr, erbarme dich unser.
Ich habe meine Hände in Unschuld gewaschen;
und ich habe deinen Altar umschritten, o Herr. (Ps 26,6).

Während der Priester inzensiert, spricht er das folgende Weihrauchgebet:

P.: Möge unser Gebet und unser Flehen
dir, unser Herr und unser Gott, gefallen
und der Wohlgeruch unseres gefälligen Weihrauchopfers
besänftige dich wie das Rauchopfer Aarons, des Priesters im Zelt.
Erneuere uns an Seele und Leib
und gewähre Versöhnung deiner Schöpfung
durch deine große Barmherzigkeit,
Schöpfer der wohlriechenden Gewächse und duftenden Gewürze,
Herr aller Dinge,
Vater, Sohn und Heiliger Geist, in Ewigkeit.

Brotbrechung und Konsignation

Der Priester beginnt den Ritus der Brechung und Bezeichnung mit folgendem Gebet:

P.: Wandle in Wohlgeruch, unser Herr und unser Gott,
den üblen Geruch unserer Unreinheit
und ersetze unseren Modergeruch
durch den angenehmen Duft deiner süßen Liebe
und durch sie reinige uns von den Flecken der Sünde.
O Guter Hirt, der auszog, um uns zu suchen,
finde unsere Verlorenheit
und freue dich über unsere Rückkehr.
Vergib meine Schuld und meine Sünden,
sowohl jene, die mir bewusst sind,
wie auch jene, die ich nicht kenne,
in deiner Gnade und Barmherzigkeit.

Der Priester wiederholt dieses Gebet drei Mal. Dann fährt er fort, wobei er bei den Worten „nahe gebracht“ jedes Mal seine Hände kreuzförmig auf seine Brust legt und die Mitte des Altares küsst, danach die rechte und schließlich die linke Seite.

P.: Segne, o mein Herr; segne, o mein Herr; segne, o mein Herr. Deine gnädige Barmherzigkeit hat uns, unser Herr und unser Gott, diesen glorreichen, heiligen, lebenspendenden und göttlichen Mysterien nahe gebracht, obwohl wir ihrer nicht würdig sind *(drei Mal).*

D.: Wahrhaftig, o mein Herr, wir sind nicht würdig.
Vergib uns, o mein Herr, obwohl wir wegen unserer vielen Sünden dessen nicht würdig sind.

Der Priester ergreift das eucharistische Brot (Bukra), das in der Mitte der Patene liegt, mit beiden Händen, aber so, dass sich diese nicht berühren, und hebt es in die Höhe, und zwar so hoch, wie seine Arme reichen, und indem er nach oben schaut, betet er:

P.: Ehre deinem heiligen Namen, unser Herr Jesus Christus,
und Anbetung deiner Herrschaft
zu jeder Zeit und in Ewigkeit. Amen.
Denn dies ist das lebendige und lebenspendende Brot,
das vom Himmel herabgekommen ist
und Leben gibt der ganzen Welt.
Diejenigen, die davon essen, sterben nicht
und diejenigen, des es empfangen, werden dadurch gerettet
und empfangen Vergebung
und leben in Ewigkeit. Amen.

A.: Amen.

Der Priester küsst das heilige Brot (Bukra) in Kreuzesform, wobei er es aber nicht mit den Lippen berührt, nur andeutungsweise. Dann beschreibt er damit vor seinen Augen einen Kreis, von oben nach unten und von rechts nach links. Dabei spricht er:

P.: Ehre sei dir, o mein Herr; Ehre sei dir, o mein Herr; Ehre sei dir, o mein Herr, wegen deiner unausgesprochenen Gabe für uns in Ewigkeit. Amen.

A.: Amen.

Der Priester ergreift das heilige Brot (Bukra) mit beiden Händen und spricht dabei:

P.: Wir haben uns, o mein Herr,
im wahren Glauben an deinen Namen
diesen heiligen Mysterien genähert
und wir brechen in deinem Erbarmen
und bezeichnen in deiner Barmherzigkeit
den Leib und das Blut deines geliebten Sohnes,
unseres Herrn Jesus Christus,
im Namen des Vaters und des Sohnes und des Heiligen Geistes,
in Ewigkeit.

A.: Amen.

Beim Aussprechen des Namens der Dreifaltigkeit bricht er vorsichtig das heilige Brot in seinen Händen in zwei Hälften. Und er legt die Hälfte in seiner linken Hand an ihren Platz, und zwar so, dass die gebrochene Seite zum Kelch hin schaut. Mit der Hälfte in seiner Rechten bezeichnet er das Blut im Kelch von Ost nach West und von Nord nach Süd, indem er etwa ein Drittel der Hostienhälfte in seiner Hand in den Kelch eintaucht. Wenn er sie von Ost nach West bewegt, spricht er:

P.: Das kostbare Blut wird mit dem lebenspendenden Leib unseres Herrn Jesus Christus bezeichnet im Namen des Vaters und des Sohnes *(von Ost nach West)* und des Heiligen Geistes *(von Nord nach Süd)*, in Ewigkeit.

In dieser Art bezeichnet er auch den Leib auf der Patene mit der Hostienhälfte (Bukra) in seiner Hand. Dabei spricht er:

P.: Der heilige Leib wird bezeichnet mit dem erlösenden Blut unseres Herrn Jesus Christus im Namen des Vaters und des Sohnes und des Heiligen Geistes, in Ewigkeit.

A.: Amen.

Der Priester nimmt die beiden Hostienhälften in seine beiden Hände und hält sie zusammen, so als ob sie nicht gebrochen wären. Seine Finger und seine Daumen sollen die beiden Hälften kreisförmig umschließen. Dann spricht er:

P.: Diese glorreichen, heiligen, lebenspendenden und göttlichen Mysterien werden geteilt, geheiligt, vollendet, erfüllt, vereint, vermischt, miteinander verbunden und besiegelt, in dem anbetungswürdigen und ruhmreichen Namen der glorreichen Dreifaltigkeit, Vater, Sohn und Heiliger Geist, dass sie uns gereichen, o mein Herr, zum Nachlass der Schuld und zur Vergebung der Sünden, zur großen Hoffnung der Auferstehung von den Toten und des neuen Lebens im Himmelreich, uns und der heiligen Kirche Christi, unseres Herrn, hier und an allen Orten, jetzt und immer und in alle Ewigkeit.

Wenn der Priester „jetzt" sagt, macht er mit seinem Daumen eine „Verletzung" an der Stelle der Hostienhälfte, die in das Blut getaucht worden war, dann legt er die Hälften auf die Patene, in Kreuzesform eine über die andere. Dabei liegt die gebrochene obere Hälfte, die er in seiner linken Hand gehalten hat, unten, mit der gebrochenen Seite zum Kelch hin; und die gebrochene Hälfte, die er in seiner rechten Hand gehalten hat, liegt oben und schaut nach Westen zum Priester hin, so dass die „Verletzung" an dieser Seite dem Kelch gegenüber liegt, ein Zeichen für die Öffnung der rechten Seite des Herrn.
Dann reinigt er sorgfältig seine Hände und bezeichnet mit dem Daumen sich selbst auf der Stirn mit dem Kreuzzeichen, dann auch die ihn umgebenden Diakone. Dabei spricht er:

P.: Christus nehme euren Dienst an.
Christus lasse euer Angesicht leuchten.

Christus bewahre euer Leben.
Christus nähre eure Jugend.

Kommunionvorbereitung

Der Priester nimmt nun das Velum, das um Kelch und Patene gelegen hatte, weg und spricht:

P.: Ehre dir, unser Herr,
denn du hast mich in deiner Barmherzigkeit gerufen.
Ehre dir, unser Herr,
denn, obwohl ich nicht würdig bin,
hast du mich in deiner Gnade geweiht
zum Diener und Mittler deiner Gabe,
deiner glorreichen, heiligen, lebenspendenden und göttlichen Mysterien.
In deinem gütigen Erbarmen würdige mich,
Nachlass der Schuld
und Vergebung der Sünden zu erlangen.
Und wegen der ganzen reichen Fülle deiner Heilssorge
um meine Schwachheit
wollen wir dir Preis, Ehre, Lob und Anbetung emporsenden,
jetzt und immer und von Ewigkeit zu Ewigkeit.
Ehre dir, Gott Vater.
Ehre dir, ewiger Sohn.
Ehre dir, Heiliger Geist, der alle Dinge heiligt in Ewigkeit.

A.: Amen.

Der Priester verbeugt sich tief vor dem Altar, richtet sich auf und küsst die Mitte der Mensa. Dann ruft er laut (Qanona), wie wenn er eine gute Nachricht mitzuteilen hätte:

P.: Die Gnade unseres Herrn Jesus Christus
und die Liebe Gottes, des Vaters,
und die Gemeinschaft des Heiligen Geistes

sei mit uns allen,
jetzt und immer und von Ewigkeit zu Ewigkeit.

A.: Amen.

Der Priester bezeichnet sich selbst mit dem Kreuzzeichen, wobei seine Hände etwas über den Körper hinausreichen, so dass sie vom Volk gesehen werden können. Denn dieses Kreuzzeichen ist, obwohl der Priester es über sich selbst zeichnet, für das Volk gedacht. Der Diakon proklamiert daraufhin die folgende Aufforderung (Karozutha):

D.: Lasst uns alle mit Scheu und Ehrfurcht hinzutreten
zum Mysterium des kostbaren Leibes und Blutes unseres Erlösers.
Mit reinem Herzen und wahrem Glauben
lasst uns seines Leidens gedenken
und seine Auferstehung betrachten.
Denn um unseretwillen hat der eingeborene Sohn Gottes
von uns Menschen einen sterblichen Leib
und eine vernunftbegabte und unsterbliche Seele angenommen
und durch seine lebenspendenden Gesetze
und heiligen Gebote
brachte er uns aus dem Irrtum zur Erkenntnis der Wahrheit.
Und nach all dem, was er zu unserem Heil gewirkt hat,
wurde er, die Erstlingsgabe unserer Natur,
der Prüfung des Kreuzes unterzogen.
Er erstand vom Tode und fuhr auf zum Himmel.
Und er hat uns diese heiligen Mysterien anvertraut,
damit wir durch sie all seines Erbarmens,
das er uns hat zukommen lassen,
gedenken.
So lasst uns denn mit überströmender Liebe
und mit demütigem Verlangen
die Gaben des ewigen Lebens empfangen
und mit lauterem Gebet und mannigfaltigem Seufzen
an diesen Mysterien der Kirche teilnehmen,

in der Hoffnung auf Umkehr,
da wir uns abwenden von unseren Vergehen
und seufzen über unsere Sünden
und um Barmherzigkeit bitten
und um Vergebung von Gott, dem Herrn aller Dinge.

Der Priester betet unterdessen leise in seinem Herzen (Kušapa):

P.: Gepriesen bist du, Herr Gott unserer Väter,
und erhöht und verherrlicht ist dein heiliger Name in Ewigkeit.
Denn du hast nicht nach unseren Sünden an uns gehandelt,
sondern nach der Fülle deines Erbarmens hast du uns der Gewalt der Finsternis entrissen
und in das Reich deines geliebten Sohnes, unseres Herrn Jesus Christus, versetzt.
(Durch ihn hast du die Macht des Todes gebrochen und zerstört
und uns ewiges Leben gebracht, das unzerstörbar ist.
Und nun, da du uns gewürdigt hast, vor deinem reinen und heiligen Altar zu stehen
und dir dieses lebendige, heilige und unblutige Opfer darzubringen,
würdige uns auch in deinem reichen Erbarmen,
dieses dein Geschenk zu empfangen
in aller Lauterkeit und Heiligkeit.
Und lass es uns nicht zum Gericht
und zur Verdammnis gereichen,
sondern Barmherzigkeit bringen
und die Vergebung der Sünden,
die Auferstehung von den Toten
und das ewige Leben.
Mögen wir alle deiner Herrlichkeit dienen
und zu einem reinen Heiligtum
und zu einem heiligen Tempel werden, in dem du wohnst,
auf dass wir,
da wir mit dem Leib und Blut deines Sohnes eins geworden sind,
mit allen deinen Heiligen erscheinen dürfen

am Tag seiner großen und glorreichen Offenbarung.
Denn dir und ihm und dem Heiligen Geist
gebühren Herrlichkeit, Ehre, Lob und Anbetung,
jetzt und immer und von Ewigkeit zu Ewigkeit.)

Während der Priester dieses Gebet betet, bricht er den Leib des Herrn und taucht dann die Partikel (Gemorta) für die Kommunikanten in das Blut Christi ein.
Der Diakon beendet seine Verkündigung, indem er ruft:

D.: Wir denken an die Übertretungen unserer Mit-Diener.

A.: Herr, vergib die Sünden und Vergehen deiner Diener.

D.: Wir reinigen unser Gewissen von Zwietracht und Streit.

A.: Herr, vergib die Sünden und Vergehen deiner Diener.

D.: Unsere Seelen sind gereinigt von Zorn und Feindschaft.

A.: Herr, vergib die Sünden und Vergehen deiner Diener.

D.: Lasst uns das Sakrament empfangen
und geheiligt werden durch den Heiligen Geist.

A.: Herr, vergib die Sünden und Vergehen deiner Diener.

D.: In Eintracht und Verbundenheit unserer Herzen lasst uns in gegenseitigem Wohlwollen teilnehmen an der Kommunion der Mysterien.

A.: Herr, vergib die Sünden und Vergehen deiner Diener.

D.: Auf dass sie uns, o mein Herr, zur Auferstehung unseres Leibes und zur Rettung unserer Seele gereichen.

A.: Und zum ewigen und immerwährenden Leben.

D.: Lasset uns beten. Friede sei mit uns.

Der Priester betet still in seinem Herzen (G'hanta):

P.: Vergib in deiner Barmherzigkeit, o mein Herr,
die Sünden und Verfehlungen deiner Diener
und heilige unsere Lippen
in deiner liebevollen Freundlichkeit,
auf dass sie die Frucht des Lobes deiner erhabenen Gottheit darbringen
mit allen deinen Heiligen in deinem Königreich.

Wenn es Kelche gibt, die nicht konsekriert wurden, so bezeichnet der Priester sie hier. Und indem er sich aufrichtet, erhebt er seine Stimme und singt:

Das Gebet des Herrn *(Abun)*

P.: Mach uns würdig, unser Herr und unser Gott,
jeder Zeit, ohne Makel,
mit reinem Herzen und mit Zuversicht
und mit der Freimütigkeit, die von dir kommt, vor dir zu stehen,
dank deiner uns geschenkten Erbarmungen,
auf dass wir alle zusammen rufen und beten:

A.: Vater unser im Himmel.
Geheiligt werde dein Name.
Dein Reich komme.
Dein Wille geschehe,
wie im Himmel so auf Erden.
Gib uns heute das Brot, das wir brauchen.
Und vergib uns unsere Schuld,
wie auch wir sie unsern Schuldigern vergeben haben.
Und führe uns nicht in Versuchung,
sondern erlöse uns von dem Bösen.
Denn dein ist das Reich
und die Kraft und die Herrlichkeit
in alle Ewigkeit. Amen.

An Herrenfesten betet der Priester anstelle von „Mach uns würdig" das folgende Gebet:

P.: Lass deine Ruhe unter uns wohnen
und deinen Frieden in unseren Herzen.
Unsere Zunge künde deine Wahrheit
und dein Kreuz sei der Hüter unserer Seelen,
indes wir unsern Mund zu einer neuen Harfe machen
und mit glühenden Lippen dich loben.
Mach uns würdig, mein Herr,
mit der Zuversicht, die von dir kommt,
vor dir jenes lautere und heilige Gebet zu verrichten,
das dein lebenspendender Mund deine Jünger gelehrt hat,
die Söhne der Mysterien, als du sagtest:
Wenn ihr betet, betet so, sagt Dank und sprecht:

A.: Vater unser im Himmel …

Der Priester betet nach dem Vaterunser leise das folgende Gebet:

P.: O Herr Gott der Heerscharen,
unser guter Gott und unser barmherziger Vater,
wir flehen zu dir
und erbitten die Fülle deines Erbarmens.
Führe uns nicht, mein Herr, in Versuchung,
sondern erlöse uns von dem Bösen und seinen Scharen.
Denn dein ist das Reich,
die Kraft, die Macht, die Stärke und die Herrschaft
im Himmel und auf Erden,
jetzt und immer und von Ewigkeit zu Ewigkeit. Amen.

Er kann wahlweise auch das folgende Gebet sprechen, und zwar hörbar und in kummervollem Ton.

P.: Ja, unser Herr und unser Gott,
wir flehen zu dir und erbitten deine gnädige Barmherzigkeit.
Führe uns nicht, mein Herr,
führe uns nicht in Versuchung,

sondern rette und erlöse uns von dem Bösen und seinen Scharen.
Denn dein ist das Reich,
die Kraft, die Macht, die Stärke und die Herrschaft
im Himmel und auf Erden,
jetzt und immer.

Der Priester bekreuzigt sich und erhebt dann seine Stimme:

P.: Und von Ewigkeit zu Ewigkeit.

A.: Amen.

P.: Friede sei mit euch.

A.: Und mit dir und deinem Geiste.

P.: Das Heilige den Heiligen.

A.: Ein heiliger Vater, ein heiliger Sohn, ein Heiliger Geist.
Ehre sei dem Vater und dem Sohn und dem Heiligen Geist
in alle Ewigkeit. Amen.

An Herrenfesten wird an dieser Stelle der Gesang (Qanona) „Du bist furchterregend" gesungen, während man den Vorhang vor dem Altar schließt und die Sänger sich ordnen.
Diejenigen, die sich im Altarraum befinden, beginnen mit verhaltener Stimme zu singen:

V.: Du bist furchterregend, o Gott, Allerhöchster,
an deiner heiligen Stätte für immer und ewig.
Lasst uns preisen die Herrlichkeit des Herrn an seiner Wohnstatt.

Die Sänger wiederholen den Gesang mit lauter Stimme. Danach singt ihn das ganze Volk.
Wenn der Gesang beendet ist, wird der Vorhang geöffnet. Der Diakon, der den Wechselgesang leitet, kommt zum Priester und spricht:

Kommunion der Gläubigen *(Massua d'Raze)*

D.: Lasset uns beten. Friede sei mit uns.

Der Priester ergreift die Hand des Diakons, legt sie auf den Kelch und sagt zu ihm:

P.: Die Gnade des Heiligen Geistes sei mit dir und mit uns und mit denen, die hernach am Himmelreich teilhaben werden in Ewigkeit. Amen.

D.: Mit dir und mit uns und mit denen, die hernach am Himmelreich teilhaben werden.

Der Diakon ruft:

D.: Preist den lebendigen Gott.

A.: Ehre sei ihm in seiner Kirche und mögen seine Erbarmungen und seine Barmherzigkeit über uns sein zu allen Zeiten und Fristen.

Wenn der Leib und das Blut Christi ausgeteilt werden sollen, singt man den Kommuniongesang.

A.: Gepriesen dein Leib und Blut, unser Herr,
denn du hast den Völkern Vergebung gewährt,
und durch deinen Leib und dein Blut
hast du unsere Natur geheiligt,
auf dass wir dir, o Herr, den Lobpreis singen.

Der Diakon, der die Lesung aus dem Apostel vorgetragen hat, kommt vor den Priester und spricht:

D.: Segne, o mein Herr. Lasset uns beten. Friede sei mit uns.

Der Priester legt ihm das Schultervelum auf und hält den Kelch über seine Arme, wobei er spricht:

P.: Göttliche Gnade sei mit dir und mit uns und mit denen, die hernach teilnehmen werden in Ewigkeit.

Darauf kommt der Diakon, der ruft: „Friede", heran und spricht:

D.: Lasset uns beten. Friede sei mit uns.

Der Priester nimmt den Kelch und gibt ihn ihm, wobei er spricht:

P.: Die Gnade des Heiligen Geistes sei mit dir und mit uns immerdar.

Wenn der Gesang beendet ist, ruft der Diakon, der den Kelch hält, mit lauter Stimme:

D.: Segne, o mein Herr.

Darauf soll der Priester das Volk im Kirchenschiff segnen. Er spricht laut:

P.: Die Gnadengabe unseres Lebenspenders,
unseres Herrn Jesus Christus,
werde vollendet in uns allen dank seiner Erbarmungen.

Der Priester, der in der Tür des Altarraums steht, macht das Kreuzzeichen über das Volk.

A.: Von Ewigkeit zu Ewigkeit. Amen.

Dann verlässt der Diakon mit dem Priester den Altarraum, um das Sakrament dem Volk auszuteilen. Beide sprechen zusammen den Kommuniongesang:

P./D.: Meine Brüder und Schwestern,
empfangt den Leib des Sohnes,
spricht die Kirche,
und trinkt aus dem Kelch im Glauben an das Himmelreich.

Dann reicht der Priester den Leib (des Herrn) und spricht dabei:

P.: Der Leib des Herrn für den ehrwürdigen Gläubigen zur Vergebung der Sünden.

Der Diakon reicht den Kelch und spricht dabei:

D.: Das kostbare Blut zur Vergebung der Sünden,
ein geistliches Fest zum ewigen Leben,
für den ehrbaren Gläubigen.

Gesang nach der Kommunion und Danksagung

An Sonntagen kann der Gesang zur Danksagung von Mar Ephräm gesungen werden:

A.: O unser Herr Jesus, anbetungswürdiger König,
du hast durch dein Leiden den Tyrannen, den Tod, besiegt.
O Gottessohn, der du uns neues Leben
im Reich in der Höhe versprochen hast,
nimm von uns alles Böse
und lass Ruhe und Barmherzigkeit in unserem Land wohnen.
An dem Tag, an dem du erscheinst, mögen wir leben vor dir
und dir entgegengehen nach deinem Ratschluss.
Mit Hosanna-Rufen werden wir deinen Namen dankbar preisen
wegen deiner Gnade, die du unserem Geschlecht erwiesen hast.
Denn deine Erbarmungen für uns Menschen sind zahlreich geworden,
und deine Liebe steht strahlend über unserer Sterblichkeit.
Du hast ausgelöscht unsere Schuld durch deine Vergebung.
Ehre deinem Namen für dein Geschenk.
Gepriesen deine Herrlichkeit am Ort deiner Wohnung,
du, der dank seines Erbarmens Sünden vergibt.
Würdige uns in Gnaden, deine Gottheit zu loben und anzubeten.
Und dir, o Herr, wollen wir zu allen Zeiten Lob darbringen.
Amen, ja Amen.

An Herrenfesten singt man den folgenden von Yazdin dem Großen verfassten Gesang:

A.: Stärke, unser Herr, die Hände, die wir ausstrecken, um das Sakrament der Vergebung der Sünden zu empfangen.

Mache sie würdig, jeden Tag dir, o Gott, Frucht zu bringen.
Würdige den Mund, der würdigen Preis gesungen hat, dass er im Heiligtum Loblieder singe.
Mögen die Ohren, die den Klang deiner Preisungen gehört haben,
niemals, o mein Herr, Klagelieder hören.
Mögen die Augen, die deine große Barmherzigkeit gesehen haben, o mein Herr,
von Neuem deine gesegnete Hoffnung schauen.
Lass die Zunge, die „heilig" gerufen hat, die Wahrheit sagen.
Lass die Füße, die durch die Kirchen gegangen sind, in das Land des Lichtes gelangen.
Erneuere den Leib, der deinen lebendigen Leib genossen hat, mit neuem Leben.
Vermehre deine Hilfe für unsere Versammlung, die deiner Gottheit dient.
Möge deine große Liebe uns begleiten,
und durch sie mögen wir glänzen in deinem Lob.
Öffne allen unseren Bitten die Tür,
und möge unser Dienst vor dein Angesicht kommen.

Beim Gedächtnis der Verstorbenen und an gewöhnlichen Tagen singt man einen Gesang von Mar Timotheos, dem Katholikos:

A.: Mögen die Mysterien,
die wir im Glauben empfangen haben,
uns, o mein Herr, zur Vergebung der Sünden gereichen.
Du bist sowohl das Ebenbild eines Knechtes,
als auch das Abbild des Schöpfers,
Christus, König der Zeiten.
Durch deinen Leib und dein Blut
hast du nachgelassen und vergeben die Vergehen und Sünden
aller, die zum Glauben an dich gekommen sind.
Mache uns würdig, bei deinem Erscheinen dir entgegenzugehen
und dir mit Zuversicht zu begegnen,
und mit den Heerscharen der himmlischen Wesen

dir Lobpreis emporzusenden. Amen, ja Amen.

Wenn das Volk das Sakrament empfangen hat, bringt der Priester die Patene an ihren Platz zurück. Wenn der Priester in den Altarraum geht, singt der Diakon:

D.: Dafür, dass wir durch die Gnadengabe des Heiligen Geistes in die Nähe gebracht und für würdig befunden worden sind und teilnehmen durften am Empfang dieser glorreichen, heiligen, lebenspendenden und göttlichen Mysterien, lasset uns alle gemeinsam Gott, ihren Geber, loben und verherrlichen.

A.: Ehre sei ihm für seine unaussprechliche Gabe.

D.: Lasset uns beten. Friede sei mit uns.

P.: Tag für Tag ist es geziemend, o mein Herr,
und jeder Zeit ist es recht
und zu jeder Stunde ist es würdig,
zu loben und zu verherrlichen
den furchterregenden Namen deiner Majestät.
Denn du, mein Herr, hast durch deine Gnade
die schwache Natur von sterblichen Menschen gewürdigt,
zusammen mit Geistwesen deinen Namen zu heiligen,
teilzunehmen an den Mysterien deiner Gabe,
uns zu erfreuen an der Süßigkeit deiner Worte
und jeder Zeit
Lob- und Dankgesänge emporzusenden
deiner erhabenen Gottheit,
Herr aller Dinge,
Vater, Sohn und Heiliger Geist, in Ewigkeit.

A.: Amen. Segne, mein Herr.

P.: Christus, unser Gott,
unser König, unser Erlöser,
unser Lebenspender und Vergeber unserer Sünden,

der in seiner Gnade und seinem Erbarmen uns für würdig gehalten hat,
seinen kostbaren, alles heiligenden Leib
und sein Blut zu empfangen,
gewähre uns, dass wir ihm gefallen
in unseren Gedanken, Worten, Taten und Unternehmungen.
Und möge dieses Unterpfand,
das wir empfangen haben und immer wieder empfangen,
uns, o mein Herr, zum Nachlass der Schuld
und zur Vergebung der Sünden gereichen,
zur großen Hoffnung auf die Auferstehung von den Toten
und zum ewigen Leben im Himmelreich,
zusammen mit allen, die dein Wohlgefallen gefunden haben,
durch deine Gnade und Barmherzigkeit, in Ewigkeit. Amen.

Unterdessen befestigt ein Diakon den Vorhang. Die Priester rezitieren alternierend im Altarraum den folgenden Gesang (nach Ps 148):

P.: Lobt den Herrn vom Himmel her.
Den Sohn, der uns seinen Leib und sein Blut schenkt.
Lobt ihn in der Höhe.
Den Sohn, …
Lobt ihn, all seine Engel.
Den Sohn, …
Lobt ihn, all seine Scharen.
Den Sohn, …
Lobt ihn, Sonne und Mond.
Den Sohn, …
Lobt ihn alle Sterne und Lichter.
Den Sohn, …
Preist ihn, ihr Himmel der Himmel.
Den Sohn, …
Die Wasser über den Himmeln sollen loben den Namen des Herrn.
Den Sohn, …

Denn er sprach und sie traten ins Dasein; er befahl und sie waren geschaffen.
Den Sohn, …
Und er gab ihnen Bestand für immer und ewig.
Den Sohn, …

Es schließt sich der folgende Gesang an (nach Ps 117):

P.: Lobet den Herrn, ihr Nationen alle.
Für seine uns gewährte Gabe.
Lobt ihn alle Völker.
Für seine …
Denn seine Huld über uns ist groß geworden.
Für seine …
Wahrhaftig, der Herr lebt in Ewigkeit.
Für seine …
Ehre sei dem Vater und dem Sohn und dem Heiligen Geist.
Der Sohn, der uns seinen Leib und sein Blut schenkt.
Von Ewigkeit zu Ewigkeit.
Der Sohn, der uns seinen Leib und sein Blut schenkt.
Und das ganze Volk soll sprechen: Amen, ja Amen.
Der Sohn, der uns seinen Leib und sein Blut schenkt.
(drei Mal).

P.: Unser Vater im Himmel, dein Name werde geheiligt;
dein Reich komme.
Heilig, heilig, heilig bist du.
Unser Vater im Himmel,
Himmel und Erde sind erfüllt von deiner großen Herrlichkeit.
Engel und Menschen rufen dir zu:
Heilig, heilig, heilig bist du.
Unser Vater im Himmel,
deine Name werde geheiligt;
dein Reich komme;
dein Wille geschehe auf Erden,
wie er im Himmel geschieht.

Gib uns heute das Brot, das wir brauchen.
Vergib uns unsere Schuld,
wie auch wir vergeben unsern Schuldigern.
Und führe uns nicht in Versuchung,
sondern erlöse uns von dem Bösen.
Denn dein ist das Reich und die Kraft und die Herrlichkeit
in Ewigkeit. Amen.
Ehre sei dem Vater und dem Sohn und dem Heiligen Geist.
Von Ewigkeit zu Ewigkeit. Amen, ja Amen.
Unser Vater im Himmel,
dein Name werde geheiligt;
dein Reich komme.
Heilig, heilig, heilig bist du.
Unser Vater im Himmel,
Himmel und Erde sind erfüllt von deiner großen Herrlichkeit.
Engel und Menschen rufen dir zu: Heilig, heilig, heilig bist du.

An gewöhnlichen Tagen singt man:

P.: O mein Herr,
es ist unsere Pflicht, emporzusenden Ruhm und Ehre *(wird wiederholt),*
Lob und Anbetung und Danksagung ohne Ende
dir, der glorreichen Dreifaltigkeit,
für die Gabe der heiligen Mysterien,
die du uns in deiner Barmherzigkeit geschenkt hast
zur Vergebung unserer Sünden,
o Herr aller Dinge,
Vater, Sohn und Heiliger Geist,
in Ewigkeit.

A.: Amen. Segne, mein Herr.

Ein anderer Gesang:

P.: Gepriesen ist deine anbetungswürdige Herrlichkeit
an deiner erhabenen Stätte,

Christus, der du unsere Vergehen und Sünden vergibst
und unsere Übertretungen hinwegnimmst
durch deine glorreichen, heiligen, lebenspendenden und göttlichen Mysterien.
Christus, unsere Hoffnung, allezeit und in Ewigkeit.

Vater unser im Himmel …

Segen und Entlassung

Der Priester steht in der großen Tür des Altarraums auf der rechten Seite. Er segnet das Volk, indem er mit lauter Stimme spricht:

P.: Derjenige, der uns mit allem geistlichen Segen im Himmel
durch Jesus Christus, unseren Herrn,
gesegnet hat
und uns zu seinem Königreich einlädt,
der uns ruft
und uns in die Nähe seiner ersehnten Segnungen bringt,
die nicht vergehen, nicht aufhören noch verschwinden,
wie er es in seinem lebenspendenden Evangelium
verkündigt und versprochen hat,
als er der gesegneten Schar seiner Jünger sagte:
„Amen, Amen, ich sage euch:
Wer meinen Leib isst und mein Blut trinkt,
der bleibt in mir und ich bleibe in ihm
und ich werde ihn auferwecken am letzten Tag.
Er kommt nicht ins Gericht,
sondern geht vom Tod hinüber zum ewigen Leben."
Möge derselbe unsere Gemeinschaft segnen
und unseren Stand behüten.
Möge er unser Volk aufblühen lassen,
das gekommen ist
und sich erfreut hat

an der Kraft seiner glorreichen, heiligen, lebenspendenden und göttlichen Mysterien.
Durch das lebendige Zeichen des Kreuzes des Herrn
seid besiegelt und bewahrt vor allem Schaden,
sei er verborgen oder offenkundig,
jetzt und immer und von Ewigkeit zu Ewigkeit.

A.: Amen.

Die Besiegelung an gewöhnlichen Tagen geschieht mit dem folgenden, im Altarraum gesprochenen Gebet:

P.: Möge unser Herr Jesus Christus,
dem wir gedient haben,
den wir gefeiert und geehrt haben
in seinen glorreichen, heiligen, lebenspendenden und göttlichen Mysterien,
uns für würdig halten der geziemenden Herrlichkeit seines Reiches,
der Freude mit seinen heiligen Engeln,
der Zuversicht vor ihm
und des Platzes zu seiner Rechten
im Jerusalem in der Höhe
durch seine Gnade und seine Erbarmungen.
Ihm sei die Ehre.
Und möge die rechte Hand seiner Güte
über uns und der ganzen Schöpfung bleiben,
jetzt und immer und in alle Ewigkeit.

Wenn das Opfer für die Verstorbenen dargebracht wird, spricht der Priester in der Tür des Altarraums das folgende Gebet:

P.: Ihm, der unsere Schuld durch seinen Leib vergibt
und unsere Sünden durch sein Blut hinwegnimmt,
sei Preis in seiner Kirche
und über dich, das Volk des Herrn
und die Schafe seiner Weide,

möge er seine Wohltaten ausgießen
und eure Häuser überhäufen mit seinen Segnungen und Gaben.
Möge unser Herr und unser Gott
euch von dem Bösen und seinen Scharen erlösen
durch das Gebet von Mar Augen und seiner Gefährten
und seid besiegelt und bewahrt vor allem Schaden,
sei er verborgen oder offenkundig,
jetzt und immer und von Ewigkeit zu Ewigkeit.

Wenn jemand das Sakrament empfangen hat, betet der Priester:

P.: Heilige unseren Leib durch deinen heiligen Leib.
Vergib unsere Sünden durch dein kostbares Blut.
Reinige unser Gewissen mit dem Hysop deiner Barmherzigkeit,
Christus, unsere Hoffnung,
Herr aller Dinge,
Vater, Sohn und Heiliger Geist,
in Ewigkeit.

Er betet zum Dank für die empfangenen Mysterien:

P.: Dein lebendiger Leib, o mein Herr, den wir gegessen
und dein siegreiches Blut, das wir getrunken haben,
werde uns nicht, o mein Herr, zum Gericht und zur Verdammnis,
sondern zum Nachlass der Schuld
und zur Vergebung der Sünden,
zur großen Hoffnung auf die Auferstehung von den Toten,
zum neuen Leben im Himmelreich
und zur Zuversicht vor dir
zusammen mit den Gerechten
und den Rechtschaffenen, die dir gefallen haben,
Christus, unsere Hoffnung,
Herr aller Dinge,
Vater, Sohn und Heiliger Geist,
in Ewigkeit.

Oder:

P.: Da wir sichtbar deinen Leib empfangen haben,
möge dein Geist auf verborgene Weise in uns verweilen.
Mögen wir dir entgegengehen
und froh begegnen
und dir den dreifachen Lobpreis singen
zusammen mit den Gerechten, die deinen Willen erfüllt haben.
Christus, unsere Hoffnung,
Herr aller Dinge,
Vater, Sohn und Heiliger Geist,
in Ewigkeit.

Oder:

P.: Da wir deinen Leib aus der Schale empfangen
und dein Blut aus dem Kelch getrunken haben,
mache uns würdig, mein Herr, dir Lobpreis zu singen
zusammen mit dem Schächer im Paradies
und mit der Schar der Gerechten, die deinen Willen erfüllt haben,
Herr aller Dinge, Vater, Sohn und Heiliger Geist in Ewigkeit.

Zum Schluss betet der Priester:

P.: Da du uns gewürdigt hast, mein Herr,
uns an deinem heiligen Leib und Blut zu erfreuen,
mache uns auch würdig, uns in deinem Reich zu erfreuen,
das nicht endet noch untergeht,
zusammen mit deinen Heiligen,
jetzt und immer und in alle Ewigkeit.

Die Feier der Mysterien mit dem Konsekrationsgebet der gesegneten Apostel Mar Addai und Mar Mari, der Lehrer des Ostens, endet hier.

3. Die Anaphora von Addai und Mari in ihrer ältesten erreichbaren Gestalt und die maronitische Anaphora des Apostels Petrus („Scharar")

Vorbemerkung zur ältesten Textgestalt der Anaphora von Addai und Mari

Die folgende deutsche Übersetzung der Anaphora von Addai und Mari basiert auf der syrisch/englischen Ausgabe von Anthony Gelston.[1] Er hat den Text auf der Grundlage der ältesten und besten heute bekannten syrischen Handschriften rekonstruiert und ediert. Der älteste Textzeuge stammt aus dem 10. Jahrhundert. Er wurde 1966 von William F. Macomber erstmals publiziert.[2] Es handelt sich bei der Handschrift um eine *Hudra*, also ein liturgisches Buch mit den Texten der Sonntage und Feste des Temporale. Sie stammt aus der Kirche Mar Eš'aya in Mosul (Nordirak). Die nächstälteste Handschrift datiert aus dem 12., eine weitere aus dem 13. Jahrhundert. Alle übrigen Handschriften entstanden erst im 15. Jahrhundert oder noch später.[3] So vermittelt der folgende Text einen zutreffenden Eindruck von der mittelalterlichen Gestalt der Anaphora von Addai und Mari.

In diesem archaischen Gebet für die Gedächtnisfeier Christi und seines Heilswerks (vgl. Lk 22,19) besitzen wir das wohl ursprünglichste, bis heute in liturgischem Gebrauch gebliebene Eucharistiegebet überhaupt. Es ist herausgewachsen aus dem Wurzelboden des aramäischsprachigen Christentums der ersten Jahrhunderte. Seine

---

[1] Vgl. A. Gelston, The Eucharistic Prayer of Addai and Mari, Oxford 1992, 47–55 (syrischer und englischer Text).

[2] The Oldest Known Text of the Anaphora of the Apostles Addai and Mari, in: OCP 32 (1966) 335–371.

[3] Vgl. Gelston (wie Anm. 1), 29–44 (Auflistung und Beschreibung der ausgewerteten Handschriften).

Heimat dürfte das nördliche Mesopotamien mit Edessa als Zentrum sein.
Die „Anaphora der Apostel" wurde zum bevorzugten Eucharistiegebet der „Kirche des Ostens" im Land zwischen Euphrat und Tigris. Die östlich des Euphrat siedelnden Christen aramäischer Sprache, die Ostsyrer, haben nicht nur das Aramäische als Liturgiesprache bewahrt. Sie blieben auch, da sie außerhalb der Grenzen des Römischen Reiches lebten, von den Einflüssen der hellenistischen Kultur weitgehend frei. Bei ihnen hat sich deshalb die aus semitischem Sprachempfinden erwachsene eigengeprägte Gebetsweise des frühen Judenchristentums am authentischsten erhalten.
Die Anaphora von Addai und Mari ist heute in allen Kirchen des ostsyrischen Ritus im Gebrauch. Die mit Rom unierten Chaldäer, die größte Kirche im Irak, und die katholischen Syro-Malabaren in Südindien benutzen eine Fassung, die einen Einsetzungsbericht enthält. In der „Heiligen Apostolischen Katholischen Assyrischen Kirche des Ostens", wie die Selbstbezeichnung der mit Rom nicht in Gemeinschaft stehenden Ostkirche des ostsyrischen Ritus heißt, wird dagegen weiterhin die wohl ursprünglichere Fassung ohne Einsetzungsbericht gebraucht. Die Gültigkeit dieser Form wurde neuerdings (2001) von der römisch-katholischen Kirche offiziell anerkannt.[4]
Der folgende, aus den besten mittelalterlichen Handschriften gewonnene Text kann als Normaltext in der Blütezeit des ostsyrischen Christentums gelten. Er ist noch frei von späteren Erweiterungen und Änderungen, die infolge der Union mit Rom bei den katholischen Ostsyrern (Chaldäern) und den Thomas-Christen in Kerala (Malabaren) eingeführt wurden.
Bei der Erstellung unserer deutschen Übersetzung wurde auch die

---

[4] Vgl. die Erklärung des Päpstlichen Rates zur Förderung der Einheit der Christen vom 20. Juli 2001; deutsche Übersetzung in diesem Bd. S. 418–422; auch publiziert in: Der christliche Osten 57 (2002) 23–25; S. Y. H. Jammo, Die Qudasha nach Addai und Mari und der eucharistische Einsetzungsbericht, in: HlD 50 (1996) 204–218; F. M. Arocena, La nota romana sobre la „Anafora de Addai y Mari". Un nuevo capitulo de teología eucaristica, in: Ephemerides Liturgicae 121 (2007) 25–65.

kommentierte englische Übersetzung von Bryan D. Sprinks verglichen und ausgewertet.[5] Sie ist auf größtmögliche Nähe zum syrischen Urtext bedacht. Beachtet wurde auch die französische Übersetzung von Jean Magne.[6]

Die von uns vorgenommene Gliederung des Textes durch die Buchstaben A – I folgt der Vorgabe von Macomber, Sprinks und Gelston. In eckigen Klammern haben wir die von Alfonse Raes SJ seiner lateinischen Ausgabe der syro-malabarischen Fassung der Anaphora der Apostel Addai und Mari beigegebenen Zwischenüberschriften[7] mit einigen Ergänzungen hinzugefügt.

---

[5] Vgl. B. D. Sprinks, Addai und Mari – the Anaphora of the Apostels: A Text for Students with Introduction, Translation and Commentary (Grove Liturgical Study No. 24), Bramcote Nottingham 1980.

[6] L'Anaphore nestorienne dite d'Addée et Mari et l'Anaphore maronite dite Pierre III. Étude comparative, in: OCP 53 (1987) 107–158; vgl. ferner Thomas Elavanal M.C.B.S., The Memorial Celebration. A theological Study of the Anaphora of the Apostles Mar Addai and Mari, Kottayam 1989; Bosco Puther (Hg.), Studies on the Anaphora of Addai and Mari, Cochi/India 2004. Herzlich gedankt sei an dieser Stelle auch Dipl. Theol. Vikar Thomas Kremer, Trier, für wichtige Hinweise zur syrischen Terminologie. Auch seine in meinem Hauptseminar „Eucharistische Hochgebete aus der Sicht der vergleichenden Liturgiewissenschaft" im Sommersemester 2005 an der Theologischen Fakultät Trier erstellte Arbeit „Die ostsyrische Anaphora der Apostel Addai und Mari" wurde durchgehend vergleichend herangezogen.

[7] Vgl. A. Hänggi – I. Pahl (Hg.), Prex Eucharistica. Vol. I: Textus e variis liturgiis antiquioribus selecti, Freiburg/Schweiz ^{3}1998, 405–409.

[Friedensgruß]

Der Priester spricht: Friede sei mit euch.

Die Gläubigen antworten: Und mit dir und deinem Geiste.

Der Diakon ruft: Gebt einander den Frieden in der Liebe Christi.

Und die Gläubigen singen: Für alle Patriarchen (Katholikoi) ... (vgl. S. 259).

Der Diakon ruft: Lasset uns Dank sagen und bitten.

A [Dialog]

Der Priester:
Die Güte unseres Herrn Jesus Christus,
und die Liebe Gottes, des Vaters,
und die Gemeinschaft des Heiligen Geistes
sei mit uns allen
jetzt und alle Zeit und von Ewigkeit zu Ewigkeit.[8]

Die Gläubigen antworten: Amen.

Der Priester: Empor eure Gedanken.[9]

Die Gläubigen antworten: Zu dir, Gott Abrahams, Isaaks und Israels, dem ruhmreichen König.

Der Priester: Das Opfer wird Gott dargebracht, dem Herrn aller Dinge.

---

[8] Vgl. 2 Kor 13,13. Der Ausdruck „Güte" am Anfang des Grußes entspricht besser als „Gnade" dem hier gebrauchten syrischen Begriff *„taybuta"*.

[9] Statt des bekannten Rufes: Erhebet die Herzen! nennt der syrische Text überraschenderweise hier nicht das Herz und seine Gefühle, sondern den Verstand und seine Gedanken.

Die Gläubigen antworten: Das ist würdig und recht.

Der Diakon: Friede sei mit uns.

B [Lob und Danksagung]

Der Priester spricht leise:
Würdig, von jedem Mund gepriesen zu werden
und Danksagung von jeder Zunge zu empfangen,
ist der anbetungswürdige und glorreiche Name
des Vaters und des Sohnes und des Heiligen Geistes,
der in seiner Güte die Welt erschaffen hat
und ihre Bewohner in seiner liebevollen Freundlichkeit,
und der die Menschenkinder in seinem Erbarmen erlöst
und sterblichen Wesen große Güte erwiesen hat.

C [Einleitung zum Sanctus]

Deine Herrlichkeit, o mein Herr, beten an
Tausend und Abertausend himmlische Wesen
und Myriaden über Myriaden von Engeln,
und die Heerscharen von Geistwesen,
Diener aus Feuer[10] und Geist,
verherrlichen mit den Kerubim und heiligen Serafim
deinen Namen.

Er singt laut (Qanona): Sie rufen laut und rühmen ohne Unterlass, und sie rufen einander zu, indem sie sprechen:

---

[10] Vgl. Ps 104,4. In der syrischen Theologie und Liturgie ist die Vorstellung, dass Engel „feurige“ Wesen sind, allgemein verbreitet.

[Sanctus]

Die Gläubigen antworten:
Heilig, heilig, heilig ist der Herr der Heerscharen.
Die Himmel und die Erde sind voll von seiner Herrlichkeit.
Hosanna in den Höhen! Hosanna dem Sohne Davids!
Gepriesen, der gekommen ist und kommen wird im Namen des Herrn.
Hosanna in den Höhen![11]

D [Postsanctus]

Der Priester leise:
Und zusammen mit diesen himmlischen Scharen
sagen auch wir dir Dank, o mein Herr,
wir, deine unwürdigen, schwachen und elenden Diener,
denn du hast so überaus gütig an uns gehandelt,
dass es nicht wiedergutgemacht werden kann,
indem du unsere Menschennatur angenommen hast[12],
um uns durch deine Gottheit wieder zu beleben.
Und du hast unsere Niedrigkeit erhöht
und unser gefallenes Wesen wieder aufgerichtet.
Und unsere Sterblichkeit hast du auferweckt
und unsere Sünden vergeben.
Du hast unsere Sündigkeit gerecht gemacht
und unseren Verstand erleuchtet.
Und du, unser Herr und unser Gott, hast unsere Feinde besiegt

---

[11] Vgl. Mt 21,9; Ps 118,26. Das Sanctus in einer Kurzform (bis „Herrlichkeit") oder in seiner Vollgestalt dürfte eine spätere Hinzufügung sein.

[12] Wörtlich: indem du dich mit unserer Menschheit bekleidet hast; die im Syrischen zugrunde liegende Vorstellung ist die, dass der Sohn Gottes die menschliche Natur wie ein Gewand angelegt hat.

und die Niedrigkeit unserer schwachen Natur hast du triumphieren lassen
durch die überströmenden Erbarmungen deiner Güte.

[Doxologie]

Der Priester laut (Qanona):
Für alle deine Wohltaten und uns erwiesenen Gnaden
bringen wir dir Lobpreis und Ehre
und Danksagung und Anbetung dar,
jetzt und alle Zeit und von Ewigkeit zu Ewigkeit.

Die Gläubigen antworten: Amen.

E [Interzessionen]

Der Diakon: [Betet] In euren Gedanken.

Der Priester leise:
Schaffe du, o mein Herr, in deinen vielfältigen und unsagbaren Erbarmungen
ein gutes und wohlgefälliges Gedenken
allen rechtschaffenen und gerechten Vätern,
die in deinem Wohlgefallen standen,
bei der Gedächtnisfeier des Leibes und Blutes deines Christus,
die wir dir auf dem reinen und heiligen Altar darbringen,
wie du es uns gelehrt hast.
Und gewähre uns deine Ruhe und deinen Frieden
alle Tage, solange die Welt währt.
(Er wiederholt die letzten Worte laut).

Die Gläubigen antworten: Amen.

F [Fürbitte für die Welt und die Kirche]

Der Priester leise:
So mögen alle Bewohner der Erde dich erkennen,
dass du allein Gott, der wahre Vater, bist,
und dass du unseren Herrn Jesus Christus gesandt hast,
deinen Sohn und deinen Geliebten.
Und er, unser Herr und unser Gott,
lehrte uns in seinem lebenspendenden Evangelium
alle Reinheit und Heiligkeit der Propheten, Apostel, Märtyrer und Bekenner,
der Bischöfe, Priester und Diakone
und aller Kinder der heiligen katholischen Kirche,
die mit dem Siegel der heiligen Taufe besiegelt wurden.

G [Gedächtnis des Heilswerks Christi]

Auch wir, o mein Herr *(drei Mal)*,
deine unwürdigen, schwachen und elenden Diener,
die versammelt sind[13] und vor dir stehen,
und aus der Überlieferung das Vorbild[14] empfangen haben, das von dir kommt,
jubeln und rühmen und verherrlichen
und gedenken und preisen
und vollziehen dieses große und Ehrfurcht gebietende Mysterium
des Leidens und des Todes und der Auferstehung
unseres Herrn Jesus Christus.

---

[13] Fast alle jüngeren Handschriften ergänzen: in deinem Namen.
[14] Der hier gebrauchte syrische Begriff entspricht dem griechischen *„typos"*.

H [Epiklese]

Es komme, o mein Herr, dein Heiliger Geist
und ruhe über dieser Opfergabe deiner Diener.

Der Diakon ruft: Schweigt still.

Der Priester fährt leise fort:
Und er segne und heilige sie,
auf dass sie uns, o mein Herr, zum Nachlass der Schuld
und zur Vergebung der Sünden gereiche
und zur großen Hoffnung auf die Auferstehung von den Toten
und zum neuen Leben im Himmelreich
zusammen mit allen, die in deinem Wohlgefallen gestanden haben.

I [Schlussdoxologie]

Und für dieses dein ganzes wunderbares Heilswerk an uns
sagen wir Dank
und loben dich ohne Unterlass
in deiner Kirche, die durch das kostbare Blut deines Christus erlöst ist.
Mit lauter Stimme und unverhülltem Antlitz[15]
Der Priester laut (Qanona):
bringen wir Ruhm und Ehre
und Danksagung und Anbetung dar
deinem lebendigen und heiligen und lebenspendenden Namen,
jetzt und alle Zeit und von Ewigkeit zu Ewigkeit.

Die Gläubigen antworten: Amen.

[15] Vgl. 2 Kor 3,18.

Vorbemerkung zur Maronitischen Anaphora des Apostels Petrus („Scharar")

Die mit Rom unierte Syrisch-Maronitische Kirche besitzt in ihrem liturgischen Erbe ein archaisches Eucharistiegebet, das deutliche Parallelen zur Anaphora von Addai und Mari aufweist. Es handelt sich um die unter dem Namen „Scharar", ihrem syrischen Anfangswort, bekannte maronitische Petrus-Anaphora. Im neuesten maronitischen Messbuch wurde sie bedauerlicherweise nicht berücksichtigt.[16]

Auf die breite Übereinstimmung beider Texte hat erstmals der gelehrte syrisch-katholische Patriarch Ephräm II. Rahmani im Jahre 1899 aufmerksam gemacht.[17] Seitdem waren beide Anaphoren Gegenstand zahlreicher Untersuchungen.[18] Die Edition des syrischen Textes mit einer lateinischen Übersetzung hat 1973 Joseph-Maria Sauget besorgt.[19] Er legte dabei die älteste Handschrift, den Codex Parisiensis syriacus 71, zugrunde, die allerdings auch erst aus dem Jahre 1453 stammt.[20]

Unsere deutsche Übersetzung folgt der englischen Ausgabe von Sprinks.[21] Vergleichend wurde die französische Übersetzung von

---

16 Vgl. J. Feulner, Art. Liturgien III. Orientalische. In: LThK³ 6 (Freiburg u. a. 1997) 976; A. Heinz, Die heilige Messe nach dem Ritus der Syrisch-maronitischen Kirche, Trier 1996 (Sophia 28); ders., Liturgiereform bei den Maroniten, in: Liturgisches Jahrbuch 43 (1993) 204–206.

17 Vgl. Testamentum Domini Nostri Jesu Christi, Moguntiae 1899, 190–192.

18 Vgl. die chronologische Auflistung bei J. Magne, L'anaphore nestorienne dite d'Addée et Mari et l'anaphore maronite dite de Pierre III. Etude comparative, in: OCP 53 (1987) 107–158, hier 107 f.

19 Vgl. J.-M. Sauget, Anaphora syriaca sancti Petri Apostoli tertia, in: Anaphorae syriacae II, Fasc. 3, Roma 1973, 273–282 (Einleitung); S. 283–323 (syr./lat. Text); ab S. 298/299 der eigentliche Anaphora-Text.

20 Vgl. ebd., 275.

21 Vgl. B. D. Sprinks, Addai and Mari – the Anaphora of the Apostles: A text for students with Introduction; Translation and Commentary (Grove Liturgical Study No. 24), Bramcote Notts. 1980, 15–23.

Michel Hayek herangezogen.[22] Verglichen wurde auch die lateinische Version von Sauget.[23]

Diese nach dem Apostel Petrus benannte Anaphora der Syrisch-Maronitischen Kirche enthält einen Einsetzungsbericht. Er hat eine eigentümliche Form. Der entsprechende Passus ist an Christus gerichtet und in einen interzessorischen Textblock eingefügt, der auf das stille Gebet des Priesters nach dem Heilig-Ruf folgt.
Nach dem Einleitungsdialog, einem Segen der Gemeinde, einem Weihrauchgebet und Kommemorationen folgt der eigentliche Anaphora-Text.

[22] Vgl. M. Hayek, Liturgie Maronite. Histoire et textes eucharistiques, Tours (Mame) 1963, 306–312.

[23] Vgl. Anm. 19.

TEXT DER ANAPHORA „SCHARAR"

Der Priester verneigt sich zur rechten und zur linken Seite des Altars. Dann beginnt er in gebeugter Haltung die Anaphora des Apostels Petrus:
Ehre sei dir, anbetungswürdiger und glorreicher Name
des Vaters und des Sohnes und des Heiligen Geistes,
der du die Welten geschaffen hast in deiner Güte
und alle ihre Bewohner in deinem Erbarmen
und der du Erlösung gewirkt hast für Sterbliche durch deine Gnade.

Er erhebt seine Stimme, breitet seine Hände aus und spricht:
Deine Herrlichkeit, o Herr, beten an Tausend und Abertausend himmlische Wesen
und Myriaden über Myriaden von Engeln, Heerscharen von Dienern aus Feuer und Geist,
lobpreisen in Furcht.
Mit den Kerubim und Serafim, die einander den Lobpreis zurufen
und heilig singen und laut rufen und sprechen,
mögen auch wir, o Herr,
durch deine Gnade und deine Barmherzigkeit gewürdigt werden,
mit ihnen drei Mal zu rufen:
[Das Volk:] Heilig, heilig, heilig …

Der Priester verneigt sich und betet:
Wir sagen dir Dank, o Herr, wir deine sündigen Diener,
denn du hast uns deine Güte erwiesen,
die nicht wiedergutgemacht werden kann,
da du unsere Menschennatur angenommen hast,
um uns durch deine Gottheit zu beleben.
Du hast unsere Niedrigkeit erhoben und uns vom Fall wieder aufgerichtet.
Und du hast unsere Sterblichkeit belebt und unsere Sündigkeit gerecht gemacht.

Und du hast unsere Schulden nachgelassen und unseren Verstand erleuchtet.
Und unsere Feinde hast du unterworfen
und unsere Schwachheit triumphieren lassen.

Er erhebt seine Stimme:
Und für alle deine Gnaden uns zugute
senden wir dir Ruhm und Ehre empor,
in deiner heiligen Kirche,
vor deinem Vergebung gewährenden Altar
jetzt (und von Ewigkeit zu Ewigkeit).

Der Priester betet leise in gebeugter Haltung:
Du, o Herr, in deinem reichen Erbarmen
gewähre ein wohlgefälliges Gedenken
allen rechtschaffenen und gerechten Vätern
beim Gedächtnis deines Leibes und deines Blutes,
das wir dir darbringen auf deinem lebendigen und heiligen Altar,
wie du, unsere Hoffnung,
es uns gelehrt hast durch dein heiliges Evangelium.
Und du hast gesagt: „Ich bin das lebendige Brot, das vom Himmel herabgekommen ist,
damit Sterbliche durch mich das Leben haben."

Er erhebt seine Stimme:
Wir begehen, o Herr, die Gedächtnisfeier deines Leidens,
wie du es uns gelehrt hast:
In der Nacht,
in der du den Kreuzigern ausgeliefert wurdest,
nahmst du, o Herr, Brot in deine reinen und heiligen Hände
und du blicktest zum Himmel auf, zu deinem glorreichen Vater.
Du hast gesegnet, bezeichnet † und geheiligt, o Herr,
und gebrochen und (es) deinen Jüngern gegeben,
den seligen Aposteln,
und hast zu ihnen gesagt: „Dieses Brot ist mein Leib,

der gebrochen und hingegeben wird für das Leben der Welt,
und denen, welche ihn empfangen,
gereicht er zum Nachlass der Schuld und zur Vergebung der Sünden.
Nehmet, esset davon
und es wird euch zum ewigen Leben gereichen."

Er ergreift den Kelch und spricht:
Und in gleicher Weise hast du über den Kelch Dank gesagt,
den Lobpreis gesprochen
und gesagt, o Herr: „Dieser Kelch ist mein Blut des Neuen Bundes,
das vergossen wird für die Vielen zur Vergebung der Sünden.
Nehmet, trinket alle davon
und es wird euch zum Nachlass der Schuld und zur Vergebung der Sünden
und zum ewigen Leben gereichen." Amen.

Und er fährt fort:
Denn sooft ihr von diesem heiligen Leib esst
und aus diesem Kelch des Lebens und des Heils trinkt,
werdet ihr den Tod und die Auferstehung eures Herrn verkünden
bis zum großen Tag seines Kommens.

Das Volk:
Deinen Tod, o Herr, verkünden wir …

Der Priester:
Wir gedenken deiner, Eingeborener des Vaters,
Erstgeborener allen Seins,
geistliches Lamm, das du aus der Höhe zur Tiefe herabgestiegen bist,
um für alle Menschen ein Sühnopfer zu sein,
um freiwillig ihre Sünden hinwegzunehmen
und um die Sünden zu vergeben, indem du dich zum Opfer hingabst,
und die Unreinen zu heiligen durch dein Opfer.
Belebe uns, o Herr, durch dein wahres Leben,
reinige uns durch dein geistliches Versöhnungsopfer,

und gewähre uns, dass wir Leben empfangen
durch deinen lebenspendenden Tod,
und dass wir in Reinheit vor dir stehen
und dir in Heiligkeit dienen
und dieses Opfer deiner Gottheit darbringen können,
damit dadurch das Sinnen deiner Majestät besänftigt werde
und dein Erbarmen über uns alle herabströme, Vater.
Ja, wir flehen zu dir, Eingeborener des Vaters,
durch den für uns ausgerufen worden ist
der Friede des Sohnes des Allerhöchsten,
durch den die Wesen in der Höhe
mit denen in der Tiefe versöhnt worden sind.
Guter Hirt, der du dein Leben für deine Schafe hingegeben hast,
und der du sie vor den rasenden Wölfen errettet hast.
Barmherziger Herr, der du am Kreuz laut gerufen
und uns aus dem Irrtum der Eitelkeit zusammengeführt hast:
El, Gott der Geister und allen Fleisches,
mögen unsere Gebete zu dir emporsteigen
und möge dein Erbarmen auf unsere Bitten herabkommen,
und möge dieses Opfer wohlgefällig sein vor dir,
das wir zum Gedächtnis deiner Passion auf deinem Sühnealtar darbringen.
Möge deine Gottheit dadurch besänftigt werden
und möge dein Wille durch seine Feier erfüllt werden;
mögen unsere Vergehen dadurch nachgelassen
und seinetwegen unsere Sünden vergeben werden;
möge dabei unserer Toten gedacht werden.
Und wir bekennen dich und beten dich an und verherrlichen dich,
auch deinen Vater, der dich zu unserem Heil gesandt hat,
und deinen lebendigen und Heiligen Geist
jetzt (und von Ewigkeit zu Ewigkeit).

In gebeugter Haltung betet der Priester:
Wir bringen vor dir, o Herr, dieses Opfer dar
zum Gedächtnis aller rechtschaffenen und gerechten Väter:

der Propheten, Apostel, Märtyrer und Bekenner,
auch aller unserer Patriarchen,
des Papstes der Stadt Rom und unseres Metropoliten,
der Bischöfe, Chorbischöfe, Periodeuten,
Priester, Diakone und Diakonissen,
der Männer, die ehelos und enthaltsam leben und der Jungfrauen
und aller Kinder der heiligen Kirche,
die mit dem Siegel der Sühne wirkenden Taufe besiegelt sind
und die du an deinem heiligen Leib hast teilhaben lassen.

Leise fährt er fort:
Besonders aber und vor allem gedenken wir
der heiligen und gepriesenen und gesegneten Jungfrau,
der Herrin Maria, der seligen Gottesgebärerin.

(Diakon:
Gedenke ihrer, o Herr Gott, und wegen ihrer reinen Gebete denk an uns.)

Der Priester betet in gebeugter Haltung:
Gedenke, o Herr Gott, zu dieser Stunde
der Abwesenden und der Anwesenden,
der Verstorbenen und der Lebenden,
der Kranken und der Bedrückten,
der Heimgesuchten und der Betrübten
und jener, die in mancherlei Bedrängnissen sind.
Gedenke, o Herr Gott, zu dieser Stunde unserer Väter und unserer Brüder,
dem Geist und dem Fleisch nach,
und vergib ihre Schuld und ihre Sünden.
Gedenke, o Herr Gott, zu dieser Stunde jener, die Gaben spenden,
Gelübde einlösen,
Erstlingsfrüchte bringen
und Gedächtnisse erbitten.
Erfülle ihre Bitten mit Gütern aus deinem überreichen Schatzhaus.

Gedenke, o Herr Gott, zu dieser Stunde
jener, die am Gedächtnis deiner Mutter und deiner Heiligen teilnehmen.
Vergilt es ihnen mit einer guten Belohnung.
Auch für all jene, die teilgenommen haben an dieser Eucharistie,
die auf diesem heiligen Altar dargebracht wurde.
Gewähre ihnen, o Herr Gott, eine gute Belohnung im Königreich.
Und für alle, die zu uns gesagt haben: „Um des Herrn willen
gedenkt unserer in euren Gebeten!"
Denk an sie, o Gott, und vergib ihre Schuld.
Gedenke, o Herr Gott, zu dieser Stunde meiner Schwachheit,
meiner Sündigkeit, meiner Armut und meiner Unwürdigkeit,
der ich wissentlich oder unwissentlich,
freiwillig oder unfreiwillig,
gesündigt und Böses vor dir getan habe.
O Herr Gott, durch deine Gnade und deine Barmherzigkeit lass nach
und vergib mir, worin auch immer ich gegen dich gefehlt habe.
Und diese Eucharistie, o Herr,
möge dem Andenken unserer Verstorbenen dienlich sein
und unseren Seelen Vergebung bringen.
(Gedenke, o Herr Gott, in dieser Stunde deines schwachen Dieners,
Georgs, des Sünders, der dies geschrieben hat,
und vergib ihm und lasse nach seine Schuld und seine Sünden,
und vergib seinen Vätern. Amen.
Hier gedenkt der Priester derer, für die er beten möchte.)

Der Priester kniet nieder und ruft den Geist herab, indem er spricht:
Höre mich, o Herr,
höre mich, o Herr,
höre mich, o Herr.
Und es komme, o Herr, dein lebendiger und Heiliger Geist
und steige herab und verweile über diesem Opfer deiner Diener.
Und es gereiche denen, die daran teilnehmen,
zum Nachlass der Schuld und zur Vergebung der Sünden
und zu einer gesegneten Auferstehung von den Toten

und zum neuen Leben im Himmelreich
in Ewigkeit.

Er erhebt seine Stimme:
Und für dein ruhmreiches Heilswerk für uns
sagen wir dir Dank,
wir, deine sündigen Diener,
erlöst durch dein unschuldiges Blut,
mit lauter Stimme, die Dank sagt
in deiner heiligen Kirche,
vor deinem Vergebung gewährenden Altar,
jetzt (und von Ewigkeit zu Ewigkeit).
[*Das Volk:*] Amen.

III. Dokumente

Approbationsdekret der Heiligen Kongregation für die Orientalischen Kirchen für das erneuerte Syro-Malabarische Messbuch (Prot. Nr. 955/85)[1]

Schon seit langem war der Apostolische Stuhl bemüht, der Liturgie der Syro-Malabarischen Kirche die wahre und ursprüngliche Gestalt wiederzugeben. Auf Anordnung Papst Pius XI. ehrwürdigen Gedenkens war sie seit 1934 eifrig besorgt, die Sache zu einem Ergebnis zu bringen. Nach langen und äußerst sorgfältigen Arbeiten wurde schließlich am 20. Januar 1952, mit Zustimmung Papst Pius XII. immerwährenden Gedenkens, das neue Syro-Malabarische Messbuch in syrischer Sprache eingeführt. Schließlich hat die Kongregation am 15. August 1968 auf eindringliches Ersuchen aller Bischöfe erlaubt, dass das in die Malayalam-Sprache übersetzte und teilweise erneuerte Syro-Malabarische Messbuch versuchsweise *(ad experimentum)* und vorläufig *(ad tempus)* gebracht werden könnte.

Im Verlauf der ausgedehnten Erprobungszeit traten nicht wenige Schwierigkeiten und Unsicherheiten zu Tage, weshalb die ganze Angelegenheit aufs Neue untersucht worden ist. Im Jahre 1980, als die syro-malabarischen Bischöfe zum Ad-limina-Besuch nach Rom kamen, nutzte die Kongregation diese Gelegenheit, um die Leitlinien *(normae directoriae)* für die Ausarbeitung des endgültigen Textes mitzuteilen. Daraufhin kehrten die Bischöfe in die Heimat zurück und kümmerten sich um die liturgische Frage. Die Ergebnisse ihrer Bemühungen, die den interdiözesanen Beratergremien oder dem Rat der Bischöfe zu verdanken sind, wurden 1981 dem Apostolischen Stuhl zugeleitet. Die Kongregation hat den neuen, von den Bischöfen entworfenen Text sorgfältig und lange erwogen und im Jahre

[1] Eigene Übersetzung nach dem lateinischen Originaltext; dieser mit italienischer Übersetzung bei: Pallath, Liturgia (wie 2, Anm. 3), 14–17.

1983 den Bischöfen einige Hinweise zukommen lassen, um einen verbesserten Text zu erhalten. Die Bischöfe haben in ihrer Sorgfalt ihrerseits einige zu beachtende Dinge der Kongregation vorgetragen. Erneut überprüfte die Kongregation die Sache und legte einen definitiven Text vor. Diesen nahm der Rat der Bischöfe übereinstimmend vollständig an – abgesehen von einigen wenigen Ausnahmen – und übersandte ihn zur definitiven Approbation zu Beginn des Jahres 1985 der Kongregation.
Die Kongregation hat nach allseitiger reiflicher Überlegung den mit äußerster Sorgfalt noch einmal verbesserten Text durch das vorliegende Dekret aufgrund der von Papst Johannes Paul II. erteilten Vollmachten gerne ordnungsgemäß approbiert und seine Veröffentlichung angeordnet entsprechend dem beiliegenden Exemplar. Dieser Text wird an dem selben Tag in Kraft treten, an dem der Papst selbst ihn zum ersten Mal verwenden wird, wenn er zu seinem Pastoralbesuch nach Kerala kommt und die Lilie und die Rose, die jene gesegnete Landschaft hervorgebracht hat, zur Freude und zum Jubel aller in das Buch der Seligen des Himmels feierlich einschreiben wird. Alle gegenteiligen Bestimmungen werden hiermit aufgehoben.
Gegeben zu Rom, am Sitz der Kongregation für die Orientalischen Kirchen, am 19. Dezember im Jahr des Herrn 1985.

D. Simon Kard. Lourdusamy
(Präfekt)

Miroslav S. Marušyn
Erzbischof (Sekretär)

Dekret der Heiligen Kongregation für die Orientalischen Kirchen, wodurch gewisse Änderungen und Vereinfachungen bei der syro-malabarischen Eucharistiefeier vorläufig erlaubt werden (Prot. Nr. 955/89)[1]

Schon seit geraumer Zeit ist der von der Liturgiekommission der syro-malabarischen Bischöfe erstellte Bericht über die Ordnung der *Qurbana*-Feier (Eucharistiefeier) sowohl in der feierlichen als auch in der einfachen Form bei dieser Kongregation eingetroffen. In Anbetracht des von der Syro-Malabarischen Bischofskonferenz gefassten Beschlusses und nach allseitiger reiflicher Überlegung, hat dieses Dikasterium dem vorgelegten Text zugestimmt, doch so, dass einige in der Anlage erläuterte Änderungen berücksichtigt und dieselben auch in die erwähnte Ordnung eingefügt werden.

Diese Kongregation bestätigt aus pastoralen Gründen die von den am 20. Mai des vergangenen Jahres erlassenen Leitlinien gewährten Ausnahmen, insofern und dort, wo eine abweichende Gewohnheit sich eingebürgert hat. Doch können diese Ausnahmen natürlich nicht in das Missale selbst aufgenommen werden.

In dem so erläuterten Umfang billigt diese Kongregation aufgrund der von Papst Johannes Paul II. ihr erteilten Vollmachten mit dem vorliegenden Dekret die Ordnung der Syro-Malabarischen *Qurbana*-Feier sowohl in der feierlichen als auch in der einfachen Form. Die neue Ordnung, dem die von diesem Dikasterium festgelegten Änderungen hinzugefügt wurden, muss am 3. Juli des laufenden Jahres, am Fest des heiligen Apostels Thomas, veröffentlicht werden und in Kraft treten. Nach diesem Datum gelten alle anderen vorher approbierten Texte, einschließlich des probeweise *(ad experimentum)* im

---

[1] Eigene Übersetzung nach dem lateinischen Originaltext; dieser mit italienischer Übersetzung bei: Pallath, Liturgia (wie 2, Anm. 3), 18–21.

Jahre 1968 eingeführten Missales, das noch in mehreren Diözesen benutzt wird, als ohne weiteres *(ipso facto)* abgeschafft.
Als Musterausgabe *(Editio typica)* ist die in englischer Sprache abgefasste und von dieser Kongregation approbierte Fassung zu betrachten. Für die Übersetzung in die Malayalam-Sprache und für jede andere Ausgabe dieser Ordnung ist die Syro-Malabarische Bischofskonferenz zuständig.
Die Normen und Rubriken, die sich auf die einfache oder feierliche Form der *Qurbana*-Feier beziehen, dürfen nicht auf die hochfeierliche Form *(Raza)* angewandt werden, ausgenommen in den Fällen, die ausdrücklich in den Leitlinien dieses Dikasteriums genannt sind. Dieser Text kann unter keinen Umständen vor Ablauf einer Fünf-Jahres-Frist nach Erlass dieses Dekrets überarbeitet werden. Das Gleiche gilt für den Text der hochfeierlichen Form *(Raza)*.
Nach dieser Erprobungszeit können Wünsche, Änderungsvorschläge und Verbesserungen der jetzigen Texte von der Syro-Malabarischen Bischofskonferenz mit dem Ersuchen um Approbation eingereicht werden.
Alle gegenteiligen Bestimmungen werden hiermit aufgehoben.

Gegeben zu Rom, am Sitz der Kongregation für die Orientalischen Kirchen, am 3. April des Jahres 1989

D. Simon Kard. Lourdusamy
(Präfekt)

Miroslav S. Marušyn
Erzbischof (Sekretär)

Brief von Papst Johannes Paul II. an die Bischofssynode der Syro-Malabarischen Kirche (14. März 1998)[1]

Es ist mir eine große Freude, mich an Euch, geliebte Brüder im Bischofsamt der Syro-Malabarischen Kirche zu wenden, mit denen ich den Dienst der Nachfolge der Apostel teile, und aufgrund der besonderen Wertschätzung und Liebe, die ich für Eure Kirche hege. Sie ist reich an historischen Denkwürdigkeiten, jung in ihrer Begeisterung, das Evangelium zu verkünden, lebendig in dem Bemühen um das Zeugnis eines christlichen Lebens. Das gilt in besonderer Weise, seit Ihr Euren Weg als eine von einem Groß-Erzbischof geleitete Kirche begonnen habt und heute, da Ihr diesen Weg weitergeht. Bei der Ausübung der mir eigenen Verantwortung bin ich Euch auf Eurem Weg hin zu einer tieferen Verbundenheit untereinander nahe gewesen, einer Communio, die sich auf eine volle Teilhabe an Eurer besonderen kirchlichen Tradition gründet.

Seit 1992, dem Jahr, in dem Eure Kirche in diesen Rang erhoben worden ist, habe ich aufmerksam verfolgt, was ihr mit Erfolg unternommen habt, um die notwendigen rechtlichen und pastoralen Strukturen festzulegen. Ich habe dankbar Euren Einsatz zur Kenntnis genommen, gemeinsam jene Einheit in gegenseitiger Verbundenheit zu bauen, die das ausdrücklichste Zeugnis Eures Glaubens an Jesus Christus sein sollte. Eine beachtliche Strecke Eures Weges ist schon geschafft. Doch vieles muss noch getan werden, damit Euer Licht, so als wäre es auf einen Berg gestellt, vor den Augen der Welt leuchten kann und alle von ihm her Anregung und Führung empfangen können. In der Apostelgeschichte beschreibt der hl. Lukas uns die Eigenschaften der Gemeinschaft der ersten Christen. Sie lebten einträchtig im Hören auf die Lehre der Apostel, in geschwisterlicher Gemeinschaft beim Brotbrechen und im Gebet (vgl. Apg 2,42).

---

1 Eigene Übersetzung; vgl. Pallath, Liturgia (wie 2, Anm. 3), 236f.

Das ist das Vorbild für jede Christengemeinde. Euch, als den Nachfolgern der Apostel kommt die Aufgabe zu, die Syro-Malabarische Kirche dahin zu führen, dass sie diese Zielvorstellung voll verwirklicht.
Diese Gemeinschaft in der Treue zur Lehre der Apostel Wirklichkeit werden zu lassen, bedeutet, wie man der eben angeführten Schriftstelle entnehmen kann, dass wir als Bischöfe uns voll und ganz bewusst sein müssen, dass wir die Verwalter des Glaubenserbes und der Gnade sind, die uns vorausgeht und begleitet, und dass wir berufen sind, dieses Erbe reicher den kommenden Generationen weiterzugeben. Dieses ererbte Gut ist mehr als die privaten Ansichten und persönlichen Wünsche und verlangt eine gemeinschaftliche Wahrnehmung der Verantwortung für das allgemeine Wohl der Kirche und für die Bewahrung ihrer Tradition in ihrer ganzen und vielschichtigen Fülle. Das Bewusstsein dieser Berufung beinhaltet eine größtmögliche Anstrengung, die ganze und vollständige Wahrheit zum Ausdruck zu bringen, damit nichts, nicht einmal der geringste Teil davon, verloren gehen kann.

Wenn Ihr also einen solchen Auftrag für das Euch anvertraute Volk Gottes habt, so ist dies eine Aufgabe, die Ihr in besonderer Weise voranbringt, indem ihr als Mitglieder der Synode zusammenarbeitet, das heißt, als Bischöfe, die gemeinsam ihre Autorität als Kollegium ausüben.
Das Brotbrechen, die Eucharistie, ist das höchste Zeichen dieser Sendung und die Kraftquelle, derer Ihr bedürft, um diese Aufgabe zu erfüllen. Ihr müsst in Eurer Gemeinschaft das eucharistische Brot brechen. Doch, damit diese Handlung wahrhaftig und folgerichtig sein kann, müsst Ihr das Brot der Liebe unter euch selbst teilen, es teilen, um eine noch größere Einheit zu schaffen, eine Einheit, die Euch persönlich berührt und Euch in besonderer Weise an Christus, das Haupt seines mystischen Leibes, der die Kirche ist, bindet.
Ich bete, dass der Herr Euch die Gnade gewähre, bei der Bewahrung des Glaubensgutes, in der Eucharistie und im Gebet die Freude einer vollkommenen brüderlichen Eintracht und den Trost des Heiligen

Geistes zu finden, der unsere Verletzungen heilt und uns beisteht auf dem Pilgerweg der Kirche zum Himmelreich.
Von solchen Gefühlen bewegt, glaubt der Nachfolger Petri, dass der Augenblick gekommen ist, Euch, den Bischöfen der Syro-Malabarischen Kirche, die volle Ausübung der Vollmachten im Bereich der Liturgie, wie sie vom kanonischen Recht für die Orientalischen Kirchen (CCEO) vorgesehen sind, anzuvertrauen. Diese Maßnahme möchte Ausdruck des großen Vertrauens sein, das ich in jeden von Euch setzte und in Eure Synode, durch die Ihr zusammenarbeitet, um der Wahrheit in der Liebe zu dienen.
Daraus ergibt sich, dass Eure Verantwortung größer wird. Die Augen des ganzen Eurer Hirtensorge anvertrauten Gottesvolkes sind auf Euch gerichtet. Jede Entscheidung und jede Anordnung wird aufmerksam beobachtet und beurteilt werden. Ich vertraue darauf, dass das Beispiel Eurer gegenseitigen Liebe und Eurer Weisheit als Hirten jede Furcht überwinden wird. Mit der Kraft des Heiligen Geistes öffnet Eure Herzen, damit niemand sich zurückgewiesen und ausgeschlossen fühlen kann.
Der auferstandene Christus macht alles neu. Möge diese Hoffnung Euch in der Eintracht des Glaubens in demjenigen erhalten, der unsere Versöhnung ist.
In dieser Hoffnung rufe ich an diesem Tag der Zuversicht und der Freude über Eure Gemeinden, über Euch und über die ganze Syro-Malabarische Kirche den Segen des Herrn herab.

Gegeben im Vatikan, am 14. März 1998

Johannes Paul II.

Grundlegende Leitlinien bezüglich der syro-malabarischen Liturgie (Prot.-Nr. 200/98)[1]

I. Einleitung

1. Die ehrwürdigen Traditionen der Orientalischen Kirchen sind seit vielen Jahren Gegenstand einer besonderen Fürsorge seitens des Heiligen Stuhls. Die zentrale Bedeutung der liturgischen Ausdrucksweisen dieser Traditionen wird weiterhin von der Kirche anerkannt und wurde grundsätzlich durch das Dekret über die katholischen Ostkirchen *(Orientalium Ecclesiarum)* des Zweiten Vatikanischen Konzils festgelegt. Dieses Dekret hat praktisch die Richtlinien bekräftigt, die in Sonderfällen im Laufe der vorausgegangenen Jahre erlassen worden waren hinsichtlich der Frage der liturgischen Erneuerung: „Alle Ostchristen sollen wissen und davon überzeugt sein, daß sie ihre rechtmäßigen liturgischen Bräuche und die ihnen eigene Ordnung bewahren dürfen und müssen, es sei denn, daß aus eigenständigem und organischem Fortschritt Änderungen eingeführt werden sollten. Über das alles sollen also die Orientalen selbst mit größter Gewissenhaftigkeit wachen. Sie sollen auch immer tiefer eindringen in die Kenntnis dieser Dinge und sich immer mehr vervollkommnen in deren praktischer Verwirklichung. Wenn sie aber wegen besonderer Zeitumstände oder persönlicher Verhältnisse ungebührlich von ihren östlichen Gebräuchen abgekommen sind, sollen sie sich befleißigen, zu den Überlieferungen ihrer Väter zurückzukehren. Indessen sollen sich alle, die durch ihr Amt oder ihren apostolischen Dienst in engere Berührung mit den Ostkirchen oder ihren Gläubigen kommen, angesichts ihrer verantwortungsschweren Aufgabe in der Kenntnis und Ausübung ostkirchlicher Gebräuche, in ostkirchlicher Ordnung, Lehre, Geschichte und charakterlicher

[1] Eigene Übersetzung; vgl. Pallath, Liturgia (wie 2, Anm. 3), 238–242.

Eigenart gründlich unterrichten lassen. Den Orden und Genossenschaften des lateinischen Ritus aber, die in ostkirchlichen Gebieten oder unter ostkirchlichen Gläubigen seelsorglich tätig sind, wird dringend empfohlen, dass sie nach Möglichkeit, um ihr Apostolat wirksamer zu machen, Häuser oder auch Provinzen des östlichen Ritus errichten".

Die Phase der Durchführung des Zweiten Vatikanischen Konzils musste mit einigen Schwierigkeiten fertig werden. Aber gerade diese Schwierigkeiten haben gezeigt, wie sehr der Dienst, den die Kirche „im Geist und in der Wahrheit" (Joh 4,23) Gott darbringt, mit seinen notwendigen Konsequenzen geschwisterlicher Versöhnung (vgl. Mt 5,24) und Ordnung (vgl. 1 Kor 14,40) die Herzmitte der Kirche ist und diese auferbaut. „Die heilige Liturgie als der Ort, an dem Versöhnung und Anbetung geschieht und sich die Eintracht und die geschwisterliche Gemeinschaft der Gläubigen darstellt, ist die wahre Erzieherin zu einem christlichen Leben und die vollkommenste Synthese ihrer verschiedenen Merkmale." (Johannes Paul II. Ansprache an die Teilnehmer der Tagung über die pastoralen Probleme der katholischen Kirche des byzantinischen Ritus in Rumänien, 22. 1. 1994: OR vom 22. 1. 1994, 5).

2. Wie die anderen Orientalischen Kirchen hat auch die Syro-Malabarische Kirche die Früchte des Zweiten Vatikanischen Konzils geerntet. 1985 wurde die hochfeierliche Form der Qurbana-Feier *(Raza)* eingeführt und 1989 die feierliche und die einfache Form. Kürzlich hat die Synode der Syro-Malabarischen Kirche einstimmig das Buch für die Feier der Sakramente *(Rituale Sacramentorum)* angenommen und es wurde dem Heiligen Stuhl zur endgültigen Approbation zugeleitet. Der Heilige Stuhl hat sein Vertrauen in die Weisheit hinsichtlich der Lehre und in die Klugheit bezüglich der Leitung der Bischöfe der Syro-Malabarischen Kirche bekräftigt und festgestellt, dass die Verantwortung für die Liturgie von jetzt an bei der Bischofssynode liegen soll, wie es im Rechtsbuch der Orientalischen Kirchen vorgesehen ist (CCEO can. 657 § 1). Diese Verantwortung beinhaltet sowohl auf synodaler als auch persönlicher Ebe-

ne Rechte und Pflichten. Es liegt in der Verantwortung der Synode, das Glaubensgut zu bewahren, das die Liturgie der Syro-Malabarischen Kirche feiert und „den Fernen und Nahen“ (vgl. Jes 57,19; Eph 2,17) verkündigt.
Das setzt voraus, dass die Gemeinschaft der Bischöfe, die der Synode angehören, unablässig gestärkt wird, eine Aufgabe, die Geduld und Ausdauer verlangt. Diese Gemeinschaft wird der Synode ermöglichen, nach und nach jenen liturgischen Zusammenklang zu erreichen, den die Kirche zum Wohl der Gläubigen gewährleisten muss. Die Betroffenheit, die kürzlich Laien, männliche und weibliche Ordensangehörige, Priester und Seminaristen angesichts der Auseinandersetzungen im Bereich der Liturgie geäußert haben, verlangt von den Bischöfen ein neuerliches Bemühen um Eintracht.
Die Gemeinschaft und Übereinstimmung in liturgischen Dingen sind die fundamentalen Voraussetzungen für eine kontinuierliche Einpflanzung (Inkulturation) des Evangeliums in Indien. Durch ein ernstes und gewissenhaftes Studium wird man ein wohl begründetes und authentisches Verständnis von Inkulturation formulieren können, das dann Leitlinie für den Einsatz zur Evangelisation in Indien sein wird.
Die Synode der syro-malabarischen Bischöfe, die im Januar 1996 in Rom zusammengerufen wurde, hat ein ähnliches Programm verabschiedet: „Was die Ordnung in liturgischen Dingen betrifft, ist ein allmählicher Fortschritt hin zur Gleichförmigkeit im Verständnis und im Vollzug besonders der göttlichen Liturgie (Eucharistiefeier) notwendig. Während man bemüht ist, dieses Ziel zu erreichen, möchte die Synode als Zwischenstufen folgende Maßnahmen ergreifen: Die Errichtung eines Zentrums auf dem Berg des hl. Thomas *(Mount St. Thomas)*, unter dem Patronat der syro-malabarischen Bischofssynode, zur Erforschung der syro-malabarischen Liturgie und ihrer Verbindungen zur zeitgenössischen indischen Kultur und ihren pastoralen Erfordernissen.“ (Acts of the Synod of Bishops of the Syro-Malabar Church 1996, Kochi 1996, 297).

II. Doktrinale Leitlinien

1. „Unser Denken ist in vollkommener Übereinstimmung mit der Eucharistie und die Eucharistie ihrerseits bekräftigt unser Denken." (Irenäus von Lyon, Gegen die Häresien IV, 18,5: SChr 100, 610). Mit diesen Worten drückt der hl. Irenäus das Verständnis der Kirche aus, der inneren Verbundenheit, die zwischen dem empfangenen, bekannten und verkündigten Glauben und der Liturgie besteht (vgl. Instruktion über die Anwendung der liturgischen Bestimmungen des Rechtsbuchs der Orientalischen Kirchen vom 6.1.1986, Nr. 32). Dieses Verständnis bestimmt die Notwendigkeit, dass der Heilige Stuhl das Bemühen der Synode unterstützt, die Liturgie entsprechend einiger doktrinaler Leitlinien wiederherzustellen und anzupassen. Diese grundsätzlichen Leitlinien charakterisieren den Geist, in dem die pastorale Verantwortung der Bischöfe in diesem Bereich ausgeübt werden muss.

2. Die ganze liturgische Tradition ist vor allem eine empfangene. Das Evangelium Christi verlangt, dass dieser fundamentale Grundsatz wiederentdeckt wird. „Ich habe vom Herrn empfangen, was ich euch überliefert habe." (1 Kor 11,23) Das ist auch ein inneres Lebensgesetz von Gruppen und Einzelwesen. Wie eine ehrwürdige Tradition berichtet, wurde der hl. Apostel Thomas ausgesucht, das Evangelium zu verkündigen und die Thomas-Christen wurden Glieder der großen Familie der syro-orientalischen Kirchen, eine der fünf alten orientalischen Traditionen, die bis heute fortbestehen (CCEO can. 28 § 2).
Diesem Glauben und diesen Überlieferungen sind die Väter der Syro-Malabarischen Kirche treu geblieben. Die Kräfte, welche die Latinisierung der Thomas-Christen betrieben, waren die Ursache vieler Leiden und Spaltungen in der Kirche. Doch gleichzeitig hat der Kontakt mit den Lateinern die Kirche auch bereichert. Das Zweite Vatikanische Konzil und die von ihm ausgegangenen Initiativen (z. B. der Codex des kanonischen Rechts der Orientalischen Kirchen, das Apostolische Schreiben *Orientale lumen*, die Instruktion für die An-

wendung der liturgischen Bestimmungen des Kirchenrechtsbuchs für die Orientalischen Kirchen von der Kongregation für die Orientalischen Kirchen) haben die Syro-Malabarische Kirche aufgefordert, sich wieder fest auf den Boden des eigenen Ritus zu stellen, der ihr liturgisches, theologisches, geistliches und disziplinäres Erbe beinhaltet (CCEO can. 28 § 1). Die vollständige Angleichung an die syro-malabarische Identität auf allen Ebenen des kirchlichen Lebens, von den Bischöfen bis zu den Laien, ist ein langer und mühsamer Prozess, der noch nicht völlig abgeschlossen ist. Er muss fortgesetzt werden, da die Fähigkeit zur Anpassung und zur Inkulturation davon abhängt, wie stark die Verwurzelung in diesem Sinn erreicht wurde.

Dieser Prozess der Verwurzelung aller Christen in der Tradition des eigenen Ritus verlangt vor allem eine Weitergabe des Glaubens und folglich eine Bildung in dieser Tradition des eigenen Ritus in einer Atmosphäre des Friedens in den Seminarien, in den Häusern, wo der Ordensnachwuchs geformt wird.

Darüber hinaus braucht es die Verbreitung einer liturgischen Katechese, die sich an der eigenen Tradition inspiriert (vgl. Instruktion, Nr. 30). Schließlich ist es notwendig, dass die Studien und die Forschungen über die syro-malabarische Liturgie fortgesetzt und entwickelt werden.

3. Von Generation zu Generation empfängt die Kirche die eigene liturgische Tradition und eignet sie sich an, indem sie das Heilsgeheimnis feiert zur Ehre Gottes und zur Auferbauung des Gottesvolkes (vgl. Instruktion, Nr. 17). Die Gebete und die gottesdienstlichen Feiern haben einen unerschöpflichen erzieherischen Wert, denn sie erheben die Gläubigen nach und nach zur Schau des Glaubens der Kirche, der Braut Christi. Jede Feier, von der einfachsten bis zur feierlichsten, ob es sich um die *Qurbana*-Feier, die Feier der Sakramente oder die Tagzeitenliturgie handelt, erneuert täglich das Leben der Kirche. In diesen Feiern nimmt der Heilige Geist die Kirche unter seinen Schutz und lässt sie fruchtbar werden, indem er ohne Unterlass Gott dem Vater neue Kinder zeugt.

Die Achtung vor der vollen Gestalt der Liturgie, vor den ihr eigenen Baugesetzen und ihren grundlegenden Symbolen verleiht den liturgischen Feiern ihre tiefe Harmonie und ihre katechetische Kraft. Wenn diese Feiergestalt respektiert wird, erscheint die Liturgie und, als Folge davon, der orientalische Eigencharakter der Syro-Malabarischen Kirche in seinem vollen Glanz und gewinnt zunehmend an Kraft. Zu diesen grundlegenden Gestaltungselementen sind der sakrale Raum, die Gesten, Symbole und Texte zu zählen. Zusammen formen sie das zusammenhängende Ganze, das den Kern der liturgischen Tradition der syrischen Liturgiefamilie darstellt. Von fundamentaler Bedeutung ist die symbolische Gliederung des Kirchengebäudes, die das Heiligtum mit dem Himmel identifiziert und das Schiff mit der Erde (vgl. Instruktion, Nr. 102–104); ferner der besonders hergerichtete Ort, von dem aus das Wort Gottes verkündigt wird (vgl. ebd., Nr. 105); dann die Ausrichtung der Versammlung nach Osten, die, angeführt vom Bischof oder vom Priester, auf dem gemeinsamen Pilgerweg dem himmlischen Jerusalem entgegengeht und die Wiederkunft des Herrn herbeiruft, des „Aufgangs aus der Höhe“ *(Oriens ex alto)*; (vgl. Instruktion, Nr. 107).

4. Der empfangene und gefeierte Gottesdienst ist die Grundlage des Rechts und der Pflicht, das Glaubensgut *(depositum fidei)* weiterzugeben. Die Kirche und alle liturgischen Traditionen haben Entwicklungen und Anpassungen erfahren und erfahren sie immer noch. Die richtige und lobenswerte Absicht, die liturgischen Feiern den zeitgenössischen Lebensbedingungen und der jeweiligen örtlichen Kultur anzupassen, sei es in den Eparchien (Bistümern) des eigenen Territoriums der Kirche oder in den Eparchien der Missionsgebiete, darf einen fundamentalen Grundschatz des Jahrhunderte alten kultischen Lebens nicht in Vergessenheit geraten lassen, den Grundschatz des organischen Fortschritts (vgl. OE 6; Instruktion, Nr. 12, 18, 20). Man muss deshalb aufmerksam, mit einem Urteilsvermögen, das sich auf die Kontinuität der Überlieferung stützt und auf ein tiefes Verständnis der Geschichte und Theologie der Liturgie, darüber wachen, dass derartige Anpassungen die fundamen-

talen Grundsätze aller christlichen Liturgien, und im Besonderen diejenigen der syro-orientalischen Liturgie, beachten. „Wenn die herkömmliche liturgische Praxis verändert werden soll, muss man sich fragen, ob das einzuführende Element mit der Bedeutung des (rituellen) Kontextes übereinstimmt, in den es eingefügt wird. Dieser Kontext wird erfasst, indem man von eventuellen Bezügen zur Heiligen Schrift ausgeht, auf die entsprechende Auslegung der heiligen Väter achtet, auf die schon rezipierten liturgischen Reformen und die mystagogischen Katechesen. Man muss sich auch fragen, ob eine solche Neuerung mit der Symbolsprache harmoniert, mit der bildhaften Ausdrucksweise und dem Stil, die der Liturgie jener Kirche eigen sind. Das neue Element wird dann zulässig sein, wenn ernsthafte pastorale Beweggründe es verlangen, es sich in den Gesamtverlauf der Feier ohne Kontrast, sondern harmonisch, einfügt, so als ob es natürlicherweise sich daraus ergäbe. Man wird ferner prüfen müssen, ob es nicht schon vorhanden ist, wenn auch in anderer Form, zu einem anderen Zeitpunkt der Feier oder in einem anderen Teil der liturgischen Praxis *(corpus liturgicum)* der jeweiligen Kirche (vgl. Instruktion, Nr. 20).
Diese differenzierte Vorgehensweise ist um so notwendiger in Indien, einem Land, in dem die Kultur sowohl eine Einheit bildet, als auch eine Vielgestaltigkeit aufweist, und zu gleicher Zeit von einem raschen Modernisierungsprozess erfasst ist.

Schlussfolgerung

Die Verantwortung, welche die Bischöfe, in der Synode und persönlich, mit der uneingeschränkten Ausübung aller vom Kirchenrecht der Orientalischen Kirchen im Bereich der Liturgie vorgesehenen Vollmachten übernehmen, möge erleuchtet, geleitet und getragen werden von der vom Apostel Paulus an die Christen von Kolossä gerichteten Ermahnung: „Ihr seid von Gott geliebt, seid seine auserwählten Heiligen. Darum bekleidet euch mit aufrichtigem Erbarmen, mit Güte, Demut, Milde, Geduld! Ertragt euch gegenseitig und vergebt einander, wenn einer dem anderen etwas vorzuwerfen hat. Wie der Herr euch vergeben hat, so vergebt auch ihr! Vor allem aber liebt einander, denn die Liebe ist das Band, das alles zusammenhält und vollkommen macht. In eurem Herzen herrsche der Friede Christi; dazu seid ihr berufen als Glieder des einen Leibes. Seid dankbar! Das Wort Christi wohne mit seinem ganzen Reichtum bei euch. Belehrt und ermahnt einander in aller Weisheit! Singt Gott in eurem Herzen Psalmen, Hymnen und Lieder, wie sie der Geist eingibt, denn ihr seid in Gottes Gnade. Alles, was ihr in Worten und Werken tut, geschehe im Namen Jesu, des Herrn. Durch ihn dankt Gott, dem Vater!" (Kol 3,12–17).

Die Worte des Apostels unterstreichen nachdrücklich den Appell zur Einheit, Frucht jener Liebe, die allem vorangestellt werden muss, als Antwort auf die Berufung, „ein einziger Leib" zu sein, der in der Feier der Liturgie seinen sichtbaren Ausdruck findet und der aus ihr die notwendige Gnade empfängt, um wachsen zu können und immer mehr an Kraft zuzunehmen.

Vatikanstadt, 16. März 1998

Archille Kard. Silvestrini
(Präfekt)

Miroslav S. Marušyn
(Sekretär)

Gemeinsame christologische Erklärung der Katholischen Kirche und der Assyrischen Kirche des Ostens vom 11. November 1994[1]

Seine Heiligkeit Johannes Paul II., Bischof von Rom und Papst der Katholischen Kirche, und Seine Heiligkeit Mar Dinkha IV., Katholikos und Patriarch der Assyrischen Kirche des Ostens, danken Gott, der sie zu dieser neuen brüderlichen Begegnung inspiriert hat.

Beide betrachten diese Begegnung als grundlegenden Schritt auf dem Weg zur Wiederherstellung der vollen Gemeinschaft zwischen ihren Kirchen. Sie können von nun an in der Tat zusammen vor der Welt ihren gemeinsamen Glauben an das Geheimnis der Menschwerdung bekennen.

Als Erben und Wächter des von den Aposteln empfangenen Glaubens, wie er von unseren gemeinsamen Vätern im Nizänischen Glaubensbekenntnis formuliert wurde, bekennen wir den einen Herrn Jesus Christus, Gottes eingeborenen Sohn, vom Vater gezeugt vor aller Zeit, der in der Fülle der Zeit vom Himmel gekommen und um unseres Heiles willen Mensch geworden ist. Das Wort Gottes, die zweite Person der Heiligen Dreifaltigkeit, ist durch die Kraft des Heiligen Geistes Mensch geworden, indem es von der heiligen Jungfrau Maria einen Leib mit einer vernunftbegabten Seele annahm, mit dem es vom Augenblick seiner Empfängnis an unlösbar vereint war.

Daher ist unser Herr Jesus Christus wahrer Gott und wahrer Mensch, vollkommen in Bezug auf seine Menschheit, gleichen Wesens mit dem Vater und gleichen Wesens mit uns allen – außer der Sünde. Seine Gottheit und seine Menschheit sind in einer Person vereint, ohne Vermischung, ohne Teilung und ohne Trennung. In

[1] Original englisch, in: OR (it.) vom 12. 11. 1994; deutsche Übersetzung, in: OR (dt.) vom 25. 11. 1994, S. 6.

ihm wurde die Unterschiedlichkeit der göttlichen und menschlichen Natur mit all ihren Eigenschaften, Fähigkeiten und Wirkungsweisen gewahrt. Doch weit davon entfernt, „einer und zugleich ein anderer" zu sein, sind Gottheit und Menschheit in der Person des gleichen und einzigen Sohnes Gottes und Herrn Jesu Christi geeint, der das Ziel einer einzigen Anbetung ist.

Christus ist daher kein „gewöhnlicher Mensch", den Gott adoptiert hat, um in ihm zu wohnen und ihn zu inspirieren, wie er es in den Gerechten und Propheten getan hat. Doch das gleiche Göttliche Wort, von seinem Vater gezeugt vor aller Zeit ohne Anfang in Bezug auf seine Gottheit, wurde in der Endzeit in Bezug auf seine Menschheit von einer Mutter ohne einen Vater geboren. Die menschliche Natur, die die Jungfrau Maria geboren hat, war immer die des Sohnes Gottes selbst. Dies ist der Grund, warum die Assyrische Kirche des Ostens die Jungfrau Maria verehrt als „Mutter Christi, unseres Gottes und Heilandes". Im Licht dieses gleichen Glaubens wendet sich die katholische Tradition an die Jungfrau Maria als „die Mutter Gottes" und ebenso als „die Mutter Christi". Wir erkennen beide die Berechtigung und Richtigkeit dieser Ausdrucksformen des gleichen Glaubens an, und wir achten beide, was die einzelne Kirche jeweils in ihrem liturgischen Leben und in ihrer Frömmigkeit bevorzugt.

Dies ist der eine Glaube, den wir im Geheimnis Christi bekennen. Die Kontroversen der Vergangenheit haben zu Bannsprüchen geführt, die sich gegen Personen und Formulierungen richteten. Der Geist des Herrn lässt uns aber heute besser verstehen, dass die auf diese Weise erfolgten Spaltungen größtenteils auf Missverständnisse zurückzuführen waren.

Was immer unsere christologischen Unterschiede gewesen sind, wissen wir uns heute geeint im Bekenntnis des gleichen Glaubens an den Sohn Gottes, der Mensch wurde, damit wir durch seine Gnade Kinder Gottes werden konnten. Wir möchten von nun an gemeinsam diesen Glauben an den Einen bezeugen, der der Weg, die Wahrheit und das Leben ist, und ihn in entsprechender Weise unseren Zeitgenossen verkünden, damit die Welt an das Evangelium vom Heil glaube.

Das Geheimnis der Menschwerdung, das wir gemeinsam bekennen, ist nicht eine abstrakte und isolierte Wahrheit. Es bezieht sich auf den Sohn Gottes, der zu unserer Rettung gesandt wurde. Die Heilsökonomie, die ihren Ursprung im Geheimnis der Gemeinschaft der Heiligen Dreifaltigkeit – Vater, Sohn und Heiliger Geist – hat, findet ihre Erfüllung mittels der Teilhabe an dieser Gemeinschaft aus Gnade innerhalb der einen, heiligen, katholischen und apostolischen Kirche, die das Volk Gottes, der Leib Christi und der Tempel des Geistes ist.

Die Gläubigen werden Glieder dieses Leibes durch das Sakrament der Taufe, wodurch sie mit Wasser und aufgrund des Wirkens des Heiligen Geistes als neue Geschöpfe wiedergeboren werden. Sie werden bezeichnet mit dem Siegel des Heiligen Geistes, der das Sakrament der Salbung spendet. Ihre Gemeinschaft mit Gott und untereinander findet ihren vollen Ausdruck in der Feier des einen Opfers Christi im Sakrament der Eucharistie. Diese Gemeinschaft wird für die sündig gewordenen Mitglieder der Kirche wiederhergestellt, wenn sie mit Gott und untereinander durch das Sakrament der Vergebung versöhnt werden. Das Sakrament der Weihe zum priesterlichen Dienst in der Apostolischen Sukzession verbürgt die Echtheit des Glaubens, der Sakramente und der Gemeinschaft in einer jeden Ortskirche. Aus diesem Glauben und diesen Sakramenten lebend, können sich die Katholischen Ortskirchen und die Assyrischen Ortskirchen infolgedessen einander als Schwesterkirchen anerkennen. Um vollständig und umfassend zu sein, setzt Gemeinschaft die Einmütigkeit in Bezug auf den Glaubensinhalt, die Sakramente und die Verfasstheit der Kirche voraus. Da diese Einmütigkeit, die wir anstreben, noch nicht erreicht ist, können wir leider nicht gemeinsam die Eucharistie feiern, die das Zeichen der bereits voll wiederhergestellten kirchlichen Gemeinschaft ist.

Doch erlauben uns die tiefe geistliche Gemeinschaft im Glauben und das gegenseitige Vertrauen, die zwischen unseren Kirchen bereits bestehen, von nun an ein gemeinsames Bezeugen der Botschaft des Evangeliums und die Zusammenarbeit in besonderen pastoralen Si-

tuationen, insbesondere einschließlich der Bereiche der Katechese und der Ausbildung künftiger Priester, ins Auge zu fassen.
Wir danken Gott, dass er uns neu entdecken ließ, was uns bereits im Glauben und in den Sakramenten eint, und verpflichten uns, alles uns Mögliche zu tun, um jene Hindernisse aus der Vergangenheit zu beseitigen, die das Erreichen der vollen Gemeinschaft zwischen unseren Kirchen noch verhindern, damit wir besser dem Ruf des Herrn zur Einheit der Seinen entsprechen, einer Einheit, die natürlich auch sichtbar zum Ausdruck kommen muss. Um diese Hindernisse zu überwinden, setzen wir nun eine gemischte Kommission für den theologischen Dialog zwischen der Katholischen Kirche und der Assyrischen Kirche des Ostens ein.

Gegeben bei St. Peter am 11. November 1994

Johannes Paulus II. + K. Mar Dinkha

Richtlinien des Päpstlichen Rates zur Förderung der Einheit der Christen für die gegenseitige Zulassung zur Eucharistie zwischen der Chaldäischen Kirche und der Assyrischen Kirche des Ostens vom 20. Juli 2001[1]

Angesichts der äußerst schwierigen Lage vieler chaldäischer und assyrischer Gläubigen in ihrer Heimat und in der Diaspora, denen dadurch ein normales, ihrer Tradition entsprechendes sakramentales Leben versagt ist, und im ökumenischen Kontext des beiderseitigen Dialogs zwischen der katholischen Kirche und der assyrischen Kirche des Orients wurde beantragt, die Zulassung zur Eucharistie zwischen der chaldäischen Kirche und der assyrischen Kirche des Ostens zu erteilen. Dieser Antrag wurde zunächst von der Gemeinsamen Kommission für den theologischen Dialog zwischen der katholischen Kirche und der assyrischen Kirche des Ostens geprüft. Danach wurden vom Päpstlichen Rat zur Förderung der Einheit der Christen in Übereinstimmung mit der Kongregation für die Glaubenslehre und der Kongregation für die Orientalischen Kirchen die vorliegenden Richtlinien erstellt.

[1] Die hier wiedergegebene deutsche Fassung des Dokuments ist in der deutschen Wochenausgabe des L'Osservatore Romano vom 23.11.2001, Nr. 47, S. 9, erschienen. Nachdruck in: Der christliche Osten 57 (2002) 23–25. Der englische Originaltext: L'Osservatore Romano, italienische Ausgabe vom 26.10.2001; S. 7; ebd., S. 8, die gleichzeitig veröffentlichten Erläuterungen und Präzisierungen von vatikanischer Seite; vgl. auch den gründlichen Artikel von Felix Maria Arocenna, La nota romana sobre la „Anafora de Addai y Mari". Un nuevo capitulo de teologica eucaristica, in: Ephemerides Liturgicae 121 (2007) 25–65.

1. Pastorale Notwendigkeit

Der Antrag um gegenseitige Zulassung zur Eucharistie zwischen der chaldäischen Kirche und der assyrischen Kirche des Ostens hängt mit der besonderen geographischen und sozialen Lage zusammen, in der sich ihre Gläubigen zur Zeit befinden. Aufgrund verschiedener und manchmal dramatischer Umstände haben viele assyrische und chaldäische Gläubige ihre Heimat verlassen und sind in den Nahen Osten, nach Skandinavien, Westeuropa, Australien und Nordamerika ausgewandert. Weil in einer so ausgedehnten Diaspora nicht für jede örtliche Gemeinschaft ein Priester zur Verfügung steht, befinden sich die chaldäischen und assyrischen Gläubigen in einer pastoralen Notsituation im Hinblick auf die Spendung der Sakramente. Für solche Notfälle sind vom *Codex des kanonischen Rechts der Orientalischen Kirchen*, can. 671, § 2–3, und vom *Direktorium für die Anwendung der Prinzipien und Normen über den Ökumenismus*, Nr. 123, besondere Regelungen vorgesehen.

2. Ökumenische Annäherung

Der Antrag steht auch mit dem derzeitigen ökumenischen Annäherungsprozess in Zusammenhang, der zwischen der katholischen Kirche und der assyrischen Kirche des Ostens im Gang ist. Durch die *Gemeinsame Christologische Erklärung*, die 1994 von Papst Johannes Paul II. und von Patriarch Mar Dinkha IV. unterzeichnet wurde, wurde das dogmatische Hauptproblem zwischen der katholischen Kirche und der assyrischen Kirche des Orients gelöst. Infolgedessen hat auch die ökumenische Annährung zwischen der chaldäischen Kirche und der assyrischen Kirche des Ostens eine neue Entwicklungsphase erreicht. Am 29. November 1996 haben Patriarch Mar Raphael Bidawid und Patriarch Mar Dinkha IV. eine Reihe gemeinsamer Anträge unterzeichnet in der Absicht, zur Wiederherstellung der vollen kirchlichen Einheit zwischen den beiden historischen Erben der alten Kirche des Orients zu gelangen. Am 15. August 1997 haben die Synoden der beiden Kirchen dieses Programm gebilligt und in einem *Gemeinsamen Synodalen Dekret* bekräftigt. Die beiden Patriarchen haben mit der Unterstützung der jeweiligen Synoden einer weiteren Reihe von Initiativen zugestimmt mit dem Ziel, die fortschreitende Wiederherstellung ihrer kirchlichen Einheit zu fördern. Die Kongregation für die Orientalischen Kirchen und der Päpstliche Rat zur Förderung der Einheit der Christen ermutigen diesen Prozess.

3. Die Anaphora von Addai und Mari

Die Hauptfrage für die katholische Kirche im Hinblick auf die Annahme des Antrags bezog sich auf das Problem der Gültigkeit der Eucharistie, die mit der Anaphora von Addai und Mari gefeiert wird, einer der drei Anaphoren, die in der assyrischen Kirche des Orients allgemein verwendet werden.
Die Anaphora von Addai und Mari ist die einzige, die man seit undenklichen Zeiten ohne den Einsetzungsbericht verwendet. Weil die katholische Kirche die Worte der eucharistischen Einsetzung als wesentlichen und damit unerlässlichen Bestandteil der Anaphora oder des Eucharistischen Hochgebets betrachtet, hat sie eine lange und eingehende Untersuchung über die Anaphora von Addai und Mari in geschichtlicher, liturgischer und theologischer Hinsicht durchgeführt, an deren Ende, am 17. Januar 2001, die Kongregation für die Glaubenslehre zu dem Schluss gelangt ist, dass diese Anaphora als gültig betrachtet werden kann. Seine Heiligkeit Papst Johannes Paul II. hat diese Entscheidung gebilligt. Der Schluss, zu dem man gelangt ist, gründet auf drei hauptsächliche Überlegungen.

- Zunächst ist die Anaphora von Addai und Mari eine der ältesten Anaphoren und geht auf die Anfänge der Kirche zurück. Sie wurde in der klaren Absicht zusammengestellt und angewandt, die Eucharistie in voller Kontinuität mit dem letzten Abendmahl und dem Anliegen der Kirche entsprechend zu feiern. Ihre Gültigkeit wurde offiziell nie bestritten, weder im christlichen Osten noch im Westen.
- In zweiter Linie erkennt die katholische Kirche die assyrische Kirche des Ostens als eine wahre Teilkirche an, die auf dem orthodoxen Glauben und auf der apostolischen Nachfolge gründet. Die assyrische Kirche des Ostens hat auch den vollen eucharistischen Glauben an die Präsenz unseres Herrn unter den Gestalten von Brot und Wein und an den Opfercharakter der Eucharistie bewahrt.

  Deshalb finden sich in der assyrischen Kirche des Ostens, obwohl sie nicht in voller Gemeinschaft mit der katholischen Kirche steht, „wahre Sakramente, vor allem in der Kraft der apostolischen Sukzession das Priestertum und die Eucharistie" (*Unitatis redintegratio*, 15).
- Schließlich sind die Worte der eucharistischen Einsetzung in der Anaphora von Addai und Mari tatsächlich vorhanden, zwar nicht als fortlaufender Bericht und „ad litteram", aber an verschiedenen Stellen und euchologisch, das heißt, sie sind in die nachfolgenden Gebete der Danksagung, des Lobpreises und der Fürbitte eingeflochten.

4. Richtlinien für die Zulassung zur Eucharistie

Unter Berücksichtigung der liturgischen Tradition der assyrischen Kirche des Ostens, der lehrmäßigen Klärung in Bezug auf die Gültigkeit der Anaphora von Addai und Mari, des derzeitigen Kontexts, in dem die assyrischen und chaldäischen Gläubigen leben, der entsprechenden in den offiziellen Dokumenten der katholischen Kirche vorgesehenen Normen, des Annäherungsprozesses zwischen der chaldäischen Kirche und der assyrischen Kirche des Ostens werden folgende Regelungen festgesetzt:

1. In Notfällen können die assyrischen Gläubigen an einer chaldäischen Eucharistiefeier teilnehmen und die heilige Kommunion empfangen; gleicherweise können die chaldäischen Gläubigen, für die es physisch oder moralisch unmöglich ist, sich an einen katholischen Amtsträger zu wenden, an einer assyrischen Eucharistiefeier teilnehmen und die heilige Kommunion empfangen.
2. In beiden Fällen feiern die assyrischen und chaldäischen Priester die heilige Eucharistie gemäß den liturgischen Vorschriften und Bräuchen ihrer eigenen Tradition.
3. Wenn die chaldäischen Gläubigen an einer assyrischen Eucharistiefeier teilnehmen, wird der assyrische Priester ermutigt, in die Anaphora von Addai und Mari die Einsetzungsworte einzufügen, wie es von der Heiligen Synode der assyrischen Kirche des Ostens erlaubt wurde.
4. Die vorgenannten Ausführungen über die Verwendung der Anaphora von Addai und Mari und die gegenwärtigen Richtlinien für die Zulassung zur Eucharistie sind ausschließlich für die Eucharistiefeier und für die Zulassung zur Eucharistie der Gläubigen der chaldäischen Kirche und der assyrischen Kirche des Ostens zu verstehen, und zwar auf Grund der pastoralen Notwendigkeit und des ökumenischen Kontexts, von denen zuvor die Rede war.

Glossar

Abun – Vater unser.

Anafora – Darbringung, Opfer; der aus dem Griechischen übernommene Ausdruck bezeichnet den zentralen Teil der Eucharistiefeier, entsprechend dem Eucharistischen Hochgebet in der römischen Messe.

Barekmar – Segne, Herr. Die Segensbitte kann sich an den Bischof oder Priester richten und dessen Segen erbitten. Sie kann auch Gott, die Quelle allen Segens, um seinen Segen bitten.

Bema – Ambo, erhöhter Platz, eine Art Tribüne, traditionell in der Mitte des Kirchenschiffes, wenigstens aber außerhalb des Altarraumes, der Feierort des ersten Teils der *Qurbana*-Feier.

Bethgaza – „Schatzhaus", Bezeichnung für eine Vertiefung in der rechten und linken Seitenwand des Altarraumes, in denen die Patene beziehungsweise der Kelch bereitgestellt und bereitet werden. In der heutigen Syro-Malabarischen Kirche sind es in der Regel zwei kleine Tische, jeweils an der rechten und linken Seitenwand des Altarraumes, auf denen das Brot und der Wein für die Eucharistiefeier vorbereitet werden.

Bukra – „Erstgeborener", Bezeichnung für das eucharistische Brot.

Dukrana – Gedächtnis.

Epiklese – Herabrufen des Heiligen Geistes, der bewirkt, dass Brot und Wein zu Leib und Blut Christi werden; eine solche ausdrückliche Geistbitte ist ein wesentlicher Bestandteil aller syrischen Anaphoren.

Gmurta – Glühende Kohle (vgl. Jes 6,6), bildhafte Bezeichnung für eine Partikel des eucharistischen Brotes.

G'hanta – Priestergebet vor dem Altar, das in tief gebeugter Haltung und mit leiser, aber für die Umstehenden hörbarer Stimme gesprochen wird.

Haykla – Kirchenschiff, Ort, wo sich die Gläubigen versammeln und sich während der *Qurbana*-Feier aufhalten.

Hutama – „Siegel", Schlusssegen, Segensgebet vor der Entlassung.

Karozutha – Verkündigung, Ankündigung, Ordnungsruf, Gebetsaufforderung des Diakons, vor allem die diakonalen Rufe bei den Fürbitt-Litaneien.

Kotina – Untergewand des Priesters, entsprechend der Albe im römischen Ritus.

Kušapa – Still gesprochenes persönliches Bittgebet des Priesters, das dieser meistens vor dem Altar kniend verrichtet.

Laku Mara – Anfangsworte des sehr alten Christus-Hymnus „Herr aller Dinge". Er lobt den erhöhten Herrn, der seinen Gläubigen Anteil an seiner Auferstehung und seinem Leben gibt.

Mar – Herr, Ehrenbezeichnung eines Heiligen, auch dem Namen von Patriarchen, Metropoliten und Bischöfen vorangestellt.

Mara d'Kol – Herr aller Dinge, Allherrscher, im Schlussteil von Gebeten häufig vorkommender Gottesname.

Madbaha – Heiligtum, Allerheiligstes, Altarraum, der an bestimmten Stellen der *Qurbana*-Feier durch einen Vorhang vor den Augen der Gläubigen verhüllt wird.

Malayalam – Sprache im südindischen Bundesstaat Kerala; sie wird in der Syro-Malabarischen Kirche heute vielfach auch als Liturgiesprache verwendet.

Marmitha – Psalmodie; Bezeichnung für eine Gruppe von drei Psalmen, die im Eingangsteil der *Qurbana*-Feier gesungen werden.

Onita – Antiphon, ein wechselweise von zwei Chören gesungener poetischer Gesang.

Onita d'Qanke – Antiphon oder Hymnus an der Schwelle des Heiligtums; *qanke* meint die Abgrenzung des Altarraumes; Begleitgesang der Einzugsprozession. In der Hochform der syro-malabarischen Eucharistiefeier *(Raza)* bezeichnet der Ausdruck einen Hymnus, der den Ruhm des Kreuzes proklamiert.

Onita d'Raze – Antiphon der Mysterien; der Gesang begleitet in der syro-malabarischen Eucharistiefeier die Übertragung der Gaben zum Altar.

Paina – Liturgisches Obergewand des Priesters, in der Form dem

Chormantel des römischen Ritus vergleichbar, der Sache nach das syrische Gegenstück zum Messgewand.

Qaddiša Alaha – „Heiliger Gott", Trishagion-Gesang vor der Verkündigung des Wortes Gottes.

Qanona – Laut vorgetragener Schlussteil eines leise gesprochenen Priestergebets.

Qestroma – Hof, Vorhof, Verkündigungsort, der leicht erhöhte Raum zwischen Kirchenschiff und Altarraum. Dort haben in der Regel die beiden Chöre ihren Platz.

Quddaša – „Heiligung", Bezeichnung für das Eucharistische Hochgebet, das Konsekrationsgebet als Ganzes im Sinn von Anaphora.

Qurbana – Darbringung, Opfer, übliche Bezeichnung für die ganze Eucharistiefeier; der Ausdruck dient auch als Name für die Kommunion (Eucharistieempfang) und für das zum Zweck der Krankenkommunion und der Verehrung außerhalb der Messe aufbewahrte eucharistische Sakrament.

Raza – Mysterium, Geheimnis, Sakrament, besonders die sakramentale Vergegenwärtigung des Pascha-Mysteriums von Tod und Auferstehung Christi. In der Syro-Malabarischen Kirche ist die Bezeichnung *Raza* der hochfeierlichen Form der Eucharistiefeier vorbehalten.

Šurraya – Psalmvers, der vor einer Antiphon *(Onita)* gesungen wird. In der syro-malabarischen *Qurbana*-Feier ist es der Antwortpsalm nach der Lesung aus dem Alten Testament.

Sliba – Kreuz

Šošeppa – Velum von quadratischer Form und aus dem gleichen Stoff wie das Obergewand des Priesters, womit die auf dem Altar niedergestellten Opfergaben (Mysterien) verhüllt werden.

Taksa – Ordnung, Feierordnung, Ritus; auch Bezeichnung eines liturgischen Buches für eine bestimmte liturgische Feier, etwa das Messbuch.

Tešbohta – Lob. Ein von zwei Chören abwechselnd gesungener Gesang nach der Kommunion.

Turgama – Übersetzung, Erklärung. Im liturgischen Kontext ein poetischer Gesang im Umkreis der Verkündigung des Evangeliums, der zum aufmerksamen Hören, zum Bedenken und zur Befolgung des Wortes Gottes einlädt. In der syro-malabarischen *Qurbana*-Feier werden diese Gesänge nur in der hochfeierlichen Form der Messe angestimmt.

Urara – Stola. In den syrischen Kirchen sind die beiden gerade herabhängenden Streifen zu einem breiten Band verbunden.

Zande – Epimanikien, Armstulpen aus dem gleichen Paramentenstoff wie der Gürtel und das Obergewand *(Paina)* des Priesters.

Zumara – Gesang mit Halleluja vor dem Evangelium.

Zunara – Gürtel, breites Zingulum zum Zusammenhalten der Albe, aus dem gleichen Paramentenstoff wie das liturgische Obergewand *(Paina)* des Priesters.

Literatur

F. Y. Alichoran (Hg.), Missel chaldéen. L'ordre des Mystère avec les trois Anaphores selon le rite de la sainte Église de l'Orient en usage chez les Chaldéens catholiques du patriareat de Chaldée-Babylone, Paris 1982.

Mar Aprem (George Mooken), Sacraments of the Church of the East, Trichur 1978.

L. Arangassery, Ecclesial Dimensions of East Syrian Liturgy: An Introduction to Liturgical Ecclesiology (OIRSI 145), Kottayam 1990.

F. M. Arocena, La nota romana sobre la „Anafora de Addai y Mari". Un nuevo capitulo de teologia eucaristica, in: Ephemerides Liturgicae 171 (2007) 25–65.

A. Baumstark, Festbrevier und Kirchenjahr der syrischen Jakobiten. Eine liturgiegeschichtliche Vorarbeit, Paderborn 1910.

A. Baumstark, Geschichte der syrischen Literatur mit Ausschluß der christlich-palästinensischen Texte, Bonn 1922.

P. Bedjan (Hg.), Breviarium iuxta Ritum Syrorum orientalium id est Chaldaeorum, 3 Bde, Rom 1938.

B. Botte, L'Anaphore Chaldéene des Apôtres, in: OCP 15 (1919) 259–276.

H. Brakmann, Art. Ostsyrische Liturgie, in: RGG 6 (Göttingen 2003) 747–749.

H. Brakmann, Art. Thomaschristen, in: LThK 10 (Freiburg u. a. 2001) 1–5.

F. E. Brightman, Liturgies Eastern and Western, 1: Eastern Liturgies, Oxford 1896.

S. Brock, The Church of the East in the Sasanian Empire up to the Sixth Century and it's Absence from the Councils in the Roman Empire, in: Pro Oriente (Hg.) Syriac Dialogue. First Non-Official Consultation on Dialogue within the Syriac Tradition, Wien 1994, 69–85.

P. Bruns, Das Christusbild Aphrahats des Persischen Weisen (Hereditas 4), Bonn 1990.

M.-L. Chaumont, Christianisation de l'Empire Iranien des origines aux grandes persécutions du IVe siècle (CSCO 499, Subs. 80), Louvain 1988.

M.-L. Chaumont, Les Sassanides, in: RHR 165 (1964) 165–202.

J. F. Coakley, The Church of the East and the Church of England. A History of the Archbishop of Canterbury's Assyrian Mission, Oxford 1992.

H.W. Codrington, The Syrian Liturgies of the Presanctified, in: The Journal of Theological Studies 5 (1903–4) 535–545.

I. H. Dalmais, L'Esprit Saint et le mystère du salut dans les épiclèses syriennes, in: Istina 18 (1973) 147–154.

T. Elevanal, The Memorial Celebration: A Theological Study of the Anaphora of the Apostles Mar Addai and Mari, Kottayam 1989.

I. Emlak, Mysterienfeier der Ostsyrischen Kirche im 9. Jahrhundert. Die Deutung der göttlichen Liturgie nach dem 4. Traktat einer anonymen Liturgieerklärung (Ästhetik – Theologie – Liturgik 30), Münster 2004.

H. Engberding, Zum anaphorischen Fürbittgebet der ostsyrischen Liturgie der Apostel Addai und Mari, in: Oriens Christianus 41 (1957) 102–124.

J.-M. Fiey, Ishojyaw le grand. Vie du catholicos nestorien Ishojyaw III d'Adiabène (580–659), in: OCP 35 (1969) 305–333; 36 (1970) 5–46.

J.-M. Fiey, Jalons pour une histoire de l'église en Iraq (CSCO 310 Subs. 36), Louvain 1970.

J.-M. Fiey, Le grand catholicos turco-mongol Yahwalaha III (1281–1317), in: POC 28 (1988) 209–220.

G. Garmo, The Divine Liturgy according to the Chaldean Rite, Detroit 1963.

A. Gelston, The Eucharistic Prayer of Addai and Mari, Oxford 1992.

St. Gero, Die Kirche des Ostens. Zum Christentum in Persien in der Spätantike, in: OstKSt 30 (1981) 22–27.

C. Gugerotti, Liturgy of the Syro-Malabar Church, in: Acts of the

Synod of Bishops of the Syro-Malabar Church, held in the Vatican from 8 to 16 January 1996, Congregation for the Oriental Churches (SICO), Rom 1998, 112–115.

W. Hage, Apostolische Kirche des Ostens (Nestorianer), in: F. Heyer (Hg.), Konfessionskunde, Berlin 1977, 202–214.

W. Hage, Nestorianische Kirche, in TRE 24 (1994) 264–276.

W. Hage, The Roman Church of Constantine the Great and Christianity in the Persian Empire, in: Ders, Syriac Christianity in the East (Môrân ‚Eth'ô 1), Kottayam 1988, 1–13.

A. de Halleux, Autonomy and Centralization in the Ancient Churches: Edessa and Selucia-Ctesiphon, in: Wort und Wahrheit. Suppl. 4 (1978) 59–67.

A. de Halleux, Le symbole des évêques perses au synode de Séleucie-Ctésiphon (410), in: G. Wiessner (Hg.), Erkenntnisse und Meinungen II (Göttinger Orientforschung. Syriaca 17), Göttingen 1978, 283–294.

A. de Halleux, Nestorius. Histoire e Doctrine, in: Irénikon 66 (1993) 38–51. 163–178.

E. R. Hambye, Les chrétiens syro-malabars et le bêma, in: L'Orient Syrien 1 (1967) 83–106.

A. Heinz, Die Heilige Messe nach dem Ritus der Syrisch-Maronitischen Kirche (Sophia 28), Trier 1996.

A. Heinz, Feste und Feiern im Kirchenjahr nach dem Ritus der Syrisch-Orthodoxen Kirche von Antiochien (Sophia 31), Trier 1998.

A. Heinz, Die Eucharistiefeier in der Deutung syrischer Liturgieerklärer (Sophia 33), Trier 2000.

P. Hofrichter, Die Anaphora nach Addai und Mari in der „Kirche des Ostens". Eucharistie ohne Einsetzungsbericht?, in: HlD 49 (1995) 143–152.

S. Y. H. Jammo, Gabriel Qatraya et son commentaire sur la liturgie chaldéenne, in: OCP 32 (1966) 39–52.

S. Y. H. Jammo, La structure de la Messe chaldéenne. Du début jusqu'à l'anaphore. Étude historique (OCA 207), Roma 1979.

S. Y. H. Jammo, Die Qudasha nach Addai und Mari und der eucharistische Einsetzungsbericht, in: HlD 50 (1996) 204–218.

P. Kannookadan, The East Syrian Lectionary: A Historico-Liturgical Study, Rom 1991.

J. Kilmartin, John Chrysostom's Influence on Gabriel Qatraya's Theology of Eucharistic Consecration, in: Theological Studies 42 (1981) 444–457.

A. G. Kollamparampil, The Life-Giving Paschal Lamb: Great Week Celebrations in the East Syrian Liturgy, Changanacherry 1997.

P. Kuruthukulangara, The Feast of the Nativity of Our Lourd in the Chaldean and Malabar Liturgical Year: A Study of the Sources (OIRSI 127), Kottayam 1989.

W. Macomber, The christology of the Synod of Seleucia-Ctesiphon AD 486, in: OCP 24 (1958) 142–154.

W. Macomber, The Oldest Known Text of the Anaphora of Addai und Mari, in: OCP 32 (1966) 335–371.

W. Macomber, Concelebration in East Syrian Rite, in: J. Vellian (Hg.), The Malabar Church (OCA 186), Rome 1970, 17–22.

W. Macomber, The Maronite and Chaldean Versions of the Anaphora of the Apostles, in: OCP 37 (1971) 55–84.

J. Madey, Zur Gegenwartslage der Orientalischen Kirchen, in: OstKSt 59 (1975) 169–184.

J. Madey, Der Diakon als Einheitsfaktor der eucharistischen Gemeinde im ostsyrischen Ritus, in: L. Hein (Hg.), Die Einheit der Kirche (FS P. Meinhold zum 70. Geburtstag), Wiesbaden 1977, 30–45.

J. Madey, The Reform of the Liturgy of the Syro-Malabar Church and the Holy See of Rome, in: OstKSt 30 (1981) 130–168.

J. Madey, Liturgie und Individualität, zur Frage der Reform der chaldäo-malabarischen Liturgie, in: Theologie und Glaube 73 (1983) 400–426.

J. Madey, On the Reform of the Chaldeo-Malabar Liturgy: The Holy See of Rome in Defence of the Oriental Patrimony, in: OstKSt 33 (1984) 172–199.

J. Madey – G. Vavanikunnel, Die göttliche Liturgie der Thomas-

Christen ostsyrischer Überlieferung (Syro-Malabarische Kirche), Paderborn 1992.
J. Madey – G. Vavanikunnel (Hg.), Qurbana. Die Eucharistiefeier der Thomaschristen Indiens, Paderborn – Changanacherry – Trivandrum 1968.
J. Madey – G. Vavanikunnel (Hg.), Raza. Die Ordnung der feierlichsten Form der göttlichen Liturgie der Thomas-Christen Indiens ostsyrischer Überlieferung, Paderborn – Kottayam 1993.
J. Magne, L'anaphore nestorienne dite d'Addée et Mari et l'anaphore maronite dite de Pierre III. Étude comparative, in: OCP 53 (1987) 107–158.
P. Maniyattu, Heaven on Earth: The Theology of Liturgical Spacetime in the East Syrian Qurbana, Rom 1995.
T. Mannooramparampil, Penitential Service in the Post-Anaphora of the Syro-Malabar Qurbana, in: J. Madey – G. Kaniarakath (Hg.), The Church I love: A Tribute to Rev. Placid J. Podipara C.M.I., Kottayam 1983, 13–50.
T. Mannooramparampil, The Anaphora and the Post-Anaphora of the Syro-Malabar Qurbana, Kottayam 1984.
J. Mateos, Lelya-Sapra. Les offices chaldéens de la nuit et du matin (OCA 156), Rom 1972.
J. Moolan, The Period of Annunciation-Nativity in the East Syrian Calendar (OIRSI), Kottayam 1985.
J. Oeldemann, Wachsende Gemeinschaft zwischen den Kirchen ostsyrischer Tradition, in: Der christliche Osten 57 (2002) 19–25.
P. Pallath (Hg.), La Liturgia Eucaristica della Chiesa Siro-Malabarese (Quarderni di Rivista Liturgica 1), Padua 2000.
V. Pathikulangara, The Liturgical Year of the Syro-Malabar Rite, in: ELit 90 (1976) 173–196.
V. Pathikulangara, The Crown of the Year: The „Propria" or Changing Prayers and Hymns of the Holy Qurbana for the Sundays and Important Feast Days of the Liturgical Year according to the East Syriac or Chaldeo-Indian Liturgical Heritage, 2 Bde (Denha Services 46–47), Kottayam 1997.

V. Pathikulangara, Qurbana: The Eucharistic Celebration of the Chaldeo-Indian Church (Denha Services 48), Kottayam 1998.
P. Podipara, Hindu in Culture, Christian in Religion, Oriental in Worship, in: OstKSt 8 (1959) 82–104.
P. Podipara, Restoration of the Syro-Malabar Qurbana with its Accessories, Rom 1960.
A. Raes, Les paroles de la consécration dans les anaphores syriennes, in: OCP 3 (1937) 486–504.
A. Raes, Le récit de l'institution eucharistique dans l'anaphore chaldéenne et malabare des Apôtres, in: OCP 10 (1944) 216–226.
A. Raes, An Explanation of the Syro-Malabar Holy Mass, Kottayam 1957.
A. Raes, Un rite pénitentiel avant la communion dans les liturgies syriennes, in: L'Orient Syrien 10 (1965) 107–122.
E. Renhart, Das Syrische Bema. Liturgisch-archäologische Untersuchungen (Grazer Theologische Studien 20), Graz 1995.
J. M. Sanchez Caro, La Anafora de Addai y Mari y la Anafora maronita Sarrar. Intento de reconstruccion de la fuente primitiva comun, in: OCP 43 (1977) 41–69.
W. Schwaigert, Das Christentum in Hûzistân im Rahmen der frühen Kirchengeschichte Persiens bis zur Synode von Seleukia-Ktesiphon im Jahre 410, Marburg/Lahn 1989.
B. D. Spinks, Addai and Mari, the Anaphora of the Apostles: A Text for Students (Grove Liturgical Studies 24), Bramcote Notts 1980.
B. D. Spinks, Eucharistic Offering in the East Syrian Anaphora, in: OCP 50 (1984) 347–371.
B. D. Spinks, Addai and Mari and the Institution Narrative: The Tantalizing Evidence of Gabriel Qatraya, in: ELit 98 (1984) 60–67.
Syriac Dialogue 1. First non-official consultation on dialogue within the syriac tradition, Wien 1994.
Syriac Dialogue 2. Second non-official consultation on dialogue within the syriac tradition. Ed. on behalf of the Foundation Pro Oriente by A. Stirnemann/G. Wilflinger, Wien 1996.

Syriac Dialogue 3. Third non-official consultation on dialogue within the syriac tradition. Ed. on behalf of the Foundation Pro Oriente by A. Stirnemann/G. Wilflinger, Wien 1998.

R. Taft, Some Notes on Bema in the East and West Syrian Traditions, in: OCP 34 (1968) 326–359.

R. Taft, On the Use of the Bema in the East Syrian Liturgy, in: Eastern Churches Review 3 (1970–1971) 30–39.

R. Taft, The Syro-Malabar Liturgical Controversy, in: Acts of the Synod of Bishops of the Syro-Malabar Church, held in the Vatican from 8 to 16 January 1996, Congregation for the Oriental Churches (SICO), Rom 1998, 97–111.

M. Tamcke (Hg.), Syriaca II. Beiträge zum 3. deutschen Syrologen-Symposium in Vierzehnheiligen 2002 (Studien zur Orientalischen Kirchengeschichte 33), Münster 2004.

M. Tamcke, A. Heinz (Hg.), Zu Geschichte, Theologie, Liturgie und Gegenwartslage der syrischen Kirchen (Studien zur Orientalischen Kirchengeschichte 9), Münster u. a. 2000.

M. Tamcke, A. Heinz (Hg.), Die Suryoye und ihre Umwelt. 4. deutsches Syrologen-Symposium in Trier 2004. FS Wolfgang Hage zum 70. Geburtstag (Studien zur Orientalischen Kirchengeschichte 36), Münster 2005.

T. Thomas, An Evaluation of the Liturgical „Directives" of May 5, 1988 from the Congregation for the Oriental Churches, Kottayam 1988.

J. Thoomkuzhy, Liturgy of the Syro-Malabar Church: Problems and Prospects, in: Acts of the Synod of Bishops of the Syro-Malabar Church, held in the Vatican from 8 to 16 January 1996, Congregation for the Oriental Churches (SICO), Rom 1998, 67–88.

E. Tisserant – E. Amann, L'église nestoriénne, in: DThC 11 (1931) 157–323.

J. Tubach, Die nestorianische Kirche in China, in: Nubica et Aethiopica 4/5 (1999) 161–193.

B. Varghese, Ostsyrische Liturgie als Ausdruck der Christologie, in: HlD 50 (1996) 232–240.

G. Vavanikunnel, Die eucharistische Katechese der Anaphora der

Apostel Mar Addai und Mar Mari in der syro-malabarischen Kirche gestern und heute (Das Östliche Christentum, NF 26), Würzburg 1976.

G. Vavanikunnel, Homilies and Interpretations on the Holy Qurbana, Theodore of Mopsuestia, Narsai and Gabriel Quatraya Bar Lipah, Changanacherry 1977.

P. Vazheeparampil, Toma Marga: Icon of the Indo-Oriental Identity of the Thomas Christians of India, in: OstKSt 43 (1994) 187–210.

C. Velamparampil, The Celebration of the Liturgy of the Word in the Syro-Malabar Qurbana: A Biblico-Theological Analysis (OIRSI 194), Kottayam 1997.

J. Vellian, The Restored Syro-Malabar Qurbana, Aloor 1962.

J. Vellian, Les prostrations dans le ‚Raza' syro-malabar, in: L'Orient Syrien 11 (1966) 367–373.

J. Vellian (Hg.), The Malabar Church (OCA 186), Rom 1970.

J. Vellian – V. Pathikulangara, The Eucharistic Liturgy of the Chaldeo-Indian Church, in: J. Madey (Hg.), The Eucharistic Liturgy in the Christian East, Kottayam – Paderborn 1982, 239–272.

W. de Vries, Die „Erklärung der göttlichen Geheimnisse" des Nestorianers Johannan bar Zo'obi (13. Jh.), in: OCP 9 (1943) 188–203.

W. de Vries, Sakramententheologie bei den Nestorianern (OrChrA 133), Rom 1947.

D. W. Winkler, The Current Theological Dialogue with the Assyrian Church of the East, in: R. Lavenant (Hg.), Symposium Syriacum VII. Uppsala 11.–14. August 1996 (OCA 256), Rom 1998, 159–173.

D. W. Winkler, Ostsyrisches Christentum. Untersuchungen zur Christologie, Ekklesiologie und zu den ökumenischen Beziehungen der Assyrischen Kirche des Ostens (Studien zur Orientalischen Kirchengeschichte 26), Münster 2003.

P. Yousif, The Anaphora of the Apostles, in: J. Madey (Hg.), The Eucharistic Liturgy in the Christian East, Kottayam – Paderborn 1982, 178–181.

P. Yousif, The Divine Liturgy according to the Rite of the Assyro-

Chaldean Church, in: J. Madey (Hg.), The Eucharistic Liturgy in the Christian East, Kottayam – Paderborn 1982, 173–237.
P. Yousif, (Hg.), A Classified Bibliography on the East Syrian Liturgy (Mar Thoma Yogam), Rom 1990.
P. Yousif, Le lieu de la célébration de la parole dans la liturgie chaldéenne, in: Chroniques de l'Art Sacré 34 (1993) 6–10.
P. Yousif, Christus in der liturgischen Tradition der Kirche des Ostens, in: HlD 50 (1996) 241–253.

Internet-Adressen:
www.aina.org
www.assyrianchurch.com.au
www.assyrianchurch-europe.org
www.assyrianchurch.ru
www.byzantines.net
www.cired.org
www.nestorian.org
www.nineveh.com
www.pro-oriente.at
www.syromalabar.com
www.thesyromalabarchurch.org

Register

1. Schriftstellenverzeichnis

2. Namen und Personen

3. Orte